Diásporas Imaginadas

Coleção Estudos
Dirigida por J. Guinsburg
(*in memoriam*)

Coordenação de texto Luiz Henrique Soares e Elen Durando
Preparação Marcio Honorio de Godoy
Revisão Luiz Henrique Soares
Capa Sergio Kon
Produção Ricardo W. Neves e Sergio Kon.

Kim D. Butler e
Petrônio Domingues

DIÁSPORAS IMAGINADAS
ATLÂNTICO NEGRO
E HISTÓRIAS AFRO-BRASILEIRAS

Tradução dos textos de Kim D. Butler
MARIÂNGELA DE MATTOS NOGUEIRA

CIP-Brasil. Catalogação na Publicação
Sindicato Nacional dos Editores de Livros, RJ

B992d
    Butler, Kim D., 1960-
        Diásporas imaginadas : Atlântico Negro e histórias afro-brasileiras / Kim D. Butler, Petrônio Domingues. - 1. ed. - São Paulo : Perspectiva, 2020.
        360 p. ; 23 cm. (Estudos ; 374)

        Inclui bibliografia
        ISBN 978-65-5505-030-1

        1. Diáspora africana. 2. Negros - Identidade racial - Brasil. 3. Cultura afro-brasileira. 3. Discriminação racial - Brasil. I. Domingues, Petrônio. II. Título. III. Série.

20-66624   CDD: 305.896
                                                                CDU: 316.347

Camila Donis Hartmann - Bibliotecária - CRB-7/6472
18/09/2020   21/09/2020

1ª edição

Direitos reservados em língua portuguesa à
EDITORA PERSPECTIVA LTDA.

Av. Brigadeiro Luís Antônio, 3025
01401-000 São Paulo SP Brasil
Telefax: (011) 3885-8388
www.editoraperspectiva.com.br

2020

Sumário

Apresentação XI

1. Definições de Diáspora: Articulação
   de um Discurso Comparativo 1
   [Kim D. Butler]

2. Por que "Diáspora"? A Migração do Termo
   da Experiência Judaica Para a Africana
   e a Sua Utilidade Universal 37
   [Kim D. Butler]

3. A Diversidade da Diáspora: Contribuições
   Para o Desenvolvimento da Teoria Política
   da Diáspora Africana 63
   [Kim D. Butler]

4. Diálogos Diaspóricos:
   A Fantasia da África e o Internacionalismo Diaspórico
   no Carnaval da Bahia 95
   [Kim D. Butler]

5. O "Moisés dos Pretos":
   Marcus Garvey no Brasil....................135
   [Petrônio Domingues]

6. A "Vênus Negra":
   Josephine Baker e a Modernidade Afro-Atlântica 159
   [Petrônio Domingues]

7. Como se Fosse Bumerangue:
   Frente Negra Brasileira no Circuito Transatlântico ...195
   [Petrônio Domingues]

8. "Em Defesa da Humanidade":
   A Associação Cultural do Negro na Arena
   do "Black Internacionalism"....................217
   [Petrônio Domingues]

9. Agenciar Raça, Reinventar a Nação:
   O Movimento das Reparações no Brasil............243
   [Petrônio Domingues]

Uma Palavra Final....................................267

Notas..271
Referências Bibliográficas...........................305
Agradecimentos.......................................335

Most men in the world are coloured.
A belief in humanity means a belief in coloured men.
The future world will, in all reasonable possibility,
be what coloured men make it.

[A maioria dos homens do mundo é de cor. Crer na humanidade implica crer nos homens de cor. O mundo do futuro será, em toda hipótese razoável, o que for feito pelos homens de cor.]

W.E.D. DU BOIS,
The Negro, p. 242.

Os cantores da negritude não hesitariam em transcender os limites do continente. Da América, vozes negras retomarão esse hino com uma amplitude aumentada. O "mundo negro" nascerá e Busia de Gana, Birago Diop do Senegal, Hampaté Ba do Sudão, Saint-Clair Drake de Chicago não hesitarão em afirmar a existência de laços comuns, de linhas de força idênticas.

FRANTZ FANON,
Os Condenados da Terra, p. 246.

Apresentação

> *Os problemas dos negros do Brasil*
> *são os problemas dos negros do mundo.*
>
> LÉLIA GONZALEZ

A palavra "diáspora" deriva dos antigos termos gregos *dia* (através, por meio de) e *speirõ*, que significa semear, disseminar ou dispersar[1]. Mencionada na *Bíblia* (*Deuteronômio* 28, 25), diáspora evoca a perda da terra natal, o exílio e o desejo do retorno redentor. Seu uso corrente se inspirou na história moderna do povo judeu, cujo movimento sionista, que nasceu no final do século XIX, é bem conhecido. Atualmente, com o aumento de deslocamentos e ondas migratórias, o conceito passou a referenciar menos um estado de lugares geográficos fixos e mais um vaivém entre lugares, tempos e culturas. Nesse cenário, a palavra diáspora denota redes de relações imaginadas ou reais entre povos ou comunidades espalhadas cuja história é marcada por diversos contatos, comunicações e fluxos de pessoas, produtos, artefatos, ideias, imagens e mensagens[2].

Ao conectar as comunidades específicas de uma população dispersa em e entre diferentes nações e/ou regiões, a diáspora assume uma vocação transnacional. Isso não quer dizer que ela necessariamente coloque em xeque o Estado-nação, porém o tensiona e heterogeneíza, na medida em que a existência diaspórica significa uma multivocalidade tanto transcultural como intercultural, caracterizada pela desterritorialização e reterritorialização bem como pela ambivalência entre a vida aqui e a memória e o desejo pelo acolá. Nesse aspecto, os que vivem na diáspora compartilham uma dupla, se não múltipla, consciência, (in)formados pelo diálogo nem sempre amistoso entre vários costumes e maneiras de ser, pensar e agir.

Os sujeitos de uma diáspora constroem histórias, identidades e vocabulários que mudam constantemente. São o que Brent Edwards qualifica de "tradutores culturais" de códigos vernaculares que transgridem os limites estáveis e fixos, valendo-se do passado e das tradições num processo de reelaboração continua[3]. Vivem entre fronteiras culturais, constituindo e sendo constituídos por diferentes elementos em travessia, aos quais se mesclam, sobrepõem-se e se articulam em redes de relações transnacionais e transregionais.

Esse referencial, portanto, concita a apreender as experiências históricas em suas localidades político-culturais específicas enquanto as relaciona aos contextos globais, visto que as tramas históricas não transcorrem de maneira isolada, antes elas se comunicam, tecendo diálogos fluidos e circuitos descentrados de interdependências. O fato "local e o global estão atados um ao outro, não porque este último seja o manejo local dos efeitos essencialmente globais, mas porque cada um é a condição de existência do outro"[4].

O conceito de diáspora oferece uma crítica aos discursos de origem fixa ao mesmo tempo que leva em conta diversas formas de mobilidade nacional e transnacional. Essa mobilidade entre lugares, regiões e culturas, escolhida ou imposta, está imbuída de ambivalências, adaptações e imprevisibilidades, no sentido de que a passagem entre a origem e a chegada parece, muitas vezes, não ter fim: entre a raiz da origem fragmentada e a da chegada desejada, surge a rota como estado contínuo de inscrição e reinscrição.

Conforme assinala Stuart Hall, a experiência da diáspora não é determinada por pureza ou essência, mas pelo reconhecimento de uma diversidade e heterogeneidade necessárias; por uma concepção de "identidade" e "pertencimento" que subsiste com e através, não a despeito, da diferença; por *hibridação*. Identidades de diáspora são as que estão constantemente produzindo-se e reproduzindo-se novas, através da mutação e simbiose[5]. Abarcam processos mais amplos – o jogo da semelhança e diferença – que amalgamam o pertencimento cultural.

Enquanto a diáspora africana remete à dispersão global (de maneira voluntária ou forçada) dos africanos no decorrer da história, com o vicejar de uma identidade cultural tecida no exterior e baseada na origem, a diáspora negra nas Américas pode ser entendida como um espaço plasmado por diversos lugares e comunidades heterogêneas: uma encruzilhada, por assim dizer, mediada por diversos aspectos da experiência negra durante a escravidão e também depois da abolição. Seu *locus* de enunciação é policentrado, ou seja, não possui um único centro transmissor, por isso as mensagens estão por toda parte, viajando, circulando e assumindo múltiplos sentidos e significados, conforme a recepção local.

Autores como Joseph Harris e Roland Walter argumentam que, no que diz respeito ao entendimento e à análise da diáspora negra, o importante é a inter-relação entre os seus elementos e as suas cores constituintes. Os flancos de intersecção instituem o terreno onde as identidades e os pertencimentos são vividos e imaginados pelos sujeitos[6]. O conceito de diáspora refere-se ao tema da viagem (física ou imaginada), aos deslocamentos (de *rotas* e *raízes*) e ao emaranhado de experiências dispersas, que se cruzam ou se justapõem de acordo com uma confluência de processos econômicos, políticos, históricos, culturais e identitários.

As comunidades negras nas Américas têm forjado experiências transculturais, no sentido parecido ao que Mary Louise Pratt atribui ao conceito. Por meio da transculturação, um dos polos da relação seleciona e inventa a partir dos materiais a eles transmitidos pela cultura do outro polo. É um processo acionado pela "zona de contato", espaços sociais onde culturas díspares se encontram e se entrelaçam uma com a outra. Invocando a copresença espacial e temporal dos sujeitos, essa perspectiva é dialógica, já que se interessa em saber como ambos os polos da relação entram em contato, interagem, influenciam-se e são influenciados mutuamente[7].

Desse modo, a relação entre as culturas negras nas Américas e suas diásporas não deve ser pensada em termos de origem autêntica e cópia, de fonte primária e reflexo passivo. Em vez disso, tem de ser compreendida como a permuta (negociação de práticas, narrativas e representações) entre uma diáspora e outra, quando não como trocas culturais entre experiências negras com semelhanças familiares na região. Dessa perspectiva, as identidades negras brasileiras não são apenas arremedos de uma origem "verdadeiramente" exógena. Antes são resultados de sua formação endógena, relativamente autônoma, ainda que inserida em contextos mais amplos, cosmopolitas, de referências e forças centrípetas.

Paul Gilroy argumenta que a história brasileira tem sido marginalizada "mesmo nos melhores relatos sobre a política negra centrados na América do Norte e no Caribe". Hoje, esperamos que a nova tendência de indagar a história levando em conta a "ideia de diáspora possa ajudar a acabar com tal marginalização"[8]. Não temos a dimensão ainda do quanto esse tipo de abordagem pode contribuir para reescrever a história das identidades e culturas afro-brasileiras, em meio às suas lutas contra a escravidão e pela liberdade e cidadania no pós-abolição, no entanto uma coisa é certa: o campo da diáspora é uma ferramenta analítica valorosa, que fornece recursos para interrogar a experiência negra à luz de novas racionalidades, lógicas e hermenêuticas, a partir das quais "poderemos então ver não a 'raça', e sim formas geopolíticas e geoculturais de vida que são resultantes da interação entre sistemas comunicativos e contextos que elas não só incorporam, mas também modificam e transcendem"[9].

■ ■

Um dos grandes desafios para a consolidação da democracia no maior país da América do Sul são as desigualdades étnico-raciais. Todos os indicadores de renda, ocupação, escolaridade, acesso à saúde, a condições de moradia, representação na mídia e desenvolvimento humano apontam que os "pretos" e "pardos" – consoante classificação oficial do IBGE – levam desvantagens quando contrastados com os "brancos" e "asiáticos". A denominada "Constituição Cidadã" de 1988, embora tenha representado um avanço nos domínios normativo e político-institucional, não garantiu políticas distributivas capazes de eliminar injustiças históricas.

Não é por acaso que de longa data os movimentos negros e suas lideranças – com o apoio de ONGs, agências multilaterais, entidades de Direitos Humanos e intelectuais – fazem denúncias e patrocinam campanhas contra o racismo à brasileira, o que levou a comunidade nacional a se sensibilizar cada vez mais com o problema. No início do terceiro milênio, o Estado brasileiro implementou pela primeira vez políticas públicas em benefício da população negra, o que representou um marco na história da nação, pois refletiu o "reconhecimento do governo da existência de racismo no Brasil e o fim do conceito da democracia racial"[10].

A partir dali, lideranças e intelectuais negros aumentaram a pressão em termos de defender políticas de reparações para com a escravidão, bem como políticas de ações afirmativas (*affirmative actions*), um programa de ações dirigido a eliminar, ou pelo menos reduzir, as desigualdades raciais e sociais, assegurando um tratamento diferenciado aos grupos que historicamente sofreram (e sofrem) desvantagens e discriminações na sociedade[11]. À luz desse princípio, o governo do estado do Rio de Janeiro, em 2001, sancionou uma lei determinando que 40% das vagas das universidades públicas estaduais deviam ser reservadas para negros. Em 2003, o presidente Luiz Inácio Lula da Silva criou a Secretaria Especial de Promoção da Igualdade Racial (SEPPIR), órgão que, com *status* de Ministério, visava garantir a proteção dos direitos de indivíduos e grupos étnico-raciais afetados pela discriminação e demais formas de intolerância com ênfase na população negra. Antes da SEPPIR, porém, Lula sancionou a Lei n. 10.639, que alterava a Lei de Diretrizes e Bases da Educação Nacional, incluindo no currículo oficial da rede de ensino a obrigatoriedade da temática "História e Cultura Afro-Brasileira e Africana"[12].

Verifica-se, assim, que os negros no Brasil se tornaram sujeitos de direitos, o que provocou um inédito cenário de debates político-institucionais e polêmicas públicas em torno das políticas raciais[13]. Os detratores das ações afirmativas acusam os poderes públicos e as autoridades políticas de capitularem à agenda pautada por movimentos negros, intelectuais, ONGs e fundações internacionais, na medida em que promovem a racialização da sociedade brasileira e se alinham aos países que celebram o multiculturalismo em nome do direito ao reconhecimento da diferença, à reparação, ao orgulho racial[14]. No entanto, pesquisas históricas têm evidenciado que o processo de racialização da sociedade brasileira não é algo recente; remonta pelo menos ao século XIX, especialmente ao contexto de desestruturação do sistema escravista[15].

Os opositores das políticas de ações afirmativas rechaçam, especialmente, a postura de lideranças e intelectuais afro-brasileiros que, ao esposarem tais políticas, estariam tentando enquadrar o Brasil na moldura norte-americana. Eis o que Antonio Risério argumenta a respeito:

> Não devemos nos contentar com a transposição mecânica, para a realidade sociorracial brasileira, de discursos político-acadêmicos em vigor nos EUA, cuja história, formação e situação são radicalmente dessemelhantes da nossa experiência como povo e como nação. Pelo contrário: temos de recusar o imperialismo cultural norte-americano, que pretende universalizar os seus modelos e os seus particularismos. E temos de partir de nós mesmos.[16]

Portanto, a política racial desenvolvida nos EUA deveria ser evitada no Brasil por dois motivos: primeiro, a história nacional, especialmente a dos afro-brasileiros, não se compara com a experiência de seus vizinhos do Norte do continente americano; segundo, por causa do papel nefasto do imperialismo cultural de Tio Sam, que pretenderia impor, sobretudo às lideranças afro-brasileiras, categorias analíticas, classificações raciais, formas de agenciamento, concepções de luta e retóricas identitárias completamente aversas à tradição nacional.

Risério opera com a antiga chave analítica das relações raciais entre os dois países – valorização da mestiçagem no Brasil × segregacionismo nos EUA. É bom frisar que, nas interações sociais, os brasileiros e os norte-americanos usavam (e continuam a usar) a cor da pele como forma de avaliar o comportamento e o valor das pessoas. O Brasil e os EUA foram as duas maiores sociedades escravistas no Novo Mundo; hoje em dia, distinguem-se como os países que têm mais pessoas de ascendência africana fora da África. A experiência negra de um lugar não ficou totalmente alheia à do outro, o que possibilita traçar analogias: análises comparativas de semelhanças e diferenças, pontos de aproximação e distanciamento[17].

Contudo, nosso interesse, neste livro, não é desenvolver um trabalho de história comparada das relações raciais entre Brasil e EUA. As pesquisas nesse campo, em grande medida, incorreram em generalizações sobre o que seria o nacional e priorizaram as excepcionalidades e polaridades raciais desses dois países, omitindo-se muitas vezes o quanto poderia existir em comum, ou próximo. Sem dúvida, são várias as diferenças entre lá e cá, no tocante ao padrão das relações raciais. Porém, pesquisas históricas recentes, mais do que reforçar as evidentes e conhecidas especificidades entre Brasil e EUA, têm preferido investir nos diálogos e aproximações entre as experiências negras nas Américas[18]. A premissa é de que tais experiências – engendradas no sistema global Atlântico, em meio à estruturação transnacional da escravidão – não podem mais ser compreendidas por enfoques monoculturais e nacionais.

Diferentemente da história comparada, a abordagem transnacional permite chamar a atenção para os contatos, intersecções, partilhas e trocas que envolveram a formação das identidades raciais e experiências negras no Brasil e nos EUA. Conforme Micol Seigel salienta em livro seminal, as duas "comunidades imaginadas" no período entreguerras (1919-1939) intercambiavam e se influenciavam reciprocamente como em uma espécie de jogo de espelho, com uma sendo o *alter ego* do sistema racial da outra. Foi a partir dessas conexões que ambos os países, do Atlântico Norte e Sul, negociaram, definiram e redefiniram, em vários aspectos, suas identidades nacionais de modo que lhes parecia mais conveniente no contexto internacional[19].

Por outro lado, ao conceber as ações afirmativas no Brasil como uma imposição unilateral do imperialismo ianque, parte-se do pressuposto de que os diálogos transnacionais fluem apenas em uma direção com os brasileiros, notadamente as lideranças e os intelectuais negros, sendo meros macaqueadores das políticas raciais importadas dos EUA. Esse paradigma maniqueísta de dominação/imposição exógena e submissão/vitimização endógena não dá conta da complexidade histórica relacionada à experiência negra nas Américas. Ele oblitera o processo de apropriação local ao mesmo tempo que exagera a influência das políticas raciais dos EUA. Como este livro pretende demonstrar, os afro-brasileiros – ativistas, jornalistas, artistas, foliões, jovens, estudantes e intelectuais – têm revelado capacidade de selecionar, rearticular e ressignificar as ideias "estrangeiras", incorporando-as aos seus projetos originais de atuação e emancipação em âmbito nacional.

Em outras palavras, as interlocuções, barganhas e trocas transnacionais ocorreram em via de mão dupla, multilateralmente, com os afro-brasileiros sendo ora receptores, ora mediadores ou produtores de ideias, símbolos e artefatos raciais que contribuíram para urdir e alentar a trajetória dos povos descendentes de africanos nas Américas. Desse ponto de vista, as construções raciais dos EUA também teriam sido moldadas, em alguma medida, pelo papel ativo exercido pelo lado de baixo da linha do Equador.

Fato é que os críticos das ações afirmativas atribuem importância apenas à produção e circulação transnacional de ideias, negligenciando a dinâmica de "leitura" e "tradução" através das quais as ideias "estrangeiras" foram (e são) absorvidas nacionalmente. Os afro-brasileiros decerto têm se inspirado em mensagens e referenciais cosmopolitas, sem abrirem mão contudo de seus próprios anseios, programas, códigos culturais, em suma, sem abrirem mão de inventarem suas próprias soluções (linguagens identitárias, retóricas raciais, métodos de agenciamentos, estratégias de ações coletivas, mitologias e utopias).

■ ■

Este livro almeja explorar a noção de diáspora, mapeando os significados, dilemas e potencialidades desse aporte analítico-conceitual para os estudos dos diferentes contextos culturais marcados por deslocamentos dentro e entre fronteiras, reterritorializações, cruzamentos, zonas de contatos, fragmentação e reconstrução de identidades individuais e coletivas em sua interface *glocal* (local e global). Afora isso, o livro procura se valer da abordagem diaspórica para reconstituir e examinar aspectos da história afro-brasileira, o que implica colocar em perspectiva transnacional as experiências de dominação, resistência e negociação raciais. A obra reúne textos de dois historiadores: Kim Butler (EUA) e Petrônio Domingues (Brasil). Apesar da importância peremptória da diáspora africana para a formação do Brasil, a maioria das pesquisas a esse respeito tem se concentrado quer no período da escravidão quer no tempo presente. E, nesse ínterim, o que aconteceu com os afrodescendentes?

O livro de Butler, *Freedoms Given, Freedoms Won*, de 1998, foi um dos pioneiros em buscar dar uma resposta sistemática a essa questão por um viés histórico. Seu trabalho centrou-se nas redes afro-atlânticas forjadas e alimentadas nas primeiras décadas do pós-abolição, o que ajudou a iluminar aspectos da trajetória dos afro-brasileiros do período. Desde a época de lançamento de seu livro, a historiadora estadunidense vem se dedicando aos estudos epistemológicos e comparativos da diáspora, tornando-se uma referência internacional no assunto e tendo inclusive presidido a Association for the Study of the Worldwide African Diaspora (ASWAD), a principal associação profissional da área, cuja sede fica em Nova York.

Nos idos de 2012 e 2013, Petrônio Domingues realizou estágio de pós-doutoramento no Department of Africana Studies, na Universidade Rutgers, em Nova Jersey (EUA), onde teve a oportunidade de trabalhar com Butler. Dessa parceria, nasceu a ideia de publicarem um livro em conjunto. No bojo de intensa colaboração intelectual, produziram os ensaios e pesquisas de maneira independente, ainda que enfeixados num projeto acadêmico comum.

A obra está dividida em duas partes. A primeira, escrita por Kim Butler, disseca o conceito de diáspora revisitando e expandindo alguns dos extensos trabalhos teóricos que ajudaram a desenvolver esse campo de investigação intelectual. A grande maioria dos estudos sobre a experiência afro-brasileira a circunscreve em um contexto nacional; quando estudiosos exploraram o Brasil no discurso global sobre raça se viram frente ao desafio de moldar uma narrativa e uma análise a partir de lógicas raciais distintas. A diáspora proporciona um prisma alternativo para ver a experiência afro-brasileira como parte da história global dos povos afrodescendentes, tanto como um caso distinto que pode ser comparado a outros, como através das múltiplas interações e elos de comunicação entre negros brasileiros e negros de outros países. Nessa diáspora, os negros interagem de inúmeras maneiras, permanentemente redefinindo identidades e ideologias, com isso enxergando suas próprias experiências de novas maneiras. O consenso sobre identidade(s) afro-brasileira(s) contemporânea(s) – em todas as suas interações – foi produzido, em parte, pela experiência da diáspora, como acontece com outras comunidades diaspóricas africanas ao continuar negociando suas identidades em um mundo onde as relações materiais de raça permanecem trazendo implicações sociais, políticas e econômicas. É nesse contexto que os afro-brasileiros, assim como suas contrapartes diaspóricas, reconfiguram constantemente os componentes culturais da identidade coletiva.

Continuamos a descobrir as muitas histórias de como o Brasil negro interage com a diáspora africana global, algumas das quais apresentadas nessa obra. O turismo cultural de hoje se baseia em uma longa história de viajantes individuais de ascendência africana, resultado de muitos diálogos que vão de Jimmy Cliff, da Jamaica, desfilando com os Filhos de Gandhy, às conferências globais de intelectuais negros, grupos de estudantes liderados por acadêmicos como Sheila Walker e J. Michael Turner, dos EUA, Anani Dzidzienyo, de Gana, ou Kabengele Munanga, do Congo – com prováveis encontros com outros grupos de estudantes de Angola e Moçambique. As experiências negras brasileiras também viajam ao exterior em materializações diversas, tanto intelectuais quanto criativas, seja por Abdias Nascimento, por funcionários do governo, pela ex-ministra da SEPPIR, Luiza Bairros, ou por Marcus Vinicius Moreira Marinho, membro da delegação diplomática em Gana, seja mesmo por meio de muitos mestres que fizeram da capoeira parte da herança cultural do mundo ou dos soldados que foram enviados ao Haiti após o terremoto em 2010, seja ainda por meio de artistas, estudantes, trabalhadores domésticos, comissários de bordo e empresários. Tal listagem não para de crescer.

Mas a diáspora é mais do que o movimento físico de indivíduos cosmopolitas, um processo que envolve desproporcionalmente homens e certas categorias de pessoas, como as que fogem de crises ou que são de classes privilegiadas. É a formação de uma constelação de muitas comunidades definidas pela circulação tanto de ideias quanto de pessoas. Assim como o movimento de pessoas, o de ideias também está circunscrito por fatores como o poder relativo das nações em que elas se originam e o acesso à tecnologia de comunicação. Essas ideias circulantes também geram diálogos e se tornam parte da experiência e do conhecimento coletivos da comunidade diaspórica. Pode-se dizer que quando uma política como a de ações afirmativas é instituída no Brasil, ela é resultado de intercâmbios de longa data dentro da diáspora africana sobre as estratégias que operam para a completa libertação dos povos africanos.

O primeiro capítulo do livro lida com o conceito de diáspora. Porque a grande parte da literatura sobre diáspora vem da experiência judaica, essa manifestação singular de diáspora tornou-se a base para nossa compreensão do fenômeno. Outros grupos modificaram convenientemente o modelo judaico, na medida em que começaram a adotar o termo para descrever suas próprias histórias de migração, transnacionalismo e intercâmbio cultural. Com as definições de diáspora mudando a cada novo contexto, tornou-se um desafio formar uma compreensão universal da diáspora que possa servir para todas elas. Nesse capítulo, levam-se em consideração as características fundamentais de todas as diásporas, de modo a facilitar seu estudo comparativo. Com o avanço das novas tecnologias, vivemos cada vez mais na era da diáspora, uma era em que comunidades se formam e se desenvolvem além de fronteiras físicas. O estudo comparativo facilitará a compreensão sobre as diásporas para lá das fronteiras etnográficas, contribuindo para definir uma epistemologia dinâmica que nos permita compreendê-la melhor como um tipo de formação de comunidade humana existente ao longo do tempo e do espaço. O capítulo se encerra com uma visão geral de como a diáspora africana se desenvolveu desde o alvorecer da humanidade. Quando a diáspora é historicizada, é mais fácil de se ver como suas manifestações acompanham as mudanças nas políticas e nas economias globais. A antiguidade e a complexidade da diáspora africana fazem dela um excelente exemplo para o estudo das múltiplas variantes da diáspora.

O segundo capítulo traça o itinerário do conceito de diáspora, como os estudiosos da experiência africana começaram a adaptá-lo a partir da história judaica. O processo revela muito sobre a utilidade analítica do conceito. Os povos africanos viveram múltiplas experiências diaspóricas desde a Antiguidade. Ao longo dessa história houve muitos momentos em que estavam cientes da experiência judaica. Suas histórias estão interligadas nas terras bíblicas da Etiópia e do Egito, e juntos sofreram a Inquisição. Referências aos judeus circulavam nas comunidades escravizadas das Américas, que falavam dos paralelos entre suas lutas e a dos antigos judeus ansiando por libertar-se dos faraós, e entre os negros convertidos ao judaísmo no início do século XX no Harlem.

No entanto, foi apenas na década de 1960, quando nações negras independentes começaram a surgir na África e no Caribe, que o termo "diáspora" começou a circular entre os estudiosos da experiência africana. Esse capítulo explora a possibilidade de que, diferentemente do pan-africanismo, com sua ênfase na solidariedade, a diáspora pudesse servir não como uma política em si, mas como uma óptica para enfrentar o dinamismo e as complexidades da comunidade africana global e, assim, ajudar a moldar uma nova política de libertação negra.

As possibilidades e desafios dessas novas políticas são explorados no terceiro capítulo. As tensões entre similaridades e diferenças coexistentes, definidoras da comunidade da diáspora, se desenrolam de diversas maneiras, o que poderia levar tanto a uma política poderosa capaz de aproveitar a força coletiva, quanto à sua fragmentação e dissolução. Para os povos da diáspora africana, cujas vidas são diariamente ameaçadas pela violência e exploração, legado das forças da escravidão e do colonialismo, uma política coletiva pode muito bem ser uma questão da própria sobrevivência. Contra o desequilíbrio de poder, enquanto minorias desfavorecidas ou como sujeitos pós-coloniais, a diáspora certamente poderia representar influência e força, desde que totalmente mobilizada pela aprendizagem para trabalhar com a diversidade. Por isso, esse capítulo analisa algumas das maneiras pelas quais a diversidade afeta os desdobramentos políticos reais da diáspora.

Embora o Brasil seja, habitualmente, aclamado como a maior comunidade da diáspora africana, ainda há muito a ser feito para se compreender como os afrodescendentes se relacionaram com essa enorme comunidade transnacional. O quarto capítulo, por fim, busca considerar alguns exemplos de diálogos da diáspora entre brasileiros negros e a África e outras comunidades da diáspora africana no contexto de uma história bem local – a do Carnaval de Salvador.

Já a segunda parte do livro foi escrita por Petrônio Domingues. Reunindo cinco capítulos, traz pesquisas relacionadas à história, à cultura e aos processos de dominação, subordinação e resistência dos afro-brasileiros. O quinto capítulo analisa a recepção de Marcus Garvey no Brasil. Depois de apresentar algumas notas biográficas a respeito desse jamaicano que ascendeu como líder do mais notável movimento de inserção nas *massas negras* em escala internacional, Domingues observa como Garvey foi apropriado de maneira diferenciada pela imprensa nacional:

enquanto os jornais de grande circulação lhe conferiram pouco destaque, quando não o abordaram de forma controvertida e sensacionalista, os jornais da denominada imprensa negra viram o "supremo apóstolo do movimento pan-africanista" como um "ícone da raça", reportando-se a ele muitas vezes por uma perspectiva distintiva e laudatória.

O sexto capítulo procura investigar aspectos da modernidade negra no Brasil e sobretudo inferir como Josephine Baker – famosa multiartista negra estadunidense que se converteu em ícone afro-atlântico – foi retratada seletivamente pelos jornais da imprensa afro-brasileira nos frementes anos 1920. O escopo do sétimo capítulo é apurar como a Frente Negra Brasileira – a mais pujante organização dos afro-brasileiros no período pós-abolição – foi interpretada pelo *Chicago Defender*, o jornal de maior circulação da imprensa negra nos EUA. A ideia central é mostrar que o *Chicago Defender* produziu um discurso apologético da Frente Negra, com direito a inflar dados e informações e incorrer em exageros laudatórios. Esse discurso, apesar de problemático e paradoxal, é importante porque permite vislumbrar conexões, transferências e interdependências estabelecidas pelos negros dos dois lados da linha do Equador e, ao mesmo tempo, redimensionar o papel do Brasil no circuito afro-atlântico.

O oitavo capítulo tem o intuito de desvelar alguns aspectos da história da Associação Cultural do Negro, fundada em São Paulo em 1954. Serão pautadas suas formas de organização, políticas raciais e interlocuções nos planos nacional e internacional. A agremiação vai ser abordada especialmente à luz de seu papel na arena afro-atlântica. Por sua vez, o nono e último capítulo tem o objetivo de fazer alguns apontamentos acerca do Movimento Pelas Reparações dos Afrodescendentes no Brasil durante a década de 1990. Argumenta-se que esse movimento, além de expressar como um grupo de afro-brasileiros estava conectado às lutas, expectativas e aspirações suscitadas no sistema transatlântico da diáspora negra, preparou o terreno para a atual política de ações afirmativas no país.

O foco deste livro é, portanto, a diáspora – com seus conceitos, impasses e desafios – e as histórias afro-brasileiras. Os autores estão convencidos de que as comunidades negras no Mundo Atlântico estão enredadas num circuito de experiências transculturais e liames *glocais*, caracterizado por diversos processos de contatos, permutas e traduções das tradições. É a partir desse circuito de crescentes relações (pessoais e institucionais) interligadas que precisamos desenvolver novas interpretações críticas para compreender os interdependentes e sobredeterminados mecanismos de fluxos e refluxos entre experiências político-culturais que desigualmente articulam intercâmbios e relações sociais, políticas, econômicas e culturais através de fronteiras geográficas.

Os autores

1. Definições de Diáspora

Articulação de um Discurso Comparativo[1]

Qual é a diferença entre diásporas e outros tipos de migração? Qual é a relação entre diáspora e transnacionalismo ou cosmopolitismo? Todos esses termos têm crescido em popularidade nas últimas décadas, à medida que o mundo se torna cada vez mais interconectado, e são cada vez mais usados para descrever as múltiplas comunidades globais de africanos e seus descendentes. Livros, seminários, periódicos, cursos e programas de pós-graduação vêm adotando o termo "diáspora" para delinear seu enfoque, e a literatura empírica tem aberto uma riqueza de conhecimentos sobre como as pessoas remodelam identidades e comunidades no espaço e no tempo[2]. Até o final do século XX, o termo "diáspora" (tipicamente com D maiúsculo) era quase exclusivamente identificado com a experiência judaica, embora existisse uma extensa literatura sobre outras importantes dispersões, como a grega, a africana e a armênia[3]. À medida que a pesquisa sobre diásporas específicas progredia, nos distanciamos da definição com base nas experiências judaicas e aprimoramos uma compreensão fundada na experiência de cada grupo que adota o termo. Isso tem sido útil para entender a diáspora como uma comunidade humana universal e cada vez mais comum. No entanto, essa fluidez de usos corre o risco de tornar seus significados tão amplos que lhes falte a precisão analítica necessária para que sejam teoricamente úteis.

As diásporas são um tipo dinâmico de comunidade baseado na lógica primordial da família; diversas pessoas espalhadas por muitos lugares que, no entanto, se percebem unidas por uma ascendência comum e, em particular, conectadas a um local comum de origem. Assim como a família, essas conexões requerem estímulo ao longo do tempo e estão sujeitas a condições que podem lhes enfraquecer ou, ao contrário, reafirmar vigorosamente. Mudanças na natureza, no ritmo e na capacidade da mobilidade humana ao longo do tempo afetam a forma como as diásporas se formam e se desenvolvem. Quando as viagens e correspondências de longa distância eram feitas a pé ou em caravanas, a separação entre suas terras e as diásporas era profunda, definindo como as pessoas mantinham conexões com suas terras e culturas ancestrais. Na era digital, as diásporas são cada vez mais comuns e uma parte cada vez mais importante do cenário social, político e econômico, porque é mais fácil viver e trabalhar através de fronteiras geográficas e Estados-nação tradicionais. As pessoas não mais simplesmente migram e assimilam novas culturas. Hoje, milhões de pessoas estarão acompanhando notícias e amigos, conduzindo negócios, seguindo as mais recentes tendências da música e da cultura popular e, talvez, influenciando correntes políticas em países distantes. As linhas estão embaçadas entre, digamos, um trinitário-tobagense que vive no Canadá e um canadense de origem trinitário-tobagense. Parte desse novo globalismo tem suscitado apreensões. Enquanto escrevo, uma onda nativista está crescendo na Europa por medo de que os imigrantes permaneçam leais à sua terra de origem. A forma como as diásporas procuram influenciar a política nas nações em que residem em prol de interesses externos tornou-se alvo do interesse de agentes políticos e estudiosos em todo o mundo[4]. Quando a França venceu a Copa do Mundo de 2018 com uma equipe composta principalmente por jogadores com raízes em ex-colônias, irromperam controvérsias sobre se deveriam ser considerados "franceses", "africanos" ou ambos, destacando as complexidades e possibilidades do pertencer e a solidariedade nacional como múltiplos entendimentos em colisão.

Como essas novas diásporas se cruzam com seus países de destino, com sua terra de origem, suas distantes relações com outras partes do mundo ou com as gerações mais antigas de migrações anteriores de sua terra natal? Como a existência das diásporas afeta a política das nações? Estas nações se aproximam dos antigos patrícios, que agora vivem em países mais ricos, em busca de ajuda financeira, ou lhes permite o direito de votar nos assuntos internos? As populações minoritárias podem alavancar a posição de suas nações ancestrais para se posicionarem de forma mais favorável nos negócios? Quando um terremoto devastou o Haiti, em 2010, um coletivo internacional de afrodescendentes poderia ter mobilizado ajuda imediata para o único país onde os africanos haviam derrotado seus escravizadores? A diáspora tem muitas implicações, daí a necessidade de uma compreensão profunda de como elas se formam e operam, mas esse estudo é complicado pelo fato de que muitas diásporas foram estudadas isoladamente. Como mencionado acima, há uma fartura de literatura sobre a diáspora nas experiências judaica, africana ou armênia; como cada uma dessas histórias nos ajuda a entender a diáspora como uma forma específica de comunidade humana? Neste e nos capítulos seguintes, usamos o prisma da diáspora africana como um instrumento para explorar as complexidades da diáspora e, assim, compreender melhor essas comunidades que se tornam cada vez mais uma alternativa ao Estado-nação.

Os seres humanos têm estado em movimento perpétuo desde o início dos tempos, mas nem todos os seus movimentos resultaram em diásporas. De certa forma, toda a humanidade faz parte de uma grande diáspora africana proveniente das migrações originais do Chifre da África. No entanto, o termo "diáspora" teve uso relativamente limitado até a década de 1980, quando passou a ser adotado para descrever tantos grupos e situações – e até mesmo uma bebida popular – que o editor Khachig Tölölyan começou a rastrear suas referências na revista *Diaspora*[5].

As diásporas tomam seus nomes de diferentes bases de identidade, que podem ser religiosas, como no caso da diáspora judaica; baseadas na nação, como a indiana; étnica ou culturalmente referenciada, como a sikh; regional, como a do Caribe; ou relativas ao continente, como no caso africano. Algumas diásporas tomam seu nome dos eventos que precipitaram sua dispersão, como o "Katrina", que emergiu das inundações que se seguiram ao furacão de 1995 em New Orleans. Outras ainda, como as diásporas *queer*, se baseiam em outra identidade coletiva transnacional.

Talvez a era digital possa ser considerada como a era da diáspora, embora muitos fatores tenham contribuído para a proliferação de comunidades autodenominadas diaspóricas. Novas tecnologias de transporte e comunicação, divisão geopolítica, reestruturação da economia global e padrões de guerra que criam grandes populações de refugiados e exilados transformaram o mundo, de modo que cada vez menos pessoas vivem hoje na terra de seus antepassados. Alguns podem argumentar que o Estado-nação, em si, está em crise, pois as afinidades pessoais são cada vez mais definidas em termos de etnias "tribais"[6]. Seja qual for a causa principal, as comunidades etnonacionais geram cada vez mais conjuntos de estudos que adotam o constructo diáspora.

Ao lado das diásporas recém-criadas, as comunidades que os acadêmicos já rotulavam de imigrantes, nômades ou exilados também começaram a se chamar diásporas[7]. Por exemplo, Dipankar Gupta refere-se aos punjabis que se mudaram para Delhi depois de 1947 como "esses refugiados ou a população da diáspora"[8]. Às vezes, essa reorientação da identidade surge na própria comunidade. James Clifford observa que povos oprimidos que uma vez conceberam sua situação no contexto de relações de poder da "maioria-minoria" estão agora abraçando o discurso da diáspora como uma alternativa[9]. De fato, os afrodescendentes na Índia, que anteriormente articulavam suas lutas contra a discriminação no bojo de outras minorias indígenas "intocáveis", como os dalits, descobriram novas possibilidades em ser parte de uma diáspora africana maior[10].

A adesão a uma diáspora, agora, implica num potencial empoderamento baseado na capacidade de mobilizar apoio e influência internacionais, tanto na terra de origem quanto na de destino. Essas conceituações mais recentes da diáspora como empoderadora distanciam-se das ênfases anteriores, que tinham um sentido de impotência, saudade, exílio e deslocamento, associados ao tropo judeu. As novas pesquisas acadêmicas em campos de estudos como a diáspora *queer* desorganizam a centralidade da terra de origem geográfica e construções implícitas de gênero e heteronormatividade que escondem toda uma gama de pessoas e ações que participam dos processos da diáspora[11]. Além disso, boa parte da proliferação de usos desse termo explica-se pelas tendências de sua popularidade na academia. Quando há recursos disponíveis para conferências, bolsas e programas de estudo, são incentivadas pesquisas ampliadas sobre estudos de diáspora. Os estudiosos da diáspora estão testemunhando e participando do surgimento de uma nova linha de investigação intelectual. Por isso é importante avançar para uma epistemologia que articule teoria e metodologia, além de trabalho empírico. Dada a diversidade de perspectivas sobre esse campo, é útil começar por explorar algumas definições básicas.

Na sua mais simples acepção, diáspora é a dispersão de pessoas de sua terra de origem. Na palavra grega *diasporein* (διασπορά), é a raiz *spr-* (σπρ) que se refere a essa dispersão seminal, a mesma que aparece em outras palavras indo-europeias, como "espalhar", "esporos" e "esperma". Um conceito derivado da biologia e da botânica aplicado às comunidades humanas, como recordou a plataforma de mídia social DiasporaBR, com sua metáfora do dente-de-leão[12]. Então, incorporada na palavra diáspora está uma imagem de gênero arraigada no papel masculino na criação, que privilegia a dispersão física. Seguir essa metáfora através de suas implicações ampliadas nos dá uma visão do que as noções tradicionais da diáspora destacam ou não. A metáfora biológica central está incompleta sem o acolhedor útero materno da mãe terra, sem o qual das sementes nada poderia nascer. Em outras palavras, o projeto de formação da diáspora vai além dos indivíduos que viajam; é também inseparável dos espaços fixos onde pessoas dispersas chegam para recriar comunidade e vínculos, bem como das memórias e dos relacionamentos contínuos e persistentes com os lugares de onde partiram. Nesse processo, a transmissão de identidade, cultura e comunidade envolve milhares de interações com mulheres e homens que podem nunca deixar os lugares onde nasceram. Os indivíduos desempenham múltiplos papéis na formação da diáspora quando se movem através de espaços sociais fluidos. A diáspora envolve tanto ir quanto permanecer, uma simbiose de conceitos considerados tipicamente opostos, mas sem os quais ela não poderia existir. O conceito de movimento dinâmico entre espaços – físicos ou não – é essencial para a diáspora e sua epistemologia. (Talvez esse elemento estimulante da diáspora possa ampliar a metáfora para incluir o sexo, mas proponho esse projeto a mentes mais literárias.)

A metáfora biológica privilegia algumas narrativas específicas de migração, obscurecendo o fato de que a maioria das diásporas se formam através de diversas formas e condições de movimento. Quando analisamos mais acuradamente essa diversidade, nos aproximamos de uma compreensão mais nuançada de considerações como gênero na elaboração da diáspora. Não só as pessoas de todos os gêneros viajam como também participam de formas de interação diferenciadas por gênero. Por exemplo, em seu estudo dos concursos de beleza da diáspora chinesa, Lok Siu observou como os organizadores do desfile do sexo masculino e as participantes femininas contribuíram para a formação da identidade de diáspora chinesa de maneiras distintas[13]. Nas sociedades escravistas das Américas, a mobilidade das mulheres vendedoras contribuiu para a formação da identidade coletiva de africanos escravizados de várias nacionalidades – talvez uma incubadora de solidariedade mais constante e disseminada do que as alianças estratégicas masculinas organizadas a intentar revoltas escravas[14]. Além disso, devemos observar a heteronormatividade implícita na palavra diáspora, e as restrições que isso pode colocar para a apreciação das diversas formas pelas quais elas podem começar a dar seus primeiros passos. A diáspora, portanto, engloba muitos tipos de atores e interações além do que está implícito em suas metáforas mais antigas.

Outra atenção necessária no estudo comparativo das diásporas é para a importância de contextualizá-las dentro das grandes forças sociopolíticas e econômicas globais que as geram e sustentam. Por exemplo, a expansão do comércio de longa distância pelos árabes muçulmanos após o século VIII criou mercados para o tráfico de africanos escravizados em todo o Saara, na Arábia e na Ásia. Isso deu origem à diáspora africana no mundo do Oceano Índico. Da mesma forma, o surgimento do mercantilismo europeu não só alimentou a escravidão africana no Atlântico, como financiou o capitalismo que levou à colonização da África. Hoje, conexões de longa data com os estados europeus têm assegurado novas ondas de migrações de africanos que buscam desfrutar dos benefícios da riqueza produzida em suas terras e pelo trabalho de seus ancestrais dispersos. Além disso, o surgimento do racismo científico e da supremacia branca continua a afetar a identidade e as solidariedades coletivas na diáspora africana.

Compreender essas histórias e contextos transnacionais ajuda a analisar as relações entre as diásporas, como no exemplo das europeias e africanas que se encontraram na São Paulo do início do século xx. Embora tenha observado aqui pontos particulares de comparação entre as diásporas, essas dinâmicas globais são um elemento essencial na análise da diáspora em geral.

A compreensão do termo "diáspora" baseou-se tradicionalmente em modelos retirados de experiências específicas, com a intenção de discernir suas características marcantes. Por exemplo, o deslocamento forçado foi tão crucial na história das diásporas judaicas e africanas que muitos o consideram uma característica determinante. No que chamo de abordagem etnográfica para a definição das diásporas, as interpretações são adaptadas para o grupo específico em estudo, aceitando como normativos certos elementos que talvez não se apliquem a todas as diásporas. No caso da africana, porque a escravidão foi a causa esmagadora da dispersão, seus estudiosos tenderam a desconsiderar a distinção, utilizada nas diásporas judaicas, entre o exílio forçado (*galut*) e a dispersão voluntária (*tefutzot*)[15]. A centralidade da discriminação na experiência das diásporas africanas e judaicas pareceu sugerir que a subalternidade fosse uma característica definidora de todas elas. No entanto, também é possível haver diásporas imperialistas ou conquistadoras, bem como diásporas cujas comunidades têm *status* muito diferentes nos vários países onde vivem[16]. Mesmo a distinção entre movimento forçado e voluntário é embaçada pelos casos daqueles que são pressionados a se mudar por perseguição, desespero econômico, guerra ou algum outro trauma. Assim, a natureza particular do deslocamento das diásporas judaicas ou africanas não é necessariamente a mesma para todas, ou mesmo para todos os indivíduos dentro de uma única diáspora.

A vantagem das definições etnográficas de diáspora foi a contribuição de facetas particulares de suas experiências para uma compreensão geral. Por exemplo, na diáspora armênia, os estudiosos diferenciaram uma simples identidade étnica baseada no nascimento *versus* um envolvimento ativo na diáspora. Isso chamou a atenção para uma distinção semelhante na basca e, em última análise, para o significado de nutrir ativamente um senso de comunidade, particularmente em relação à decisão e à elaboração de políticas, como um aspecto-chave da diáspora[17]. Para a diáspora africana, o foco foi na mudança insuficientemente teorizada, mas importante, da condição de dispersão causada pela escravidão para a de mobilização de uma diáspora politizada a partir do final do século XIX, com o surgimento de organizações pan-africanistas e da grande diáspora, como a UNIA de Marcus Garvey.

Apesar dessas frutíferas percepções, houve limitações para definir a diáspora exclusivamente com base em experiências específicas. Com as definições mudando a cada novo grupo que adotava o termo, a construção da diáspora estava se tornando muito fluida para servir como uma categoria funcional de análise aos estudiosos que buscam entender melhor o fenômeno em si. Era necessária uma definição que transcendesse histórias específicas e nos permitisse fazer uma análise comparativa sistemática das diásporas que pudessem ser diferentes entre si em termos do período histórico em que surgiram, da dimensão e da base da identidade do grupo (isto é, política, racial, religiosa).

Com esse objetivo, estudiosos comparativistas começaram a identificar características compartilhadas por todas as diásporas. Existem, de fato, características únicas que as diferenciam de outros tipos de migração, e que possibilitam determinados tipos de políticas e identidades individuais e coletivas.

Numa seleção da literatura sobre as definições da diáspora, parece haver várias características com as quais a maioria dos estudiosos concorda:

1. Dispersão por vários locais: em contraste com o conceito de uma migração de um único ponto de origem para um novo destino, a palavra "diáspora" implica uma dispersão por várias áreas, como está implícito nas palavras que compartilham a raiz *spr-*. Esse tipo específico de dispersão é uma condição prévia necessária à formação de ligações entre as várias populações na diáspora. As redes internas que ligam os vários segmentos de uma diáspora são uma característica única que as diferencia das comunidades que resultam de outros tipos de migrações.

2. Relacionamento com a terra de origem: embora alguns estudiosos tenham indicado um tipo específico de relacionamento, como, por exemplo, o desejo de retornar, as condições da diáspora são tão diversas e envolvem trajetórias tão complexas

DEFINIÇÕES DE DIÁSPORA

que é impossível usar qualquer tipo de relação como uma característica definidora. Em vez disso, é mais útil considerar que as diásporas terão algumas relações, tipicamente multifacetadas, com a sua terra de origem. É importante notar que essa terra de origem pode não existir mais na sua forma original, e que algumas deixam de existir completamente. No entanto, o vínculo compartilhado com a terra de origem é uma base significativa a partir da qual a identidade da diáspora pode se desenvolver[18].

3. Identidade coletiva: a autoconsciência de um grupo da diáspora como um coletivo vincula as pessoas não só à terra de origem, mas também umas às outras. Especialmente nos casos de diásporas cuja terra de origem já não existe mais, ou que dela estão separadas por muitas gerações, esse elemento de identidade conscientemente mantido e construído tem sido fundamental para sua sobrevivência como unidade cultural. Assim, embora todas as diásporas possam ser "comunidades imaginadas", apenas as comunidades imaginadas de determinada maneira são diásporas.

4. Existência ao longo de múltiplas gerações: os grupos dispersos de sua terra de origem, mas capazes de retornar dentro de uma geração, podem ser melhor entendidos como um exílio temporário do que uma diáspora, embora possam experimentar todos os outros elementos mencionados acima. Os complexos processos da diáspora são multigeracionais e combinam experiências de migração individuais com a história coletiva de dispersão grupal e regênese de comunidades no exterior. As estruturas para a análise da diáspora precisam incorporar ambas.

COMPLICANDO A DIÁSPORA

Embora esse *checklist* possa ser um ponto de partida útil e necessário, apresenta contudo certos problemas. Como a abordagem etnográfica, ele enraíza o conceito de diáspora no próprio grupo e, por extensão, tende a reificar sua identidade. Essa abordagem é insustentável porque as identidades nunca são estáveis; diferentes características intrínsecas tornam-se salientes a depender dos contextos com que pessoas e grupos se identificam. Mesmo em diásporas singulares, identidades simultâneas são possíveis[19]. Isso é particularmente evidente nos estudos da diáspora africana, que fornece um instrutivo exemplo para essa discussão.

Um afrodescendente nascido na Jamaica é parte da diáspora *africana*. Ao se mudar para a Inglaterra, ele ou ela junta-se a uma diáspora *caribenha* na Inglaterra, embora ainda mantenha adesão à diáspora africana. Como, então, esse imigrante jamaicano relaciona-se com os africanos continentais residentes na Inglaterra, mesmo sendo também parte de uma diáspora africana? Não existe ainda uma diáspora *jamaicana* na Inglaterra, nos Estados Unidos, no Canadá e em outros lugares? Como essa diáspora jamaicana do século XXI conecta-se com migrações anteriores de jamaicanos para o Panamá, Costa Rica e Cuba? A definição da identidade dessa pessoa como parte de uma diáspora africana indiferenciada não leva em consideração a complexidade das múltiplas identidades. A relevância de cada uma delas em qualquer momento é condicionada por exigências sociopolíticas. Nem esse indivíduo pode ser exclusivamente considerado como parte de uma diáspora do Caribe, nem mesmo jamaicano. As conceitualizações da diáspora devem ser capazes de acomodar as múltiplas identidades e as fases da "diasporização" ao longo do tempo.

Essa complexidade nos leva a um problema adicional e mais fundamental que descrevi como uma abordagem etnográfica para a definição das diásporas. Ela ancora o trabalho do estudioso na observação dos grupos e não nos dinâmicos processos sociais da "diasporização" no bojo dos quais esses grupos são criados[20]. Existe também o risco de caminhar na direção de uma "diáspora" essencializada, como um rótulo étnico e não como um instrumento de análise. Meu objetivo, ao buscar as qualidades únicas que as diferenciam de outros tipos de comunidades, é avançar em direção a uma epistemologia dos estudos da diáspora. Um instrumento com o qual comparar uma diáspora à outra nos permite ver melhor os padrões da "diasporização". Para mim, os estudos da diáspora transcendem o grupo em questão para elucidar a forma como as diásporas funcionam como um tipo particular de formação de comunidade na história humana.

As diásporas desafiam trajetórias simples; enquanto antes muitos discursos se concentraram nas raízes e nas terras de origem, estudos acadêmicos sobre a diáspora africana abriram novas possibilidades de exploração dos rizomas como metáfora para ela[21]. Na botânica, rizoma refere-se a raízes que crescem na superfície e de múltiplas fontes, e não para baixo e de uma única fonte. Evocados por escritores como Édouard Glissant, os rizomas expressaram o dinamismo da diáspora como processo, em vez de definições estáticas da diáspora como uma comunidade fixa com uma única narrativa dominante[22]. Para o foco particular deste livro, a metáfora dos rizomas captura com mais precisão a natureza complexa da diáspora africana, com dispersões em massa oriundas de muitas terras distintas do continente africano. Embora outras diásporas, como a indiana e a chinesa, possam diferir da africana, porque são nações únicas capazes de produzir as políticas em relação às suas diásporas, também para elas a metáfora dos rizomas tem aplicabilidade por causa da diversidade dos espaços nessas nações que contribuem para as respectivas diásporas[23].

Os rizomas também invocam a constante transformação e a fluidez de um organismo vivo em incessante movimento. Por isso, nenhuma compreensão rigorosa da diáspora pode ser estática; a diáspora desafia a academia a desenvolver novas linguagens e metodologias que reflitam mais precisamente a fluidez das identidades pessoais e das comunidades sociais. Como as raízes e as rotas, a diáspora também exige que os estudiosos possam abordar simultaneamente a estabilidade e o movimento, a unidade e a diversidade, o caos e a ordem, e outros conceitos opostos, mas complementares[24].

RUMO A UMA TEORIA E A UMA METODOLOGIA DE ESTUDOS COMPARATIVOS DE DIÁSPORA

O objetivo de esboçar e comparar certos fundamentos da diáspora é destacar características que não seriam tão visíveis sem essa perspectiva comparativa. Conforme mencionado acima, por exemplo, o fortalecimento da consciência de pertencimento à diáspora com base na participação ativa, que recebeu atenção na diáspora armênia, ajudou a revelar dinâmicas semelhantes em outras diásporas. O instrumento da diáspora abre novos tipos de questões que não são necessariamente relevantes para histórias nacionais. Como as diásporas moldam suas histórias de origem ou lógicas de pertencimento ao grupo? Por que isso é importante? Como elas têm sido usadas? Por que elas podem variar, ou manter elementos constantes, em todas elas? Olhando mais diretamente para a diáspora africana no Brasil, como se delinearam os relacionamentos com outras comunidades da diáspora africana e como esse processo afetou não só as trajetórias da história afro-brasileira, mas também os modos como os afrodescendentes se veem? Os afro-brasileiros enfrentaram problemas com a autodeterminação, o racismo, a supremacia branca e a manutenção de conexões com a herança africana, semelhantes a seus pares em outras partes da diáspora africana. Como comparar suas histórias?

Se quisermos entender a diáspora como um fenômeno, é importante ter uma estrutura conceitual para estudar comparativamente diásporas distintas. Uma vez que um grupo é identificado como "uma diáspora", podemos ir além de categorizar qualquer estudo sobre esse grupo como "estudos da diáspora". No entanto, isso é simplesmente uma etnografia com outro nome. Deixe-me ressaltar que esse não é um julgamento do mérito intrínseco de qualquer linha de indagação. Tal como acontece com qualquer abordagem metodológica ou disciplinar particular, a abordagem analítica deve ser relevante para questões específicas de pesquisa. Os estudos da diáspora com o modo de análise fazem (pelo menos) duas coisas: 1. destacam aspectos da experiência e da identidade que derivam da diáspora; e 2. iluminam como as diásporas funcionam enquanto uma forma de comunidade humana.

A população negra do Brasil, por exemplo, pode ser estudada em muitos contextos, não necessariamente com foco nas características da diáspora. Pode ser considerada nos contextos das histórias coloniais portuguesas, afro-atlânticas, brasileiras ou latino-americanas. Alguns africanistas têm argumentado que a diáspora faz parte da extensa história da África[25]. Embora eu não concorde que essa seja uma abordagem exclusiva, a história afro-brasileira é, em muitos aspectos, uma parte intrínseca da história da África, como é claramente exemplificado pelas comunidades brasileiras de retornados na África Ocidental[26]. No entanto, todos esses contextos são distintos e fundamentalmente diferentes da análise que quer iluminar as experiências dos brasileiros de ascendência africana como parte da diáspora africana global.

Para melhor entender a natureza das diásporas, ou analisar de uma perspectiva original qualquer comunidade diaspórica, o estudo transnacional comparativo é essencial. Isso muitas vezes é desafiador devido ao escopo da pesquisa, à destreza com idiomas estrangeiros e a organização tradicional da formação de pós-graduação. As comparações dentro de diásporas únicas não precisam limitar-se à consideração de diferentes locais geográficos; podem também incluir as ondas de migrações mais novas *versus* as mais antigas, ou como a ideologia, o gênero, a sexualidade, a idade, a deficiência física ou a classe podem fazer com que os indivíduos vivenciem a diáspora de maneiras diferentes.

A comparação entre diásporas distintas ajuda a iluminar como funcionam enquanto formas de comunidade e como existiram de várias maneiras ao longo da história. Para isso é necessário ter pontos comuns de comparação. O projeto britânico "Diásporas, Migração e Identidades", iniciado em 2005, considerou 29 questões estruturais/conceituais enfrentadas pela maioria das diásporas, incluindo exílio, sexualidade, cultura material e mídia[27]. Essas questões distintas abordam o que eu propus em um trabalho anterior como quatro processos gerais comuns a todas as diásporas, que podem ser comparados como um passo para uma melhor compreensão do seu fenômeno:

1. a principal dispersão: causas, condições e narrativas;
2. relacionamento com a terra de origem;
3. relacionamento com terra de destino;
4. inter-relações dentro das comunidades da diáspora[28].

Ao enquadrar essas categorias de forma geral, estou deliberadamente partindo de abordagens que especificam a natureza de relacionamentos particulares. Por exemplo, muitos autores citam as tensões entre o grupo da diáspora e as novas áreas de destino como uma característica definidora, mas claramente nem todas as pessoas em todas as diásporas necessariamente terão esse tipo de relação[29]. No entanto, existem muitas maneiras por meio das quais estudiosos trabalham esses assuntos de uma perspectiva comparativa nos estudos diaspóricos. Por exemplo, Gabriel Sheffer considera o *status* da terra de origem como um dos fatores distintivos cruciais das diásporas, observando a diferença entre as diásporas com estados de origem estabelecidos *versus* aquelas que não os têm. Stéphane Dufoix, em seu esboço sobre quatro modalidades da diáspora, analisa simultaneamente as relações entre elas, com as terras de origem e de destino e as relações internas[30]. Sua abordagem ressalta a interconectividade desses processos, o que é útil para o estudo da diáspora africana. É claro que toda comunidade de afrodescendentes nas Américas opera claramente dentro das estruturas políticas de suas respectivas nações. No entanto, seus papéis nessas sociedades também são condicionados por fatores como a sua experiência de dispersão, os tipos de relações que elas têm com a África e o poder relativo dos Estados africanos, e suas interconexões com outras pessoas de ascendência africana. Essas experiências também podem ser comparadas com as de outros cidadãos de outras diásporas. Por exemplo, as trajetórias das comunidades das diásporas alemã, japonesa, italiana ou síria em São Paulo foram profundamente afetadas por suas respectivas histórias de formação e podem ser comparadas com as trajetórias das comunidades da diáspora africana no Brasil.

Pontos semelhantes proporcionam um denominador comum que nos permite comparar diásporas de tamanho variável. Algumas são bastante pequenas. No Brasil, a cidade de Governador Valadares gerou, reconhecidamente, sua própria diáspora nos Estados Unidos e fora, semelhante a cidades como Kingston na Jamaica ou a estados como Michoacán no México[31]. É possível estudar cada uma delas enquanto diáspora por si só, como segmentos de outras diásporas maiores e comparando umas com as outras. Outras diásporas, como as africanas ou indianas, são muito maiores em escala, com muito mais segmentação e migrações subsequentes ao longo do tempo. Embora a maioria dos estudos acadêmicos concentre-se em diásporas únicas, o estudo comparativo é fundamental para refinar nossa compreensão delas como fenômeno. Nesse sentido, é útil identificar pontos comuns para comparação entre todas elas. A seção a seguir examina de perto os quatro processos de diáspora em geral compartilhados acima mencionados.

A Dispersão: Narrativas e Histórias

Existem diferenças fundamentais entre diásporas formadas por traumas de guerra e escravização *versus* as formadas pela conquista e pelo imperialismo? Muitos estudos iniciais comparativos de diáspora, incluindo os meus, procuraram estabelecer tipologias com base na dispersão inicial[32]. Narrativas dominantes sobre essa dispersão fixaram a identidade das diásporas com um bem estabelecido repertório de estudos, como sobre a escravização africana, o exílio judeu e o genocídio armênio. No entanto, essas narrativas obscurecem o fato de que as diásporas envolvem uma variada gama de migrações e condições ao longo do tempo. Por exemplo, rotular a diáspora africana de "vítima" complica a consideração das elites educadas, sobreviventes de guerra e refugiados econômicos que compõem as vagas mais recentes da diáspora africana contemporânea, ou mesmo figuras históricas como Juan Garrido, um dos africanos nas primeiras forças espanholas que conquistaram terras indígenas nas Américas e no Caribe[33]. É importante reconhecer que os processos históricos reais de dispersão podem ser muito mais complexos do que a narrativa adotada pelo grupo como sua história de origem, incluindo o exílio voluntário, as redes comerciais, a construção do império ou o resultado cumulativo de muitas migrações individuais. Muitas vezes, vários tipos de migração são combinados dentro de uma única diáspora. O estudo comparativo pode ajudar a situar a importância da "diasporização" seminal em outras migrações secundárias dentro de uma diáspora.

Dito isso, muitas diásporas têm uma dispersão principal, cujas razões e condições ressoam por gerações e definem um *éthos* e uma identidade. A remoção de um número maciço de pessoas de uma determinada sociedade e sua transferência para outra é necessariamente traumática e tipicamente ocorre em circunstâncias extraordinárias. Os tipos mais extremos de dispersão são movimentos forçados de grupos em massa, como no caso dos africanos, dos armênios e dos judeus, ou outros traumas como a guerra ou o colapso do Estado. Os graus de volição e as circunstâncias da dispersão importam, porque cada um resulta em um tipo diferente de relação entre as diásporas, sua terra de origem e as sociedades aonde se destinaram.

Ao invés de tentar definir qualquer diáspora como única com base em sua narrativa de dispersão original, pode ser mais útil considerar os tipos de perguntas que iluminam as diversas condições de dispersão e suas implicações. Por que essas pessoas se moveram? Que segmentos da sociedade partiram para constituir a diáspora? Um povo que é expulso desenvolverá necessariamente um *éthos* cultural diferente daqueles que fogem ou que são levados como cativos. Um grupo que sai em massa também difere de um grupo que se constitui gradualmente num prolongado período de emigrações individuais. Que condições internacionais ajudaram a determinar a natureza da dispersão e os lugares de destino[34]?

Embora a história da dispersão formativa seja fundamental para a compreensão de qualquer dada diáspora, existem algumas comunidades transnacionais cuja dispersão pode se concentrar numa migração de cultura ao invés de física. O caso da diáspora iorubá ilustra como esse processo inter-relacionado pode às vezes divergir. Iorubá é o nome étnico moderno para os descendentes do Império de Oió e de outras cidades com ligações ancestrais com Ilê-Ifé, no que é hoje o sudoeste da Nigéria. As guerras que dizimaram o Império de Oió, no século XVIII e início do século XIX, levaram à captura e escravização de milhares de pessoas. Enquanto alguns encontraram refúgio em estados africanos vizinhos, outros milhares foram levados por navios negreiros com destino principalmente a Cuba e ao Brasil. Alguns desses navios foram interceptados em alto-mar, e seus cativos foram reassentados em possessões britânicas em Serra Leoa e na Ilha de Santa Helena. Mais tarde, os iorubás dessas possessões foram transferidos para a Jamaica.

Desde então, eles impactam profundamente as culturas americanas e caribenhas. Importantes aspectos de sua cultura e visões de mundo, especialmente concepções e formas sagradas, foram adotados não apenas por outros afrodescendentes, mas também por indivíduos de ascendência europeia, asiática e indígena americana – a "criolização" cultural, por excelência, que marca a história americana e caribenha[35]. Ao longo do século XX, muitos estudiosos observaram as semelhanças entre as comunidades espirituais de base iorubá, conexões culturais que se concretizaram em uma série de conferências internacionais de iniciados iorubás. Hoje, os adeptos das tradições Oió/iorubá criaram uma comunidade espiritual transnacional muito ativa e interligada[36]. Embora possam se considerar culturalmente iorubás, talvez apenas uma pequena fração tenha laços ancestrais com as cidades de Oió e Ilê-Ifé, de onde derivam essas tradições. Assim, existe uma diáspora cultural iorubá, ao lado de uma diáspora ancestral iorubá.

Esse caso também suscita a questão de se as religiões, à medida que se espalham por novas partes do globo, podem ser estudadas numa estrutura diaspórica. Cohen argumenta que "as religiões podem proporcionar uma liga adicional a uma consciência de diáspora, mas não se constituem diásporas por si mesmas". Talvez o assunto mais relevante seja o tipo de trabalho interpretativo que a análise da diáspora proporciona. Para os iorubás transnacionais, os estudiosos têm usado a diáspora para interrogar os meandros das trocas culturais e da transformação da religião à medida que suas diásporas culturais e ancestrais começaram a se intersectar[37]. Os iorubás nigerianos agora interagem regularmente com comunidades sagradas de fundamento iorubá em lugares como Cuba, Estados Unidos e Brasil; eles, por sua vez, interagem entre si, continuamente circulando e adaptando ideias sobre tradições e ortodoxias sociorreligiosas. Assim, os estudiosos estão trabalhando simultaneamente com as relações com a terra ancestral (Nigéria), as relações com outras comunidades da diáspora e as formas como esses diálogos informam o que acontece em "casa". Seus trabalhos demonstram que uma estrutura de diáspora pode ser aplicada de forma significativa ao estudo da dispersão de uma comunidade ideológica ou cultural e seu subsequente desenvolvimento transnacional, como é exemplificado também por uma crescente literatura sobre diásporas *queer*.

Se há ou não uma diferença fundamental entre as diásporas com base em complexos ideológicos, amplamente definidos como cultura, e aquelas baseadas na ascendência é um aspecto sutil, mas importante, para nossa compreensão das diásporas. Ambas são frutos de dispersões – de pessoas, ideias e culturas – com a diferença de que a capacidade dos indivíduos de se "ligar" às diásporas ideológicas possibilita trajetórias históricas bastante diferentes das que são possíveis para as diásporas definidas estritamente por movimentos geográficos. A esse respeito, faço uma distinção entre a difusão de ideias, que pode envolver pessoas não relacionadas a uma diáspora física, e os processos pelos quais as pessoas carregam e reformulam ideologias nos contextos históricos e geográficos específicos do movimento da diáspora. De qualquer forma, as narrativas que criamos em torno de histórias particulares ajudam a conceber as identidades centrais das diásporas. As razões pelas quais as facetas particulares da dispersão tornam-se o cerne da identidade coletiva revelam muito sobre os usos estratégicos da diáspora, tema do próximo capítulo[38].

Relacionamento Com a Terra de Origem

Os motivos e as condições da relocação necessariamente afetam as relações subsequentes entre os povos da diáspora e sua terra de origem. Como a diáspora surge, muitas vezes, de condições extremamente traumáticas, é comum que a terra de origem não exista mais, ou que tenha mudado dramaticamente. No entanto, esse conceito, terra de origem, desempenha um papel central na base compartilhada da identidade coletiva da diáspora, distinguindo-a de grupos como os nômades. Embora as diásporas também possam compartilhar fontes complementares de marcadores comuns de identidade (linguagem, religião, fenótipo, por exemplo), que são componentes típicos da etnia, a terra de origem é a âncora da identidade da diáspora. Esse vínculo com o lugar é uma marca que a diferencia daquelas comunidades transnacionais cuja identidade étnica pode se formar a partir de uma gama de variáveis. Para diásporas, o lugar (geografia) é importante. Conforme mencionado acima, existem algumas comunidades transnacionais que não se originaram da migração de uma terra de origem comum. No entanto, as relações com a terra de origem são componentes essenciais da diáspora.

A que ponto a diáspora participa dos assuntos da terra de origem? Qual é o fluxo de influência política e programática em ambas as direções entre ela e a terra de origem? Como as mudanças no poder e nos recursos afetam os relacionamentos entre a terra de origem e a de destino? Essas questões ressaltam a necessidade de considerar diacronicamente as relações entre as diásporas e as terras de origem, pois suas dinâmicas estão sujeitas a mudanças ao longo do tempo. Além disso, esses relacionamentos podem diferir de um segmento da diáspora para outro. Nem todos os membros de uma diáspora terão os mesmos tipos de relacionamentos com a sua terra de origem. Há uma passagem estreita que sai do armazém de escravos e leva ao mar de Cape Coast, em Gana, que se mantém como uma metáfora física para uma das facetas centrais da relação com a terra de origem. Esse umbral que levava às pranchas de embarque dos navios negreiros é chamado de "porta do não retorno", pois foi por ali, e por muitos outros portais similares ao longo da costa atlântica, que milhões de africanos entraram na diáspora. Pode-se imaginar até que ponto um retorno é possível, uma vez que o processo da diáspora muda irreversivelmente a terra de origem e a diáspora. No entanto, a noção de um relacionamento constante é uma parte fundamental da experiência da diáspora. Geralmente se expressa mediante retenções culturais; em alguns casos, houve também tentativas de retorno físico. Muitos dos africanos que deixaram a Costa dos Escravos no século XIX desembarcaram no Brasil, um dos poucos países de onde um número substancial de africanos "retornou". É uma história contundente em que se pode observar como "um grupo alienígena, enquanto viveu no Brasil, considerou esse lugar como 'lar'"[39]. Mais recentemente, os "retornados" nipo-brasileiros (o Brasil também tem a maior comunidade da diáspora japonesa) relataram dificuldades similares para se adaptarem à terra de origem[40]. As tentativas de repatriar diásporas em larga escala levam a conflitos óbvios na terra de origem no que diz respeito ao compartilhamento de recursos com o grupo da diáspora e sua incorporação nas estruturas socioeconômicas. Respondendo à proposta de Marcus Garvey de um retorno maciço à África, muitos se opuseram fortemente à ideia de renunciar ao seu apego à terra de destino que eles ajudaram a construir. É necessário que uma população de diáspora tente ou deseje voltar à sua terra ancestral? Aqui difiro dos estudiosos que argumentam que esse desejo é uma característica definidora da diáspora. A gama de relações dinâmicas entre as diásporas e as terras de origem é muito grande e abrange posições sobre um retorno possível ou real que opõe à idealização a realidade pragmática, incluindo a realidade do apego à terra de destino, às vezes remontando há muitas gerações. Assim, a questão do retorno pode ser vista como parte do conjunto maior de relacionamentos com a terra de origem, que são intrínsecos à experiência da diáspora, ao invés de uma orientação específica para o retorno físico. Além disso, as imaginações sobre terra de origem pela diáspora são, até certo ponto, parte do projeto de construção de sua identidade. O caso dos roma, termo de autoidentificação de pessoas referidas como "ciganas" – considerado um termo depreciativo –, sugere que mesmo uma relação conceitual pode ser um fator crucial da identidade da diáspora na ausência de uma terra de origem que continue a existir como uma entidade geopolítica. O mundo adquiriu forma por meio de incontáveis vagas de povos errantes; nem todos eles mantiveram um sentido de enraizamento com a terra de origem. Existe uma diferença fundamental entre as diásporas que têm e as que não têm uma terra de origem? Existem padrões tipológicos de intensidade e dinamismo da relação com a terra de origem? Estas são algumas das questões sobre relacionamentos que merecem mais discussões para desenvolver a teoria da diáspora.

O relacionamento com uma terra de origem não cessa com a partida do grupo inicial. Não só continua como também pode assumir diversas formas simultaneamente, desde o retorno físico a apegos emocionais expressos artisticamente, até a reinterpretação das culturas ancestrais na diáspora. Muitas dessas terras assumiram papéis ativos de fomento a relações com suas diásporas, incluindo a extensão do direito ao voto e a ampliação das categorias de cidadania. As diásporas, por sua vez, desempenharam papéis ativos nas economias nacionais através de envios de fundos. Em seu estudo das relações cabo-verdianas com descendentes nos Estados Unidos, Laura Pires-Hester mostrou como o presidente Aristide Pereira deixou de considerá-los estrangeiros e passou a incluí-los, para alavancar recursos e influência. Sua análise do "uso estratégico do recurso étnico [da diáspora bilateral]" estabelece um conceito útil aos estudos do tema. A diáspora é um recurso potencial para a terra de origem, cuja utilização depende tanto dos objetivos desta quanto daqueles da diáspora. As comunidades emigrantes muitas vezes tentam advogar em nome da sua terra de origem nas novas localidades; como isso se transforma à medida que muda a composição das comunidades, dos próprios viajantes para os seus descendentes na diáspora? Em que medida a intervenção da terra de origem mobiliza toda a diáspora, ou considera estrategicamente os diversos locais? As análises comparativas do desenvolvimento da diáspora como capital político podem render percepções valiosas sobre estratégias alternativas de poder e os fatores que as afetam. Essas comparações já mostraram dramáticas diferenças de opções políticas em questões como direitos ao voto entre diásporas oriundas de Estados singulares, como a australiana ou a indiana, comparadas com a africana, em que a coordenação de vários Estados seria necessária para decisões políticas.

Essas são apenas algumas considerações pretendidas como pontos de partida na formulação da teoria, que deve levar em conta todas as dimensões das relações com a terra de origem, e o que revelam sobre o fenômeno e o funcionamento das diásporas. Assim como com a questão da dispersão física, os relacionamentos com a terra de origem distinguem as diásporas de outros tipos de comunidades transnacionais. É um processo contínuo pelo qual as comunidades da diáspora e suas terras de origem se imaginam e se recriam, a si e à outra.

Demorei-me propositadamente no conceito de terra de origem para sugerir essa variedade de considerações que levam a desenvolver a teoria da diáspora. No entanto, vale a pena observar alguns pontos relativos a outras dimensões comuns da diáspora.

Relação Com as Terras de Destino

A antropologia, os estudos de migração, a sociologia e a ciência política, entre outros campos, contribuíram enormemente para a compreensão das relações da diáspora com suas terras de destino. No campo dos estudos diaspóricos, há uma riqueza de investigações sobre política de identidade, assimilação, retenção cultural e canais de empoderamento político, social e econômico. Ao invés de discutir esses tipos de questões aqui, gostaria de sugerir formas de analisá-las para melhor iluminar a natureza das diásporas.

As ações e condições das terras de destino podem ser consideradas alguns dos principais agentes na formação e desenvolvimento das diásporas. Seu estudo demanda uma compreensão do protagonismo da terra de destino, pois afeta coisas como a capacidade de interagir com a terra de origem, com outros grupos da diáspora e com as populações majoritárias da terra de destino. Por exemplo, os negros estadunidenses, nas primeiras décadas do século XX, consideraram emigrar para o Brasil, um lugar com melhores oportunidades e possíveis aliados políticos. O ramo de Springfield da UNIA mirava o Norte e o Nordeste do Brasil por causa de seu grande número de negros, assim como também a vizinha Guiana Britânica. Seus membros expressaram suas aspirações em uma carta de 1921 ao jornal da organização, *The Negro World*: "Que fonte de força nossa organização pode ter se apenas uma parte dessa população puder ser trazida para o nosso campo; a vitória para a nossa causa será facilitada e a ajuda comercial e financeira pode ser obviamente vista."[41] Cyril Briggs, da African Blood Brotherhood (Irmandade do Sangue Africano), levantou a possibilidade de criar uma "república negra" na América do Sul em conjunto com os muitos afrodescendentes que aqui já viviam. Com a libertação da África do colonialismo, ele profetizou que "dois continentes ricos seriam dominados pelas raças africanas"[42]. No entanto, suas previsões para esse tipo de colaboração dependeriam diretamente de seus respectivos Estados. O Brasil não conseguia controlar a emissão de passaportes pelos Estados Unidos, mas recomendou que os negros estadunidenses fossem impedidos de entrar no país. Por seu lado, o Departamento de Estado dos Estados Unidos também consultou o Brasil e negou a autorização. Embora os negros nos Estados Unidos e no Brasil tenham se correspondido em jornais negros em ambos os países, essa intervenção dos dois Estados num momento crítico do despertar pan-africano teve um papel concreto nos tipos de estratégias abertas aos afrodescendentes. Da mesma forma, as relações entre afrodescendentes nos Estados Unidos e em Cuba foram restringidas pela mudança nas relações diplomáticas e econômicas entre esses países[43]. Por outro lado, as ações dos Estados podem encorajar novas ou mais amplas relações da diáspora, como o ato de imigração dos Estados Unidos de 1965, que provocou ondas de imigração africana e caribenha para a comunidade negra, ou os programas acadêmicos no Brasil para estudantes africanos. Uma estrutura da diáspora nos permite ver o papel dos Estados na sua formação.

Inter-Relações na Diáspora

As inter-relações nos segmentos da diáspora são uma dimensão crucial de sua experiência. Sugiro que a emergência dessas relações seja o momento seminal da transformação de grupos migratórios em diásporas. O contato entre comunidades da diáspora, independente dos contatos com a terra de origem, é vital para forjar a sua consciência, suas instituições e suas redes. É, portanto, um ponto essencial de análise. A importância da consciência numa diáspora tende a ser menos teorizada na literatura do que os abundantes estudos sobre as relações entre as diásporas e sua terra de origem. No entanto, pode-se argumentar que se os membros de uma população dispersa não mantêm laços entre si é difícil elencá-los como uma diáspora operativa. Isso não significa que o grupo não venha a desenvolver uma identidade de diáspora. A diáspora africana existiu quase quatro séculos antes dessa identidade se tornar operativa. Com isso, quero dizer que, sem que eles se conhecessem e compartilhassem a identidade em torno da "negritude", e compartilhassem histórias ancestrais de escravidão e opressão no Novo Mundo, as comunidades afro-atlânticas poderiam ter seguido outras trajetórias, inclusive as de grupos imigrantes assimilacionistas. Até certo ponto, isso já aconteceu no caso de alguns afro-latinos, que optaram por identidades "hispânicas" e não "negras" nos Estados Unidos[44]. Sem a referência da negritude/africanidade na comunidade, esses indivíduos percebem uma relação apenas tangencial com outras comunidades da diáspora africana, que tem implicações para a ação coletiva. Quando, em 2013, o governo da República Dominicana revogou a cidadania de milhares de dominicanos negros suspeitos de serem descendentes dos haitianos que entraram no país a partir de 1929, essa ação foi direcionada não apenas a um número significativo de cidadãos negros, mas também ao relacionamento problemático e racializado entre o Haiti e a República Dominicana. No entanto, muitos cidadãos dominicanos, que compartilhavam a ascendência africana com seus conterrâneos descendentes de haitianos, não perceberam nisso uma causa comum. A identidade é, portanto, um componente vital das diásporas; transforma a realidade física da dispersão em realidade psicossocial da diáspora.

Para usar uma metáfora visual, a dispersão física pode ser representada pelo eixo de uma roda de onde partem vários raios. A diáspora é a ideologia interconectada que complementa a roda, ligando os raios uns aos outros, bem como ao centro, criando assim a unidade dessa comunidade transnacional. Estudos adicionais ajudarão a identificar os fatores específicos da transição da migração para a consciência da diáspora.

É possível representar as relações entre as comunidades que constituem uma diáspora através de técnicas de mapeamento que consideram outros aspectos além dos geográficos. Em seu estudo sobre a diáspora comercial sudanesa, Philip Curtin usa um mapa que indica linhas de dependência e rivalidade entre seus membros. Registra também suas diferentes relações com seu centro no Cairo. Esta é apenas uma das várias maneiras pelas quais a geografia pode ser usada criativamente para mapear a estrutura interna das diásporas. Não há uma regra única para esse tipo de mapeamento alternativo, exceto talvez que cada uma delas seja mapeada em seus próprios termos. Na diáspora cubana contemporânea, por exemplo, simplesmente usar cidades de destino como Miami e Nova York para denotar suas subunidades mascara a divisão bem real entre os emigrantes anticastristas, os "marielitos" e outros. Para essa diáspora, a ideologia política e a classe socioeconômica são delimitações reais dentro do grupo que devem ser levadas em consideração. A cronologia também importa para as especificidades das unidades internas, especialmente quando as diásporas se formam durante longos períodos de tempo, para evitar formulações que homogeneízem as experiências de diversos povos. Isso representa um desafio porque o que está sendo mapeado é uma comunidade imaginada. Mapear uma diáspora, portanto, exige a consideração de sua dinâmica interna em conjunto com a espacialidade, a fim de registrar com mais precisão seus múltiplos contornos. Técnicas específicas para isso continuam a ser apuradas; minha intenção aqui é direcionar a atenção à necessidade de adaptar a geografia para uso no estudo da diáspora, de maneira que nos permita incorporar simultaneamente as realidades históricas das quais essa geografia emergiu. A questão maior aqui é a necessidade de maneiras criativas a fim de identificar e explorar as geografias internas da diáspora.

Os espaços físicos desempenham um papel importante na formação da diáspora. Eles se cruzam e se sobrepõem, especialmente em áreas cosmopolitas como São Paulo ou em locais como a Guiana e Trinidad, onde as políticas coloniais juntaram as diásporas africana, indiana, chinesa e europeia. O impacto de uma diáspora sobre outra e o efeito dessa interação sobre as identidades individuais e as estratégias políticas coletivas é um caminho para novas pesquisas. A análise das "capitais da diáspora", áreas em torno das quais as comunidades de muitas diásporas se aglutinam, potencialmente contém chaves para uma compreensão mais matizada dos processos e dos fatores específicos que afetam a criação da sua identidade. Isso inclui diferentes comunidades dentro da mesma diáspora; o capítulo 3 examina algumas das implicações das interações entre várias camadas de diáspora quando elas se juntam num único lugar.

Qualquer estudo dos laços que ligam as diásporas tem potencial para discernir por que as organizações transnacionais formais podem existir em alguns casos, ou se práticas culturais particulares servem para cimentar identidades diaspóricas[45]. Há muitos agentes que facilitam ou obstruem suas interconexões: indivíduos, Estados-nação e forças transnacionais, com resultados multifacetados. Por exemplo, a xenofobia pode levar a represálias contra expressões de nacionalismo da diáspora (em oposição ao patriótico) nos mesmos países que facilitam sua rede através de tecnologia de telecomunicações de fácil acesso. Pode haver alguns segmentos para os quais as interconexões são mais fortes do que outras, ou de uma natureza diferente. Essas são apenas algumas sugestões de questões para pesquisa que, coletivamente, podem ajudar a iluminar essa dimensão da experiência da diáspora.

TEMPORALIDADE E DIÁSPORA

Em *New Diasporas*, Nicholas Van Hear discute algumas das questões enfrentadas pelas diásporas mais recentes e destaca a utilidade de situá-las historicamente na época em que ocorrem. Embora sejam consideradas no presente como comunidades transnacionais na era da globalização, as diásporas existiram antes das construções modernas do Estado-nação (assim como os sistemas econômicos internacionais). O surgimento de Estados e tecnologias modernos tem indubitavelmente afetado a história das diásporas e o crescimento das suas identidades no presente. É possível que, na Antiguidade, as diásporas fossem mais de exércitos de conquista do que de refugiados e trabalhadores assalariados, tão comuns nas do início do século XXI. Estudos comparativos levam luz à transformação da natureza das diásporas em diferentes épocas históricas.

O tempo pode também ser considerado na história de vida de uma diáspora. A dispersão principal é, à primeira vista, um marcador claro do seu início quando esta é uma relocação maciça causada por conjuntura distinta. No entanto, isso não impede a possibilidade de migrações anteriores e posteriores. Em alguns casos, há séculos entre a diáspora inicial e as subsequentes. Mesmo dentro "da" diáspora africana existem diásporas jovens, como a da África pós-colonial, de meia-idade, como a africana no mundo atlântico, ou velha, como a africana no mundo do Oceano Índico. Esses termos são usados intencionalmente com a finalidade de evocar uma referência ao histórico de vida das diásporas. É possível que as mais novas, apenas duas ou três gerações depois da dispersão original, sejam substancialmente diferentes em caráter, com questões como migração, adaptação ou envolvimento político em assuntos internos mais ou menos proeminentes em seu discurso e experiência. Para as diásporas que remontam a quatro ou mais gerações, a situação provavelmente será bastante diferente. Nesse ponto, suas populações podem precisar reforçar ativamente a identidade a fim de neutralizar a assimilação. Eu sugeriria que uma outra fase fosse inserida quando os relacionamentos se dão entre comunidades diversas para forjar uma identidade comum distinta de uma identificação exclusiva entre membros de uma terra de origem. Existe uma diferença sutil, mas crucial, entre as noções de comunidade centradas na terra de origem e as centradas na própria diáspora. Enquanto o pan-africanismo mobilizava as diásporas da África para defender o fim do colonialismo no continente, outros diálogos políticos também surgiram diretamente entre as suas comunidades, como os diálogos hemisféricos sobre negritude e raça, na preparação para a conferência da ONU em Durban sobre racismo e xenofobia em 2002. Mais uma fase começa quando emergem diásporas secundárias? Existe um ponto em que uma diáspora deixa de existir como uma categoria significativa de análise, ou os ecos das diásporas mais antigas permanecem, mesmo quando as mais novas se dispersam e se misturam?

RUMO À EPISTEMOLOGIA

O objetivo último de destacar a dinâmica comum a todas as diásporas é fornecer uma estrutura para uma abordagem comparativa do seu estudo. Ao considerar comparativamente essas (e outras) dimensões da experiência da diáspora, podemos começar a avançar para uma compreensão mais nuançada dos processos que afetam suas trajetórias. Por exemplo, a relativa força política ou econômica da terra de origem pode se relacionar com padrões específicos de inter-relações dentro de sua diáspora. Uma diáspora nascida do cativeiro pode ser de natureza muito diferente de uma formada pelo comércio. Aquelas que são originárias de múltiplos Estados, como a africana, podem ser de natureza muito diferente das diásporas de um único Estado. A quantidade extraordinária de pesquisas sobre as experiências de diásporas de múltiplas populações possibilita a mudança para uma nova geração de estudos comparados. Isso nos dá uma base rica a partir da qual desenvolver uma epistemologia verdadeiramente universal da diáspora.

Há temas essenciais para o estudo da diáspora, cuja exploração tem sido ajuizada em determinadas disciplinas. Os estudos culturais e literários desenvolveram uma literatura considerável sobre as implicações socioculturais e pessoais do transnacionalismo. Os antropólogos foram pioneiros da etnografia no início do século XX e articularam teorias, como a do regênesis cultural, que são parte integrante do estudo da diáspora. Uma conferência em 2006 sobre a diáspora africana e suas disciplinas revelou as diferentes trajetórias que os estudos tiveram em disciplinas distintas[46]. Grande parte da experiência da diáspora não está escrita. Está inscrita nas artes criativas, na cultura material e nas tradições orais; recuperá-las exige uma diversidade de abordagens. Para citar apenas um exemplo, quando o African Burial Ground[47] foi escavado no centro de Manhattan, pesquisadores utilizaram ciência genética, arqueologia, história da arte, estudos religiosos, antropologia e história empírica para "falar" com os ossos enterrados séculos antes. Foram necessários conhecedores dos segredos ancestrais para ouvir esses espíritos e persuadi-los a revelar suas identidades e histórias e memórias. Foram necessários artistas para traduzir essas lembranças em sentimentos, em poesia e arte, e monumentos, para aqueles que ainda viriam para comungar e celebrar aquelas vidas perdidas[48].

Essa multidisciplinaridade apresenta desafios metodológicos em vários níveis. O estudo da diáspora exige uma gama de elaborações acadêmicas; seu estudioso deve aventurar-se além dos limites da literatura disciplinar, transcender a organização geográfica tradicional da maioria das disciplinas. Isso implica a necessidade de treinamento de estudiosos da diáspora. Um programa de estudo voltado à pesquisa da diáspora incluiria necessariamente treinamento em múltiplas linguagens e disciplinas, bem como imersão em cultura "popular" e experiência no exterior em algumas das comunidades em foco. Novos programas, instituições e modelos de aprendizagem podem ser necessários para futuras gerações de especialistas da diáspora. A tecnologia digital abriu novas opções, como o projeto Unispora, de Chinwe Oriji, um *site* interativo que reúne múltiplas narrativas da diáspora entre culturas e gerações, possibilitando a descoberta de dimensões e temas universais da experiência da diáspora de novas maneiras[49]. O projeto Ekopolitan, desenvolvido por Abosede George, está criando um arquivo digital das muitas migrações individuais de pessoas comuns que se mudaram para, e de, Lagos nos séculos xix e xx, tornando visíveis detalhes sem precedentes sobre os fluxos de retorno da diáspora para a África e suas interações com a população local, de uma perspectiva micro que até agora era difícil documentar[50]. Esse último projeto é um dos muitos que desafiam nossos conceitos atuais da geografia, reimaginando um "mapa" coletivo e dinâmico. A diáspora nos mostra como se valer do movimento onde houve uma vez tradições de fixação, sustentando simultaneamente conceitos contraditórios; por isso o campo exige que as disciplinas interroguem realidades que não se encaixem perfeitamente em constructos tradicionais. A necessidade de moldar novas ferramentas conceituais requer criatividade dos estudiosos da diáspora, mas uma criatividade capaz de desenvolver disciplinas mais preparadas para abordar os dinâmicos fluxos da comunidade que marcam o século XXI.

Existem discursos correntes nos estudos da diáspora que estão fora do foco estreito deste capítulo sobre epistemologia. Por meio de disciplinas como literatura, estudos culturais, ciência política e história, um número crescente de estudiosos está pensando além das fronteiras para explorar o protagonismo de comunidades transnacionais à medida que elas se reinventam, considerando ainda a emergência de identidades individuais transnacionais. Construções sociais como raça, gênero e sexualidade interagem com as forças da autoridade dos Estados e as internacionais nessas novas narrativas do pós-colonialismo, reconfigurando identidades em busca contínua de autodeterminação e poder.

As relações de poder não podem ser consideradas apenas em termos binários diáspora/destino; isso não é a única coisa a ser levada em conta. O poder abrange todas as manipulações de recursos e identidades, uma realidade que a construção da diáspora deve acomodar. A identidade da diáspora não necessariamente empodera se mantiver discriminação de gênero e classe. Tradicionalmente, as diásporas foram vistas como destituídas de poder porque em geral não possuem recursos (particularmente econômicos e militares) de Estados formais. Por conseguinte, foi fácil estabelecer a ausência de poder como normativa. No entanto, as formações transnacionais são claramente capazes de influenciar, dominar ou mesmo subverter as nacionais na medida em que são capazes de mobilizar recursos estrategicamente influentes, um fator que pode tornar-se cada vez mais importante à medida que os antigos limites coloniais continuam sendo desafiados pelos movimentos de guerrilha e etnonacionais.

Esse ponto sobre o poder às vezes é inquietante. As articulações da identidade da diáspora por pessoas destituídas de poder sugerem uma busca por novas alianças que possam potencialmente conferir mais autonomia. O movimento da pessoa "minoritária" em direção ao alinhamento com uma comunidade internacional da diáspora e uma terra ancestral lhe proporciona uma base alternativa de poder que, de outra forma, poderia não lhe estar disponível devido aos modos tradicionalmente hegemônicos desse poder. O nacionalismo diaspórico pode se tornar uma forma de patriotismo transcendente, "sem Estado", que substitui a fidelidade aos vários países em que a diáspora se instalou. Essa possibilidade tem provocado preocupação, sobretudo em países com taxas elevadas de imigração, de que os esforços para promover seus próprios interesses levassem as diásporas a "manter uma política [nacional] refém"[51].

A simples expressão do etnonacionalismo da diáspora, portanto, causa desconforto em alguns círculos. Para alguns, evoca memórias da xenofobia desmedida que caracterizou os nazistas e a Ku Klux Klan/Nação Ariana, ou mesmo de conflitos econômicos e políticos, como entre os tutsis e os hutus, que se entrelaçaram com os étnicos em Ruanda e Burundi. Quando as comunidades se agrupam em torno da etnia (ainda que construída), estabelecem limites que por vezes são impermeáveis e, portanto, antidemocráticos quando considerados no contexto da sociedade em geral. No entanto, seria tendencioso destacar os perigos do etnonacionalismo apenas para os povos destituídos de poder. Todas as construções de identidade são baseadas em poder, de forma explícita ou implícita. As pessoas escolhem as identidades que oferecem algum benefício e evitam as que não têm o que ofertar. Esse benefício depende do sistema de valorização do indivíduo, e pode incluir considerações espirituais, sociais e econômicas. Ademais, as articulações da identidade expressam uma escolha individual de autodeterminação dentro de uma dada sociedade, não são apenas uma atribuição de fatores socioeconômicos ou étnicos. Avtar Brah dá o exemplo de duas jovens mulheres negras britânicas de ascendência jamaicana, uma das quais prefere se identificar como jamaicana ou caribenha, enquanto a outra, com antecedentes semelhantes, opta por afirmar sua identidade britânica ao arrepio da marginalização cultural[52]. A construção da diáspora proporciona uma identidade coletiva alternativa à do Estado e, como todas as outras, envolve negociações de poder social. O fato de seu uso estar aumentando significativamente nos últimos anos sinaliza um desafio correspondente às construções tradicionais de fronteiras, nacionalidades e à imposição de identidades destituídas de poder.

A realidade do transnacionalismo neste momento histórico tem indicado que este é também o momento para os estudos sobre a diáspora avançarem. Nós, empenhados na compreensão do processo e do impacto da diáspora, fomos além do mundo insular do estudo da diáspora singular, mas ainda estamos lutando com o aperfeiçoamento de nossas próprias linguagens e estruturas de análise. Embora tomemos emprestado e contribuamos com discursos como pós-colonialismo, modernidade, história mundial e estudos étnicos, ainda estamos no processo de formulação de uma epistemologia focada na singularidade da experiência da diáspora. Este capítulo é, sem dúvida, apenas uma série de sugestões para esse fim, mas espero que nos ajude a progredir em nossa tentativa de interpretar e compartilhar o que para muitos de nós tem sido uma parte tão profunda de nossas próprias vidas. No estágio atual da história humana, é cada vez mais raro viver e morrer na terra de nossos antepassados; este é, como diz Khachig Tölölyan, o momento transnacional – a era da diáspora.

A DIÁSPORA AFRICANA[53]

A diáspora africana é, em alguma medida, a mais diversificada de todas elas, bem como a mais antiga. A África é o ponto de origem de onde a humanidade se espalhou pelo globo. É o lugar dos grandes movimentos migratórios da Antiguidade.

Alguns desses, como a grande migração bantu, aconteceram dentro do próprio continente; outros envolveram viagens marítimas para a Oceania e, como argumentou Ivan Van Sertima, para as Américas[54]. Todas as eras da história humana têm visto migrações da África. Devido a essa diversidade, a grande diáspora africana, na verdade, consiste em muitas diásporas distintas, cada uma com história e trajetória específicas. Embora alguns associem os termos diáspora "negra" com diáspora "africana", apenas esta última tem como centro o espaço físico da África e a dispersão de seus povos ao longo da história. A negritude, à medida que foi reapropriada e redefinida como uma ideologia libertadora, tem deveras um grande valor. E, para ser justa, "África" é também um conceito profundamente conectado a uma Europa que se distanciou de sua família africana além do familiar litoral mediterrâneo. No entanto, enquanto a negritude é produto da escravidão, do colonialismo e da hegemonia europeia, a grande diáspora africana não o é.

Como Colin Palmer sugeriu, há uma diferença fundamental entre as migrações da Antiguidade e as que constituem a diáspora africana moderna. Ele distingue cinco fases históricas no desenvolvimento da diáspora africana, começando com o êxodo original do Chifre da África para se estabelecer no resto do continente e também nas comunidades pré-históricas na Arábia[55]. Combinando o foco temporal de Palmer na periodização com uma consideração do espaço historicizado, dividi a diáspora africana da era moderna em quatro fluxos principais.

O mais visível deles resultou do traumático tráfico de escravos transatlânticos. As experiências dessa comunidade inicialmente sugeriram aos estudiosos da África que o conceito de diáspora poderia ser útil para a compreensão das complexas identidades, relacionamentos e políticas de pessoas de ascendência africana no nível global. As aproximadamente onze milhões de almas que sobreviveram à brutalidade da travessia atlântica vieram a constituir o que muitas vezes foi visto como arquétipo da diáspora africana, juntamente com os seus descendentes concentrados nas Américas e no Caribe. Refiro-me a essa comunidade como a diáspora afro-atlântica[56].

No entanto, existem outros circuitos significativos da diáspora africana formada na era moderna. Mesmo enquanto a diáspora afro-atlântica estava tomando forma, uma rede comercial muito antiga que comercializava escravos em todo o Oceano Índico, e que remonta ao primeiro ou segundo século da era cristã, foi responsável por transferências de africanos para Índia, Paquistão, Iraque, Irã, Turquia, Iêmen e, provavelmente, até para a China. Esses movimentos de africanos fizeram parte do desenvolvimento de uma das redes transnacionais mais significativas que inauguraram a era moderna – um grande império comercial que liga a Rota da Seda e o comércio asiático à África, à Ibéria e aos Estados do golfo. A diáspora africana no mundo do Oceano Índico tem diferenças significativas da de seus pares do Atlântico, tal como a importância relativa da religião (em oposição à raça) na formação de identidades sociais[57].

Após o fim da escravidão nas Américas, no século XIX, houve uma onda de migrações secundárias na diáspora afro-atlântica que constituíram outra fase significativa. Os descendentes de africanos escaparam dos constrangimentos em suas antigas sociedades escravas a fim de recomeçar a vida em capitais industriais e urbanas emergentes, para trabalhar em projetos como o Canal do Panamá ou em empreendimentos agropecuários como as *plantations* de banana, da United Fruit Company na América Central, e de açúcar em Cuba. O movimento em massa de afro-americanos do campo para as cidades industrializadas nos Estados Unidos, conhecido como a Grande Migração, ecoou em todo o hemisfério, conforme os ex-escravizados buscavam oportunidades econômicas e refúgio de situações insustentáveis em "casa".

O Caribe era um lugar de migração particularmente ativo devido a uma confluência de fatores: a procura por trabalho em novos mercados, mas também a limitação das economias insulares pelas monoculturas da era escravista, pelo afluxo de trabalhadores asiáticos a inflar o que, caso contrário, teria sido uma força de trabalho predominantemente negra, e a oportunidade de remuneração do trabalho por contrato, tudo isso contribuiu para a mudança aos centros industriais. Africanos continentais também estavam em movimento. Conforme a ocupação comercial e militar europeia na África tornava-se colonização formal, após a década de 1880, os africanos gravitavam em direção a capitais coloniais europeias para estudo e outras oportunidades, de outra forma indisponíveis para eles. Os colonos do Caribe e um número pequeno, mas significativo, de cidadãos de ascendência africana das Américas também viajavam cada vez mais para as metrópoles europeias com as quais há muito se relacionavam. Em contraste com as chegadas em massa da era escravista, esse fluxo caracterizou-se por uma multiplicidade de migrações individuais impulsionadas por motivações diversas que vão desde ambição e desejo até a necessidade de escapar de situações desesperadoras e perigosas.

Essas migrações cruzadas de afrodescendentes levaram a novas constelações de capitais da diáspora africana em lugares como Nova York, Costa Rica, Panamá, Paris e Londres. Em todos esses espaços, conforme os afrodescendentes testemunhavam acontecimentos como a partilha da África, novas ondas de violência antinegra, leis racistas e políticas sociais, e as lutas de independência na África continental, começaram a se imaginar como uma comunidade ligada por uma herança e uma causa comum. Concebidas mais visivelmente na linguagem do pan-africanismo, começaram a emergir políticas da diáspora global concentradas em estratégias coletivas para melhorar a vida dos africanos no continente e dos afrodescendentes em suas muitas comunidades ao redor do mundo.

No século XXI, as viagens da diáspora não são mais dominadas por indivíduos com experiência pessoal de escravidão ou colonialismo, mas novas migrações estão trazendo africanos para a Europa, Ásia, os Estados do golfo e as Américas[58]. Esse quarto e mais recente fluxo da diáspora africana está acontecendo simultaneamente à melhoria das tecnologias de transporte e telecomunicações, o que, afirmo, distingue-a significativamente de ramos anteriores. As chamadas de vídeo, as transferências instantâneas de dinheiro e os recursos da internet facilitam a manutenção de vínculos muito mais estreitos com os lugares de origem do que em épocas anteriores; isso cria novas possibilidades de relacionamentos culturais, familiares, políticos e econômicos. Essas condições também se estendem a muitas remigrações reconfigurando continuamente comunidades em toda a diáspora em que estão circulando novas ideias e influências culturais globais num ritmo sem precedentes. A música chutney soca de Trinidad, de influência indiana, toca em alto-falantes no Queens, em Nova York, e acaba indo parar na *playlist* de um jamaicano. Há uma afluência de filmes de Nollywood em telefones celulares na Rússia, e o azeite de dendê tempera novas receitas numa cidade da Alemanha ocidental[59]. A mais nova era da diáspora africana é uma mistura de culturas globais que lhe permite manter identidades específicas e, ao mesmo tempo, estar em constante dinamismo. Como em épocas anteriores, esse fluxo da diáspora existe ao lado das persistentes oscilações da exploração negra/africana que continuamente reconstituem o racismo e supremacia branca estrutural, institucional e ideologicamente. A mais nova da diáspora africana existe também no contexto de uma África continental ainda lutando por autonomia política e econômica e segurança. Embora eu tenha notado as principais dispersões do continente como um todo, há também muitas dispersões de locais específicos dentro da África para outros destinos no continente e no exterior que compartilham essas novas condições da diáspora no século XXI.

Anteriormente, eu havia argumentado que os motivos particulares de, e as condições para, qualquer diáspora deixam nela uma marca fundamental que, por sua vez, informaria sua política, cultura e identidade subsequentes[60]. Cada um desses quatro ramos da diáspora africana na era moderna diferiu nas forças que provocaram suas respectivas dispersões, bem como no contexto de suas experiências no exterior. Por exemplo, a primazia da raça na afro-atlântica não tem necessariamente a mesma ressonância em outros setores da diáspora africana. O que mudou nos últimos tempos é que essas dinâmicas já não existem em isolamento geográfico. Hoje, vários setores da diáspora coexistem num mesmo espaço e ao mesmo tempo. A xenofobia anti-imigrante, cada vez mais hostil na Europa, toca o descendente do Caribe da terceira geração assim como o mali, o sírio ou o congolês recém-chegados, quando bananas são atiradas em políticos ou jogadores de futebol negros, ridicularizando-os num estádio local[61]. Entender como essas comunidades de diáspora sobrepostas existem separadamente e em conjunto é essencial para que a diáspora seja bem-sucedida como instrumento de ação política. Essa dimensão da diáspora será discutida mais adiante no capítulo 3.

.Tendo em conta esses múltiplos fluxos, o que comumente se entende hoje como "a" diáspora africana é mais apropriadamente rotulada como "a diáspora africana moderna". A referência à era moderna não é mera distinção temporal. Não se pode entender a modernidade sem entender a diáspora africana. Na sua formação estão as raízes do transnacionalismo e das filosofias sociais de dominação, exploração e estratificação que lubrificam o motor do capitalismo moderno. À medida que matérias-primas africanas, e eventualmente pessoas, passaram a circular em todo o mundo, o conceito de África se consolidou como um abrangente guarda-chuva para a diversa miríade do continente. Especificamente, a ideia de que o papel da África era gerar riqueza para os não africanos deu origem a uma causa comum contra os objetivos dessa exploração. A instituição amplamente compartilhada da desigualdade racial e de exploração ao longo do tempo pode ser o elo chave entre diásporas africanas distintas para formar uma metadiáspora africana.

Neste livro, exploramos a utilidade da diáspora para o estudo da experiência afro-brasileira. Existem vários quadros para considerar a história de um grupo de pessoas descendentes de sociedades africanas particulares, ligadas a uma grande comunidade global lusófona, conectada à diáspora africana maior e, claro, conectada a uma história nacional e regional. O uso da diáspora ajuda a destacar as maneiras pelas quais as pessoas se entenderam como parte de uma comunidade global de ascendência africana, fazendo e estabelecendo suas próprias conexões. Significativamente, um dos aspectos mais importantes da diáspora é o modo como é mobilizada para gerar mudanças localmente. Como se verá, esta é de fato uma dimensão importante da filosofia e da estratégia política afro-brasileira.

2. Por que "Diáspora"?

A Migração do Termo da Experiência Judaica Para a Africana e a Sua Utilidade Universal

Em 1928, um pequeno jornal chamado *Progresso*, em São Paulo, redefinia o significado de ser negro no Brasil quando abriu uma janela para vidas negras em todo o mundo. Nas páginas do *Progresso*, os leitores poderiam aprender sobre as atividades dos africanos em Paris, sobre o Congresso Pan-Africano ou a UNIA – Universal Negro Improvement Association (Associação Universal Para o Progresso Negro), de Marcus Garvey. Eles traçaram a história e as atividades do imperador Haile Selassie e de outras proeminentes figuras políticas negras, sem negligenciar os notáveis do mundo das artes e do atletismo. Noticiaram a vitória de um afro-panamenho num campeonato mundial de boxe realizado em Nova York e ficaram encantados com Josephine Baker, a favorita do jornal a quem apelidaram de "Vênus de Ébano" e "Condessa"[1]. Ao mostrar as conquistas dos negros em todo o mundo, eles apresentavam modelos e contra-argumentavam as alegações de inferioridade negra. Quando integrantes do Black Star Golf Club disputaram e venceram um torneio de golfe em Chicago (para horror da imprensa branca local, que sugeriu o envio dos vencedores para a Ku Klux Klan), o *Progresso* anunciou: "A raça branca é colocada em xeque pela raça negra." Suas páginas também anotaram as atividades de brasileiros afrodescendentes talentosos na arena internacional, como a visita do cientista Juliano Moreira para receber uma homenagem do imperador Hirohito no Japão, e a resposta racista dos compatriotas brasileiros à inclusão de um médico baiano negro na delegação a uma conferência na Europa[2]. Também em São Paulo, na modesta sala de estar de José Correia Leite e sua família no bairro do Bexiga, um punhado de jovens estava montando a próxima edição de um pequeno jornal de bairro chamado *O Clarim da Alvorada*, que eles haviam iniciado em 1924. Eles haviam recebido, de um amigo na Bahia, um exemplar do *The Negro World* cheio de notícias sobre a organização da UNIA de Marcus Garvey, recentemente energizada pelo seu primeiro congresso internacional em Nova York, e crescendo com a abertura de capítulos de emigrantes caribenhos nas Américas. *The Negro World* vibrou com essa sensibilidade internacional moderna. Os editores do *Progresso*, assim como os do *Clarim*, também se reuniram com o editor do *Chicago Defender*, Robert Abbot, quando este visitou o Brasil em 1928.

A visita de Abbott e a correspondência que se seguiu, e as atividades desses jornais negros abriram novas linhas de diálogo entre brasileiros e outras comunidades negras sobre como desafiar as inúmeras barreiras à conquista dos benefícios da cidadania plena nas sociedades pós-abolição, e como alavancar a diáspora para fortalecer as nações negras autônomas na África e no Caribe. Eles estavam envolvidos no diálogo em torno do mundo afro-atlântico, adotando uma visão cada vez mais global. A tecnologia e a política facilitavam uma intensa interconexão para todos os povos, beneficiando também os circuitos diaspóricos africanos.

À medida que mais e mais pessoas se libertaram da escravidão, passaram a ter mais autonomia e recursos para dirigir suas próprias vidas e corpos. Em poucas décadas, entre o final do século XIX e o início do XX, os descendentes de africanos aproveitaram a recente liberdade para atravessar o mundo atlântico. Sempre que possível, eles escapavam das restrições das antigas sociedades escravistas e iam em direção a novas oportunidades. Os avanços nas tecnologias de comunicação e transporte, a imprensa e as viagens a vapor facilitaram diálogos entre comunidades negras distantes. Os jornais negros traziam informações sobre uma comunidade africana global, redes fortalecidas por contatos pessoais como os de Robert Abbott e Mario Vasconcelos, que informavam a imprensa negra de São Paulo. Os descendentes de africanos estavam descobrindo suas muitas semelhanças em lugares como o Canal do Panamá, as plantações costarriquenhas da United Fruit Company, as organizações sociais em Cuba e os clubes de jazz em Paris. Esses intercâmbios começaram a informar novas estratégias e políticas, tais como autonomia nos negócios, demandas por integração, teologias libertárias, educação e formação profissional ou, como no caso do assentamento Pinnacle na Jamaica (os precursores dos rastafáris), a escapada de uma sociedade opressiva. Nas formulações da política negra global que emergiram desses diálogos, a diáspora desempenhou um papel cada vez mais importante.

Essa internacionalização foi parte de uma longa trajetória de evolução do pensamento e da ação política da diáspora africana no mundo atlântico que, após a Revolução Haitiana, começou a enfrentar as políticas de governança e as relações internacionais entre Estados. Michelle Wright aponta a Revolução Haitiana como divisor de águas que despertou um senso de comunidade diaspórica no mundo atlântico[3]. Ela veio a ser um experimento inicial na arte de governar e na política internacional diaspórica. Mais tarde, a defesa da Etiópia contra a invasão colonial e a coroação dos governantes Menelik e Haile Selassie I, também galvanizaram o interesse político e simbólico por toda a diáspora, de como uma nação negra navegava seu destino. A divisão e a colonização da África continental pela Europa levantaram questões adicionais sobre os interesses e solidariedades da diáspora com a terra ancestral. Organizações pan-africanistas formais surgiram com a participação conjunta de africanos continentais e seus descendentes diaspóricos na Europa e nas Américas, e o interesse informal refletiu-se de maneiras tão diversas quanto os temas carnavalescos discutidos no capítulo 4[4].

Essas primeiras agitações da política da diáspora eram inquietantes para aqueles que temiam no que a solidariedade política africana poderia implicar. Para Marcus Garvey, esse senso emergente de comunidade negra tinha um potencial ilimitado para milhões de pessoas que viviam sob o peso do colonialismo, da supremacia branca e do racismo. "Levante-se, raça poderosa. Você pode realizar o que quiser!"

Era lógico que o Brasil, com sua grande população de afrodescendentes, atraísse a atenção de ativistas negros que então estavam começando a perceber o entrelaçamento de suas lutas. O caribenho Cyril Briggs, editor do *The Crusader* e fundador da African Blood Brotherhood (Irmandade do Sangue Africano) nos Estados Unidos, sugeriu a América do Sul como o local para uma "república negra" por causa dos muitos afrodescendentes que já viviam lá. Sua ideia era unir as lutas negras da África e da América para que, "com a liberdade africana assegurada e a África restituída aos africanos, dois ricos continentes fossem dominados pelas raças africanas"[5]. Um sentimento semelhante foi expresso pelo capítulo de Springfield (Massachusetts) da UNIA, de acordo com os agentes secretos do FBI, que vigiavam a organização. Numa carta publicada no *The Negro World*, em 1921, eles imaginaram espalhar as doutrinas da UNIA: "Que fonte de força nossa organização pode ter se apenas uma parte dessa população puder ser trazida para o nosso campo..."[6] Os Estados Unidos, cientes dessas ambições, sistematicamente negaram aos ativistas negros passaportes para viajar ao Brasil. O governo brasileiro, por sua vez, foi taxativo na sua recusa de admitir negros estrangeiros com receio de suscitar sentimentos políticos[7]. Os negros de fato entravam, mas como trabalhadores; grande número de caribenhos chegou para trabalhar na construção da ferrovia Madeira-Mamoré, e muitos permaneceram no Brasil. Contudo, os esforços para promover a solidariedade negra por meio de visitas pessoais eram rotineiramente desencorajados.

A história das tentativas de alianças entre os radicais negros nos Estados Unidos e no Brasil reflete algumas das maneiras com que as comunidades negras se relacionavam entre si na era pós-abolição. Modelos semelhantes de comunicação estavam se desenvolvendo em outros lugares. Jovens de cor de todo o mundo procuraram estudar e se formar no Instituto Tuskegee de Booker T. Washington. O aprofundamento dos laços políticos e econômicos entre Cuba e Estados Unidos facilitou as relações mais estreitas entre os negros nos dois países; os afro-cubanos incorporaram capítulos locais da UNIA adaptados às suas realidades locais específicas[8]. Em lugares onde se encontravam afrodescendentes de diversas origens, como Panamá, Costa Rica, Paris e Nova York, indivíduos e organizações ajudaram a forjar e nutrir um senso de coletividade e interesses comuns. Essas organizações iam desde a sociedade literária de Arturo Schomburg, no Harlem, até clubes de jazz, *rent parties*[9] e no *football* domingueiro; mulheres e homens de diversas línguas, culturas e classes estavam trocando ideias sobre o que a acendência africana significaria após a escravidão. O florescimento de um espírito de comunidade enraizado na ancestralidade e alimentado por uma consciência de causa comum não apenas ajudou a mobilizar ações de apoio à África, como também fundamentou as estratégias adotadas localmente, à medida que as comunidades negras começaram a compreender suas mútuas relações. Esse "momento da diáspora" no mundo afro-Atlântico foi transformador, foi quando se começou a conceber e a funcionar uma comunidade da diáspora.

No entanto, o termo "diáspora" levaria várias décadas para se tornar parte do discurso intelectual e militante. Este capítulo analisa a migração do termo para o contexto africano. Não foi antes da década de 1960 que os acadêmicos africanistas começaram a empregar sistematicamente tal palavra. O desdobramento da progressiva adoção do termo na academia, na política e no uso geral revela uma dimensão crítica da diáspora. Ao contrário do pan-africanismo, uma política de solidariedade centrada na terra ancestral, conceitualmente a diáspora permitiu a multiplicidade de políticas possíveis entre as várias comunidades da diáspora africana. Com os novos Estados liderados por negros emergindo na África e no Caribe, políticas e diretrizes concretas poderiam ser desenvolvidas em nível estatal, e exigiam uma compreensão diferenciada da diáspora que refletisse com precisão seus múltiplos contornos. Significativamente, foi necessário um conceito que pudesse levar em conta a diversidade de solidariedades, uma diversidade que não significa necessariamente uma aglutinação em torno de identidades como "negros" ou "africanos". A diáspora forneceu essa nuance conceitual e, assim, ajudou a tornar possível um enquadramento analítico para moldar e compreender a política transnacional, bem como a política da diáspora nos níveis mais locais e íntimos.

CONTRA O PARADIGMA:
A DIÁSPORA JUDAICA COMO DEFINIÇÃO

Até há relativamente pouco tempo, a diáspora era, em grande medida, definida pelos extensos estudos acadêmicos sobre a diáspora judaica, mas cada vez mais vem descrevendo comunidades transnacionais de diversos tamanhos e tipos. Já na década de 1950, estudiosos da experiência africana começaram a adotar a terminologia da diáspora para descrever as comunidades multifacetadas geradas pela massiva dispersão dos povos africanos por causa da escravidão e migração ao longo da era moderna[10]. O conceito de comunidade africana transnacional é consideravelmente mais antigo. Sua fundação remonta aos primeiros dias da escravidão no Atlântico, quando africanos de várias nações se uniam estrategicamente contra seus opressores. Khachig Tölölyan, um estudioso da diáspora armênia, observa a distinção crítica entre o fato de simplesmente "estar" na diáspora *versus* um cultivo ativo da comunidade transnacional[11]. A politização da diáspora africana nas Américas deu mais um passo com o movimento pan-africanista ao defender iniciativas específicas entre a diáspora e a África[12].

Dentro da própria diáspora, os negros procuravam cada vez mais trabalhar coletivamente além das fronteiras. Por que, apesar dessas várias manifestações de identidade e política diaspóricas, foi só nesse momento histórico relativamente recente que os acadêmicos começaram a usar o termo "diáspora" para descrever a experiência africana? A resposta a essa pergunta revela muito a respeito da utilidade da diáspora como política prática. Também atende à questão mais ampla de como e por que as epistemologias derivadas das experiências de um único grupo podem ser efetivamente adotadas para refletir sobre as dinâmicas fundamentais da comunidade humana.

Devido à sua íntima associação com a história judaica, a diáspora como foi expressa nessa experiência tendeu a ser representada como um paradigma até os anos 1980 e 1990, como o tipo "clássico" ou "ideal" do qual os outros divergem em maior ou menor grau. À medida que mais e mais grupos adotaram a linguagem da diáspora, no final do século XX, o caso judaico serviu como um referente definidor para estudiosos que buscavam estabelecer um modelo comparativo[13]. Tipicamente, cada novo grupo que se autoidentificou como diáspora o fez porque viu paralelos com experiências importantes na narrativa judaica, como o exílio, a discriminação e o desejo de retornar à terra de origem. Onde suas experiências diferiram, eles ampliaram a compreensão de diáspora com a finalidade de incluir especificidades. Para os estudiosos da diáspora judaica, assim como de outras com corpos de estudos estabelecidos, essa rápida onda de modificações da década de 1990 ameaçou deixar o termo sem sentido – se a diáspora pudesse significar qualquer coisa, ela não significaria nada. Seguiram-se debates sobre que grupos "qualificar" como diásporas. No entanto, usar o caso judaico para definir a diáspora não apenas como um modelo, mas também como um vigilante, impôs várias limitações intelectuais.

Primeiro, não houve um único evento diaspórico arquetípico sobre o qual modelar as condições definidoras da diáspora. A diasporização dos judeus não foi um evento único, mas sim uma série de dispersões sob condições bastante diferentes, dependendo do período, da localização e dos povos envolvidos[14]. Isso criou uma diáspora polivalente de muitas comunidades inter-relacionadas.

Segundo, as primeiras tentativas de usar a diáspora a fim de definir grupos tenderam a aplicar um tipo de lista de controle de comparações com a experiência judaica. Isso reforçou a compreensão dos estudos da diáspora como o estudo de qualquer grupo que correspondesse a características particulares, em vez de levar em consideração a análise de processos sociais e políticos dinâmicos[15].

A terceira questão é a utilidade final dos arquétipos para um processo sócio-histórico compartilhado por toda a humanidade. Até que ponto o apego a uma narrativa particular se torna hegemônica na historiografia institucionalizada? Uma miríade de maneiras pelas quais a diáspora pode ser vivida é uma característica essencial do próprio fenômeno que está em perigo de ser silenciado pelo privilégio do arquétipo. O papel dos estudos da diáspora judaica tem sido essencial para educar o mundo sobre esse fenômeno e, de fato, a comparação com a experiência judaica contribuiu grandemente ao novo campo de estudos da diáspora. Ele também informou teoria política e estratégia negra[16]. No entanto, a experiência judaica é apenas uma manifestação das muitas maneiras pelas quais a diáspora pode ser experimentada e imaginada. As análises comparativas mais frutíferas destacaram questões que fazem avançar nossa compreensão de questões compartilhadas por todas as diásporas, tais como padrões de configurações da comunidade, rotas de cultura e identidade e dinâmicas sociais que transcendem histórias étnicas nacionalmente demarcadas. Na tentativa de entender melhor uma diáspora particularmente antiga e complexa, tais análises nos estudos de africanos contribuíram muito para o desenvolvimento da diáspora como um discurso humanista.

A MIGRAÇÃO DA DIÁSPORA PARA OS ESTUDOS AFRICANOS

A linguagem da diáspora entrou definitivamente no cânone africano anglófono no Congresso Internacional de Historiadores Africanos de 1965, em Dar es-Salaam, na Tanzânia. O historiador Joseph E. Harris presidiu um painel intitulado "The African Abroad", em que foi apresentado o que depois veio a ser um longo artigo de George Shepperson explorando a aplicação do conceito de diáspora à experiência africana. Tanto a introdução de Harris quanto o capítulo de Shepperson, publicados nos anais da conferência, empregaram o termo "diáspora africana"[17]. O ponto de partida de Shepperson, que desde então se tornou um trabalho seminal para os estudos da diáspora africana, foi que a escravidão e o imperialismo, que dispersaram os judeus bíblicos, também levaram à dispersão de africanos dentro e fora do continente. Para ele, esses fatores distinguiam as diásporas africanas de outros tipos de migrações. Com isso, Shepperson propôs uma definição dos estudos da diáspora africana como "o estudo de uma série de reações à coerção, à imposição do domínio econômico e político de povos estrangeiros na África, à escravidão e ao imperialismo"[18].

Shepperson foi apenas um dos muitos estudiosos que provocaram a diáspora como um tropo para enquadrar as experiências de comunidades delimitadas em várias formas, movendo o termo das amarras de sua relação histórica com a experiência judaica. No entanto, dadas as complexidades da história da diáspora judaica, assim como a criação do estado de Israel, é útil sondar o referente específico que sugere a relevância da diáspora para outros povos. Mais fundamental, talvez, seja a questão de por que as pessoas invocam a diáspora.

Quando é empregada como política, a diáspora é um chamado à ação; é um apelo para reivindicar uma comunidade que transcenda fronteiras aparentes. Os supostos membros dessa comunidade frequentemente não compartilham o sentimento de identidade coletiva sugerido pela diáspora, e podem até mesmo rejeitá-la ativamente em favor do patriotismo nacional. Como argumentado por Rogers Brubaker, "como categoria de prática, a 'diáspora' é usada para fazer afirmações, articular projetos, formular expectativas, mobilizar energias, apelar para lealdades... Não é tanto para *descrever* o mundo quanto para procurar *refazê-lo*"[19]. Nesse sentido, o conceito de diáspora política já tinha uma longa história como pan-africanismo; esse novo abraço à "diáspora" sugere o desejo de um sentimento de solidariedade ainda maior?

A íntima associação de diáspora com a história judaica, em meados do século XX, fez com que suas migrações para outros contextos sinalizassem paralelos percebidos em aspectos específicos da experiência judaica. Esta não foi necessariamente entendida como a história judaica em toda a sua variedade; em vez disso, a narrativa da diáspora seminal foi extraída de temas que, por sua vez, tinham poder de mobilização para outros grupos. Para Shepperson, a luta contra a opressão, a escravização e o domínio estrangeiro eram características fundamentais dessa narrativa e, implicitamente, uma causa mobilizadora. Em outras palavras, a luta comum não apenas mobiliza, mas também define a comunidade engajada nessa luta. Como será discutido, os povos africanos na diáspora há muito tempo estavam cientes da história judaica e dos tropos de luta e redenção[20]. Edward W. Blyden, um dos pioneiros do pan-africanismo, escreveu um livro inteiro estudando a experiência judaica em relação aos africanos[21]. Estou procurando, aqui, investigar para além do reconhecimento de semelhanças com a finalidade de entender a motivação de buscar paralelos *específicos* para acessar a noção de diáspora.

Nesse sentido, o gesto de aplicar a "diáspora" para além da experiência judaica não deve ser entendido como uma tentativa de replicar um modelo histórico judaico. Pelo contrário, talvez seja mais útil analisar tais manifestações como indicativas da razão política de diversas diásporas. Essa leitura ajuda a explicar por que a diáspora entrou no léxico intelectual dos estudos africanistas, e quando isso aconteceu. Isso também ajuda a explicar a observação de Shepperson de que, uma vez que eles adotaram o termo, os estudiosos africanistas tiveram pouca preocupação com seu uso na tradição judaica[22].

Quando, em 1979, Joseph Harris organizou o Primeiro Instituto de Estudos da Diáspora Africana, uma conferência na Universidade de Howard com a participação de mais de 130 acadêmicos africanos, caribenhos, norte-americanos e europeus, a decisão de usar a terminologia da diáspora ainda era motivo de debate[23]. Apesar de significativos paralelos e ressonância com a história judaica, seu uso não foi universalmente adotado dentro dos círculos acadêmicos (e ainda é relativamente raro na linguagem coloquial). Tony Martin, um participante da conferência, afirmou inequivocamente que "nós devemos suprimir a expressão *diáspora africana* porque não somos judeus"[24]. Sua objeção, explicou ele, não era ao uso da análise comparativa, mas aos disfarces conceituais impostos pela adesão doutrinária a modelos extraídos de outras experiências históricas.

De fato, os aparentes paralelos com a história judaica até então não conseguiram inscrever o termo "diáspora" no discurso intelectual negro. Os povos africanos estavam bem cientes da diáspora judaica, por meio do texto bíblico, bem como dos eventos históricos globais, como a Inquisição, o Holocausto e a criação de Israel. O movimento de adoção da diáspora está essencialmente relacionado à construção de uma narrativa mobilizadora constitutiva. Os meandros da história judaica foram menos relevantes do que a narrativa seminal, cujos aspectos se destacaram na nova aplicação da diáspora. A narrativa seminal serve como a tradição de histórias de origem fundamentais para todas as comunidades humanas e revela o que é entendido como a "lógica" da existência desse grupo[25]. Os detalhes específicos da migração são colapsados numa narrativa que não apenas explica a base da identidade coletiva, mas também destaca aspectos particulares da dispersão e da história subsequente do grupo.

É essa narrativa que liga uma diáspora apesar da sua inerente diversidade. Quando os africanistas adotaram a terminologia da diáspora, começaram por garimpar uma narrativa seminal para construir outra. Herdeiros de uma rica tradição de pan-africanismo, sua narrativa refletia a carga política para identificar e combater o racismo e a exploração. Nesse sentido, a diáspora incorporou novas possibilidades para mobilizar a diversidade da comunidade africana global.

Como foi dito acima, uma longa familiaridade com a história judaica proporcionou aos africanos muitas oportunidades para adotar o conceito de diáspora antes dos anos 1950. Os quatrocentos anos de comércio atlântico de escravos, o maior e mais violento deslocamento na história humana, começou por volta da época da Inquisição, esse episódio violento da história judaica. Todas as vítimas do comércio foram forçadas a se adaptar às culturas cristãs; assim, judeus e africanos (tanto os muçulmanos quanto os praticantes de religiões africanas ancestrais) concomitantemente compartilharam o destino da opressão religiosa virulenta e das conversões forçadas. Como as culturas afro-atlânticas desenvolveram-se com uma familiaridade comum com o texto bíblico, elas empregaram com frequência a narrativa central da diáspora judaica como uma metáfora para a sua própria. O tema da resistência cultural e política em face da opressão ressoou claramente numa população racialmente excluída e amplamente escravizada. Um dos hinos mais duradouros e poderosos da luta contra a escravidão nos Estados Unidos, o espiritual "Go Down Moses", exprimia seu protesto na linguagem da experiência judaica:

> When Israel was in Egypt land
> Let my people go
> Oppressed so hard they could not stand
> Let my people go[26]

Na década de 1780, os paralelos entre os usos judaicos e os africanos de histórias bíblicas de opressão e redenção também foram acionados na criação de uma significativa denominação religiosa afro-americana. Quando os membros negros da Igreja Metodista de Nova York a abandonaram frustrados com o tratamento desigual e a segregação, sua nova denominação foi a Igreja Metodista Episcopal Sião Africana, vinculando indelevelmente sua africanidade ao conceito de Sião.

O tema continuou a vigorar após a abolição, à medida que nações americanas e caribenhas adotavam novas estratégias de hegemonia sobre seus ex-escravos. Comentando o terrorismo racial do linchamento nos Estados Unidos, um jornal negro uruguaio publicou um poema em 1935 invocando o mesmo tropo:

> Raza lynchada, raza perseguida
> la justicia terrena llegará para todos
> y la Nueva Jerusalem verá surgir del Mississipi,
> la caravana de los negros libres...[27]

A metáfora da Babilônia continuou a figurar proeminentemente nas expressões culturais afro-atlânticas do século XX, como a religião do rastafarianismo e a música reggae *roots*[28]. Em suas alusões à antiguidade bíblica, os povos afro-atlânticos não se identificaram exclusivamente com os judeus. Eles também se identificaram com o Egito como uma das mais altas expressões da ciência, filosofia e tecnologia africanas. Já em 1829, David Walker rejeitou a noção de que o tratamento dado pelo Egito aos israelitas poderia ser comparado com a barbárie física e psicológica dos escravizadores afro-atlânticos[29]. Os descendentes de africanos estavam bem conscientes da história da diáspora judaica, mas ainda não havia nenhum movimento para abraçar o conceito de diáspora[30].

Os eventos mundiais no início do século XX sugeriram razões ainda mais convincentes para tomar emprestado o conceito de diáspora. Marcus Garvey, o fundador da Universal Negro Improvement Association and African Communities League, uma entidade explicitamente diaspórica, acompanhou atentamente os esforços incipientes para a criação de um Estado judeu. Apesar de 28 anos mais jovem, Garvey foi contemporâneo de Theodor Herzl, que liderou o movimento sionista inicial. Garvey usou esse movimento para remodelar os programas de repatriação do século XIX que levaram à criação da Libéria: "Ajude-nos a ir gradualmente para casa, América. Ajude-nos como você ajudou os judeus."[31] Embora mais tarde Garvey viesse a expressar sentimentos antijudaicos, no auge de sua popularidade ele enfatizava os paralelos entre o etnonacionalismo e os movimentos de retorno à terra de origem das diásporas africana e judaica. Numerosos movimentos etnonacionais combinando agendas culturais, políticas e espirituais foram criados por inspiração de Garvey e ampliaram sua influência[32]. Entre eles havia organizações que não só advogavam a repatriação à terra de origem, mas que também abraçavam a identidade hebraica africana e a lei talmúdica. O crescimento do sionismo político também influenciou a evolução da ideologia e das estratégias pan-africanistas. Robert A. Hill persuasivamente mostra como W.E.B. du Bois começou a moldar seus argumentos para a construção do Estado ("A pátria do negro") na África no contexto do desenrolar a um Estado judeu na Palestina[33].

Talvez não tenha havido melhor oportunidade para a linguagem da diáspora entrar na linguagem negra do que o surgimento de congregações hebraicas negras na cidade de Nova York na década de 1920[34]. Não só o sionismo ativista começou a tomar forma em toda a diáspora judaica, como também Nova York tinha uma vibrante comunidade judaica europeia com contatos próximos aos negros. A mesma reivindicação de uma estética e uma política autônomas e baseadas na África que definiram o Renascimento do Harlem também encontraram expressão em novas e politizadas articulações de espiritualidade. Entre elas estava uma congregação fundada por dois garveyistas e maçons, Arnold Josiah Ford e Samuel Valentine, que haviam imigrado de Barbados e Jamaica, respectivamente. Eles uniram forças em 1923 com um sulista, Mordecai Herman, do Movimento Sionista Mouro que se dissolvera no ano anterior, para fundar o Templo Sionista Mouro. Ford tomou o título de rabino e partiu no ano seguinte com Valentine para criar uma nova congregação, Beth B'nai Abraham. Como outros grupos religiosos recentemente estabelecidos no Harlem, o de Ford misturou inúmeras influências culturais, enfatizando suas origens africanas. O que é relevante para a presente discussão, é o fato de Ford ter incorporado o sionismo como modelo para a repatriação africana[35].

Ford chegou a liderar uma delegação com o intuito de negociar um programa de reassentamento afro-americano com o governo do imperador Haile Selassie I, em 1930. A Etiópia tinha assumido importância simbólica para a diáspora com a derrota das forças colonizadoras italianas em 1896. Como foi descrito por Jacob Dorman, "com a vitória, a Etiópia se tornou o 'Sião da África', isto é, o símbolo da África como um todo para a diáspora africana e o lugar ao qual os negros diaspóricos esperavam retornar"[36]. A de Ford foi uma das muitas propostas de repatriamento ao continente africano; mas houve também outras, como os libertos africanos que conseguiram deixar o Brasil para estabelecer comunidades ao longo da costa da África Ocidental, e o assentamento da Libéria, um estado recém-entalhado projetado para abrigar "retornados" dos Estados Unidos. Houve ainda um influente movimento missionário entre a diáspora e as nações africanas na virada do século xx. No entanto, parece que uma congregação hebraica explicitamente consciente da política sionista seria o grupo mais provável a empregar a linguagem da diáspora, o que não foi o caso em última instância.

Embora esse fosse, indiscutivelmente, o "momento da diáspora" social e política para os descendentes de africanos, não foi ainda o momento da emergência do termo. Os hebreus negros, o movimento Garvey e o pan-africanismo floresceram no início do século xx, época de grande movimento e comunicação intradiaspórica. Dinâmicos centros cosmopolitas da diáspora africana foram revitalizados, como Nova York e Paris, e novas oportunidades econômicas criaram destinos secundários da diáspora em lugares como o Canal do Panamá e os campos de banana da América Central. A literatura que circulou amplamente entre essas comunidades articulou um senso de interconexão[37]. Esses eram locais onde vários ramos da diáspora poderiam interagir e começar a cultivar laços culturais comuns. Foram também os tempos em que o racismo, a segregação, o colonialismo e a violência antinegra forjaram múltiplas alianças políticas entre os povos de ascendência africana.

A academia oferecia outro espaço potencial para a implantação da linguagem da diáspora com a intenção de descrever a experiência africana. Nas primeiras décadas do século xx, o florescente campo da antropologia colocou as comunidades afro-atlânticas como uma diáspora distinta nos estudos centrados no "New World Negro"[38]. Tópicos como retenções culturais africanas e suas origens específicas começaram a ser estudados comparativamente, moldando os primeiros contornos dos estudos da diáspora afro-atlântica. Melville Herskovits, um dos principais proponentes do conceito de uma diáspora africana interconectada, era ele mesmo de origem judaica e familiarizado com o termo no discurso judaico. No entanto, apesar de seu trabalho sobre comunidades afro-atlânticas e até mesmo sobre as trajetórias das "zonas de cultura" africanas em todas as Américas, Herskovits não escolheu empregar o termo "diáspora". De fato, durante sua carreira, a Diáspora (com a inicial maiúscula) ainda estava intimamente associada à história judaica, mas isso não impediu que Herskovits a adotasse como uma metáfora da experiência africana. Gelya Frank oferece uma possível explicação de que Herskovits era ambivalente quanto ao conceito de uma diáspora judaica[39]. De acordo com Frank, Herskovits não endossou a ideia de que havia um "povo judeu" coeso devido à diversidade de suas línguas, nações e até mesmo de prática religiosa[40]. O uso de diáspora para descrever culturas africanas dispersas sugeriria que o povo judeu com quem o termo foi identificado também era distinto e, portanto, diferente, num momento em que sua assimilação na cultura norte-americana era a principal preocupação? Estudiosos negros também se engajaram no debate sobre se os descendentes de africanos eram descritos com mais precisão como africanos dispersos ou como americanos localizados em vários pontos ao longo de um *continuum* de assimilação[41]. Embora esteja além do escopo deste capítulo desvendar as razões precisas pelas quais a terminologia da diáspora não foi adotada naquele momento histórico, vale a pena notar que cada escolha sobre como as comunidades negras eram representadas carregavam uma contrapartida política.

Dadas as muitas oportunidades para que os povos africanos adotassem o termo específico "diáspora" a fim de descrever sua comunidade transnacional (ou várias comunidades), é necessário examinar melhor o que houve de diferente nos anos 1960. Argumento aqui que a epistemologia da diáspora africana evoluiu principalmente do pan-africanismo, sua manifestação política inicial. Com as sucessivas independências de estados africanos, o pan-africanismo passou de um movimento generalizado contra o colonialismo para as funções executivas e de governança. A política pan-africanista precisava ser fundamentada por estudos mais sutis que pudessem acomodar os tipos de práticas políticas e discussões estratégicas enfrentadas pelos estados emergentes. Sobre esse ponto, St. Clair Drake fez uma análise detalhada das diferenças entre as políticas de defesa do pan-africanismo e a construção analítica da diáspora, que poderia ser aplicada tanto à solidariedade quanto à dissolução. Ele escreveu que:

Para os estudos da diáspora serem considerados um aspecto desta atividade [pan-africana]... eles devem contribuir para manter e reforçar a consciência negra e devem ser orientados para o objetivo de fomentar a compreensão, a solidariedade e a cooperação em todo o mundo negro. Alguns estudos da diáspora não oferecem essa contribuição.[42]

Certamente, todo acadêmico traz suas próprias políticas para suas pesquisas, e nem todas são dedicadas à causa da solidariedade. No entanto, eu argumento que a política transformadora requer uma firme compreensão das realidades com as quais estamos nos preparando para lidar. Embora seja há muito tempo uma meta, a solidariedade é um projeto dentro da diáspora africana; construí-la e fortalecê-la requer que entendamos nossas diferenças tanto quanto nossas semelhanças. Esta foi a realidade que os chefes de Estado negros começaram a enfrentar na década de 1960 e, sugiro, um fator significativo na nova utilidade do conceito de diáspora.

Várias outras realidades políticas também podem estar em jogo na adoção do termo "diáspora" para descrever a experiência africana. Embora a diáspora judaica ainda fosse uma construção bastante simbólica no início do século XX, em meados do mesmo século ela era representada de maneira tangível pelo Estado de Israel, uma poderosa lembrança do potencial do imaginário da diáspora. Nos Estados Unidos, a era dos direitos civis persistiu por várias décadas de mobilizações políticas ligando africanos e judeus, e criou espaços institucionais para um maior diálogo acadêmico entre as duas comunidades[43]. No Caribe, nações com significativas populações afrodescendentes alcançaram a independência na década de 1960 – Jamaica e Trinidad em 1962 e Barbados e Guiana em 1966. Cada uma dessas nações tinha diásporas próprias substanciais, que deveriam desempenhar um papel importante em suas novas economias. Portanto, a partir dos anos 1960, os estudos da diáspora assumiram novas aplicações práticas e políticas em todo o mundo africano. Embora ainda seja prematuro concluir definitivamente sobre as razões da mudança lexical, se a diáspora for entendida como direcionada a objetivos específicos, é instrutivo considerar os contextos que tornam o conceito relevante para as lutas das comunidades que o adotam.

UTILIDADE DA DIÁSPORA PARA OS ESTUDOS AFRICANOS GLOBAIS

O conceito de diáspora teve um impacto profundo nos estudos da África e da diáspora. Na conferência de historiadores africanistas de 1965, Joseph Harris e George Shepperson instaram os africanistas continentais a adotar a diáspora como um componente integral e permanente da história africana. Em 1979, na época da conferência do Primeiro Instituto de Estudos da Diáspora Africana na Universidade de Howard, estudiosos de toda a comunidade africana global postulavam como o conceito de diáspora poderia transformar o cânone do pensamento africanista.

Entre as primeiras questões filosóficas abordadas estava a relação entre a diáspora e a orientação política do pan-africanismo. Os comentários de St. Clair Drake, citados acima, foram às discussões na conferência de 1979, e os sentimentos estavam misturados. No entanto, o que começava a surgir era uma distinção entre o pan-africanismo como um movimento ativista, que defendia a unidade transnacional de todos os povos africanos, e a diáspora como uma ferramenta conceitual iluminando a diversidade da "comunidade" africana global. Ainda assim, essa distinção não deve ser tomada como uma tensão inerente entre as expressões acadêmicas e políticas da diáspora. Pelo fato de que os estudos da diáspora produzem uma compreensão diferenciada das muitas comunidades constituintes do mundo pan-africano, ela serve para fundamentar estratégias políticas mais eficazes. Assim, alguns estudos sobre a diáspora africana contribuíram para a missão do pan-africanismo. Ao traçar os múltiplos vetores de formações de diáspora, o conhecimento da diáspora africana colocou aos pés dos pan-africanistas um retrato muito mais complexo da "comunidade" transnacional africana. No entanto, os estudos da diáspora também têm o potencial de minar diretamente a solidariedade que o pan-africanismo abraça, uma realidade do campo que deve ser explicitamente reconhecida. Toda pesquisa reflete alguma motivação, alguma sensibilidade política, de seus autores. Os usos dos estudos da diáspora, que possivelmente variam do mais conservador ao totalmente revolucionário, relacionam-se com as ideologias dos que a produzem. O fato de que hoje os estudos da diáspora africana não sejam vistos exclusivamente como a serviço dos objetivos pan-africanistas reflete a diversidade de orientações políticas e prioridades da moderna diáspora africana e seus acadêmicos.

Enquanto a diáspora se tornava parte dos estudos africanos globais, proporcionava aos estudiosos novas ferramentas e questões de pesquisa. A especificidade exigida pelo conceito ajudou a contribuir para novos mapeamentos do mundo africano. Considere, por exemplo, a questão fundamental da dispersão. Apesar da quantidade muito maior de estudos sobre as dispersões provocadas pelo comércio de escravos no Atlântico, outros tipos e trajetórias sempre foram entendidos como parte da história maior da diáspora africana. Estudar cada uma dessas formações da diáspora, em si, possibilitou análises comparativas de diásporas africanas distintas, como entre a história afro-atlântica e afro-asiática[44]. E também permitiu análises de diásporas dentro do continente, bem como aquelas cujas comunidades estão dentro e fora do continente. Por exemplo, a diáspora ganense tem comunidades na Europa, nas Américas e em várias outras nações africanas. Ela pode ser estudada por meio da análise da diáspora mais facilmente do que pelo prisma do pan-africanismo. Isso trouxe importantes contribuições às formações políticas, que serão discutidas no próximo capítulo.

As estruturas de diásporas africanas também ajudaram a questionar problemas históricos de longa data, como a busca de raízes. A diáspora africana é única em sua taxa de ruptura com as terras ancestrais; a maioria dos descendentes da era do comércio de escravos não consegue localizar suas terras de origem particulares. Além disso, o efeito corrosivo do colonialismo sobre as antigas culturas africanas tornou um desafio traçar suas origens ao se observar as práticas culturais realizadas na diáspora. Por causa disso, a busca por origens através de retenções culturais e reconstrução de rotas de escravizados, entre outras estratégias, há muito tempo aparece com destaque na pesquisa sobre a diáspora africana. À medida que os estudiosos identificavam, cada vez mais, as origens africanas dos povos escravizados nas Américas, novos mapeamentos do momento e do alcance de distintas ondas de colapso de estado e subsequente movimento forçado tornaram-se possíveis[45]. A diáspora aprimorou essa linha de pesquisa com estudos sobre a dispersão de culturas específicas e a análise de suas trajetórias[46].

Talvez uma das intervenções mais significativas da diáspora tenha sido a flexibilidade para descentralizar a África, de modo a concentrar-se em questões como as interações entre as comunidades da diáspora fora do continente, ou a análise comparativa de diásporas distintas. Além disso, a falta de ênfase na África continental como tema principal, permite o estudo das atividades das e nas comunidades de afrodescendentes que não se concentram no continente, embora suas percepções de comunidade sejam fundamentadas por laços comuns de ancestralidade e experiência histórica. Exemplos disso são as três reuniões do Congresso de Cultura Africana nas Américas realizadas na Colômbia, Panamá e Brasil, entre 1977 e 1980, e a conferência de 2006, em Goa, que levou à formação de TADIA (a diáspora africana na Ásia)[47]. Os estudos da diáspora permitem novas perspectivas e enquadramentos para essas comunidades. A comunicação e a coalizão diaspóricas têm sido uma força política significativa, mobilizando esforços como a representação dos descendentes de africanos das Américas na conferência da ONU em 2002 em Durban sobre racismo e xenofobia. Mesmo a UNIA, apesar de seu discurso de repatriação, funcionou principalmente como uma organização das Américas. Estudos políticos e culturais comparativos entre as comunidades da diáspora têm sido centrais no estudo da diáspora africana.

As configurações regionais e diaspóricas dos afrodescendentes, no entanto, não existem num vácuo. Qual é a sua relação com o continente e com a diáspora africana mais ampla? O advento do enquadramento da diáspora nos estudos africanos sinalizou novas possibilidades para a relação da academia com a agenda pan-africanista. A política da diáspora é frequentemente acirrada, por isso é preciso reafirmar que a análise da diáspora pode ser usada para fins políticos por vezes conflituosos. Dependendo do estudioso, a especificidade proporcionada pela diáspora pode se tornar um argumento da particularidade e do excepcionalismo, opondo-se assim às possibilidades do coletivismo. Por outro lado, as experiências muito específicas de uma parte da diáspora podem ajudar a informar outras, ou as posições singulares de diferentes segmentos da diáspora podem expandir o leque de opções políticas disponíveis à diáspora como um todo. É nesse sentido que o pan-africanismo serve como base lógica para a unidade de uma metadiáspora africana e fundamenta a coesão dos estudos sobre a diáspora africana. Todas essas várias linhas de pesquisa trabalham juntas com a intenção de iluminar a experiência africana no tempo e no espaço.

Uso o termo "metadiáspora" para me referir a uma diáspora composta de outras menores, mas inter-relacionadas[48]. Cada uma dessas diásporas pode ser estudada em si mesma – por exemplo, a caribenha tem uma história distinta de dispersão, semelhanças culturais etc., mas (se estamos de acordo com a ideia de uma metadiáspora consistente) também pode ser entendida como parte de uma comunidade maior[49]. A diáspora africana também é composta de distintas camadas temporais, já que descendentes de dispersões da era de escravos agora vivem ao lado de expatriados recentes de nações africanas independentes. Cada segmento da diáspora é único. Assim, os acadêmicos que trabalham fora do cânone da diáspora africana às vezes retratam as diásporas constituintes como unidades inteiramente autônomas[50]. No entanto, o enquadramento numa metadiáspora permite que elas sejam contextualizadas num conjunto mais abrangente[51]. O capítulo seguinte explora algumas questões para uma ciência política da diáspora, levando em conta as complexidades das interações entre suas várias camadas e comunidades.

O argumento da coerência baseada na política do pan-africanismo não depende inteiramente da escolha política pessoal. O pan-africanismo é sustentado tanto por forças internas quanto externas, que variam entre indivíduos e entre lugares. Internamente, é o sentido de conexão com a terra comum do continente africano. Afinidades, compreensões da história, aspirações pessoais e escolha de estratégias afetam o grau em que as pessoas descendentes da África optam por se associar ao conceito de uma diáspora africana global. Externamente, as forças sociais que atuam sobre a África e os povos de ascendência africana – mais significativamente o racismo e a exploração enraizados na escravidão e no colonialismo – são forçosamente enfrentadas por todos os povos ligados fenotipicamente à África.

É na experiência pessoal que a diáspora ressoa como um conceito além das fronteiras da academia. Comunidades frequentemente distintas em todo o mundo negro às vezes se reúnem em torno de questões comuns específicas, afinidades culturais ou os legados políticos da raça e do colonialismo. Essas podem ser ocasiões festivas, como os Carnavais de Toronto, Nottingham, Miami e Brooklyn, que reúnem diversas comunidades diaspóricas do Caribe entre si, com comunidades negras locais e comunidades maiores, que agora eles chamam de lar[52]. A diáspora ressoa nos sentimentos comuns que fizeram do Black Power, dos afros e da estética afrocêntrica uma força libertadora para a juventude na África do Sul, na Austrália, na Grã-Bretanha e na Jamaica. Infelizmente, a diáspora também se reflete nas semelhanças da agressão policial desmedida que fomenta o apelo de que "vidas negras importam" nos EUA, no Brasil, no Chocó colombiano e em outros lugares. Isso é visto nas políticas de migração, saúde, meio ambiente e na apropriação de recursos que sobrecarregam desproporcionalmente os corpos e as comunidades negras. A diáspora cotidiana é vivida nos escritórios do Western Union e da Moneygram, de onde trabalhadores, longe das suas famílias, remetem uma parte dos seus salários "para casa" no intuito de pagar contas de luz e mensalidades escolares. Ela está viva no Snapchat, Instagram, WhatsApp e nas tecnologias que ainda estão por vir, permitindo que as pessoas transcendam a distância física. Na arena política, a diáspora tornou-se um conceito cada vez mais relevante na própria África. Remessas de dinheiro de expatriados certamente desempenham um papel importante na economia de muitos países. O envolvimento da diáspora também tem correspondentes políticos; ambas as dimensões das relações entre a terra de origem e a diáspora são agora questões políticas significativas, que serão abordadas no próximo capítulo. No nível continental, a União Africana envolveu a diáspora explicitamente e está no processo de empossar representantes dos vários ramos geográficos da metadiáspora, como seus delegados formais[53].

A diáspora proporcionou uma especificidade essencial que informou toda uma geração de estudos sobre as distintas experiências históricas e realidades culturais das comunidades descendentes de africanos. Pode-se razoavelmente argumentar que o conceito mais abrangente de uma metadiáspora africana se estende além das realidades sociais das pessoas que supostamente são membros dessa diáspora, que vivem em comunidades mais restritamente circunscritas e comunidades distintamente demarcadas. No entanto, apresentar o continente africano a partir do legado do colonialismo e das lutas em curso contra o racismo é um argumento político poderoso que sustenta essa noção mais ampla de diáspora para uma parcela significativa da comunidade africana global. Juntos, os conceitos de pan-africanismo e de diáspora permitirão que os estudiosos entendam melhor as forças centrípetas e centrífugas que operam simultaneamente na metadiáspora africana.

AS CONTRIBUIÇÕES DOS ESTUDOS DA DIÁSPORA AFRICANA PARA OS ESTUDOS COMPARATIVOS DE DIÁSPORA

Desde que a diáspora foi adotada em mais de um único estudo de caso etno-histórico, cada novo uso contribui com suas próprias prioridades e focos. Os estudos da diáspora africana começaram a se desenvolver como um campo distinto na década de 1980. Desde então surgiram várias e diferentes abordagens. Considera-se "a" diáspora como o tema, e todos os estudos relativos a esse tema como "estudos de diáspora". Nessa abordagem há um tema fixo, embora diverso; ele remete a uma categoria abrangente que engloba todos os membros de uma diáspora "africana", "judaica", "basca" etc. Uma segunda abordagem concentra-se na análise dos processos da diáspora – como se formam, se desenvolvem e se dissolvem. É definida por questões de pesquisa pertinentes às formações sociais e pode ser aplicada a diásporas de diferentes tipos e tamanhos. Ainda outra perspectiva dos estudos da diáspora é focada nas identidades transnacionais. Enquanto as duas primeiras abordagens postulam a filiação à diáspora com base na nacionalidade ou em outras condições inatas ou herdadas (incluindo pessoas que não podem elas mesmas abraçar a noção de diáspora), a terceira, baseada na identidade, enfatiza as escolhas pessoais. Embora existam certamente outras conceituações nos estudos da diáspora, essas três escolas de pensamento são as principais que floresceram no campo crescente dos estudos da diáspora africana desde que eles começaram a se estabelecer na academia.

Essas diversas abordagens dos estudos da diáspora exigiram que se prestasse atenção à epistemologia, um projeto que levou a importantes intervenções a partir da década de 1990. Os estudos africanistas sempre enfrentaram questões do cânone acadêmico dominante. Estudiosos tiveram que escrever contra os mitos de inferioridade africana e ausência de historicidade por décadas. Outra agenda surgiu em torno das retenções da cultura africana na diáspora – como e em que grau elas operavam, e as implicações políticas das relações entre a diáspora e o continente. Mais fundamentalmente, os acadêmicos africanistas desafiaram por muito tempo um modo de investigação que tornava certos povos e experiências invisíveis. E o que é relevante aqui é que a conversa que se seguiu em torno da diáspora dentro dos estudos africanistas foi o tipo de diálogo interno que ajudou a fazer da diáspora um paradigma universal. A especificidade de cada diáspora fez-nos concentrar em certas questões que contribuem para uma epistemologia de estudos comparativos em relação a esse tema. Nos estágios iniciais das discussões epistemológicas, acadêmicos africanistas se engajaram em um breve debate sobre se atributos específicos baseados na experiência judaica precisavam ser aplicados ao caso africano. Os estudos da diáspora africana, no entanto, logo tiveram que lidar com as complexidades da história africana global, o que ajudou a refinar abordagens dos estudos comparativos.

Desde o começo do campo, e em oposição às advertências de George Shepperson contra uma definição restrita de diáspora, os estudos da diáspora africana usaram o conceito para navegar a extrema diversidade de dispersões africanas. Um dos principais problemas enfrentados com isso foi a necessidade de periodizar, porque grandes migrações ocorreram ao longo de várias épocas históricas distintas. O mais significativo para a pesquisa contemporânea, as diásporas africanas do início da era moderna, resultantes do comércio de escravos através dos oceanos Atlântico e Índico, diferiam significativamente daquelas recentes oriundas de nações africanas independentes. Em particular, os avanços tecnológicos afetaram dramaticamente a possibilidade de formação de diáspora. A historização é importante para os estudos porque, em vez de comparar diásporas de diferentes épocas, tem a capacidade de traçar a história delas na experiência humana[54].

A dimensão temporal é apenas uma parte daquilo que separa alguns ramos da diáspora africana de outras. Há também diferenças históricas, culturais e políticas significativas entre diásporas que não compartilham uma língua única, nem mesmo uma nação de origem. As lutas contra o racismo, e outras simultâneas, claramente uniram os povos africanos, assim como as preocupações pan-africanistas com a libertação e o bem-estar do continente. A causa política para os povos africanos está enraizada no fenótipo da raça. Por isso, a escolha a ser assimilada é radicalmente diferente para os descendentes de africanos. Além disso, não existe um eixo único da identidade da diáspora africana. Trata-se de negritude ou ancestralidade? No caso de ancestralidade, ela inclui os colonizadores? Por causa disso, para os estudos da diáspora africana tem sido um desafio constante quantificar sua "filiação" ou determinar os termos do "pertencimento". Essa dificuldade advém das mutantes construções pessoais e oficiais de raça, etnia e nacionalidade nos muitos países onde os descendentes de africanos residem[55]. Entretanto, os acadêmicos se debruçaram sobre essa questão da adesão que é tão fundamental aos estudos da diáspora, abrindo possibilidades de diálogos com outras diásporas a esse respeito[56].

A complexidade da diáspora africana exigiu metodologias capazes de abordar sua sofisticação e suas nuances. Isso faz parte de um longo processo de repensar a produção de conhecimento e o papel da memória para as pessoas que lutam com os corpos de conhecimento criados por seus opressores[57]. Por exemplo, as antigas tradições da história oral foram efetivamente utilizadas como ferramentas profissionais para registrar histórias em risco de extinção. Os acadêmicos da diáspora africana criaram ferramentas metodológicas que podem facilmente servir a outras diásporas, como o novo trabalho nas humanidades digitais. Além das bases de dados de origens africanas acima mencionadas, os acadêmicos são pioneiros em plataformas *on-line* para a compreensão da experiência da diáspora. Por exemplo, Henry Lovejoy liderou um projeto colaborativo em que elabora um banco de dados sobre africanos libertos com a finalidade de complementar o banco de dados sobre a escravidão[58]. Vincent Brown usou a cartografia digital para traçar e animar estratégias de uma revolta de mais de mil africanos na Jamaica em 1760[59]. O projeto Unispora, de Chinwe Oriji, e o projeto Ekopolitan, de Abosede George, mencionados no capítulo 1, são plataformas interativas que refletem a natureza das diásporas que documentam, à medida que múltiplos participantes contribuem e expandem a produção de sua história[60]. Embora uma análise completa das tecnologias emergentes esteja além do escopo dessa discussão, está claro que a pesquisa sobre a diáspora africana enriqueceu o conjunto de ferramentas conceituais e metodológicas de todos os estudiosos da diáspora em geral.

A diversidade, que é tão evidente na diáspora africana, caracteriza seu estudo como uma interação constante entre a semelhança e a diferença. Sustentar ambos simultaneamente é um componente essencial dos estudos da diáspora africana. Como Thomas Holt escreveu em 1999:

> Há, no entanto, uma outra dimensão do conceito de diáspora que merece nossos esforços para persegui-la em nossos estudos. Para os estudantes da diáspora negra, as diferenças entre as experiências de povos negros em diferentes situações é que são importantes, bem como, talvez até mais importante, as singularidades e semelhanças que definem sua condição de povo. Em outras palavras, invocar o enquadramento de uma "diáspora" pressupõe que, através de uma análise comparativa, há algo a ser aprendido a partir de experiências que se desdobraram para *diferentes* povos negros em *diferentes* lugares e épocas. Há, é claro, uma tensão óbvia entre esses dois parâmetros – a *singularidade* de experiência sugerida pelos requisitos políticos da diáspora e da condição de pessoas, e a *diferença* de experiência que qualquer análise e compreensão dessas experiências exigem.[61]

Essa qualidade de *décalage*, para usar o termo de Brent Hayes Edward para as inter-relações que Holt descreve, é uma qualidade fundamental das diásporas. Visto que esta tem sido uma preocupação central dos estudiosos da diáspora africana, seus trabalhos contribuem para a forma como ela pode ser abordada em todos os estudos acerca da diáspora.

OS RISCOS DOS MODELOS: A UNIVERSALIZAÇÃO DA DIÁSPORA

Os estudos da diáspora judaica têm sido frequentemente considerados o modelo com o qual outras comunidades compararam suas experiências para determinar se constituem ou não uma diáspora. Essa discussão desafia nossa compreensão de como a experiência judaica da diáspora tem fundamentado o modo como outras se apropriaram tanto do termo quanto do conceito. Para a diáspora africana, aspectos da narrativa judaica servem como elementos seminais de novas construções de identidade e comunidade motivadas por aspirações e oportunidades políticas.

O que conseguimos ao tentar comparar as diásporas judaicas e africanas? Se simplesmente analisarmos as similaridades, a fim de determinar se um grupo "se qualifica" a ser diáspora, teremos um resultado intelectual limitado. Tais exercícios raramente permitem a exploração da diáspora africana ou de quaisquer outras que estejam sendo comparadas. No entanto, se compararmos como cada comunidade molda suas perspectivas de diáspora, é possível elaborar novas questões de pesquisa que fundamentarão a disciplina como um todo. Que tipos de problemas estão sendo debatidos dentro de diásporas individuais e como eles podem iluminar os processos sociais das diásporas experimentadas por todos? Por exemplo, o discurso de "união" tem ressonância diferente na diáspora africana, que é tão profundamente marcada pelo fenótipo. O fato de outras diásporas debaterem parâmetros de afiliação dá margem a novas perspectivas sobre essa questão no mundo africano. Este é apenas um exemplo de como os estudos comparativos de diáspora são enriquecidos quando vão além da análise de "pontos de comparação" com a história da diáspora judaica.

Para que haja um diálogo significativo entre as diásporas, é necessário desenvolver um discurso sobre os elementos das comunidades da diáspora comuns a todos. Muitos estudiosos oferecem bases de comparação, mas raramente abordam as razões para tal comparação[62]. Em outro lugar argumentei que, concentrando-se em processos sociais comuns a todas as diásporas, podemos entender melhor como elas funcionam como uma forma fundamental da comunidade humana. Embora inegáveis sejam os estreitos laços com a história judaica, a diáspora, no entanto, tem relevância universal.

O futuro e mais nuançado debate sobre aspectos específicos da experiência da diáspora em diferentes comunidades aumentará muito a nossa compreensão do fenômeno. A esse respeito, o que até então tem sido discursos etnonacionais bastante autossuficientes pode começar a entrar em uma era de diásporas em diálogo.

3. A Diversidade da Diáspora

Contribuições Para o Desenvolvimento da Teoria Política da Diáspora Africana

> *Don't care where you come from*
> *As long as you're a black man*
> *You're an African*
> *No mind your nationality*
> *You have got the identity*
> *Of an African...*[1]
>
> PETER TOSH, "African"

Numa diáspora de milhões de pessoas em todo o mundo, e que remonta há mais de um milênio, a negritude é uma poderosa força de coesão. Em muitos aspectos, a negritude é produto da escravidão atlântica e do pensamento científico que, posteriormente, justificou-a com base na raça. O conceito de negritude reuniu africanos de centenas de diferentes nações e línguas que começavam a criar novas culturas misturadas nas Américas. Muitas vezes movidas pela necessidade, as culturas negras crioulizadas incorporaram filosofias e visões de mundo amplamente compartilhadas em toda a África, tornando a negritude simultaneamente uma designação para cultura, condição e fenótipo. Em alguns países, notadamente nos Estados Unidos, a negritude passou a ser uma identidade socioétnica fundamental para os afrodescendentes. Embora a importância e os contornos difiram significativamente de país para país, ela permaneceu após o fim da escravidão como uma identidade de solidariedade e uma base para políticas coletivas transnacionais[2]. Inicialmente um elemento unificador entre as muitas divisões étnicas e sociais das comunidades escravizadas na luta por liberdade e, em algum momento, fruto de suas histórias coletivas e culturas mescladas, a negritude é um espaço cultural amplo, bem como uma identidade política. É essa mistura de cultura e política que produz o "africano" a que Peter Tosh faz referência, invocando o inegável potencial da negritude de unir a diáspora africana em torno de uma agenda comum contra a persistência do racismo e da exploração da terra e das pessoas da África.

Peter Tosh poderia muito bem ter descrito inúmeros exemplos em que as distintas identidades étnicas, culturais e nacionais foram superadas pela imposição da raça. Em 1912, moradores negros da Província de Oriente, em Cuba, organizaram um ataque contra escritórios do governo responsáveis pela desapropriação de suas terras com a intenção de cedê-las a novos empresários estadunidenses. O protesto foi uma revolta popular associada a amplas demandas por cidadania na recém-criada nação. No entanto, os rebeldes também denunciavam, explicitamente, a persistência da discriminação racial, o que resultou em considerável apoio de outros trabalhadores afro-caribenhos. A Guantánamo Sugar Company, por exemplo, foi denunciada por trabalhadores migrantes haitianos que "eram muito maltratados por serem negros"[3]. As violentas represálias do governo visaram veementemente os *negros*; incluídos na contagem de mortos, estavam muitos trabalhadores migrantes jamaicanos que não haviam participado do protesto.

O caso do massacre cubano de 1912 é apenas um exemplo de como a opressão racializada de fontes externas pode ser motivo para a solidariedade universal entre todos os afrodescendentes. No entanto, o termo "negro" nem sempre é entendido como abrangente, nem sempre expressa a mesma importância da realidade, das múltiplas maneiras pelas quais os africanos e seus descendentes se compreendem e de suas conexões com os distintos sensos de comunidade. Nas Américas, os conceitos de "afrodescendência", *caribbeanness* e *creolité*, por exemplo, surgiram para expressar como a negritude e a africanidade incorporam as múltiplas vertentes de sua herança. A identidade da negritude está vinculada a histórias não compartilhadas universalmente na diáspora, ou mesmo entre indivíduos nos países em que emergiu como uma identidade primária significativa. Seu poder de identidade unificadora em toda a diáspora é, portanto, limitado por suas múltiplas interpretações. O que liga essa diáspora? A diáspora africana não compartilha religião, língua ou política. Certamente existem princípios fundamentais do pensamento africano que informam as culturas dos povos africanos em todo o mundo. Além disso, como foi discutido antes, o pan-africanismo serviu durante muito tempo como uma política de solidariedade. Talvez estes sejam os laços que a ligam; mas quão profundamente e por quanto tempo? Podem o constructo de uma África unitária e o conceito social de negritude formar a base da moderna identidade da diáspora africana? Nem é uma identidade racial inerente, nem necessariamente congruente às muitas formas pelas quais os povos de ascendência africana constroem suas identidades. Como observou Michelle Wright,

qualquer definição verdadeiramente precisa de uma identidade diaspórica africana deve então, de alguma forma, incorporar simultaneamente a diversidade de identidades negras na diáspora, mas também ligar todas essas identidades para mostrar que elas realmente constituem uma diáspora, em vez de um agregado desconexo de diferentes povos ligados apenas pelo nome.[4]

Um elemento crítico da teoria da diáspora é o que Gloria Totoricagüena chama de "desconexão interconectada" para a diáspora basca ou, como observado anteriormente, o *décalage* de Brent Edwards para a diáspora africana[5]. Na análise do historiador Thomas C. Holt:

Para os estudantes da diáspora negra, são as diferenças entre as experiências de povos negros em diferentes localizações que são importantes, bem como, ou talvez até mais do que, as unidades ou pontos comuns que definem sua condição de povo. Em outras palavras, invocar a estrutura de "uma diáspora" pressupõe que, através de uma análise comparativa, há algo a ser aprendido das experiências que se desdobraram para diferentes povos negros em distintos lugares e épocas. Há, é claro, uma tensão óbvia entre essas duas estruturas – uma semelhança de experiência sugerida pelos requisitos políticos da diáspora e da condição de povo, e a diferença de experiência que qualquer análise e compreensão dessas experiências requer.[6]

A diáspora exige simultaneamente o amparo dos conceitos opostos de semelhança e diferença. Com isso em mente, este capítulo examina com atenção os "requisitos políticos da diáspora", embora eu me afaste da perspectiva de Holt de que isso requer uma semelhança de experiência. A semelhança a que ele se refere talvez seja mais precisamente definida como uma solidariedade de propósito ou de agenda política. Argumento que uma *política* efetiva da diáspora depende da mesma justaposição de solidariedade e particularidade, que é necessária a uma *teoria* efetiva da diáspora[7].

A prática política de mobilização da diáspora, como ferramenta para desmantelar o racismo e a exploração antiafricanos, impõe trabalhar com as várias comunidades e os povos da diáspora africana em toda a sua complexidade. Este capítulo explora algumas das maneiras pelas quais essa complexidade molda o caráter da política diaspórica em ramos específicos da diáspora africana. E encerra com algumas reflexões sobre as perspectivas de uma militância pandiaspórica, enquanto uma comunidade criada em grande parte pela escravidão global e pelo colonialismo, vai adentrando numa nova era do capitalismo. Hoje, aquelas estruturas estão formalmente desmanteladas, embora o legado ideológico e social permaneça ativo e continue a restringir a liberdade da vida negra além de manter-se como força letal para muitos milhões.

NOVAS DIÁSPORAS AFRICANAS: MOBILIZANDO A DIÁSPORA COMO RECURSO

As ondas mais recentes de emigração do continente africano ilustram o potencial político, bem como os desafios que enfrentam ao cruzarem com e se sobreporem a outros segmentos da diáspora. Ao contrário daqueles deslocados pelo comércio de escravos nos oceanos Atlântico e Índico, a condição de pessoas livres permitiu-lhes muito mais autonomia na escolha de rotas de migração. Alguns estudiosos argumentam que grande parte da migração africana pós-colonial é um produto do sucesso econômico, que possibilitou à crescente classe média viajar para estudar e empreender[8]. Não obstante, a guerra, a sublevação política e a pobreza continuam sendo forças poderosas que levam os africanos a migrações precárias, tanto no continente quanto fora dele. Portanto, é útil começar com uma visão ampla do que Isidore Okpewho e Nkiru Nzegwu chamaram de "Nova Diáspora Africana"[9].

Embora grande parte da atenção da mídia tenha se concentrado na migração africana para a Europa, um número ainda maior de africanos se instalou em outros países do próprio continente. De acordo com dados das Nações Unidas, 15,5 milhões de africanos viviam em outras nações africanas em 2010, em comparação com os 7,7 milhões na Europa e os 4 milhões na Ásia[10]. A migração intracontinental flui, geralmente, para as economias mais fortes de cada região. Os emigrantes das regiões Norte e Leste concentram-se na Europa e nos Estados do golfo, respectivamente; e economias fortes, como a África do Sul, continuam a atrair migrantes de seus estados vizinhos. A recente diáspora africana inclui profissionais e empresários qualificados, assim como os migrantes por razões econômicas e as vítimas de guerra, de instabilidade política e de tráfico. As remessas financeiras da primeira categoria tornaram-se um foco político importante para algumas nações, apoiadas na nova política do Banco Mundial de "opção pela diáspora" como uma alternativa aos empréstimos diretos. Os últimos geraram novos padrões de xenofobia, de exploração e de políticas de imigração restritivas nos países de destino, mas os migrantes continuam a perseguir opções por vezes desesperadas, onde nenhuma outra é prontamente acessível[11]. A nova diáspora africana inclui mulheres da Eritreia nos Estados do golfo, que se tornaram as principais provedoras do sustento dos homens e das famílias; sul-africanos e zimbabuenses brancos especializados e qualificados que se reinstalam na Austrália; empresários na China; e migrantes por razões econômicas e políticas, e sem recursos, em territórios coloniais europeus na Costa Norte da África[12].

Em todas as categorias de idade e sexo, as situações de trabalho forçado, tráfico sexual, servidão doméstica e recrutamento de crianças-soldado levaram milhares de pessoas para a diáspora de modos que geralmente não são considerados quando se vislumbram as possibilidades da política diaspórica. Essas pessoas estão frequentemente em situações de terror: uma mulher esmagada sob um homem estranho contra sua vontade, uma criança em uma mina escura e insegura, um aspirante a imigrante sendo vendido num leilão de escravos – tudo sob a violência e ameaças das pessoas que controlam sua liberdade. As desigualdades estruturais fundamentais, tanto nos países emissores como nos países ou regiões receptores, fomentaram rotas clandestinas de tráfico alimentando essa dimensão da diáspora africana, parte de um fenômeno global envolvendo mais de 25 milhões de pessoas. Até que ponto e de que maneira os indivíduos traficados podem participar dos diálogos da política diaspórica?

Com uma diáspora tão diversa – ou, talvez mais precisamente, conjuntos de diásporas – o desafio de conceituar a política da diáspora é tremendo. Partindo do foco principal nas remessas financeiras e no contato cultural, que impulsiona grande parte do conhecimento sobre as recentes diásporas africanas, o que se segue são algumas reflexões acerca das implicações de suas novas configurações para a construção de políticas transformadoras e para a colaboração entre populações extremamente diversas.

Ao considerar as atividades políticas de migrantes recentes da África continental, uma primeira pergunta a ser feita é que níveis de diáspora estão sendo invocados e por quê. Esses migrantes estão funcionando como comunidades da diáspora "africana", que consideram o continente inteiro como seu lugar de origem, ou esse lugar de pertença é mais estreitamente concebido? É claro que é possível manter simultaneamente várias afinidades, mas os padrões reais da prática política e econômica sugerem que as novas diásporas africanas estão ancoradas em unidades subcontinentais (ou seja, redes locais, nacionais ou específicas) com estruturas administrativas correspondentes. Essa é uma relação muito diferente com um lugar africano de origem do que aquela facultada à maioria dos descendentes da era da escravidão, que não têm laços documentados com qualquer Estado africano específico.

As populações que partem não mais simplesmente desaparecem de seus lugares de origem. A crescente facilidade de comunicação internacional torna muito mais fácil para os imigrantes recentes manter as redes com a cidade de origem, talvez retardando ou evitando a criação de redes com o país de origem, como um todo, ou com outros membros da diáspora no exterior. As escolhas das diásporas contemporâneas quanto às suas relações com o "lar" têm sérias implicações aos estados africanos.

Chukwu-Emeka Chikezie caracterizou as relações contemporâneas da diáspora africana com o lugar de origem com a metáfora do conceito iorubá de *kporapko*, a invocação da sociedade local como um nível primário de lealdade ou patriotismo.

Chikezie referiu-se a um discurso de um juiz nigeriano em Londres que, após reconhecer outras altas autoridades no palanque, começou a "fazer *kporapko*", distinguindo o chefe de sua aldeia, também presente. Ele argumenta que uma combinação de tradições africanas, que privilegiam o patriotismo em nível local, com os desafios enfrentados pelos estados africanos modernos direcionou a mobilização da diáspora africana para redes não estatais[13]. Essas redes se formam, em parte, de acordo com os padrões de migração; imigrantes recentes mantêm envolvimento com a cidade de origem, mas gradualmente mudam seu foco para afiliações étnicas e culturais mais amplas nos lugares de destino. De fato, esse foi o padrão observado por Takyiwaa Manuh entre ganenses em Toronto[14].

O estudo de caso de Ben Lampert sobre o reino de Ayege (Nigéria) mostra como as ocasionalmente diferentes necessidades e capacidades das diásporas e de seus lugares de origem podem afetar a natureza de seus relacionamentos. A diáspora de Ayege tem organizações formais em cidades como Londres, Toronto e Nova York, bem como em outras cidades da Nigéria. A diáspora com base na Nigéria tem sido capaz de prover financiamento indispensável e influência política, mediando em nome de Ayege tanto no governo estadual quanto no local. Em contraste, a diáspora de Ayege no exterior faz apenas contribuições monetárias limitadas e esporádicas, determinadas individualmente pelos vários ramos, em vez de coletivamente. Como, por exemplo, a construção de um "centro de alojamento e recreação" destinado principalmente ao uso de membros visitantes da organização baseados em Toronto. Em consequência, os ramos no exterior têm influência e representação limitadas no aparelho administrativo do reino[15]. Do ponto de vista do lugar de origem, a influência relativa das diásporas estabelecidas no país *versus* as ultramarinas é um cálculo simples de contribuições significativas. No entanto, da perspectiva da diáspora, que outros valores intangíveis ela pode ter procurado obter de Ayege? Como seu apoio ao "lar" mediou as formas como eles se identificam em Londres e as solidariedades com outros nigerianos, africanos ou negros em geral, que vivem na mesma cidade?

Os exemplos do *kporapko* e do reino de Ayege ilustram como as diásporas podem contornar os estados centrais para enviar dinheiro e investir em projetos de desenvolvimento. Como consequência, o desenvolvimento está quase sempre vinculado às regiões com diásporas fortes, que não dependem da decisão de uma câmara central de compensação sobre a distribuição em nível nacional dos recursos de expatriados[16]. Após a sua eleição em 2001, o presidente de Gana, John Kufuor, delineou um papel específico para a diáspora na sua estratégia de desenvolvimento, detalhada no *Poverty Reduction Strategy Paper* (PRSP). Chikezie observa:

> Mas a versão do *kporapko* da própria Gana cria certos obstáculos à visão global do governo. O PRSP, mais apropriadamente, pressupõe que todos os ganenses no estrangeiro estão comprometidos em desenvolver este constructo chamado Gana. A maioria, na verdade, se concentra em locais específicos dentro de Gana. Grupos da região sulista de Ashanti, por exemplo, normalmente canalizam seus esforços através do chefe ao qual prestam lealdade. Isso cria um problema constitucional potencialmente complicado.[17]

A observação de Chikezie chama a atenção para a importância dos relacionamentos subestatais e não estatais, como redes de cidades e fraternidades que operam transnacionalmente na diáspora africana.

A esse respeito, um dos fatores significativos que distinguem as diásporas contemporâneas das mais antigas é a relação com o Estado. Nas Américas, onde os escravizadores empenhavam-se em controlar todos os aspectos da vida dos africanos, o escopo e os tipos de redes que estes criaram foram muito limitados[18]. Elas se caracterizavam por serem transculturais, por reunir africanos (e outros) de diversas origens em culturas crioulas compartilhadas. Isso se tornou uma pré-condição necessária para colaborações nos objetivos práticos e compartilhados de escapar dos ou remediar os efeitos da escravidão[19]. Raramente elas puderam funcionar transnacionalmente devido a restrições à mobilidade dos negros. Assim, as instituições cooperativas autônomas de origem africana nas Américas começaram com severas limitações tanto no tipo quanto no escopo. Em contrapartida, em todo o continente há uma história vibrante de redes sociais não estatais, tanto pré-coloniais quanto mais recentes, que complementam as funções do Estado. Uma articulação particularmente transnacional remonta pelo menos ao início da era moderna nos estados políticos liderados por muçulmanos da África do Norte e Ocidental, com a incursão de associações comerciais árabes e instituições religiosas muçulmanas. Instituições transnacionais não estatais assumiram responsabilidades suplementando as funções dos governos clericais e, posteriormente, coloniais e independentes. Um exemplo é a irmandade Mouride fundada no Senegal na década de 1880 pelo xeque Amadou Bamba. É uma das quatro principais irmandades sufis senegalesas; as outras são Tidianyya, Quadryya e Layenne. Como foi observado por Bruno Riccio, as irmandades são um sistema de apoio espiritual, econômico e político que ajudou seus membros a negociar as instabilidades do século XX, mas que também funcionou, significativamente, quando eles começaram a procurar novas oportunidades no exterior. Bruno Riccio argumenta que a comunidade da diáspora senegalesa na Itália é profundamente influenciada pelas estratégias da Mouride, incluindo uma fluidez que subverte as noções reificadas de fronteiras étnicas[20].

Outro fenômeno que desafia a primazia da nação para as diásporas africanas é a falta de equivalência entre as nações pré-coloniais e as esculpidas pelas potências europeias no século XIX. Os somalis na diáspora, por exemplo, não são todos cidadãos da Somália; alguns são da Etiópia, Quênia e Djibuti. Além disso, nem todos os cidadãos da Somália são da etnia somali. Essas fronteiras de nações étnicas e comunidades familiares menores coexistem na diáspora. Isso não apenas perturba o conceito de lugar de origem, mas tem implicações práticas nas maneiras pelas quais a diáspora pode ser concebida e organizada. Para os somalis, a diversidade provou ser um desafio a uma diáspora nacional coesa[21].

Dois pontos são importantes aqui. Primeiro, as recentes diásporas africanas herdaram uma rica história de instituições e coletividades não estatais que são, muitas vezes, mantidas. Em segundo lugar, a capacidade de manter e utilizar com sucesso essas redes pode muito bem desafiar o grau em que a consciência da diáspora é ancorada em laços comuns com o Estado ou o continente.

Pesquisas sobre imigrantes africanos na Europa, nos Estados Unidos e no Canadá sugerem um padrão em que associações nativas dos lugares ou das nações de origem levam, primeiro, a colaborações pan-africanas e, por fim, a uma sensibilidade mais ampla de metadiáspora. No Reino Unido, por exemplo, organizações de ganenses, nigerianos e outros grupos da diáspora africana juntaram forças em 1994 para criar a AFFORD – African Foundation for Development (Fundação Para o Desenvolvimento Africano). Em 2005, o African Diaspora Community Forum (Fórum da Comunidade da Diáspora Africana) reuniu representantes de expatriados etíopes, sul-africanos e outros africanos em Ottawa, Canadá, para analisar maneiras de mobilizar recursos que beneficiassem a África em geral com referência específica à União Africana como um instrumento organizativo[22]. Isso não é novidade; a história da diáspora africana é marcada por sua extraordinária heterogeneidade, na medida em que pessoas de diversas origens se reuniram em comunidades "africanas" no exterior. O grau em que grupos de diáspora africanos recentemente constituídos expandem suas atividades e interesses para um sentido de comunidade mais amplamente concebido afetará as possibilidades futuras de políticas metadiaspóricas. Os contextos étnicos e políticos dos lugares de destino, bem como as modalidades de política global e regional, devem ser considerados fatores importantes que influenciam as afinidades da pandiáspora[23].

As novas diásporas africanas também transformaram suas relações com os lugares de origem africanos. Diásporas africanas anteriores formadas pelo comércio de escravos têm pouca conexão direta com estados africanos modernos específicos. Alguns "adotaram" identidades nacionais africanas específicas por meio do reassentamento, como os afro-brasileiros que criaram suas próprias comunidades ao longo da Costa do Benin, ou os expatriados americanos que se mudaram para Gana[24]. Outros assumiram identidades nacionais ou étnicas africanas virtuais por meio de práticas culturais, como as expressões akan e iorubá no novo mundo; a religião jamaicana rastafari postula a Etiópia de Haile Selassie como o refúgio da "Babilônia" da diáspora. Uma vez que a ancestralidade real não pode ser rastreada por milhões de afrodescendentes, essas afiliações, distantes por gerações, têm um papel tênue na política africana. Para essa diáspora, o lugar de origem é uma "África" genérica que não existia formalmente antes da criação da OUA – Organização da Unidade Africana, em 1963. A União Africana, sucessora da OUA depois de 2001, reconheceu a participação da diáspora na organização política africana em nível continental mediante a criação de uma seção de diáspora e a formação da Rede da Diáspora Africana no Hemisfério Ocidental. À medida que o processo avançava, ficou claro que havia uma diferença significativa entre as posições e as perspectivas políticas daqueles com laços identificáveis com nações específicas e as diásporas da era do comércio de escravos.

Como uma organização guarda-chuva continental, a União Africana não poderia criar políticas relativas à cidadania para a diáspora, uma estratégia adotada por um número crescente de países para criar laços de apoio mútuo[25]. No caso da Eritreia, sua diáspora ajudou a redigir a primeira constituição após a independência em 1993, na qual lhe foi concedido o direito ao voto[26]. O papel das diásporas e a extensão da distância entre as gerações a serem incluídas nas diásporas nacionais e continentais é uma questão de grande debate no momento, tanto para as diásporas como para seus lugares de origem.

Sobre isso, Gana é um estudo de caso particularmente interessante. Por seu papel de prenúncio da libertação africana, após sua independência em 1957, ela atraiu "retornados" da diáspora, incluindo, mais notavelmente, o acadêmico e militante estadunidense William Eward Burghardt du Bois[27]. Nas últimas décadas, o governo de Gana se tornou cada vez mais interessado na relação com seus cidadãos no exterior. Começou patrocinando uma "volta ao lar" mirando empreendimentos econômicos com os ganenses expatriados. Com seus armazéns de escravos declarados Patrimônio da Humanidade pela Unesco, Gana também se promoveu ativamente como um local de turismo cultural para a diáspora mais ampla. Na primavera de 2007, ela promoveu o Golden Homecoming, especificamente voltado para o turismo da diáspora africana global, em comemoração ao cinquentenário de Gana e ao 200º aniversário da abolição do tráfico de escravos pela Grã-Bretanha.

Associado ao Golden Homecoming 2007, o concurso de beleza Rainha do Golden Homecoming revela uma significativa visão informal da extensão da diáspora ganense. Em primeiro lugar, os locais de seleção das "belas jovens ganesas" dão uma ideia das localizações geográficas da diáspora nacional:

REGIÃO	LOCAL DA(S) AUDIÇÃO(ÕES)[28]
Américas	Nova York
Europa	Londres e Amsterdã
Ásia/Pacífico	Tóquio
Sul e Centro da África	Johannesburg
Leste e Norte da África	Nairóbi
Oeste da África	Lagos
Gana	Accra e Kumasi

Em segundo lugar, os requisitos para elegibilidade implicam numa compreensão implícita de pertencimento ganense que excluiria efetivamente os retornados da diáspora tão calorosamente acolhidos nos documentos oficiais de relações públicas:

> Requisitos de Elegibilidade Para a Rainha
> do Ghana Homecoming em 2007:
> 1. Ter entre 18 e 25 anos de idade.
> 2. Ter uma ideia sobre a história de Gana.
> 3. Ser de origem ganense (de um dos pais ou avô) ou ser portador de passaporte ganense*.
> 4. Ser capaz de entender pelo menos uma língua ganense.
> 5. Ter 1,65 m de altura ou mais.
> 6. Ser capaz de entender e falar inglês.
> 7. Estar disponível para viajar para Gana por duas semanas entre fevereiro e março de 2007 (com todas as despesas pagas).
>
> (* Entenda-se por isso que pelo menos um dos pais e pelo menos um avô deve ser ganense.)

Relevantes aqui são as maneiras pelas quais os organizadores identificam "sua" diáspora – não é apenas uma comunidade de pessoas vinculadas ancestralmente e ou como cidadãos da nação, elas também devem ter alguma fluência cultural no Gana nativo, bem como experiência colonial (expressa na exigência do idioma inglês). O concurso também reforça um eixo da diáspora nacional (em oposição à cidade natal), que é altamente marcado por gênero. A experiência de expatriados implica necessariamente numa mudança de cultura, mas essas jovens competidoras são usadas para incorporar um conceito padronizado e reificado de "ser ganense"[29]. Além disso, os desfiles de beleza da diáspora são principalmente dirigidos por homens ou parte das atividades de organizações predominantemente lideradas por homens. Nesse sentido, as performances de identidade e pertença através dos corpos dessas mulheres jovens reforçam as convenções de gênero na diáspora e, ao fazê-lo, ressaltam a importância do gênero, da idade e da posição social como componentes críticos da formação das diásporas[30].

Os lugares de origem africanos se comunicam com suas respectivas diásporas baseadas em estados-nação por meio de mecanismos dos governos nacionais, o que é impossível fazer com os descendentes daqueles mesmos países que foram forçosamente removidos pela escravidão. De fato, a organização transnacional entre membros de diásporas nacionais é um fenômeno importante nas comunidades mais recentes da diáspora africana. Um relatório de 2004 do Centre on Migration, Policy and Society – Compas, da Universidade de Oxford, observou que os ganenses se organizaram através da Alemanha, Holanda e Reino Unido, e os Somalis estabeleceram ligações na Escandinávia, Holanda e Reino Unido[31].

A mobilização de diásporas nacionais proporciona um veículo para intervenção política tanto nos lugares de origem quanto nos de destino. Um estudo holandês de 2005 analisou alguns esforços de diásporas africanas para influenciar a política externa holandesa em relação a suas terras natais[32]. No caso de áreas dilaceradas por conflitos, eles descobriram que, na ausência de governos centrais eficazes, as diásporas faziam *lobby* pelos interesses de suas facções específicas no lugar de origem. Esse apoio dirigido funcionou para perpetuar a fragmentação política no lugar de origem. O relatório concluiu que:

o envolvimento à distância da diáspora nas lutas de poder no lugar de origem está apenas reforçando a política interna desagregadora. Também torna impossível para as facções políticas rivais promover a reconciliação para o bem comum de toda a população do lugar de origem. Nesse sentido, a diáspora faz parte do problema e não da solução[33].

Se, no entanto, um governo central forte pode efetivamente mobilizar sua diáspora, tais esforços poderiam ser de grande valia[34]. O presidente cabo-verdiano Aristides Pereira reconheceu isso, mudando a posição do seu governo para abraçar os seus expatriados nos Estados Unidos. Laura Pires-Hester caracteriza isso como "uso estratégico do recurso étnico [da diáspora bilateral]", notando, significativamente, que os benefícios também são bilaterais:

o uso estratégico do recurso étnico pode ser uma maneira de nivelar o campo de atuação para aquelas populações que antes estavam ausentes desse campo. O surgimento da diáspora étnica bilateral entre os cabo-verdianos-americanos sugere a possibilidade de utilizar esse recurso para melhorar as posições onde as pessoas estão *realmente* e *ancestralmente*."[35]

A capacidade de influenciar a política do lugar de destino tornou-se uma ferramenta importante na luta contra o regime do *apartheid* na África do Sul. Organizações negras em todo o mundo, em colaboração com outros apoiadores humanitários, exerceram com sucesso pressão sobre governos e empresas privadas para boicotar a África do Sul, resultando na queda definitiva do governo. Um sentimento de "etnicidade da diáspora bilateral" – nesse caso, uma reivindicação coletiva da experiência da negritude e/ou da africanidade – foi sem dúvida determinante para muitos participantes nesse movimento, uma vez que apelaram a seus países de residência para ajudar nos esforços contra o *apartheid*[36]. Resta saber se outras causas africanas motivarão a militância metadiaspórica.

Como foi argumentado por Pellerin e Mullings, o Banco Mundial desempenhou um papel particularmente significativo na orientação de recentes ondas de migrações africanas em direção a um modelo nacional, em oposição a um modelo continental. Por volta da década de 1990, o que ficou conhecido como a "opção pela diáspora" começou a emergir a partir dos esforços bem-sucedidos de Israel, Índia e China para aproveitar o potencial de investimento de suas diásporas. Por volta de 2007-2009, o Banco Mundial, assim como a Unesco, promovia ativamente os esforços de nações individuais para, primeiro, identificar e engajar a diáspora, depois reestruturar o relacionamento desta com o Estado para, então, direcionar o capital financeiro e de competências para metas identificadas pelo Estado[37]. A conferência do Homecoming de Gana fez parte dessa ação, que também incluiu o apoio da diáspora africana através da sexta região designada pela União Africana. Fruto disso foi que um número crescente de países africanos estabeleceu ministérios dedicados às suas diásporas[38].

A mudança de política em direção à "opção pela diáspora" diferencia os que migraram antes e depois da era nacional (pós- -independência). Também privilegia a abordagem de governos nacionais a seus emigrantes empreendedores para atrair investimento, em oposição à assistência e advocacia àqueles em posições desfavorecidas na diáspora. Os próprios estados podem ser fundamentais para fazer com que certos membros de suas populações se mudem, tornando improvável a inclusão desses grupos em seu alcance. Por exemplo, as políticas antigay, às vezes levando à pena de morte, impulsionaram migrações para o exterior[39].

Resta saber se a mudança em direção à centralização da aplicação dos recursos no Estado afetará os padrões de remessa orientados por gênero e, consequentemente, um aspecto importante do modo como as mulheres criam e moldam as diásporas recentes e seus lugares de origem. Como observou Madeleine Wong, o foco nas remessas enfatizou a análise de dados em grande escala, obscurecendo o fato de que as muitas maneiras de envio de dinheiro e outros recursos são muitas vezes escolhas pessoais e culturalmente específicas. Em muitos casos, o movimento das mulheres, ou a incapacidade de se movimentar, afetou a dinâmica do poder doméstico e a tomada de decisões. Por exemplo, um estudo sobre mulheres migrantes de Gana mostrou que quando eram elas a receber as remessas, tinha duas vezes mais probabilidade de que o dinheiro fosse gasto em educação, independentemente de viverem em lares chefiados por homens[40]. Muitas vezes operando fora das estruturas mais visíveis das organizações formais, suas escolhas ainda influenciam quem está viajando e como a política da diáspora se forma.

As redes transnacionais discutidas acima refletem algumas das maneiras pelas quais as recentes diásporas da África contribuíram para uma gama mais ampla de atividades políticas e de possibilidades na diáspora maior. Tendo em vista os avanços da tecnologia moderna, não está claro se a redobrada eficiência das redes típicas dos lugares de origem e a tendência de apoios governamentais a instituições nacionais da diáspora limitam a concepção do continente "africano" como lugar de origem. Embora os africanos estejam claramente trabalhando juntos na diáspora, essas colaborações podem ser mais corretamente entendidas como coalizões de várias comunidades da diáspora. Essas colaborações incluem não apenas diferentes diásporas nacionais, mas também diferentes gerações de diáspora. Para um olhar mais atento aos modos de interação entre gerações e ramos sobrepostos da diáspora africana com vistas à colaboração e à produção de comunidades, é instrutivo recorrer ao caso da cidade de Nova York.

NOVA YORK: CAMADAS DE INTERSEÇÃO DA DIÁSPORA AFRICANA

A cidade de Nova York ilustra bem a interação entre as diversas eras do movimento da diáspora e dos diversos lugares de origem em um único lugar de destino. Desde a sua criação como um porto comercial holandês no início do século XVII, sucessivas ondas de africanos e afrodescendentes passaram a compor ali uma comunidade multifacetada da diáspora africana. Mesmo em seus primeiros dias, essa comunidade incluía africanos de diversas partes do continente, bem como aqueles traficados por outras colônias; os nomes dos escravizados, como Swan Van Loange, Domingo Angola e Maria Portogys ressaltavam o cosmopolitismo da cidade[41]. Desde então, tem havido uma corrente ininterrupta de recém-chegados de outros estados americanos, do Caribe e da África. O estado de Nova York tem a maior comunidade negra do país, com 3,3 milhões de pessoas em 2010 classificadas como negras ou "negras combinadas com outras raças", uma nova categoria censitária instituída em 2000. A maior parte dela (2,2 milhões) vive na cidade de Nova York[42]. As categorias do censo nacional não permitem uma contagem precisa das origens nacionais incluídas no rótulo étnico "negro". No entanto, os afrodescendentes constituíam um segmento significativo de 35,9% da população dos nascidos fora da cidade no censo de 2000, e aproximadamente um em cada três nova-iorquinos negros nasceu no exterior. Destes, 92.435 eram nascidos na África; outros 591.660 eram dos países caribenhos, predominantemente negros, Guiana, Haiti, Jamaica e Trinidad[43]. Acrescente-se a esse rico *mix* de nacionalidades os afrodescendentes de uma série de outros países, bem como filhos de imigrantes de segunda e terceira geração que circulam em diversos âmbitos culturais[44]. Por causa das práticas de empréstimos e locação de imóveis, juntamente com as tradições de segregação social, as pessoas de ascendência africana tendem a se agrupar em concentrações residenciais "negras", a maior delas no Brooklyn, Queens e Harlem[45]. Assim, na comunidade "negra" de Nova York, comunidades vibrantes de "africanos", "caribenhos", "guianenses" etc. se reúnem em bairros de maioria predominantemente negra, onde seus filhos promovem as interações entre diferentes grupos étnicos. Alguns descendentes de africanos de países como Porto Rico e República Dominicana migram para comunidades negras de língua espanhola, enquanto africanos e haitianos francófonos costumam se estabelecer ao lado de afro-americanos e caribenhos de língua inglesa. Assim, essa comunidade "negra" da cidade de Nova York reflete o princípio da "desconexão interconectada", mencionada no início deste capítulo. Embora muitas pesquisas tenham sido feitas sobre como isso funciona no nível cultural, sua correspondência na política ainda precisa ser totalmente explorada.

Cada comunidade tem um conjunto distinto de tradições e opções políticas mediadas, em parte, pelas redes da diáspora e dos lugares de origem. Enquanto a maior parte das migrações negras anteriores não conseguiu sustentar relacionamentos contínuos com seus lares originais, os novos contextos tecnológicos da migração facilitaram grandemente esses tipos de relacionamentos para os chegados mais recentes. Por isso, se tornou mais fácil sustentar várias identidades étnicas, salientando a pluralidade de novas maneiras no que sempre foi, de fato, uma comunidade negra diversa[46]. A consideração dessas diferenças tem sido filtrada pelas lentes dos estudos de imigração, particularmente pela análise das diferentes trajetórias dos negros de ascendência estadunidense *versus* os de ascendência caribenha. Embora grande parte dessa literatura lide com estereótipos de valores contrastantes mantidos por comunidades negras distintas, como a dos caribenhos-americanos industriosos e empreendedores em comparação aos negros estadunidenses "preguiçosos", há outras considerações importantes para os estudos da diáspora. Os imigrantes recentes têm a opção de redes e identidades transnacionais e não dependem exclusivamente das identidades e dos caminhos nacionais para o crescimento, particularmente quando os caminhos são tendenciosos em relação à igualdade de oportunidades.

Dito de outra forma, manter redes e identidades transnacionais, e aquelas oriundas do lugar de origem, oferece hoje às pessoas maiores opções de sucesso do que manter o foco exclusivo na assimilação promovida pelo ideal estadunidense. Assim, a diáspora é um recurso que pode ser usado estrategicamente para melhorar as perspectivas no novo ambiente.

No entanto, o que faz sentido econômica e socialmente para os imigrantes também interage com as políticas e estratégias de populações há mais tempo estabelecidas da mesma diáspora. Em um artigo de 2005, Brett St. Louis relatou o caso do etíope Abdulaziz Kamus, que questionou a decisão de um projeto público sobre o câncer para os afro-americanos por excluir os imigrantes africanos: "Mas eu sou africano e sou cidadão estadunidense, não sou afro-americano?" Independentemente da precisão técnica de sua afirmação, os diretores do projeto concluíram que ele não poderia reivindicar filiação ao grupo[47]. Na verdade, os afro-americanos muitas vezes se irritam com o número de negros não americanos que se valem de programas de benefícios definidos racialmente, como o ingresso em universidades. Para alguns, a comunidade afro-americana é definida por uma experiência histórica compartilhada da qual os imigrantes não participaram[48]. Como argumentado por Toni Morrison, uma parte fundamental da experiência do imigrante nos Estados Unidos é que "a entrada na corrente dominante estadunidense sempre significa aderir à noção de que negros estadunidenses são como alienígenas reais. Qualquer que seja a etnia ou nacionalidade do imigrante, sua nêmesis é ser reconhecido como afro-americano"[49]. O paradoxo para outros imigrantes afrodescendentes é que a discriminação contra os negros tanto os força a enfrentar a experiência racial afro-americana quanto, a muitos, a se distanciarem, acessando outras redes e identidades. Numerosos estudos investigaram as complexas questões de identidade e afiliação enfrentadas por imigrantes de ascendência africana, mas raramente com um olho nas implicações para a política da diáspora. Se, conforme argumentado por Pedro Nogueira, os imigrantes criam estratégias contra a discriminação mediante a afirmação de sua participação em comunidades transnacionais ("tudo menos o negro"), eles possibilitam certos tipos de política relativa a lugar de origem-diáspora que podem não estar acessíveis a ondas anteriores dessa diáspora[50]. Contudo, ao mesmo tempo, o racismo cria uma causa política comum entre os diferentes membros da diáspora africana.

DIALLO, DOURISMOND E DIÁSPORA: RAÇA E OUTROS AGENTES DE SOLIDARIEDADE NA DIÁSPORA

Num lugar onde várias ondas de diasporização se sobrepõem, a política local pode mobilizar uma comunidade ou uma militância de pandiáspora. A esse respeito, a cidade de Nova York oferece um contexto rico para a exploração de políticas de diáspora multifacetadas.

Um momento que reflete essas dinâmicas foi a morte, em 1999, de Amadou Diallo. Filho de comerciantes da Guiné, Amadou foi morar em Nova York aos 22 anos após completar um ano de estudos em ciências da computação em Singapura. Chegou a dividir um apartamento com mais quatro jovens da Guiné num pequeno bairro popular habitado por seus compatriotas e outros imigrantes de África Ocidental, uma comunidade que também o ajudou a estabelecer um negócio de camelô. Pouco antes da 1h00 da madrugada de 4 de fevereiro de 1999, Diallo morreu ao levar tiros da polícia dentro da entrada do seu prédio. Ele não estava armado. Na escuridão das ruas, policiais de uma força especial rastreando armas ilegais tinham percebido um negro "suspeito" e abriram fogo, atirando 41 vezes no corpo do jovem. Muitas das dezenove balas que o atingiram foram disparadas depois que ele já estava caído[51]. O incidente aconteceu na esteira da brutalização, em agosto de 1997, de um imigrante haitiano, Abner Louima, que foi espancado e sodomizado com um cabo de vassoura até seus órgãos internos serem rompidos enquanto estavam sob a custódia policial. A morte de Diallo aconteceu no contexto de uma longa história de sistemática violência racializada contra os negros em Nova York. Um caso bastante divulgado, em setembro de 1983, foi o de Michael Stewart, de 25 anos, preso por fazer pichações e pela posse de uma baga de maconha. Trinta e dois minutos depois de ser levado sob custódia, ele chegou ao Hospital Bellevue em coma devido a uma severa surra que acabou levando-o à morte duas semanas depois. Outros incidentes envolveram procedimentos policiais que resultaram em mortes negras. Em maio de 2003, a polícia invadiu o apartamento de Alberta Spruill, uma funcionária municipal de 57 anos. Sua residência foi erroneamente identificada como local de tráfico de drogas. O choque desencadeou uma crise cardíaca, mas o tratamento foi retardado enquanto a polícia continuava sua busca. Spruill morreu no local. Isso foi considerado por muitos grupos ativistas um exemplo da insensibilidade policial. *The Internationalist*, jornal socialista, declarou que "Alberta Spruill está morta porque era negra. *Isso foi assassinato policial racista!*"[52] Um sentimento similar foi expresso por um haitiano protestando contra a agressão a Louima: "Não foi uma coisa haitiana, foi uma coisa negra. Ser haitiano não significou nada. Foi porque ele era negro." Esse comentarista, no entanto, também indicou que "mesmo que a comunidade haitiana se entrelace no tecido dos Estados Unidos, ela sempre manterá parte de si separada", ilustrando como a mobilização por uma causa pan-negra não substituía totalmente as identidades específicas[53].

O assassinato de Amadou Diallo ressaltou a realidade e a inevitabilidade da raça para negros nova-iorquinos. Isso gerou uma grande reação da comunidade de negros, e de outros grupos, que a rotularam como uma ação racializada. O clamor público levou a uma investigação pelo Escritório da Procuradoria Geral em Nova York. O relatório documentou que a polícia detém negros e hispânicos numa taxa marcadamente mais alta do que os brancos e concluiu que o tratamento diferenciado era um fator significativo nessa disparidade[54]. Independentemente das identidades étnicas assumida por indivíduos, as percepções de raça impunham aos negros um fardo compartilhado e uma causa comum. Nos anos seguintes, o contínuo significado de raça na agressão policial, no sistema de justiça criminal, na educação e nas relações sociais chegaram ao auge com uma série de assassinatos de jovens negros bastante divulgada, começando com o de Trayvon Martin, de dezessete anos de idade, na Flórida, por um segurança privado. Alguns meses depois, a polícia deixou no chão o corpo sem vida de Michael Brown, quatro horas depois de ter atirado nele; em reação a esse caso surgiu, das conversas e notícias que circulam no Twitter, o movimento popular de conscientização Black Lives Matter (Vidas Negras Importam). Em todo o país, estouraram protestos contra a agressão da polícia, e novas mídias foram mobilizadas para documentar e divulgar informações de forma independente. Em Nova York, em 2014, a câmera de um celular registrou a morte de Eric Garner, estrangulado pela polícia por vender cigarros avulsos do lado de fora de uma loja local, ressaltando a importância da tecnologia na divulgação das implacáveis realidades raciais, em contraste com as narrativas populares de que a nação "transcendera" a raça no rescaldo da presidência de Obama.

Relevante à presente discussão é o efeito da transversalidade da raça sobre as várias comunidades da diáspora africana presentes em Nova York, as estratégias políticas mobilizadas por elas individualmente e o grau em que essas várias abordagens podem funcionar juntas. Quando Kadiatou Diallo, mãe de Amadou, chegou a Nova York para reivindicar o corpo de seu filho, o que a esperava eram várias contingências concorrentes. Em vista do clima político, com o prefeito Rudolph Giuliani fazendo campanha contra a ex-primeira dama Hillary Clinton na eleição para o Senado, seu gabinete enviou uma escolta policial para levá-la diretamente ao local do crime e depois a um hotel reservado e pago pela municipalidade. Também lá, mas sem autorização de acompanhar a senhora Diallo, estava Mahawa Bangoura, do Embaixada da Guiné. Mais tarde naquele dia, Mohammed Diallo, presidente da Associação Guinense em Nova York, reuniu-se com a senhora Diallo em seu hotel para assegurar-lhe o apoio de sua comunidade.

De fato, os amigos e familiares de Amadou da África Ocidental, assim como outros simpatizantes, estavam lá para encontrar sua mãe, tanto no pequeno apartamento do Bronx quanto no hotel. A comunidade negra local também estava em ação; o reverendo Al Sharpton encontrou Kadiatou Diallo no hotel, recém-saído de um comício na comunidade, e providenciou para que ela falasse com Jesse Jackson, por telefone, em Chicago. No dia seguinte, no funeral, no Centro Cultural Islâmico, o prefeito e o comissário de polícia apareceram sem convite, e o reverendo Sharpton estava lá para levá-la diretamente a um comício em sua sede[55].

A mobilização em protesto contra os disparos em Diallo surgiu não de representantes do governo da África Ocidental, mas de uma rede de ativistas dos direitos civis e dos direitos humanos bem versados na política racial dos Estados unidos. O reverendo Al Sharpton e sua organização, a National Action

Network, assumiram a liderança promovendo frequentes manifestações públicas e reuniões com a mãe de Diallo. O proeminente advogado negro Johnnie Cochran assumiu o controle do caso, suplantando o advogado contratado pelo pai de Diallo. Como Kadiatou Diallo veio a entender, os negros estadunidenses viam a morte de Amadou como sua própria tragédia:

Juntar-se à comunidade negra em Nova York não foi uma segunda natureza para mim... A raiva expressa por pessoas em comícios por Amadou foi construída sobre uma história que eu não tive e não podia conhecer... Nossos passados e nossos futuros agora estão interligados por Amadou. Como pais, avós, irmãos e irmãs de homens negros, compartilhamos a mesma raiva e o mesmo medo. Se meu pesar foi mais imediato, o deles durou vidas e se tornou seu companheiro, algo que caminhou sempre com eles.[56]

Para os nova-iorquinos negros, Amadou Diallo simbolizou a demonização de todos os homens negros usada para justificar sua brutalização ao longo da história das Américas. Portanto, quando o imigrante haitiano Patrick Dourismond foi morto em 2000 pela polícia no Brooklyn (e teve seu registro de detenção juvenil ilegalmente liberado pelo prefeito Rudolph Giuliani para justificar a ação policial), os organizadores negros estavam prontos para entrar em ação. Nesse caso, no entanto, eles encontraram uma comunidade haitiana bem estabelecida com sua própria rede de organizações. Embora tenham enquadrado o problema da mesma forma como um caso de discriminação racial, os haitiano-americanos locais utilizaram ferramentas de mobilização específicas para essa comunidade de imigrantes. Ao anunciar os próximos comícios e marchas na mídia de língua kreyol, os organizadores puderam mobilizar uma visível oposição de haitianos e outros falantes de francês, mas a comunidade local negra mais ampla estava menos ciente desses eventos do que dos comícios em torno do caso Diallo.

Situações de crise que requerem mobilização política são terrenos naturais para a ativação de solidariedades entre as comunidades componentes da diáspora, até onde ela "funcione" para fins específicos. No entanto, a diáspora que se mobiliza por vezes provoca conflito em seus diferentes ramos. Uma campanha eleitoral no Brooklyn em 2000 expôs algumas das tensões entre seus nativos de origem caribenha e afro-americana, uma vez que apelos etnicamente sensíveis foram feitos aos eleitores. Essa dinâmica foi repetida em 2007; um candidato nascido no Brooklyn teria feito comentários depreciativos sobre o passado haitiano do vencedor. A imprensa enfatizou as variadas etnias dos candidatos e o fato de o vencedor ter sido o primeiro haitiano eleito para o conselho municipal. A conselheira que estava deixando a vaga destacou sua própria origem caribenha[57]. Embora sejam peculiares à natureza das políticas de identidade na cidade de Nova York, esses casos destacam o fato de que não há solidariedades inerentes à diáspora (ou raciais). Pelo contrário, causas particulares e ações deliberadas podem criar ou enfraquecer relações intersticiais entre as várias comunidades da diáspora africana.

Felizmente, nem sempre os pontos de convergência da diáspora envolvem tensões e crises. Um dos maiores festivais públicos da cidade é o West Indian American Day Carnival no Brooklyn, o primeiro Carnaval ultramarino da diáspora caribenha (ela mesma, uma onda subsequente da diáspora africana misturada às da Ásia e da Europa), com raízes que remontam ao Harlem da década de 1920[58]. Em si, a celebração anual no Dia do Trabalho ajudou a forjar a comunidade entre as várias nações caribenhas representadas em Nova York, cada uma com suas próprias tradições carnavalescas. Situado no coração dos bairros negros do Brooklyn, o evento ajudou a inspirar um sentimento de pertença ao Caribe nas gerações subsequentes, e também atraiu os locais originários de fora do Caribe. O Carnaval do Brooklyn é amplamente reconhecido no Caribe; no seu apogeu, os vencedores dos carnavais de Trinidad e outras ilhas viajavam rotineiramente para ali apresentar ao vivo seus últimos sucessos. Chegou a sessenta o número de celebrações semelhantes em Toronto (Caribana), Miami, Londres (Notting Hill), Houston (Caribfest) e Montreal (Carifiesta), bem como em outras cidades com significativas populações caribenhas. Como foi observado por Keith Nurse, esses carnavais ressaltavam como os processos da diáspora se cruzaram com as forças globais que inicialmente as geraram e moldaram. Questões de gentrificação, patrocínio, estereótipos negativos, como o de homens negros violentos e de mulheres negras promíscuas, e tensões nas relações entre a comunidade negra e caribenha e suas cidades têm sido desafios que ameaçam o futuro dessa tradição diaspórica. No entanto, a rede global de

Carnavais e seus fãs também é um reconhecimento da energia de afirmação da vida que sustentou a vida negra em face de todos os desafios – uma filosofia compartilhada embutida na alegria crua e suada da música, e vice-versa[59].

Em seu romance *Americanah*, Chimamanda Ngozi Adichie descreve um salão de beleza como outro local de sobreposição de diásporas. O livro começa quando a personagem principal, uma imigrante igbo, chega ao salão para trançar o cabelo por outras mulheres africanas imigrantes do Senegal. Nesse espaço, em suas conversas casuais, a compreensão de cada mulher sobre as normas de comunidade, pertencimento e cultura é compartilhada e reformulada em suas trocas, uma cena repetida em inúmeras interações informais de pessoas da diáspora africana. A cabeleireira participa da diáspora na sua forma mais visível; ela pega o telefone para fornecer o código do envio do dinheiro via Western Union. Mas a conversa também mostra a diáspora de outras maneiras; ela projeta uma expectativa de parentesco com a personagem principal por sua origem africana compartilhada, que é então atenuada por suas especificidades de idioma, condição de imigração, nacionalidade e experiências de vida. Em refeitórios escolares, relacionamentos íntimos, festas dançantes, esse compartilhamento e filtragem criam a base para que comunidade – e a política – seja possível.

Existem dois pontos importantes aqui. Primeiro, a consciência da diáspora se desenvolve no diálogo, à medida que ramos distintos se cruzam e interagem, e esse processo também deixa claro como os membros se percebem em relação aos outros de diferentes segmentos daquela diáspora. Em segundo lugar, cada setor da diáspora se envolve simultaneamente de diversas formas na construção da comunidade. Esses múltiplos níveis de política da diáspora dentro de uma metadiáspora têm o potencial de trabalhar juntos ou separadamente. Assim, a experiência dos direitos civis da comunidade afro-americana ajudou a dar visibilidade à tragédia da morte de Amadou Diallo. O trabalho futuro sobre teoria política nos ajudará a desenvolver mais *insights* sobre as convergências e divergências do ativismo da diáspora[60].

CONFIGURAÇÕES EMERGENTES DA DIÁSPORA

Alguns segmentos da diáspora africana têm uma longa história de diálogo e esforços cooperativos intrarregionais nos níveis formal e informal. Tal é o caso da região afro-atlântica, resultante em parte de histórias compartilhadas de formação política e cultural. Observadores de sociedades escravistas notaram que quando comunidades heterogêneas de africanos se instalaram em ambientes americanos surgiram novas culturas que mesclaram as várias matrizes africanas com elementos europeus, indígenas e asiáticos, tomando forma em seus distintos contextos socioeconômicos e políticos. Essas culturas crioulas surgiram de raízes similares e serviram a funções semelhantes em todo o mundo afro-atlântico[61]. Como as migrações secundárias concomitantes à abolição da escravidão raramente realocaram pessoas para a África, mas para outros destinos nas Américas, Caribe e estados europeus coloniais, elas disseminaram ainda mais elementos culturais que poderiam estar concentrados em regiões isoladas ou esferas coloniais. Consequentemente, visto que a cultura afro-americana ao invés de qualquer cultura africana específica é a base da comunidade afro-atlântica como um todo, "o lugar de origem" necessariamente ocupa um espaço bastante diferente para esse ramo da diáspora africana. Para aquelas da era escravista (nos oceanos Atlântico e Índico), embora a diáspora possa ser invocada como um modo de interação com a África, ela é também potente como estratégia para o empoderamento nos países de residência atual[62]. De fato, em 1914, quando Marcus Garvey anunciou os objetivos fundadores da UNIA-ACL – Universal Negro Improvement Association and African Communities League – a mais emblemática das organizações da diáspora –, ele ao mesmo tempo noticiou um conjunto de objetivos locais similares para a Jamaica[63].

A diáspora é particularmente importante no mundo afro-atlântico porque representa uma alternativa para negociar todos os benefícios da cidadania em sociedades que se baseiam na exploração e exclusão de cunho antiafricano. Com a abolição da escravidão e a independência nacional, os descendentes de africanos nas Américas começaram a desafiar as barreiras à equidade, tanto na arena constitucional quanto na prática social informal[64].

Eles estruturaram suas lutas em contextos nacionais, como, por exemplo, com a criação do Partido Independiente de Cor, fundado em Cuba, em 1912, e da Frente Negra Brasileira, em 1933. Nos Estados Unidos, numerosas organizações surgiram para combater o linchamento e a segregação desenfreados. Essas ações conceituadas nacionalmente obtiveram alguns sucessos, mas em última instância lutaram contra as arraigadas hierarquias e uma antiga classe de proprietários de escravos que havia se transformado em liderança nos novos governos pós-coloniais.

A visão internacionalista do pan-africanismo sugeria novas possibilidades para a política diaspórica, refletida no primeiro Congresso Pan-Africano (Londres, 1900) e na primeira Conferência Pan-Africana (Paris, 1919). A UNIA-ACL, fundada em 1914, tornou essa política acessível a pessoas comuns em nível local. Alavancar o poder unificado e os recursos de toda a diáspora e fortalecer uma pátria africana resultariam em maior autonomia e poder local. De fato, muitos que compraram ações na malsucedida Black Star Line o fizeram não para se reinstalar na África, mas com a finalidade de melhorar suas vidas localmente.

Enquanto outras diásporas podem ter agendas para o lugar de origem claramente definidas (por exemplo, a restauração de um território ancestral), a natureza de sua formação histórica concentrou a razão política da diáspora afro-atlântica no racismo antinegro. Nesse sentido, a diáspora afro-atlântica funciona, muitas vezes, como uma diáspora negra, bem como uma diáspora africana. A causa comum da raça (tanto positiva quanto negativa) desempenhou, sem dúvida, um papel tão forte na consolidação de um sentimento de comunidade e de experiência compartilhada no mundo afro-atlântico quanto as relações com um lugar de origem africano.

Quando, portanto, uma série de organizações não governamentais reunidas em Santiago, Chile, elaboraram um plano de ação para a Conferência Mundial das Nações Unidas sobre Racismo (Durban 2001), um dos resultados mais significativos foi a decisão sobre a identidade social "afrodescendente" para expressar, numa palavra, esse sentimento de comunidade que poderia abranger as múltiplas articulações de identidades étnicas através da diáspora. A partir dessa aceitação da semelhança na diferença, os delegados produziram uma agenda de dezessete pontos destinada a corrigir o legado de persistentes desigualdades da escravidão[65]. Reunindo um grupo maior que incluía representantes indígenas, mulheres, migrantes, pessoas pobres, crianças e "outros grupos vulneráveis", esse encontro fez parte de uma história contínua de comunicação entre as populações negras das Américas. Embora grande parte dessa interação tenha sido informal, conferências culturais, intelectuais e políticas periódicas facilitaram a comunicação dentro da diáspora, como as três reuniões do Congresso de Cultura Africana nas Américas realizadas na Colômbia, Panamá e Brasil, entre 1977 e 1980[66].

A mobilização da diáspora é geralmente analisada na relação com o lugar de origem. No entanto, essas mobilizações da diáspora afro-atlântica, embora baseadas na ancestralidade africana compartilhada, não centralizaram suas ações num lugar de origem comum. A ancestralidade sozinha não foi invocada; mas sim sua contínua experiência coletiva de discriminação enraizada na história da escravidão. Por causa disso, a diáspora municiou-se com uma linguagem e uma estrutura por meio das quais teve possibilidade de interpretar e abordar preocupações localizadas. Essa mobilização constituinte da diáspora tornar-se-ia subsequentemente importante para novas ações da metadiáspora com a União Africana.

Um dos desdobramentos mais significativos que servem para reconfigurar a diáspora africana é o papel cambiante da própria África como uma entidade política. A organização formal do Estado no lugar de origem é um fator essencial que afeta as opções disponíveis à diáspora. Até o final do século XX, nenhuma estrutura política representava a África, tornando impossível moldar a política lugar de origem-diáspora. Isso mudou com a independência africana e a fundação da OUA – Organização da Unidade Africana em 1963. Enquanto os setores da diáspora mantinham relações bem estabelecidas com nações e governos africanos específicos, a OUA abriu caminho para ações com o continente como um todo.

Em 1999, Leon Sullivan, do Congressional Black Caucus nos Estados Unidos, convocou a primeira das que se tornaram conhecidas como as Cúpulas Sullivan, com o objetivo de direcionar o apoio da diáspora ao desenvolvimento africano. Representantes da OUA participaram dessas reuniões. Enquanto a OUA preparava sua transição para a UA – União Africana, convocou duas reuniões da Sociedade Civil (assim nomeadas pela UA) em 2001 e 2002, sendo que a segunda delas incluiu representantes da diáspora. Essa reunião resultou na eleição de um grupo de trabalho que incluiu dois representantes regionais da diáspora para a Europa e o Hemisfério Ocidental.

Um Fórum da Diáspora da União Africana e do Hemisfério Ocidental foi convocado em Washington D.C., em dezembro de 2002, "para capacitar a Diáspora a se tornar mais vinculada aos objetivos, crescimento e desenvolvimento da UA, de modo a contribuir efetivamente para a realização dos seus objetivos". O grupo também declarou explicitamente que a nova relação deveria ser "sustentável e recíproca"[67]. Como resultado dessa reunião, foi criada a Rede da Diáspora Africana do Hemisfério Ocidental com a intenção de apoiar os programas da UA em uma variedade de campos por meio de grupos de trabalho permanentes formados por especialistas e pessoas convidadas. Essa foi a primeira estrutura administrativa formal entre a diáspora (ou pelo menos um segmento significativo dela) e o continente.

No entanto, qualquer relação significativa com a diáspora exigia uma rede muito mais abrangente do que essa. Para tal fim, em junho de 2004 a UA promoveu, em Trinidad, uma reunião de especialistas do continente e da diáspora para definir a diáspora africana. Eles não conseguiram elaborar uma definição aceitável para o Conselho Executivo da UA, que queria incluir a consideração de diásporas mais recentes e um "compromisso com a causa africana"[68]. Em abril de 2005, especialistas de trinta países membros da UA se reuniram para formalizar uma definição de diáspora com as seguintes considerações:

a. uma linhagem e/ou herança de sangue: a diáspora deve consistir em pessoas que vivem fora do continente, cujas raízes ou herança ancestrais estão na África;
b. migração: a diáspora deve ser composta por pessoas de herança africana, que migraram ou vivem fora do continente. Nesse contexto, foram identificadas três tendências de migração – pré-comércio de escravos, comércio de escravos e o pós-comércio de escravos ou a migração moderna;
c. o princípio da inclusão: a definição deve abranger tanto a antiga como a moderna diáspora;

d. o compromisso com o desenvolvimento africano: a diáspora deve ser de pessoas que estejam dispostas a fazer parte do continente (ou da família africana)[69].

O que se pretendia, principalmente, com essa nova definição, era organizar a diáspora como a sexta região da União Africana, com a possibilidade de participação em suas entidades formais. A reunião concluiu com a adoção da seguinte definição: "A diáspora africana é constituída por povos de origem africana que vivem fora do continente, independentemente da sua cidadania e nacionalidade e que estão dispostos a contribuir para o desenvolvimento do continente e para a construção da União Africana."[70]

Embora diásporas menores existentes na África sejam reconhecidas, a definição da UA estabeleceu uma estrutura para uma organização metanível, com todo o continente posicionado como "lugar de origem". Resta ver como o conceito de metadiáspora coexistirá com as realidades de suas diásporas menores, e como tudo influenciará a direção e o potencial da política da diáspora.

CONSIDERAÇÕES FINAIS

À medida que as diásporas amadurecem, as ondas migratórias subsequentes podem criar várias diásporas com a mesma raiz ancestral, mas esta não é mais seu lugar de origem mais imediato ou significativo quando concebem suas atividades. Esse é especialmente o caso das diásporas que abrangem eras históricas radicalmente diferentes. Na diáspora africana, dois segmentos significativos se sobrepõem e interagem entre si em destinos comuns no exterior. O primeiro deles foi criado durante o comércio de escravos, com seus lugares de origem destruídos ou colonizados e seus destinos marcados pela exploração racializada. O segundo é uma diáspora mais recente, associada à busca de novas oportunidades e à fuga de problemas locais, à medida que as nações africanas transitaram pela independência e pela reorganização pós-colonial. Uma vez na diáspora, os descendentes de africanos com presumida convergência confrontam as realidades das comunidades sociais configuradas em outras vertentes. Trabalhar em conjunto como diáspora africana é um projeto político que deve ser concebido e nutrido. Tanto as instituições políticas como a cultura popular são essenciais a esse projeto.

Cada segmento da diáspora tem suas próprias forças (e fraquezas) que interagem entre si. Na medida em que os apoiadores da diáspora estão cientes dessa dinâmica, tais interações podem levar à implantação estratégica de ações reconhecidas. É útil chamar a atenção para as influências cruzadas dentro da diáspora como um foco a ser considerado, porque elas têm um impacto no desenvolvimento e na direção da sua consciência e da sua política. Para citar um exemplo, com o crescimento da pesquisa e do investimento institucional em estudos da diáspora africana foi criada uma plataforma para aprofundar a atenção ao ramo das dispersões da era da escravidão no Oceano Índico. Em janeiro de 2006, uma importante conferência sobre a diáspora africana na Ásia desencadeou uma série de novas pesquisas, incluindo a participação em uma divisão asiática do Projeto Rotas dos Escravos, da Unesco. Na reunião, ficou claro que os acadêmicos e os delegados dos siddis (indianos de ascendência africana) tinham agendas diferentes. Os siddis estruturaram suas lutas, principalmente nos contextos nacionais, na relação com o governo indiano, enquanto os acadêmicos abriram a possibilidade de situar essas questões na estrutura maior da diáspora. Os siddis finalmente assumiram um papel central na formação da TADIA, a diáspora africana na Ásia. Como notou um observador: "A participação em uma conferência sobre a diáspora africana na Ásia, sem dúvida, convida a expressões de 'identidade diaspórica'."[71] Os siddis podem aproveitar as estratégias bem-sucedidas de suas contrapartes do ramo ocidental para potencializar sua mobilização por melhores condições em casa.

Momentos de mobilização política por pandiáspora permanecem efêmeros. Um acontecimento significativo para a diáspora africana é o crescente envolvimento de nações africanas individuais e da União Africana, especialmente no que diz respeito à política formal. Questões como votação, oportunidades econômicas e de direitos, residência e lei de propriedade afetarão e canalizarão as ações da metadiáspora. O envolvimento político com as diásporas é uma dimensão cada vez mais importante dos governos nacionais; a iniciativa da União Africana é a primeira tentativa dessas políticas no nível da diáspora continental.

As lutas pela libertação da escravidão e contra o colonialismo mobilizaram a política pan-africanista no passado; hoje surgem novas questões que desafiarão a metadiáspora a se organizar de forma criativa e eficaz. As reparações pela devastação que afetou os africanos, seus descendentes e os lugares de origem no continente são uma questão política potente que requer estratégia distinta, mas coordenada e baseada na localização contextual de cada requerente. Por exemplo, as antigas Antilhas Britânicas podem articular um processo legal contra o governo da Grã-Bretanha e os grandes investidores que apoiaram sua economia escravista, enquanto os governos nacionais na África podem demandar a repatriação de artefatos históricos que hoje estão em museus e em mãos de colecionadores europeus. As comunidades afrodescendentes que vivem como minorias enfrentam diferentes desafios para reivindicar políticas de reparação[72]. Todas essas causas, no entanto, estão inter-relacionadas e representam novas oportunidades para uma política de metadiáspora em que o local e o transnacional trabalhem juntos simbioticamente. É também preciso ver como e até que ponto a União Africana pode utilizar recursos da diáspora para tratar de questões críticas como a saúde e as guerras que afetam largamente o continente.

A ciência política da diáspora é de importância crítica na medida em que a diáspora é invocada principalmente como uma estratégia política. Jana Evans Braziel e Anita Mannur advertem que "os estudos da diáspora precisarão ir além da teorização de como as identidades diaspóricas são construídas e consolidadas, e devem perguntar como essas identidades da diásporas são praticadas, vivenciadas e experimentadas"[73]. Ao invés de assumir uma noção idealizada da estrutura de diásporas, para avançar é preciso que entendamos as interações complexas e muitas vezes contraditórias dos grupos da diáspora dentro das metadiásporas.

Talvez o futuro da política da diáspora não venha de estruturas formais como a União Africana, mas de interações e colaborações contínuas de pessoas de ascendência africana em todo o mundo. Pouco antes de este livro ir ao prelo, o filme *Pantera Negra*, de 2018, reuniu africanos da África com africanos diaspóricos das Américas, Caribe e Europa (tanto as personagens fictícias como o elenco, técnicos e os roteiristas) com o intuito de imaginar a convergência de suas forças e talentos a fim de elevarem-se uns aos outros e, no processo, elevar o mundo. Perspectivas diferentes nascidas de posicionamentos diversos levaram a amargas lutas e estratégias, mas, no final, um estado africano forte e unificado foi a fonte de um novo futuro para a sua diáspora – em toda a sua diversidade –, tanto em casa como no exterior.

4. Diálogos Diaspóricos

A Fantasia da África
e o Internacionalismo Diaspórico
no Carnaval da Bahia[1]

Em 1895, um novo tipo de embaixada africana foi aberta em Salvador, na Bahia. Sua primeira missão: discutir a questão do vatapá. O Embaixada Africana foi o primeiro de uma série de grupos carnavalescos "africanos" que capturaram o imaginário popular da cidade de Salvador por volta da virada do século XIX para o XX. Em seus temas, letras, figurinos e no próprio nome – referência a uma "embaixada" –, o grupo negro baiano brincava com o conceito de exótico como uma fantasia. Ironicamente, esse era precisamente um momento em que ainda não estava claro como seria a cidadania dos negros brasileiros logo após a abolição e a proclamação da República[2]. No entanto, nos dez anos seguintes, dezenas de grupos com temas africanos tomaram as ruas no Carnaval de Salvador, criando uma linguagem simbólica baiana única para enfrentar questões tão sérias quanto a marginalização cultural, a liberdade religiosa, a pobreza e o colonialismo.

Setenta anos depois, outro tipo de grupo africano saiu às ruas no Carnaval da Bahia. O Ilê Aiyê abriu caminho para uma onda de grupos que vieram a ser conhecidos como blocos afro, nos quais a África era outra vez a chave para sua fantasia. Apesar de suas letras, roupas e ritmos evocando o continente, grande parte do poder dos blocos veio da maneira como eles impactaram a vida e a política negra da Bahia. Em ambos os casos, a África e sua comunidade diaspórica constituíram-se um recurso valioso que desempenhou um papel fundamental na história afro-brasileira. Neste capítulo, exploramos a história dos clubes negros do Carnaval da Bahia para perceber os diálogos diaspóricos em ação, tanto com o continente quanto com outras comunidades da diáspora africana. É uma história da diáspora como um recurso estratégico e uma alternativa para as possibilidades de poder e de expressão política dentro das convenções do Estado. Por meio da diáspora, os afrodescendentes puderam entender suas experiências no Brasil em relação às de outras comunidades negras, revelando que os obstáculos ao seu progresso estavam ligados a padrões de exploração de africanos disseminados em todo o mundo. Essa compreensão globalmente contextualizada apresentava-se como uma alternativa às alegações de incapacidade dos negros para se adaptar às exigências da vida brasileira – que eles estavam mal preparados para o mundo moderno porque tinham sido prejudicados por séculos de escravidão. O novo sentido de internacionalismo diaspórico também reflete um dos paradoxos da diáspora – apesar de suas manifestações globais, o maior poder da diáspora, muitas vezes, não é de uma política transnacional coordenada, mas no mais íntimo e local dos contextos cotidianos.

EMBAIXADORES, DEFENSORES, FILHOS E PÂNDEGOS: A BAIANIDADE DA AFRICANIDADE

> *Esteve assim, o Carnaval de 98: os "Africanos" é que deram bem alto a sua nota, transformando esta cidade durante os três dias de folia numa verdadeira "colônia africana".*
>
> A Coisa, 27 de fevereiro de 1898.

Entre 1895 e 1905 foi o período em que os clubes "africanos" transformaram os carnavais de Salvador. Embora se autodenominassem africanos, a grande maioria dos foliões era nascido e criado na Bahia. Nina Rodrigues estimou a população africana de todo o estado, na época, em torno de quinhentas almas, praticamente todas concentradas em Salvador[3]. No entanto, esses cidadãos brasileiros da recente República adotaram a África em suas fantasias e a consagraram para sempre como parte do tecido cultural do Carnaval de Salvador. Os primeiros e mais celebrados desses clubes foram o Embaixada Africana (1894) e o Pândegos da África (1895), mas muitos outros clubes e tipos surgiram nesse tempo usando a África como fantasia e inspiração para o seu Carnaval. Este capítulo, que enfoca os usos da diáspora, resume apenas brevemente essa história; embora ainda não haja um estudo exaustivo sobre os clubes, os pesquisadores estão coletando cada vez mais detalhes sobre essa era, especialmente a historiadora Wlamyra de Albuquerque[4]. Para Raymundo Nina Rodrigues, observador contemporâneo e pioneiro da etnografia afro-brasileira, as referências africanas apresentadas pelos clubes tinham a ver com a cultura "lembrada" ou "ancestral"[5]. Sob essa lógica, sua suposição era de que com a gradual diminuição de africanos nativos em Salvador essas tradições acabariam por desaparecer. No entanto, a África estava desempenhando novos papéis, e de várias maneiras, nas vidas das gerações seguintes de baianos. Para elas, o fantasiar-se de África não significava apenas reformular as tradições do passado para as preocupações do presente, era performance de discurso político e afirmação de novas identidades e solidariedades ligando-as a comunidades negras globais, e umas às outras, de maneiras que teriam consequências para a política do século XX.

Os clubes africanos apareceram num momento oportuno, quando um Carnaval moderno começou a substituir definitivamente o popular, mas indisciplinado, o entrudo, do século XIX, que havia caído em desuso por volta da década de 1880. Mais associado ao lançamento de líquidos entre foliões, o entrudo literalmente transbordou dos muros das festas particulares para as ruas, em vasilhames que iam desde frutas de cera cheias de perfume a penicos, e as ruas se tornaram espaços de bagunceiros e sem lei[6].

Por outro lado, o Carnaval moderno, em conjunto com a abolição da escravidão e a proclamação da República, incorporou o espírito pleno da ordem e do progresso. Depois de repetidos apelos da imprensa por um Carnaval mais "civilizado", em 1883 a Sociedade Euterpe organizou o clube carnavalesco Fantoches de Euterpe, introduzindo desfiles organizados em torno de temas geralmente retirados da história e da mitologia greco-romana. O Fantoches logo foi acompanhado pelo Cruz Vermelha e pelo Inocentes em Progresso, com grande apoio da imprensa popular. Os bailes noturnos no Teatro Polytheama ofereciam uma alternativa segura ao Carnaval de rua. Essas eram grandes festividades destinadas a evocar as riquezas material e cultural da Europa que as elites baianas esperavam reivindicar como seu legado.

Por volta de 1895, no entanto, havia dúvidas de que clubes de prestígio apareceriam. De fato, 1895 foi também a estreia de um novo clube, o Embaixada Africana. Na ausência dos clubes maiores, ele foi uma sensação com sua reviravolta do Carnaval. Assim como os grandes clubes tinham apreciado Zeus e as musas, o Embaixada explorou a história e a mitologia africanas clássicas nos seus temas. Num anúncio de seu desfile em 1895, as referências clássicas eram generosamente misturadas aos aspectos cotidianos e folclóricos da vida afro-baiana – daí seu anúncio de que abordaria a questão do vatapá. No ano seguinte, o Embaixada foi acompanhada pelos Pândegos da África[7], e em breve as ruas do Carnaval de Salvador estavam cheias de clubes africanos. Entre os muitos novos grupos estavam o Defensores da África, Lembranças d'África, Chegada Africana e, como observou um jornal em 1900, os "Cavalheiros da África, Caçadores da África, Filhos da África, Netos da África, e (quem sabe) talvez alguns bisnetos e tataranetos da pobrezinha"[8]. Moradores publicavam nos jornais apelos para que seus grupos preferidos desfilassem em seus bairros, e alguns dos clubes chegavam a participar dos bailes no Teatro Polytheama. Os sons e as imagens africanos enchiam tanto as ruas de Salvador no Carnaval que, segundo um comentarista, "chega-se a crer que a Bahia ou pelo menos seu Carnaval naturalizou-se genuíno filho do Congo"[9]. A reação foi, a princípio, positiva. Tão populares eram os novos clubes africanos que "roubaram a sympathia aos palhaços, dominós, pierrots, a quem o povo já não presta muita attenção"[10].

O Embaixada usava a temática das delegações diplomáticas para abraçar um amplo espectro da história africana e das lutas anticoloniais contemporâneas, bem como para fazer comentários sociais locais. Seu foco era o divertimento, não uma história rígida, então havia certa licença criativa. Em 1897, ele anunciou uma delegação zulu que precederia uma banda vestida em estilo argelino e abissínio[11]. Nada mais nada menos que Ago Li-Agbo, rei de Abomé, levaria seu estandarte em 1898, entre trombetas egípcias, dignitários de todo o continente e uma banda vestida de "grotesco uniforme alemão", para questionar simbolicamente os efeitos "civilizatórios" da presença europeia na África[12]. Um grande desfile exibiu todo o continente, com trombetas egípcias, guerreiros de Madagascar, dignitários de Oran, Abomé e Marrocos, além da Cachoeira do Cataranga e muito mais[13]. No ano seguinte (1899), apresentou o faraó Ptolomeu, "radiante em esplendor e magnificência", conduzido numa liteira sobre um elefante, sendo abanado por quatro servas e cercado por uma procissão de dignitários, guerreiros e músicos. Seu escriba empunhava o estandarte do Embaixada enquanto eles cantavam:

> Esse estandarte invencível,
> Coberto já de mil glórias,
> Vergado ao peso dos louros
> Das africanas vitórias.[14]

O Pândegos d'África também usavam fantasias elaboradas e, como o Embaixada, era sistematicamente celebrados pela imprensa, mesmo depois que as opiniões começaram a se voltar contra os clubes africanos. A escolha de levar o candomblé como tema principal foi uma intervenção importante no Carnaval baiano, que os distingue do Embaixada[15]. Numa época de crescente e muitas vezes violenta repressão ao candomblé, o Pândegos usou essa simbologia visual, instrumentos e canções para criar suas fantasias. Como o Embaixada, ele realçava o luxo e a elegância. No entanto, visto que essa elegância emanava tanto dos orixás quanto dos chefes de Estado reais, ela foi experimentada e até incorporada por muitos baianos negros. Seu Carnaval apresentava a cultura do candomblé de sua própria perspectiva, contrastando diametralmente com sua difamação pelas elites culturais. Quando Nina Rodrigues se referiu a "um candomblé colossal" perambulando pelas ruas da cidade, ele estava descrevendo especificamente o Pândegos da África e a multidão que o seguiu cantando louvores aos orixás[16]. De fato, um jornal descreveu esta cena em 1898: "Que se pode dizer dos Pândegos! Saíram na pura ponta, na prontíssima! Castigando a cara sedaria coberto de ouro, arrastando as creoulas apaixonadas, que muitos lhes ajudaram a entoar o canto de Emanjá (Mai d'Agua):[17]

Aoderecê é qui émanjá, potàbelèbê aouai forotim lilá choreuè. Conquistavam o logar de honra."[18]

Apesar de suas diferentes perspectivas de africanidade, não há indicação de que houvesse animosidade ou rivalidades sérias. Em 1899, o Embaixada Africana e o Pândegos da África arranjaram de se encontrar na Cruz de São Francisco, às portas da venerável Sociedade Protetora dos Desvalidos. Por volta das 21h, os dois clubes se encontraram, o Embaixada liderado pelo rei Ptolomeu e o Pândegos pelo rei Lobossi. O porta-estandarte do Pândegos ofereceu cerimoniosamente ao Embaixada todas as coroas que haviam conquistado, para admiração da multidão. Em retribuição, o Embaixada presenteou o Pândegos com um cordão de ouro, que foi amarrado ao mastro de seu estandarte num gesto de amizade e solidariedade[19].

Os muitos clubes menores que logo surgiram parecem ter seguido mais de perto o modelo do Pândegos no uso do candomblé como inspiração estética, provavelmente com menos recursos para trajes e decorações. A habilidade material para levar elegância às ruas distinguiu alguns dos clubes na cobertura de jornal. *A Coisa* chamou o Pândegos de "chiques" e "atraentes... apesar da África", e um raro relato sobre o Chegada Africana diz que estavam "elegantemente vestidos, eles sabiam como se apresentar"[20]. O Guerreiros da África, por outro lado, foi descrito simplesmente como "homens do canzá e do batuque"[21]. Os clubes menores eram acompanhados por inúmeros indivíduos que criavam seus próprios trajes temáticos africanos para participar das festividades. Inicialmente, todos foram amplamente aceitos, mas em poucos anos a imprensa se desencantou. "Para o anno diminuam esse entusiasmo pelas ideias africanas", sugeriu um colunista ao Filhos da África, "que, entre nós, infelizmente, já são muito conhecidas"[22]. Embora os jornais elogiassem regularmente o Embaixada e o Pândegos, eles lamentavam a inclinação geral do Carnaval em direção à africanidade, incorporada pelos clubes menores. Suas preocupações foram apresentadas na linguagem da civilização *versus* barbárie, com a Europa como o padrão almejado. Os clubes passaram a simbolizar a antítese da "civilização" e foram rotineiramente alvo da imprensa. Eles contestavam a cultura e a identidade que definiam a Bahia, uma luta que se refletiria no ataque às religiões de matriz africana nos próximos anos[23]. Os esforços para promover ordem e regulamentação no Carnaval miraram inicialmente o licenciamento para os vendedores que montavam barracas ao longo do percurso, mas logo se transformaram num ataque direto aos clubes carnavalescos africanos. Em 1904, depois de repetidos apelos na imprensa à tomada de medidas, a cidade proibiu uma série de práticas carnavalescas consideradas incompatíveis com a civilidade e a modernidade. Em 1905, a proibição foi estendida para incluir explicitamente os clubes africanos[24]. Esse mesmo ano viu o retorno dos três clubes carnavalescos modernos, um dos quais exaltou "o grande e nobre ideal de civilização" representado por Brasil, Chile, América do Norte, Portugal, Espanha, Itália, França e Inglaterra[25].

O que era tão perturbador numa pequena diversão de Carnaval, especialmente dada a sua aceitação inicial? Escrevendo comparativamente sobre o Carnaval, Keith Nurse observou que "para os despossuídos e desencantados, os rituais e artes carnavalescos funcionaram como mecanismos de inversão, subversão e desconstrução das bases morais e filosóficas das restrições sociais, convenções e relações de poder"[26]. É evidente que as elites têm um poder ostensivamente desproporcional, e o Carnaval também funciona como um tipo de válvula de escape para o descontentamento social. Contudo, expressões populares, como esses clubes de Carnaval africanos, têm o potencial de produzir algumas mudanças reais nas relações de poder. De acordo com Nurse,

Os carnavais das Américas, em diferentes graus, têm funcionado como um espaço ritual de contestações socioculturais e resistência estética, entre um grupo europeu hegemônico e povos indígenas, crioulos, mestiços e africanos subalternos [...] Muitas das celebrações do Carnaval envolvem atividades transgressoras que visam redefinir ou acomodar as identidades culturais e raciais heterogêneas e os disputados espaços culturais, que são consequência dos processos de globalização. Esse poder subalterno latente é parte da razão de os governos cuidarem de policiar e regular o Carnaval.[27]

De fato, os clubes logo começaram a incomodar. A mudança relativamente rápida da adoração pública aos clubes africanos para a difamação merece uma investigação mais aprofundada. Embora a restrição se aplicasse a todas as manifestações da africanidade, as queixas publicadas geralmente diferenciavam o Embaixada e o Pândegos dos numerosos clubes menores. Comparando o

Embaixada a outros clubes africanos, *A Coisa* escreveu: "Não são uns macaquitos semi-nus, ataviados de busios, rufando tabaques; são moços divertidos, de muito espirito, estudiosos, da *Embaixada* e por isto applaudimol-os sempre."[28] Nina Rodrigues caracterizou a África "culta" do Embaixada como produto dos "negros mais maduros ou melhor adaptados", em comparação com a "África inculta" do Pândegos[29]. Os distintos níveis de crítica aos grupos sugerem que a África tinha múltiplas manifestações e usos, alguns mais palatáveis para as elites do que outros que se expressavam no espaço recém-criado para o diálogo social no Carnaval[30]. Em Salvador, os vários usos da África pelos clubes fornecem informações importantes sobre como a diáspora desempenhou um papel no pós-abolição naquela cidade. A África revelou-se não como um selo cultural geneticamente impresso, mas um conceito e um recurso que poderia ser utilizado tanto por negros quanto por brancos para reivindicar e contestar.

ÁFRICA NOS CARNAVAIS DE SALVADOR DA PRIMEIRA REPÚBLICA

Os membros do Embaixada Africana tinham todos os motivos para gravitar longe das identidades africanas na Salvador da década de 1890. O sentimento antiafricano de depois da conspiração Malê de 1835 levou a leis, deportações e preconceitos discriminatórios[31]. A África era retratada como o "continente primitivo" que necessitava dos esforços civilizadores dos colonizadores europeus, e estava vivendo, de fato, o auge da ocupação predatória[32]. A ciência contemporânea à época, além disso, condenava os africanos como geneticamente inferiores, incompatíveis com as concepções de "progresso" da recente República – mais argumentos para abandonar as identidades africanas.

No contexto de um país saído há poucos anos da escravidão e ainda elaborando sua identidade cultural nacional, havia significados e usos da África que informavam como os brasileiros negros estavam moldando seu espaço como cidadãos da nação e de uma diáspora africana global. Nina Rodrigues, creditado como um dos primeiros acadêmicos a estudar seriamente a população negra do Brasil, escreveu, nos primeiros anos da

República: "consideramos a supremacia imediata ou mediata da Raça Negra nociva à nossa nacionalidade, prejudicial em todo o caso a sua influência não sofreada aos progressos e à cultura de nosso povo"[33]. Esse sentimento fundamentou a orientação para erradicar a africanidade, a fim de criar uma nação mais moderna e "civilizada", no tempo dos clubes africanos da Bahia, o que só mais tarde, por volta da década de 1930, mudaria para o abraço à noção de mistura racial[34]. Os participantes dos clubes carnavalescos eram majoritariamente cidadãos brasileiros da República, mas, ainda que a terra de origem e sua diáspora na Bahia não tivessem poder, a comunidade dos clubes de Carnaval encontrou algum benefício ao abraçar uma fantasia africana. "A África", numa infinidade de disfarces, apareceu como tema recorrente no Carnaval e em outras festas públicas, usada tanto por brancos como por pessoas de cor para, entre outras coisas, marcar os limites do pertencimento, defender a repressão cultural e apoiar agendas políticas. Quando vistos comparativamente, esses usos da África no Carnaval fazem parte de uma importante trajetória de discurso social e político que ajudou os afro-brasileiros a estabelecer as bases intelectuais da luta por cidadania plena ao longo do século XX[35].

Para melhor perceber como os clubes baianos utilizaram a diáspora, é útil situar o Brasil no contexto mais amplo do pensamento político afro-Atlântico. Os clubes carnavalescos africanos de Salvador tiveram que lidar com muitas das mesmas questões essenciais de milhares de seus pares em outros países, que, nas Américas e no Caribe, invocavam suas conexões com uma comunidade negra global para ajudar a negociar seu lugar em um país em mudança. Ifeoma Nwankwo identificou essa estratégia como "cosmopolitismo negro", uma política que emergiu da Revolução do Haiti. Segundo Nwankwo, aquele momento do Haiti foi decisivo para as populações afrodescendentes das Américas. Visto que geralmente coincide com o período de autodefinição nacional das repúblicas recém-independentes das Américas, Nwankwo argumenta que esses dois acontecimentos também forçaram os afrodescendentes a articular posições em relação à solidariedade negra transnacional enquanto moldavam suas identidades como cidadãos[36]. Leslie Alexander, analisando as tensões entre ideologias concorrentes para ascensão negra no pós-abolição nos Estados Unidos, concebe a questão sucintamente: "Foi possível reivindicar tanto a herança africana quanto o direito à cidadania americana?"[37]

Muitos optaram por não enfatizar suas conexões com outras comunidades negras e com a África. Nos Estados Unidos, organizações que antes se chamavam de "africanas" começaram a mudar para a denominação "*Negro*"[38]. Entretanto, o jovem governo haitiano incentivava a solidariedade política com as comunidades negras, em grande parte escravizada, em todo o hemisfério. Ele libertou o povo escravizado nos territórios espanhóis de Hispaniola, defendeu a abolição como condição para a ajuda internacional aos movimentos de libertação sul-americanos e até encorajou o assentamento de profissionais negros qualificados dos Estados Unidos. Tanto simbólica quanto efetivamente, o Haiti ajudou a introduzir novas possibilidades para a política negra global em toda a diáspora africana.

A teoria do cosmopolitismo negro de Nwankwo baseia-se na premissa de que para muitos descendentes de africanos nas Américas a identidade nacional, embora desejada, era muitas vezes inacessível. Um problema central nesse momento de emergência das nações nas Américas, ela observa, foi que "a cidadania de pessoas de ascendência africana nas nações em que residiam foi recusada, negada e geralmente conturbada". O cosmopolitismo negro surgiu como uma estratégia e possibilitou as contextualizações alternativas de raça, nação e humanidade, os principais vértices de identidade no mundo Atlântico moderno. Apelar a recursos da África e da diáspora era uma alternativa para quem vivia em países que depreciavam sua humanidade, sua cultura e seu potencial de participação cívica plena. Essas conexões poderiam prover recursos e influência que apoiassem reivindicações mais efetivas de cidadania, ou até que substituíssem uma cidadania problemática por uma comunidade da diáspora, como teriam imaginado nacionalistas negros como Marcus Garvey e a African Blood Brotherhood. Como diz Nwankwo, "o cosmopolitismo, embora não seja necessariamente o objeto do desejo, pode ser considerado um meio para o acesso à identidade nacional... e/ou como base de uma identidade nacional substituta"[39].

Nwankwo não analisa o Brasil, mas, embora o Haiti possa não ter tido a mesma ressonância pública, é possível ver ali muitas dessas mesmas dinâmicas em jogo. De fato, é possível estender mais amplamente seus conceitos pelo prisma do que chamo de internacionalismo diaspórico, ou o uso estratégico de recursos diaspóricos. Aceitando a premissa de que o cosmopolitismo negro emergiu da Revolução Haitiana, podemos olhar para outros momentos críticos quando os contornos e as possibilidades da cidadania negra global e local foram reconsiderados pelos descendentes de africanos e pelos governos.

No caso de Salvador, a Revolta Malê de 1835, que se seguiu a uma série de conspirações de escravos lideradas por africanos muçulmanos, no início do século XIX, foi um momento transformador, paralelo ao impacto da Revolução Haitiana em outras comunidades afrodescendentes. Entre suas repercussões, a cidadania e a lealdade dos africanos libertos ficaram sob suspeita, e sua própria cultura tornou-se símbolo de descabimento[40]. Momentos semelhantes de reavaliação se estenderam ao longo do século XIX. Alguns foram temerários, como a divisão da África na Conferência de Berlim de 1884. Outros, como a ascensão do imperador Menelik II da Abissínia e sua ulterior vitória sobre a Itália na batalha de Adwa, em 1896, foram inspiradores. Quando esses momentos acontecem e sugerem uma potencial mudança nas relações de poder para a diáspora e/ou para a terra de origem, eles entram na consciência política da diáspora e podem se tornar parte dos recursos culturais, políticos e materiais disponíveis.

O conceito de internacionalismo realça a circulação transnacional de ideias, ao invés do movimento físico de pessoas, nos usos tradicionais do termo "cosmopolita". Nwankwo dá uma importante redefinição do cosmopolitismo na experiência afro--Atlântica, observando a natureza violenta e de gênero de nosso movimento transnacional e as complexidades de nossas relações com terras ancestrais e com as nações de cidadania[41]. No entanto, ainda acho fundamental enfatizar os fluxos de ideias, tecnologias e recursos que conectam o movimento de corpos individuais a comunidades inteiras. Esse "tráfego cultural negro" é a energia que transformou a diáspora afro-Atlântica numa realidade interconectada e que ajuda a definir "negritude" de diversas maneiras para indivíduos e comunidades inteiras[42]. As pessoas que nunca saem de seus lugares de nascimento podem, no entanto, ser profundamente afetadas pelo internacionalismo; cada viajante individual afeta tanto as pessoas quanto os lugares que eles deixam e aonde chegam. De fato, acontecimentos como as grandes migrações do pós-abolição em todo o Caribe, e de antigos locais de escravização a lugares com maiores possibilidades econômicas e sociais, ajudaram a gerar uma sensibilidade mais global sobre como as comunidades negras estavam situadas em relação umas às outras e ao mundo em geral. Winston James argumenta que os migrantes caribenhos do pós-abolição e seus encontros com outras comunidades negras deram origem a uma política internacionalista negra progressista em todo o mundo afro-Atlântico que, de fato, impulsionaram a vanguarda radical da política negra nos EUA[43].

Quando inseridos no contexto amplo da transição da escravidão para a cidadania em nações que ainda estavam construindo sua autonomia e identidades, o internacionalismo diaspórico na diáspora afro-Atlântica pôs em marcha uma consciência politizada de diáspora. Esse foi um componente significativo do afastamento gradual das identidades das nações africanas individuais e para uma nova compreensão da negritude que era simultaneamente heterogênea, nacional e transnacional. À medida que as exigências de cooperação sob a escravidão recuaram e as comunidades culturais e econômicas globais amadureceram, os negros começaram a olhar para além da nação. Mas não imediatamente com vistas a colaborações políticas e solidariedade; inicialmente, foi para ajudar a abrir perspectivas a suas próprias situações locais. Para os Estados Unidos, Robin D.G. Kelley detalha como essa visão global não apenas orientou o que emergiria como pan-africanismo, mas, substancialmente, como guiou a política negra e solidariedade em casa[44].

O enquadramento do internacionalismo diaspórico nos ajuda a situar os blocos africanos da Bahia no contexto da história afro-Atlântica, por serem contemporâneos de uma emergente visão internacionalista. Em 1900, o trinitário-tobagense Henry Sylvester Williams reuniu cerca de cinquenta participantes vindos da África, do Caribe, da Grã-Bretanha e dos Estados Unidos no primeiro Congresso Pan-Africano, em Londres, destinado a abordar coletivamente suas preocupações e seus direitos[45]. Eles não podiam mais confiar nos caminhos legais de suas nações para reverter completamente os legados devastadores da escravidão e do colonialismo, especialmente porque seu *status* de igualdade mostrava-se tão claramente desafiado. Em Salvador, a história recente de revoltas escravas, as deportações de africanos, os reassentamentos voluntários na África e a tenuidade dos direitos legais dos africanos geraram debates sobre pertencimento e cidadania dos africanos e de seus descendentes. As expressões culturais tornaram-se manifestações simbólicas desses debates; na recente República, rapidamente ficou claro que as pressões sobre as religiões e a cultura de matriz africana permaneceriam. Os blocos assumiram diretamente esse desafio, utilizando suas conexões com a África para articular uma visão concorrente de cidadania brasileira moderna, ao contrário da articulada por Nina Rodrigues, em que a negritude era incompatível com os objetivos da República e até da própria brasilidade. Os clubes mobilizaram suas conexões com uma comunidade negra global que oferecia caminhos alternativos de pertença e valorização, além de recursos espirituais e materiais, para redefinir os contornos da cidadania negra baiana. Sua história é, portanto, parte da história política do internacionalismo diaspórico no mundo afro-Atlântico.

O internacionalismo diaspórico de Salvador deve ser entendido no contexto de suas ativas relações comerciais com a África Ocidental, até bem depois do fim do comércio de escravos, ressaltando o argumento de Frank Guridy de que os tipos de circuitos globais disponíveis para os povos da diáspora africana são profundamente afetados pela geopolítica e economia dos estados em que vivem[46]. Apesar do número relativamente pequeno de africanos nativos que ainda vivia na cidade na época dos primeiros clubes, Salvador permaneceu conectada à África Ocidental de várias maneiras. Um grupo pequeno, mas altamente influente, de africanos viajou através do Atlântico e para outras cidades brasileiras a negócios relacionados ao comércio de itens rituais, e muitos viajaram e se estabeleceram em comunidades "brasileiras" em cidades costeiras ao redor do golfo de Benin[47]. Flavio Gonçalves dos Santos estabelece a importância desse comércio ao longo da segunda metade do século XIX, que ainda era significativo na época em que surgiram os clubes africanos[48]. Um pequeno número de africanos viajou para a Bahia no final do século XIX, alguns se naturalizando cidadãos[49]. Os baianos de ascendência africana costumavam aproveitar as oportunidades particulares que lhes eram oferecidas, negociando os benefícios de ser estrangeiro, tanto em Lagos quanto em Salvador[50]. Diálogos sobre a cidadania negra em outras partes das Américas muitas vezes postulavam essas identidades americanas contra um passado africano "bárbaro" que era remoto e longínquo. Embora os discursos convencionais sobre o darwinismo e a barbárie africana certamente circulassem na Bahia, havia também uma relação viva com a África Ocidental contemporânea, cada vez mais associada ao colonialismo europeu. Como resultado, a África no contexto baiano existia não como uma abstração, mas como parte viva e vital do tecido sociocultural e econômico da cidade[51].

Além do comércio, a religião e a família eram poderosas vertentes das redes que ligavam a África Ocidental (particularmente Lagos e Uidá) a Salvador[52]. Importantes líderes africanos do candomblé baiano levaram associados e familiares de origem baiana a Lagos para visitas prolongadas, produzindo capital social e literal de utilidade em ambos os lados do Atlântico[53]. Quando esses indivíduos retornavam e consolidavam as comunidades espirituais da cidade, distinguidas por afiliações étnicas específicas, elas estendiam um novo tipo de africanidade adotada a brasileiros de todas as origens, conforme as nações em que eram iniciados: "nagô", "angola", "jeje", e outras "nações"[54]. Ser "africano" na década de 1890 poderia, portanto, indicar um berço africano ou, cada vez mais, uma afirmação de identidade étnica e afiliação comunitária por pessoas nascidas no Brasil. Esses diferentes, mas coexistentes, significados de "africano" complicam como o termo pode ter existido como uma identidade social na virada do século xix para o xx.

Esse contexto histórico ajuda a explicar por que o internacionalismo diaspórico refletido nos clubes foi orientado principalmente para conexões com a África continental, passada e presente, ao contrário de outros tempos e lugares da história brasileira quando também visavam as conexões diretas com as comunidades diaspóricas nas Américas. Por exemplo, Micol Seigel observa que na emergente imprensa negra paulista, da década de 1920, "o cosmopolitismo singular de São Paulo desalojou a África das identidades desses jornalistas, e eles, por sua vez, minimizaram sua imaginada conexão com a África, evitando sua inevitável evocação do anacronismo negro"[55].

Uma das principais estratégias diaspóricas adotadas pelos clubes foi reelaborar os estereótipos negativos sobre a África e os africanos. Com isso, a africanidade tornou-se um recurso acessível, em vez de algo do que se esquivar. A justaposição da Europa e da África como extremos opostos do espectro entre a civilização e a barbárie foi um tema recorrente da imprensa e dos clubes. O Estado moderno e a sociedade civil brasileiros pretendiam ser a antítese das "atrasadas" culturas ancestrais da África, tornando assim os africanos e a africanidade incompatíveis com a cidadania na nova nação, cujo *éthos* era "ordem e progresso". A comunidade local de africanos tornou-se um instrumento para esse fim. As referências tácitas aos clubes africanos, como "estrangeiros", "selvagens" etc., na linguagem crítica a eles, procuravam posicioná-los fora da conceituação do cidadão brasileiro moderno. Assim, quando uma coluna de 1903 lamentou "os batucagés imorais que tanto ridicularizam nossos costumes de um povo civilizado", era para dizer que esses foliões baianos claramente não faziam parte de "nosso" povo civilizado[56]. Além desses estereótipos generalizados sobre a África, outras representações miravam especificamente a comunidade africana local.

Uma crítica satírica de 1898 esclarece sobre os tipos de estereótipos que circulavam na época, e reflete o pensamento amplamente compartilhado e familiar aos leitores baianos sobre os africanos locais. A revista em que apareceu, *A Coisa*, seguia a tendência notada anteriormente, de apoio ao Embaixada, enquanto em simpultâneo criticava outros clubes africanos. Na coluna reproduzida abaixo, o autor aproveitou a oportunidade para dar uma alfinetada.

Mas, o que realmente nos embasbacou diante de toda aquella miscelanea de vestimentas, foi haver a Colonia Africana residente aqui preparado uniforme especial para receber o Embaixada.
Si nol-o nao dissesse a propria Embaixada, nao acreditariamos, seriamente.
E-ta colonia vil, sumitica, avarenta? Esta colonia cujos representantes preferem morrer devorados pelas chammas incandescentes do incendio a nao deixaram o sacco do dinhero accumulado durante muitos dias de fome? Esta colonia de usuarios que comem carurù de cincoenta dias e sempre queixando-se de – "digeston"?
Os trajes de gala que conhecemos destes filhos do chamico continente, é o que elles envergam quando vão á missa ou ao enterro do "quarente": o casaco sebento que o doutor despresou, a cartola enferrujada com que o filho do freque d'agua varria a casa, a roupa velha inutilisada que o dono encostou.

E' de admirar! Só sob pena de perder a cabeça ou por decreto de Ogun, é que achamol-a com coragem de reformar a brochura escangalhada; mas por patriotismo, por vontade espontanea, por amor ao seu soberano, não!
Foi um verdadeiro milagre que operou neste ponto a Embaixada. Ou foi a Embaixada a offertante?[57]

Aqui, o colunista está se dirigindo a um setor específico da comunidade baiana local, em vez de a uma abstração da África. É possível numa leitura atenta da sátira identificar algumas realidades sociológicas em que os estereótipos são baseados. Diversos temas são evidentes aqui, a caracterização dos africanos como excessivamente frugais, cuidadosos com a salvaguarda de seus estoques de dinheiro a ponto de negar a si mesmos marcadores comuns de conforto econômico. Associa ainda os africanos aos negócios, referindo a seus compromissos com o comércio local e de longa distância mencionado acima, embora essa habilidade seja, aqui, ridicularizada. O uso corrompido da palavra inglesa "digeston" possivelmente marca uma identificação específica com a comunidade transatlântica ligada ao território britânico de Lagos. Para muitos na comunidade africana, essa conexão era uma fonte de distinção e orgulho marcada, em parte, pelo conhecimento do inglês[58]. Finalmente, o escritor questiona a brasilidade dos africanos, sugerindo que a lealdade a si mesmo e às divindades africanas substituía seu patriotismo nacional.

Esse não foi um artigo que se deu de modo isolado. Wlamyra Albuquerque localizou um comentário anônimo "chistoso", de 1899, em *A Bahia*, sobre um missionário africano pregando em nagô.

O "sermão" descrevia os africanos vivendo "como macacos nas florestas, nos buracos sem ar, sem luz, sem razão"[59]. Estereótipos semelhantes foram evidentes também em outras cidades. Eric Nepomuceno Brasil observou como as revistas modernas daquela época utilizavam imagens de africanos como "velhos arcaicos, inocentes e folclorizados, exemplos de um tempo pretérito que estaria fadado ao desparecimento". Ele liga isso explicitamente à perspectiva da cidadania negra, caracterizando as representações dos africanos como "símbolos anacrônicos que em breve não mais fariam parte da república brasileira"[60]. Essas representações contrastam fortemente com o desempenho da africanidade brasileira pelo Embaixada Africana, que era uma contestação pública e altamente visível dos estereótipos predominantes. Para os clubes africanos, as representações da África e dos africanos tiveram de ser invertidas. Em suas descrições de 1898, o Embaixada Africana apontou que "os incansáveis africanos que moravam aqui, com o objetivo de provar seu patriotismo, haviam importado [decorações] de Paris", a marca quintessencial da alta cultura[61]. Uma das características mais fundamentais do Embaixada era sua ênfase no luxo e na elegância, contradizendo diretamente a noção de África "selvagem"[62]. As representações da nobreza africana tinham uma longa história entre afrodescendentes; as irmandades realizavam coroações de reis e rainhas africanos, os candomblés conferiam *status* de nobreza a seus líderes, e alguns membros da realeza nascidos na África haviam alcançado notoriedade no Brasil[63]. A elegância do Embaixada vinha não apenas de uma distante "alta cultura", mas também de alguns dos elementos mais mundanos e comuns da vida cotidiana. Assim, reis, rainhas e dignitários em seus elaborados trajes podiam cantar sobre coisas como vatapá numa canção de 1899 com os embaixadores intencionalmente fantasiados de estrangeiros. Além disso, eles se apresentavam como vindos por opção, em vez de referir-se à escravidão – uma escolha vantajosa:

> Povo tudo di Bahia:
> Nói, qui vem de legaçon
> Non tim fôça pra contê
> Triteza di coraçon!
>
> Ninguem vê acarajé
> Tê aberem mai non ha:
> Quem prugunta qué sabê:
> Pra onde foi vatapá?
>
> Pimenta, crui! foi se imbora;
> Non se fala n'acaça:
> Tudo aqui anda predido,
> Nim aua tim pra aluá!
>
> De pisá cá nessa téra
> Nosso non tá rependido
> Pro caso de munta moça
> Que no trai cumprumittido...[64]

Nessa fantasia, os embaixadores vêm do exterior esperando encontrar na Bahia iguarias africanas como acarajé, acaçá, pimenta e vatapá (todas aparentemente estimadas em seus corações), pelas quais é famosa. No entanto se decepcionam com a escassez – uma referência às dificuldades econômicas daquele ano. Este aqui é o Brasil, diziam eles, naquele momento muito empobrecido para receber adequadamente seus visitantes com uma hospitalidade culinária, invertendo assim a noção de que a África seria o continente pobre e menos desenvolvido. Da mesma forma, dizia o Embaixada em 1897 que fora necessário trazer dois sacerdotes fetichistas para protegê-los da febre amarela baiana[65]. Assim, eles faziam duas importantes declarações: primeiro, que eram africanos (em parte por meio de marcadores alimentares); e, segundo, que estavam redefinindo o significado de africanos com sua performance pública. No entanto, ao usar a linguagem popular e se envolver plenamente com uma cultura baiana amplamente compartilhada, eles estavam ao mesmo tempo afirmando sua credibilidade como "verdadeiros" baianos e se mostrando parte do tecido da vida brasileira. Essa função da africanidade também foi notada por Albuquerque, que escreveu que "Os negros que se 'africanizavam' poderiam não estar negando, talvez reafirmassem, uma identidade brasileira e baiana."[66]

Além disso, o Embaixada exercia essa brasilidade crítica envolvendo-se em questões importantes para todos os cidadãos, como a economia. No final de seu desfile em 1898, imediatamente após vários dignitários angolanos e um contingente de macacos domesticados, o Embaixada introduziu El-Rei Câmbio no alto de um oscilante degrau, com os pés apoiados no Universo e chupando as tetas do Comércio e da Indústria, numa alusão às flutuações do mercado mundial que estavam afetando o cotidiano dos brasileiros[67].

Essa brasilidade é essencial para "ler" as fantasias dos clubes. Ao abraçar a África, eles de modo algum estavam abrindo mão de sua cidadania e pertencimento brasileiros. Embora estivessem ligados a pessoas nascidas na África através da comunidade do candomblé, os diretores dos clubes eram majoritariamente brasileiros[68]. Eles foram as primeiras gerações de filhos e netos que ajudaram a transmitir o conhecimento dos africanos, aproveitando-se de suas conexões sociopolíticas e segurança financeira. Quando escolheram o candomblé como tema central para suas fantasias, eles o reivindicaram e o reformularam como um elemento legítimo da cultura brasileira décadas antes que a comunidade acadêmica global se tornasse sua paladina. Esse é também um exemplo de como o recurso diaspórico da africanidade funcionou nas negociações locais de identidade e pertença social/cívica.

O Embaixada, pelo menos, também exercia sua brasilidade ao lidar com as burocracias que regulamentavam o Carnaval. Em dezembro de 1896, eles organizaram um "circo fenomenal" para arrecadar dinheiro para o clube, com música, comédia e algumas das personagens que seriam apresentadas no próximo Carnaval. No dia do evento, planejaram ir às ruas com bateria para distribuir panfletos. Os diretores escreveram à prefeitura pedindo permissão para tocar tambores e propagandear nas ruas e cumpriram o mais onipresente dos deveres cívicos, o pagamento da taxa de dois mil réis cobrada pela municipalidade[69].

TECER REDES DIASPÓRICAS: DIVULGAR VISÕES INDEPENDENTES DA ÁFRICA ENTRE AFRODESCENDENTES NA BAHIA

É claro que os viajantes transatlânticos traziam informações que seriam usadas no Carnaval brasileiro – informações que se estenderam, assim como esse circuito de viagens, também ao Rio de Janeiro. Quando o Embaixada Africana apareceu pela primeira vez, Martiniano Eliseu do Bomfim, um dos mais influentes interlocutores das culturas de matrizes africanas, havia retornado recentemente de uma estadia de onze anos em Lagos, período em que fora iniciado como babalaô. Ele se tornaria participante e fonte de conhecimento para os clubes carnavalescos, assim como outro famoso babalaô e viajante transatlântico, Felizberto Sowzer, da renomada família Bamboxé[70]. Sowzer estava no Rio em 1905, onde encontrou o cronista etnográfico João do Rio e compartilhou suas opiniões sobre a "fidelidade" dos afoxés brasileiros às suas inspirações africanas, revelando seu conhecimento de primeira mão das práticas em Lagos que ele pessoalmente levou para a Bahia e Rio de Janeiro[71]. Pessoas como Sowzer e Martiniano do Bomfim tornaram-se autoridades vivas das práticas "autênticas" tanto para a comunidade local do candomblé quanto para pesquisadores acadêmicos[72]. Por causa deles foi menos necessário que as pessoas tentassem recordar as tradições ancestrais, guardadas na memória dos anciãos que, em geral, teriam chegado décadas antes, quando jovens que foram arrancados de áreas devastadas pela guerra.

No entanto, a gama de informações sobre a história da África e eventos contemporâneos nos clubes ia muito além da experiência pessoal. Nos carros alegóricos temáticos do Embaixada Africana, o povo de Salvador encontrava figuras da realeza africana desde a Antiguidade até o presente, através de canções, fantasias, instrumentos e arte. A elaboração desses temas refletia algum nível de pesquisa e a decisão consciente de traduzi-la num desfile carnavalesco. Os clubes ensinavam política e história africanas e iluminavam aspectos da vida contemporânea na Bahia para o público em geral.

Aquela história não era ensinada nas escolas públicas. Anadelia Romo escreveu sobre os limites da educação pública na Bahia na época dos clubes de Carnaval africanos. Em 1890, 89% dos homens e 94% das mulheres eram analfabetos, embora esses percentuais fossem menores na capital[73]. Apesar de uma breve expansão dos investimentos em escolas públicas, em 1898, menos de 1% da população era atendida por essas escolas na Bahia[74]. Como em outros campos, Direito e Medicina por exemplo, os educadores foram profundamente influenciados pelos padrões europeus. Num período dominado pela crença no poder determinante da raça e na inferioridade inerente da África, o acesso à informação sobre história, cultura e questões contemporâneas africanas era severamente limitado nas escolas públicas; a legislação que obriga o ensino de história africana e afro-brasileira só teria início em 2003 (Lei 10.639, de 9 de janeiro de 2003). A profundidade e o alcance do conteúdo temático dos clubes africanos sugerem não só que os diretores tinham acesso a fontes alternativas de informação, mas também que os próprios clubes representavam uma fonte de informação e representações da África para seu público.

Embora ainda não esteja claro como eles chegaram a ter um conhecimento tão rico da África, há várias rotas possíveis por onde essa informação teria viajado. Um local historicamente importante

DIÁLOGOS DIASPÓRICOS 115

FIGURA 1. *Martiniano do Bomfim. Fonte: Coleção de Lisa Earl Castillo, fotografado no Instituto Histórico e Geográfico da Bahia.*

de informação transnacional era o porto, onde circulavam muitos africanos e seus descendentes como portuários (especialmente estivadores), marinheiros e viajantes. Algumas décadas depois, foi esse porto que serviu de ponto de entrada para exemplares do *Mundo Negro* de Marcus Garvey, enviado a São Paulo por um baiano de língua inglesa para publicação na imprensa negra emergente[75]. No entanto, os clubes aparentemente tinham outras fontes de informação à sua disposição. Claramente, algumas das informações apresentadas pelos clubes, particularmente pelo Embaixada Africana que utilizou temas bastante diversos, vinham dos jornais diários. Os líderes do Embaixada Africana e do Pândegos da África estavam entre os grupos alfabetizados da cidade; muitos eram profissionais de ofícios e comércio, e tinham o cuidado de enviar notícias de seus eventos a vários jornais locais.

As fontes atualmente disponíveis não permitem rastrear extensivamente como os diversos fragmentos da história africana e das notícias contemporâneas chegaram aos desfiles dos clubes. No caso do tema de 1899 do Pândegos, no entanto, que apresentou o rei Lobossi (após uma aparição como um "palhaço africano" num evento pré-carnavalesco do Embaixada, em 1896, mencionado acima), há uma persuasiva conexão com uma de suas fontes de pesquisa. Lobossi apareceu no diário de viagem de Alexandre de Serpa Pinto, em 1881, como o rei do Barôze, ou Lui, na região do Alto Zambeze. Também foi mencionado nesse diário seu ministro-chefe, Gambela, e o ministro das Relações Exteriores, Matagja, ambos representados no carro alegórico dos Pândegos. Os pândegos incluíram "Macha Uana" como o terceiro conselheiro de Lobossi; as memórias de Serpa Pinto de seu encontro com o rei Lobossi registram a presença de um ancião Machauana, que se tornara famoso como membro da expedição de Livingston[76]. Manuel Querino, presidente do Pândegos e um dos mais importantes estudiosos contemporâneos da cultura afro-brasileira, conhecia o trabalho de Serpa Pinto; ele abriu sua seção sobre o Carnaval com uma citação do diário de viagem sobre como este era celebrado na África central[77].

Enfim, pelo menos no Embaixada havia uma ênfase nos chefes de Estado e nos espaços geográficos reais, para além das lendas e contos populares enraizados nas práticas religiosas de origem iorubá, jeje, angolana e indígena brasileira, que são em geral a marca registrada das expressões culturais afro-baianas. Seu mote de "embaixada" enfatizava a ideia de um Estado africano precisamente no momento em que o colonialismo estava se tornando mais rígido e o pan-africanismo emergindo como uma resposta política.

Por se tratar de Carnaval, as referências africanas nos clubes às vezes eram puramente fantasiosas. Misturavam personagens da Antiguidade com figuras atuais, transformavam funcionários do governo em palhaços ou reis e possivelmente até inventaram alguns detalhes. No entanto, muitas das informações que eles apresentavam vinham de pesquisas com idosos, viajantes, jornalistas e estudiosos. Por meio dos clubes, os baianos teriam aprendido sobre a linguagem simbólica do candomblé e os nomes de estados e governantes africanos. Como a apresentação era pública, os clubes ajudaram a trazer a África para o tecido cultural da Bahia do século XX, um recurso que acabaria beneficiando não apenas os negros, mas também o Estado como um todo.

FESTA E POLÍTICA:
PERSPECTIVAS DA DIÁSPORA NA DISPUTA
PELA ÁFRICA

Os clubes carnavalescos africanos atingiram o auge da popularidade na virada do século XX, uma época de grandes transições que afetariam a ascensão da política negra global. As comunidades da diáspora africana viram a Conferência de Berlim de 1884-1885 dividir a maior parte da África entre países europeus, provocando uma onda de reações na comunidade africana global e, eventualmente, o surgimento do movimento pan-africanista.

Enquanto o Embaixada Africana organizava seus primeiros carnavais, em 1895-1896, começava a primeira guerra ítalo-abissínia com Menelik I defendendo com sucesso a Etiópia com a ajuda dos aliados russos[78]. Em 1897, Menelik foi tema do Embaixada[79]. Como já visto anteriormente, o bloco vestiu seus músicos em 1898 para parodiar os soldados que protegiam suas possessões africanas[80].

Poucos meses antes do Carnaval de 1900, começou a segunda guerra dos bôeres na África do Sul e foi seguida de perto pela imprensa baiana. Ainda era relativamente recente essa guerra que se arrastaria até 1902. Ao contrário das lutas anticoloniais em outras partes da África, que tinham apoio da comunidade negra brasileira, como a resistência da Etiópia à Itália, essa foi uma guerra travada por dois grupos descendentes de europeus pelo controle do solo e dos recursos africanos. Tal como a Conferência de Berlim, a guerra foi uma oportunidade para os africanos e as comunidades da diáspora africana pensar em termos globais sobre os seus destinos interdependentes.

Em meio aos anúncios pré-carnavalescos de 1900, havia uma nota curiosa sobre uma "certa Embaixada que, por ser muito sympatisada apresenta-se em segredo para causar inapreciável surpresa aos seus adeptos. Hurrah! pelos embaixadores da... Psiu! É segredo, leitor, é segredo"[81]. Poucos dias depois, em vez dos detalhes habituais do Embaixada Africana, veio uma mensagem enigmática que "o bloco mandaria uma embaixada aos bôeres" para avisar ao general Joubert de que o macete usado para amaciar a carne bovina havia sido batizado de "transvaaliano"[82]. Varias pessoas na comunidade africana da Bahia estavam intimamente ligadas à Lagos britânica, possuíam passaportes britânicos e, em alguns casos, anglicizavam seus nomes[83]. No entanto, os relatos da "Expedição ao Transvaal", a sensação do Carnaval de 1900, sugerem que pelo menos alguns membros da comunidade negra se opunham à Grã-Bretanha, coincidindo com alguns elementos da imprensa que simpatizavam com os bôeres.

Os membros da Expedição ao Transvaal não são identificados pelo nome, por isso é impossível afirmar com certeza se eram, de fato, associados do Embaixada Africana. Esta havia anunciado uma reunião especial em 16 de fevereiro, embora não houvesse nenhum anúncio formal de nenhum desfile em seu nome[84]. O *Correio de Notícias* conectou os dois: "Esses foliões carnavalescos têm algo do célebre clube 'Embaixada Africana' e, por isso, o público, sempre atento, deu muitas ovações."[85] No entanto, não está claro se era um baile oficial do Embaixada Africana brincando com seu próprio tipo de "fantasia", ou se era um projeto completamente independente. De qualquer maneira, a Expedição ao Transvaal foi o grande sucesso do Carnaval de 1900.

O próprio baile definiu posições sobre a guerra por meio da metáfora. Abriu com representantes dos recrutas de "John Bull", simbolizando a personificação da Grã-Bretanha, uma referência ao desdobramento britânico de toda a extensão de seu império colonial para ajudar suas forças sul-africanas. Os lugares nomeados da representação dos súditos imperiais foram o Peru, a Arábia e o Mississipi, justapondo países e um único estado americano que estiveram na vanguarda da usurpação e do linchamento dos negros[86]. O padrão foi carregado numa carruagem decorada como um canhão, comandada por uma figura chamada "Meister", usada aqui para representar os bôeres como oponentes dos britânicos.

> Os boers, povo valente
> Escudados na razao
> Vencem o bife insolente[87]
> Ou deixam de ser nação.

> E nós que somos guerreiros
> E filhos d'Africa tambem
> Vamos fortes, altaneiros,
> Bater os bifes além.[88]

A Expedição ao Transvaal, na sua condição de "filhos da África", posicionava-se claramente contra a Grã-Bretanha, embora o lado dos bôeres implicitamente defendesse o direito de estabelecer uma nação autônoma em território indígena zulu. A Grã-Bretanha poderia ter sido retratada como aliada; tinha desempenhado um papel importante no fim do comércio de escravos transatlântico do Brasil, tinha tropas negras de suas colônias servindo na guerra, e a comunidade baiana negra tinha laços diretos com Lagos, também sob o controle britânico na época, embora o *status* de comunidade brasileira em Lagos estivesse em declínio[89]. Qualquer que tenha sido a motivação, sua fantasia apresentou a lógica da lealdade baseada na nacionalidade como "filhos da África", ao invés de "brasileiros", quando o desempenho da cidadania nacional era tão politicamente significativo no mundo africano.

Em maio do ano seguinte, o pequeno jornal *A Coisa* publicou um editorial de capa intitulado "Tratado de Paz", em que revisitava a oposição negra à Grã-Bretanha no Transvaal. Apresentava duas caricaturas populares – John Bull simbolizando a Grã-Bretanha e Francisco, personagem arquetípica da escravidão no folclore brasileiro[90]. Embora Francisco seja um conhecido personagem brasileiro, o desenho começa com um pedido para que ele escreva a "sua terra", e o próprio Francisco se refere ao Transvaal como sua pátria.

O texto abaixo do desenho, escrito em português quebrado, relata a conversa entre os dois:

FIGURA 2, "Tratado de Paz".

– Oh! Francico, minha negro, vem cá, escreve lá p'ra Tranvaal, p'ra vê se tua terra não briga mai cum Ingalaterra. – Ah, sinhou baranco, ossuncê mi dexe, Iô não crebe pra lugá ninhum. Quem mandou Galaterra tê iveja de nosso tera, sinhou baranco? – Oh! Francico, tem paciencia. Mim sabe que ocês tem razon. Fai o favó de pidí que caba com guerra. Galatera paga quanto ocês pede, non regatea. – Nao, sinhou baranco. Quem pricura trabaio qué trabaiá. Agora meus patriço ha de brigá te more, sinhou baranco. Si ossuncês não pudia brigá pruquê foi buli com nosso.[91]

Aqui, mais uma vez, brasileiros negros são representados como ligados às comunidades africanas, mas significativamente, esta é uma relação de política negra diaspórica (África do Sul), ao invés de raízes culturais nas terras de seus ancestrais diretos (África Ocidental e Ocidental-Central). Os autores ecoaram a posição antibritânica da Expedição ao Transvaal do ano anterior, colocando Francisco como um árbitro estratégico capaz de negociar com seu povo africano ("meus patrícios") para afetar a sorte de uma das nações mais poderosas do mundo. Nessa linha, o *Jornal de Noticias* escreveu que, se os bôers não tivessem vencido antes do Carnaval de 1901, receberiam "um reforço valente e poderoso da Bahia por suas colunas [militares]". Eles descreveram a Expedição ao Transvaal como um punhado de admiradores habilidosos e determinados, "na esperança de ajudar o povo de Mister Kruger a declarar independência"[92]. A nação Zulu está notavelmente ausente nessas referências à guerra, entretanto, como mencionado anteriormente, o Embaixada uma vez ligou seus destinos quando pediu que reparações fossem pagas a "Zululândia" pelos danos sofridos durante a Revolta dos Malês de 1835[93]. Embora sejam estas apenas pequenas pistas, a cobertura sugere que talvez a noção de brasileiros negros como parte de uma comunidade transnacional estivesse começando a se instalar na mente do público.

As políticas diaspóricas negras nem sempre são consagradas em escritos ou organizações; os clubes africanos da Bahia desenvolveram o afoxé como veículo da cultura de matriz africana e do discurso político na esfera pública brasileira. Apesar de sua proibição em 1905, os afoxés surgiram como uma parte integral do Carnaval. Felizberto Sowzer usou o termo em 1905 para descrever as celebrações afro-brasileiras no Rio e em Salvador[94]. Edison Carneiro traçou a tradição de clubes de afoxé, assim como muitos "africanos" em Salvador desde 1909: Folia Africana, Lembrança dos Africanos, Guerreiros de África, Africanos em Pândega, Lutadores de África, Congos de África e outros, como Lordes Ideais, que não usavam "África" em seus nomes, mas que seguiam a tradição do afoxé[95]. Os clubes africanos ajudaram a transformar o Carnaval numa festa popular para as massas, superando em importância celebrações como a Epifania, Santa Bárbara e Conceição da Praia[96]. Por volta de 1914, a proibição foi suspensa e expressões adicionais da herança africana, especialmente o samba, ganharam aceitação e popularidade crescentes.

A África serviria como inspiração criativa para todos os tipos de pessoas e grupos ao longo do século XX, mas setenta anos se passariam antes que clubes explicitamente africanos retornassem para apresentar uma identidade social de redenção e contestação com base em amplos temas pan-africanistas. Esses blocos afro, como vieram a ser conhecidos, invocaram a África para se identificar com a política negra global e abordar localmente questões de raça e classe. Como o Embaixada, o clube pioneiro Ilê Aiyê, que apareceu pela primeira vez em 1975, seria imediatamente seguido por uma série de grupos com temas africanos, com uma energia que ajudou a revitalizar os afoxés, que haviam caído em um período de declínio.

OS BLOCOS AFRO

Nas décadas seguintes à proibição dos clubes africanos, e apesar de um período de perseguição aos candomblés, a África continuou a inspirar as expressões culturais do Carnaval de Salvador[97]. Alguns anos depois da proibição, os antigos afoxés voltaram a misturar os ritmos, danças, simbolismo e cultura material das múltiplas nações do candomblé em seus desfiles carnavalescos. Alguns vinham diretamente de comunidades de candomblé, como a Troca de Pai Buruko, fundado pela juventude do terreiro do Axé Opô Afonjá. Os lendários Filhos de Gandhy fazem parte dessa longa trajetória. Como o Carnaval continuou a evoluir com as novas tecnologias e formas musicais, sua africanidade também se tornou mais diversificada. Quando os blocos surgiram, os espaços exclusivos já usavam temas africanos, como o "Baile de Iemanjá" de 1974, realizado pelo Clube Português[98]. Na maior parte, essas eram referências à África como fonte de identidade cultural e folclore popular; em vez de compromissos com a política do dia a dia. Isso começou a mudar nos anos da ditadura.

Começando com o surgimento de Ilê Aiyê no Carnaval de 1975, jovens da Bahia iniciaram um novo tipo de compromisso com a África e a diáspora africana na forma de blocos afro. Os blocos surgiram nas correntes diaspóricas que já circulavam em Salvador e em todo o Brasil. Como outras comunidades negras em todo o mundo, a juventude negra em Salvador seguia a cobertura noticiosa da independência de novas nações negras na África e no Caribe, além de lugares como Guiné-Bissau, Angola, Rodésia (Zimbábue) e África do Sul, onde uma resistência armada estava desafiando o domínio colonial e a supremacia branca. Na Jamaica, a música reggae e a cultura rastafári encarnavam a resistência à opressão institucionalizada da "Babilônia". Ao mesmo tempo, a atuação internacional dos Estados Unidos criava saídas para produtos culturais como Hollywood e a música popular; veículos que também divulgavam sua turbulência doméstica. Por meio da música soul, da estética simbólica dos cabelos afros, das coloridas batas africanas e de reportagens sobre grandes protestos e líderes negros o mundo tomava ciência do movimento pelos direitos civis contra a segregação nos Estados Unidos e do subsequente desenvolvimento do movimento Black Power/consciência negra.

O Rio de Janeiro tem sido o exemplo mais bem estudado de como essas referências circularam e revigoraram uma nova geração do movimento negro brasileiro[99]. A juventude negra, no Brasil e no exterior, estava se conscientizando de que compartilhavam lutas e aspirações. Aqueles com acesso a informações e conexões se tornaram uma janela para muitos que não o tinham. Embora a ditadura tenha impedido uma aberta dissensão política, estudantes e ativistas foram capazes de formar grupos de estudo e desenvolver projetos de pesquisa, ao mesmo tempo que os grupos de Black Soul traziam o movimento global da consciência negra para um público mais amplo. Juntos, esses movimentos articularam as lutas pela libertação política e cultural negra de novas formas, definindo o contexto para um movimento negro brasileiro que buscava conscientemente maximizar suas conexões diaspóricas.

É importante destacar a convergência entre as comunidades de ativistas e de intelectuais com o público da cultura popular; a consciência negra, expressa na estética, e o poder negro, na política, eram simbióticos e inseparáveis. Em Salvador, as duas correntes se reforçavam mutuamente para ajudar a tornar possível o fenômeno dos blocos afro como uma manifestação chave da política negra global baiana. Como no Rio, a juventude em Salvador começou a se reunir em grupos de estudo e artísticos durante a ditadura, moldando novas maneiras de enquadrar e articular localmente suas próprias preocupações com raça, gênero e outras formas de opressão. Já em 1972-1973, o Núcleo Cultural Afro-Brasileiro se reunia regularmente no ICBA (Instituto Cultural Brasil-Alemanha); desses encontros sairiam importantes líderes e intelectuais do movimento negro baiano, como Lino Almeida, Antônio Godi, Manuel Almeida, Luiza Bairros, Luiz Alberto e Gilberto Leal. Leal, então estudante de arquitetura na Universidade Federal da Bahia, sentiu-se compelido a procurar grupos que abordassem o racismo, que não era prioridade do movimento estudantil. Também na Universidade Federal, negros estudantes de teatro, frustrados com a falta de papéis para atores negros, formaram o Grupo Palmares Iñaron, em 1976[100]. O ano seguinte viu a criação do Grupo Malê Cultura e Arte, que se reunia regularmente no Instituto de Arquitetos da Bahia. Esse grupo tornou-se mais abertamente político e atraiu membros do Núcleo Cultural[101]. Para todos esses grupos, a circulação de informações sobre a África e a diáspora era fundamental.

Ao mesmo tempo, a cultura popular da Bahia estava reorientando alguns meios de comunicação estadunidenses que circulavam no Brasil. No final dos anos 1960 e na década de 1970, os filmes hollywoodianos inspiravam os blocos carnavalescos de índio, em que os "vilões" se tornaram as figuras heroicas da juventude negra que celebrava a subalterna valentia dos Apaches, Comanches e Sioux – logo acompanhadas por invocações diretas aos Tupis, Guaranis e outros do Brasil[102]. A música soul também teve seus fãs em Salvador. Grupos como os Jackson Five e artistas como Isaac Hayes, Diana Ross, Stevie Wonder e, acima de tudo, James Brown incorporavam não só uma música poderosa, mas também os movimentos e as questões políticas que dela surgiram. Osmundo Pinho argumenta que os jovens baianos que começaram a se intitular "brau", em homenagem a James Brown, buscaram a "identidade na articulação da negritude globalizada", algo percebido como mais atual e moderno do que as imagens folclóricas do candomblé (embora tanto a tradição como a contemporaneidade fossem elementos essenciais do movimento negro da Bahia)[103].

Antonio Carlos "Vovô" dos Santos, presidente de longa data e cofundador do Ilê Aiyê, considerou o bloco afro a consequência direta do círculo cultural dos fãs baianos da música soul estadunidense, a maioria dos quais nunca havia viajado para fora do país. Na memória de Vovô, a música e as festas andavam de mãos dadas com o movimento que as inspirou.

> Nós acompanhávamos e gostávamos do movimento Black Power americano, do soul – nós éramos Brown. Todos os domingos havia festa, saíamos com James Brown e Jackson Five debaixo do braço para ir a festas em outros bairros. Mas o verdadeiro ídolo era James Brown. Usávamos calças boca de sino, sapatos de plataforma, camisas apertadas e curtas. O Ilê foi inspirado nesse movimento, tanto que nossa ideia era chamar o grupo de Black Power.[104]

Foi um grupo de amigos do bairro da Liberdade, que se reunia regularmente para ir a festas, praias e bailes *brown* que primeiro começou a falar sobre juntar uma turma para o Carnaval por volta do começo do verão de 1974. Eles já eram conhecidos como "A Zorra", mas decidiram criar um tema em torno do Black Power completo, com signos e slogans em inglês. Também decidiram causar impacto mantendo o grupo inteiramente negro, embora o grupo original de amigos fosse de todos os matizes. Há muitas histórias sobre a origem do nome do grupo, mas depois de considerar alguns em inglês, eles acabaram optando pelo nome iorubá Ilê Aiyê. Quando finalmente saíram na noite de sábado do Carnaval em 1975, o nome e a estética vinham das religiões de matriz africana, mas seguravam cartazes em inglês com slogans do Black Power dos Estados Unidos e cantavam em português sobre a nova mentalidade política da juventude negra baiana.

A escolha pela exclusividade de negros no Ilê rendeu críticas de racista ao grupo e previsões de que logo iriam fracassar[105]. No entanto, outros grupos rapidamente adotaram essas referências à África – tanto como herança cultural quanto como preocupação política atual – para ajudar a remodelar as suas próprias identidades sociais na Bahia. Embora nenhum tenha adotado a política do Ilê de permitir apenas associados negros, todos compartilhavam um compromisso com a consciência negra e com as comunidades negras. O próprio Ilê começou a ter países africanos específicos como tema anual, apoiando-se em pesquisas, música, grafismos, fantasias e dança para educar o público sobre cada país e também para estabelecer as conexões entre essas lutas globais e as suas próprias.

Em 1981, Malê Debalê adotou o tema da libertação africana. A África já estava presente nas tradições do afoxé, mas novos grupos, como o Badauê, usavam a África "cultural" para afirmar sua consciência e orgulho negros no espírito de Ilê Aiyê. O Badauê não se restringia a um determinado terreiro, e suas letras e estilos de dança ampliaram o significado social dos afoxés originais, desde a afirmação do direito à liberdade religiosa africana até a adoção geral da cultura negra/africana como um componente essencial do movimento para a total libertação espiritual e social do negro. De fato, o Badauê acabou sendo reclassificado como bloco afro. As referências globais não se limitaram à África. O Muzenza, fundado em 1981, dedicou seu primeiro Carnaval a Bob Marley, que havia morrido em maio daquele ano, e apresentou referências ao rastafarianismo e ao reggae jamaicano em boa parte de seus carnavais depois disso. Dessa mesma forma, o Olodum popularizou um estilo de percussão que adotava influências do reggae para criar samba-reggae, e bares de reggae e programas de rádio passaram a fazer parte do mundo cultural dos blocos afro.

Com o aumento da popularidade, os blocos atraíram muitos dos ativistas que já haviam começado a trabalhar em organizações formais do movimento negro. Embora os blocos nunca tenham focado em discursos políticos nos seus ensaios, os estudantes e ativistas, mesmo assim, tiveram uma forte influência na definição de temas e em traduzi-los através do simbolismo das cores, letras, figurinos etc. Os blocos se tornaram veículos de informações sobre o mundo negro fora do Brasil, um papel cada vez mais importante e que, a princípio, não fora totalmente valorizado pelos ativistas. Em 1985, os representantes do Ilê Aiyê lembraram publicamente aos ativistas do movimento negro que os blocos eram muito mais importantes no trabalho de conscientização do que se acreditava. De fato, uma das características distintivas dos blocos afro era seu compromisso com a ascensão dos negros. Por exemplo, o Muzenza declarou em seu registro de fundação que seu objetivo era difundir a cultura negra no Brasil[106].

Com seu papel de forma alternativa de educação, os blocos contribuíram com uma das preocupações centrais do movimento negro. Desafiar as convenções dos sistemas educacionais, estruturados para perpetuar a supremacia branca e a desigualdade, era um foco compartilhado pelos movimentos negros globalmente. Os Panteras Negras surgiram diretamente do movimento por educação dos negros na Califórnia, e a filosofia central do rastafarianismo jamaicano era a liberdade da escravidão mental[107]. Alguns blocos ingressaram também na educação formal. A pesquisa para os temas anuais do Ilê floresceu em uma coleção de material didático sobre história negra global e, por fim, numa escola primária em 1988[108]. Manoel de Almeida, um dos membros originais do Núcleo Cultural Afro-Brasileiro e criador do que ele chamou de "pedagogia interétnica", colaborou com o Olodum para instituir a Escola Criativa Olodum em 1991[109]. Embora muitos não tivessem recursos para criar unidades educacionais próprias, os próprios blocos eram uma forma de pedagogia de rua.

A lei 10.639 era ainda uma proposta distante, e foi assistindo aos carnavais do Olodum, Ilê Aiyê e outros blocos, que crianças em idade escolar aprenderam detalhes da história africana antiga e contemporânea e como eles faziam parte de uma comunidade global maior que compartilhava as mesmas aspirações e lutas contra a opressão racializada. O jornalista Hamilton Vieira se referiu a isso como "suingue didático"[110].

Muito tem sido escrito sobre os blocos afro, seu impacto e suas conexões diaspóricas, então há uma rica literatura para os leitores consultarem para uma história mais completa[111]. Entretanto, às vezes é difícil ver nessas narrativas as múltiplas maneiras como as mulheres participaram para trazer o internacionalismo diaspórico aos blocos e ao movimento negro maior. Fecho este capítulo com um olhar mais atento a como esse internacionalismo circulou através das mulheres. Como veremos, elas desempenharam mais do que papéis de apoio. Em muitos casos, elas valeram-se de suas posições sociais de mulheres para construir políticas, consciências e comunidades da diáspora de formas particularmente determinadas por gênero.

No bairro onde nasceu o Ilê Aiyê, Mãe Hilda do Jitolu fazia parte de uma longa linhagem de mulheres que haviam alcançado o sacerdócio e dirigido terreiros de candomblé em Salvador. Quando a escravidão acabou e a liderança espiritual foi gradualmente mudando para pessoas libertas nascidas no Brasil, as mulheres desempenharam um papel particularmente importante na criação de espaços institucionalizados para a cultura africana que atendessem às necessidades da comunidade local – principalmente negra, mas aberta a todos. Como muitas mulheres sem um bom pedaço de terra, Mãe Hilda dedicou parte de sua própria residência, onde criava sua família, a funções sagradas. Foi nesse mesmo espaço que seus filhos mais velhos e os amigos deles começaram a planejar e se preparar para o Carnaval de 1975. Mesmo para o nome, eles consultaram Mãe Hilda antes de decidir que o bloco se chamaria de Ilê Aiyê. Quando o bloco foi oficialmente fundado, Mãe Hilda foi uma das sete mulheres que compunham a maioria feminina da diretoria de treze membros.

Nos seus primeiros anos, o Ilê começou a desenvolver uma estética distinta baseada na linguagem artística do candomblé. Como filha mais velha de Mãe Hilda, Hildete Lima (Dete) havia sido treinada para ajudar com as vestimentas dos orixás no terreiro. Então, como membro fundador do Ilê, Dete começou a vestir as próprias rainhas do bloco. Mãe Hilda orientava que os estilos deveriam ser modestos, numa época em que mulheres de *topless* e roupas minúsculas eram comuns no Carnaval, embora, mais tarde, o diretor artístico J. Cunha debatesse que na verdade era mais africano mostrar o corpo (com o que ela acabou concordando parcialmente). Quando Dete fez de sua irmã mais nova Maria de Lourdes (Mirinha) a primeira rainha de Ilê, as mulheres da família Santos estavam criando uma nova tradição de celebração da beleza da pele negra ao lado das rainhas e mulatas oficiais do Carnaval[112]. Aqui, novamente, a posição de Dete como filha de uma sacerdotisa, e as relações familiares de Hilda, Dete e Mirinha possibilitaram uma das expressões culturais mais referenciais do Ilê.

As práticas estéticas das mulheres negras são mais do que o desejo de ser bonitas. Elas representam o trabalho histórico das mulheres para reivindicar a dignidade e o direito de representação de seus próprios corpos. Como explica Tiffany Gill, o corpo negro – particularmente o cabelo – simbolizava a política de diferença e hierarquia racial na diáspora africana[113]. Portanto, utilizar estrategicamente os cabelos e os adornos é um aspecto distinto e importante da política negra em que as mulheres têm desempenhado papéis especialmente significativos. Na Bahia, a infraestrutura do candomblé e seu vocabulário estético forneceram um apoio adicional à emergência dessas políticas. Além disso, para o Ilê Aiyê e os blocos que se seguiram, a estética da dança era parte integrante da imagem majestosa da negritude que se refletia simbolicamente no corpo das mulheres. As rainhas do Ilê adaptaram os movimentos da dança sagrada africana com elementos do samba, de modo que a divindade e a realeza se fundiram com o cotidiano. Essas estéticas transmitiam mensagens poderosas sobre as políticas mais profundas que representavam.

O trabalho estético das mulheres negras fazia parte de uma nova cultura popular negra global emergindo nas décadas de 1960 e 1970. Tanisha Ford discute como estilo, estética e cultura foram elementos chave para um diálogo negro internacional sobre identidades, pertencimento e solidariedades que foi tão transformador quanto o diálogo sobre a libertação africana. Os afros naturais (cabelo black power), a imagem do punho cerrado do Black Power, as cores vivas e os sapatos cavalos de aço que comandavam a atenção *versus* as roupas que ajudavam a pessoa a misturar-se despretensiosamente – tudo isso falava de um jeito novo, sem remorso, de ser negro e gostar de ser. Era uma mensagem que reverberava pelo mundo, quando uma nova geração se afastou da ideia de respeitabilidade e assimilação que havia dominado a política negra na era pós-abolição. Esse novo momento político deixou de ser definido pelas condições específicas de cidadania e pertença nacionais, em vez disso falava de um apelo global pela libertação dos negros – física, cultural e psiquicamente. A estética pessoal transmitia poderosamente essa mensagem e transcendia fronteiras geográficas e linguísticas por meio da cultura popular. Amy Abugo Ongiri argumenta que os Panteras Negras utilizaram habilmente essa "linguagem visual, simbólica e de fácil acesso" que foi transmitida pela mídia dominante e poderia facilmente se traduzir em cultura de mercadoria[114]. Assim, itens comerciais como pentes para cabelos afros decorados em vermelho, preto e verde, as cores da libertação, ou o punho cerrado do Black Power, eram simultaneamente veículos da filosofia da consciência negra.

As mulheres foram líderes importantes dessa nova expressão, pois, em todo o mundo, muitas fizeram a escolha mais óbvia de usar seus cabelos naturalmente em afros e tranças. Algumas, como Angela Davis, dos Estados Unidos, e Miriam Makeba, da África do Sul, eram figuras proeminentes, mas outras, como Olive Morris, dos Panteras Negras de Londres, eram igualmente poderosas precisamente pela proximidade com mulheres em suas próprias comunidades[115]. Foi esse tipo de conexão com as escolhas de seus pares que atraiu inicialmente Ana Célia da Silva, uma das diretoras mais influentes de Ilê Aiyê. Ela relembrou o impacto de ver mulheres, jovens como ela, usando as cores vivas que ressaltavam a beleza da pele negra.

Em 74, quando eu vi o Ilê Aiyê pela primeira vez, quando eles saíram na rua, foi um impacto muito grande para mim. Quando eu cheguei estava com um grupo de pessoas da universidade e olhei para frente e vi aquele grupo de pessoas negras com as roupas africanas, eu disse: "Meu Deus, que coisa linda." E minhas amigas disseram: "Que coisa horrível, esses negros de vermelho." E eu: "Mas está lindo" [...] Aí eu comecei a me interessar.[116]

A estética feminina tornou-se uma das características do Ilê, por meio da criação do concurso de rainhas e da Noite de Beleza Negra. Sob a orientação de Mãe Hilda, esse era um projeto colaborativo que envolvia estilistas para penteados, maquiagem e roupas para as candidatas; os próprios membros do Ilê que organizavam o concurso. Era uma estética da feminilidade negra suntuosa que, como o próprio candomblé, não era exclusiva. Uma pequena indústria artesanal surgiu para que as mulheres costurassem os enormes turbantes que eram a marca registrada das folionas do Ilê que se juntavam ao desfile como rainhas negras.

Se fossem limitados ao Carnaval, os tipos de afirmações estéticas que as mulheres negras estavam fazendo poderiam ter se tornado uma forma de fantasia. No entanto, as mulheres negras começaram a transformar essas inovações numa ação cotidiana por meio de eventos como desfiles de moda e a compartilhar informalmente técnicas de cuidados com os cabelos, tranças e de estilo que poderiam ser feitos em casa. Arany Santana, que havia sido membro do grupo de teatro Palmares Iñaron, na Universidade Federal da Bahia, foi fundamental na criação do concurso de beleza Miss Black Bahia. Ana Meire, uma das diretoras fundadoras do Ilê, abriu um salão de beleza na Vitória, que foi um dos primeiros a se concentrar no estilo de cabelo natural, e também organizou desfiles de moda com estilos de tranças[117]. Com esses tipos de iniciativas, as mulheres negras da Bahia participaram tão ativamente quanto outras comunidades de mulheres negras em todo o mundo da nova política de autorrepresentação e consciência negra. Entre os blocos que se seguiram ao Ilê, havia muitas mulheres em lugares de destaque. Uma das dirigentes mais influentes foi Cristina Rodrigues, que se tornou presidente do Olodum em 1983, o ano seguinte àquele em que o bloco não saiu. Como Ilê Aiyê, o Olodum enfatizava as conexões com a diáspora africana em seus temas e na sua batida do samba-reggae, mas a experiência de ir aos ensaios do Olodum era ainda mais internacional por causa de sua proximidade com bares de reggae que explodiam os sucessos jamaicanos nas ruas[118]. Antes da reforma do bairro histórico do Pelourinho/Maciel, o público local do Olodum era basicamente negro e pobre, e as ruas apinhadas eram regularmente patrulhadas por policiais militares agressivos que praticavam os tipos de violência do Estado que tanto o Olodum quanto o reggae denunciavam. O grande sucesso do Olodum, com o tema Egito Olodum, em 1987, dizia a seus fãs que não se vissem como o estado os veria.

> Em vez de cabelos trançados
> Veremos turbantes de Tutancâmon,
> E as cabeças enchem-se de liberdade
> O povo negro pede igualdade.[119]

Esse tema imensamente popular contou com o trabalho de pessoas chave: Luciano Gomes dos Santos como escritor, Neguinho do Samba como diretor musical, Alberto Pitta como designer, e cantores como Lazinho. No entanto, se Cristina Rodrigues não tivesse entrado em ação para revitalizar e reorganizar o bloco, essa plataforma não teria existido, como no final de contas existiu, para criar o que foi um momento mágico e transformador.

Embora a maioria fosse liderada por homens, algumas mulheres foram presidentes de bloco afro. O bloco Kansala, fundado em 1984, foi liderado pela presidente Ivonilda Olviera dos Santos, e Vera Lacerda dirigiu o Ara Ketu. Em 2010, o governo da Bahia perfilou mais de quarenta outras mulheres líderes ativas de blocos afro e de outras manifestações do Carnaval negro. Uma das poucas mulheres a atuar como diretora artística foi Mary Nascimento da Encarnação, que foi diretora artística do bloco Yamalê, logo quando este foi fundado em 1982[120]. Em suas declarações, essas mulheres reconhecem a natureza colaborativa da liderança do bloco, mas, significativamente, a maioria se considerava líder por direito e não apenas testas de ferro designadas por parceiros do sexo masculino. Elas navegaram com sucesso numa cultura dominada por homens, em que o machismo e o sexismo eram comuns[121]. Aqui, novamente, destaco as tradições de empreendedorismo e liderança institucional das mulheres de Salvador que forneceram modelos e recursos para tipos semelhantes de trabalho de mulheres nos blocos afro[122].

A posição das mulheres na educação também facilitou o trabalho num dos principais itens da agenda política do MNU no trabalho dos blocos. O início do movimento negro na Bahia, na verdade, foi inspirado em grande parte por uma série de palestras da professora e ativista Lélia Gonzalez, em 1978, apenas algumas semanas antes da criação do MNU. González endossava explicitamente o internacionalismo diaspórico, escrevendo: "A luta do povo negro do Brasil é um aspecto de uma luta muito maior – a luta dos negros do mundo."[123] Ela estava em contato com o então exilado Abdias Nascimento, que acabara de divulgar suas ideias na Festac, em 1977[124], declarando que a democracia racial no Brasil era um mito e documentando as muitas maneiras pelas quais a opressão racial continuava com força total. Suas palestras levaram os membros das associações culturais negras a adotarem uma orientação política mais explícita[125].

Algumas mulheres tornaram-se educadoras, uma extensão de suas funções como mães e líderes dos candomblés. Para Mãe Hilda, que iniciou a escola Ilê Aiyê em seu terreiro, "todo se entrelaça: família, terreiro, escola, comunidade"[126]. Como professoras em espaços de educação formal e informal, as mulheres eram frequentemente os pontos de contato imediatos com as crianças, para ajudá-las a relacionar os ensinamentos do movimento da consciência negra com suas próprias vidas. Judith King-Calnek descreve essas interações na Escola Criativa Olodum em meados da década de 1990, revelando as intrincadas maneiras com que as escolas funcionavam como locais de conscientização. Uma professora teve que negociar sentimentos conflitantes dos alunos sobre o uso de imagens do candomblé em sala de aula (um aluno reclamou que eram do diabo). Outras discutiam seus métodos para incluir alunos que não se consideravam negros e como utilizar as histórias de outros grupos étnicos para contextualizar a situação afro-brasileira. Essas questões fundamentais da filosofia política estavam tão ativamente engajadas nas escolas quanto nas reuniões de organizações formais; mulheres e crianças, portanto, participaram de maneiras significativas para moldar a versão baiana do internacionalismo da diáspora africana.

É claro que há muito mais a ser dito sobre como o Carnaval, assim como a cultura popular negra em geral, canalizou fluxos de pessoas, informações e materiais que acabaram nutrindo uma consciência diaspórica e conformando a política negra local. O objetivo deste capítulo é destacar algumas das maneiras com que esses canais são criados e tornar mais visíveis os papéis das mulheres nesse processo.

■ ■

Embora o Brasil seja reconhecido como a maior população da diáspora africana, suas contribuições para os discursos da era do Black Power ainda precisam ser totalmente apreciadas pelos estudos acadêmicos, que geralmente se concentram em suas expressões nos Estados Unidos. Assim como os próprios Panteras Negras se inspiraram nos movimentos de libertação em todo o mundo, vindos de fontes tão diversas como Mao Tse Tung e Che Guevara, o Black Power foi um diálogo global moldado de maneira única em cada uma das comunidades que tocou. Pessoas de cor e pessoas oprimidas ao redor do mundo assumiram e ampliaram esse discurso. Os blocos afro da Bahia recebiam energia do movimento negro global, mas também contribuíam com suas próprias filosofias e estratégias, que surgiram das formas como o utilizavam para negociar suas próprias situações em casa. Os blocos impactaram profundamente um número substancial de negros não brasileiros porque falavam a linguagem comum de preocupações compartilhadas: reformular interpretações negativas da África e da negritude; abraçar a solidariedade com outras comunidades negras; reivindicar o amor-próprio e o direito à alegria; e utilizar essa nova consciência para definir a cidadania em termos equitativos para os negros. Eles foram pioneiros em novas formas de pedagogia revolucionária para curar os efeitos da opressão racial, associando-a com um abraço à espiritualidade africana – e fizeram alguns de seus trabalhos mais transformadores no meio da alegria suada do Carnaval. O fato de Salvador, hoje, gozar da posição de cidade proeminente da diáspora africana deve-se muito ao trabalho dos blocos e a seu movimento político complementar, que por sua vez se baseou no trabalho de pioneiros de muitas décadas anteriores que reivindicavam o candomblé, as redes africanas, a capoeira e outros legados diaspóricos como parte de suas realidades de brasileiros de ascendência africana e como a base de sua participação na comunidade da diáspora africana mundial.

Ao contrário dos clubes anteriores, que viram sua popularidade inicial se transformar em hostilidade e críticas, os clubes do século XX começaram sofrendo duras críticas, mas acabaram ganhando aclamação generalizada. Os "africanos" da virada do século XX, como os posteriores, brincaram conscientemente com suas performances de africanidade. Em ambos os casos, o desfile do Carnaval tornou-se uma estratégia de negociação de espaço social e de liberdades, seja no tênue contexto do pós-abolição e da nova República, seja no contexto igualmente tênue de um movimento global de consciência negra durante a ditadura no Brasil. Olhando para além do Brasil, para o escopo mais amplo da diáspora afro-Atlântica, a África era um significante e uma mercadoria cultural claramente usada para colocar as reivindicações de cidadania em termos alternativos. Os clubes africanos da virada do século XX e os blocos afro que surgiram na década de 1970 procuraram o continente e a diáspora para contextualizar e articular suas próprias lutas. Esses laços globais foram criados e nutridos, superando muitos fatores como idioma, distância e recursos díspares que operavam para dividir as várias comunidades do mundo africano. Os fluxos diaspóricos, como foram mostrados aqui, assumem inúmeras formas e são refletidos em múltiplas manifestações. A esse respeito, a fantasia do Carnaval foi também uma verdadeira política popular até muito depois do toque dos sinos da igreja na Quarta-feira de Cinzas.

Nos capítulos seguintes, exploramos histórias específicas dos compromissos do Brasil com a diáspora africana em diversos momentos do século XX.

5. O "Moisés dos Pretos"

Marcus Garvey no Brasil[1]

> *The greatest black prophet and visionary since Negro Emancipation*[2]
>
> GEORGE PADMORE. *Black Zionism or Garveyism*.

No dia 7 de agosto de 1921, o *Correio da Manhã*, um dos principais jornais da capital da República, publicou uma notícia remetida pelo correspondente do *La Dépêche Coloniale*, uma gazeta francesa. Intitulada "A Raça Negra", a matéria assinalava o "perigoso movimento dos pretos que reclamam a África para os africanos e tendem a expulsar a França, a Inglaterra e a Bélgica das suas colônias africanas". A sede da propaganda desse movimento seria em Monróvia, capital da Libéria, e teria à sua testa um "preto" da Jamaica, Marcus Garvey, conhecido entre os seus prosélitos pela alcunha de "Moisés Negro". No programa do movimento, figurava uma série de realizações. Em 1916, foi constituída uma companhia de navegação – The Black Star Line –, com dez milhões de dólares, cujos navios serviriam de ligação entre os três grandes centros da "raça negra: Estados Unidos, Antilhas e África". A companhia teria já três navios e em breve cinco. *The Negro World* era o jornal oficial da propaganda. Iria acontecer em Paris um congresso pan-africano; em agosto de 1920, teria se reunido em Nova York o primeiro "parlamento negro", com 25 mil assistentes, sendo proclamada a Declaração dos Direitos dos Negros e resolvida a organização de uma "República Negra Universal". No Congo Belga, o movimento teria granjeado "grande incremento pela ação das sociedades secretas. A cidade negra de Kinshasa [capital do Congo] desenvolve-se cada vez mais, tendo já quinze mil negros civilizados"[3].

Oito anos depois, *O Clarim d'Alvorada* – principal jornal da chamada *imprensa negra* brasileira da época[4] – traduziu e republicou um artigo originalmente editado pelo *The Negro World*, de Nova York. Escrito por um dos assecias de Marcus Garvey, o artigo abria com uma indagação: "compatriotas da raça negra, não podes ver os sinais dos tempos? O homem branco está tentando tudo que está em seu poder para nos subjugar. Ele é um ladrão e ainda está roubando tudo que suas mãos podem pegar: ele está tentando enganar os negros" sob o pretexto de "proteger o seu dinheiro e seus direitos". A partir daí, o articulista concitava pela independência de seus compatriotas da "raça negra" em relação aos brancos.

> Sabeis que um gatuno tem ódio de ver alguém com um saco grande; temos um "leader" que está fazendo todo o esforço para garantir os nossos direitos e estamos mui satisfeitos com ele, não estamos pedindo a alguém para nos proteger. [...] Honorário Marcus Garvey, este é o nosso "leader" e nós o seguiremos [...]. Negros e negras, trabalhai com fervor: aderi ao programa da Universal Negro Improvement Association (Associação Universal para o Adiantamento do Negro). Estamos cansados de ser iludidos pelo homem branco em todos os tempos. Tomemos ânimo e marchemos para diante e a vitória será nossa.[5]

Como se pode notar, Marcus Garvey foi um "preto" da Jamaica, que despertou a atenção da opinião pública, tanto internacional quanto nacional, a partir da década de 1920, quando diversos jornais da imprensa brasileira lhe dedicaram artigos, matérias e reportagens que informavam sobre a sua vida, seu pensamento e suas ações. Mas, quais imagens e representações dele foram selecionadas e veiculadas por esses jornais? Este capítulo tem dupla finalidade: apresentar algumas notas biográficas de Garvey e, centralmente, discutir aspectos da recepção dessa personagem no Brasil, demonstrando que, no tocante aos órgãos de imprensa, ele foi apropriado de modo diferenciado. Enquanto vários jornais da imprensa regular privilegiaram noticiar fatos controvertidos envolvendo o "Moisés Negro", ou o retrataram de maneira pouco abonadora, os jornais dos "homens de cor", especialmente *O Clarim d'Alvorada*, reservaram-lhe atenção especial, transmitindo informações, imagens e representações positivadas dele. Sua recepção no Brasil, assim, oscilou entre a polêmica, o sensacionalismo e a celebração.

Pesquisar a experiência histórica da diáspora negra é importante porque, entre outros motivos, permite entender os projetos de liberdade, cidadania e luta antirracista colocados em circulação na arena transnacional. A relevância desta investigação não se esgota aí. A relação da imprensa brasileira e da denominada imprensa negra, em particular, com o pan-africanismo e o garveyismo, ainda é um tema subexplorado na literatura acadêmica.

A TERRA PROMETIDA PARA OS POVOS NEGROS DO MUNDO

Marcus Mosiah Garvey nasceu na Baía de Santa Ana, Jamaica, em 1887. Era o mais novo dentre os onze filhos de Marcus e Sarah Garvey, um casal de camponeses negros. Aos quatorze anos, começou a trabalhar na gráfica de seu avô, tomando consciência do racismo na sociedade. Três anos depois, iniciou sua militância política e, assistindo aos cultos religiosos, desenvolveu técnicas de oratória, decisivas para sua futura ascensão política. Em 1907, liderou uma greve de trabalhadores em Kingston. Fez várias viagens pelos países do Caribe, ocasiões nas quais se sensibilizava com as precárias condições de vida dos afrodescendentes. Conheceu Londres, quando passou a se interessar pela África, sua cultura, história e administração sob o jugo colonial. Retornando à Jamaica, Garvey fundou, em 1914, a Universal Negro Improvement Association and Conservation Association and African Communities League (UNIA), uma organização dedicada à luta a favor dos direitos civis dos negros, cujos principais *slogans* eram "One God, one aim, one destiny" (Um Deus, um objetivo, um destino) e "Africa for Africans at home or abroad" (África para os africanos de casa ou no exterior)[6].

Procurando ampliar sua base de atuação, Garvey mudou-se para os Estados Unidos em 1916, abrindo as portas da UNIA no bairro do Harlem, em Nova York. O país vivia um contexto econômico emergente, porém de turbulência social e segregação racial, com intenso êxodo de afro-americanos do Sul, que, cansados da falta de oportunidades na vida, dos baixos salários e das perseguições e linchamentos promovidos pela Ku Klux Klan, migraram em massa para o Norte, estabelecendo-se em cidades industrializadas como Chicago, Nova York e Detroit. Isso não minimizou o quadro de tensões raciais que predominava entre negros e brancos, especialmente porque muitos dos primeiros lutaram em defesa da pátria na Primeira Guerra Mundial (1914-1918) e, quando voltavam do *front*, continuavam a ser tratados como cidadãos de segunda classe[7].

A princípio, pouca gente deu atenção a Garvey, um indivíduo de tez escura, com então 28 anos, de estatura baixa (1,63 m), ombros largos e corpo robusto, que vociferava ideias visionárias a respeito da redenção da raça: "Será um dia terrível aquele em que os negros sacarem da espada para conquistar sua liberdade. Combatemos pelos brancos e não obtivemos mais do que o seu desprezo. Mas o dia do castigo virá. A Estrela Negra se levantará e brilhará sobre o mundo com incomparável esplendor."[8] Em questão de tempo, Garvey soube capitalizar o crescente descontentamento e desesperança que reinava entre os afro-americanos e coordenou um amplo trabalho de proselitismo, sobretudo entre as camadas mais pauperizadas, o que o levou a liderar, na opinião de Cyril Lionel Robert James, o "mais poderoso movimento de massas nos Estados Unidos"[9]. De fato, a UNIA se expandiu em ritmo exponencial no pós-guerra, tornando-se a primeira organização negra com efetiva inserção nas massas em escala internacional[10]. Em seu apogeu, na década de 1920, alcançou o impressionante patamar de mais de 1 milhão de membros afiliados em cerca de mil sucursais espalhadas em mais de quarenta países[11]. A maior parte dessas sucursais localizava-se nos Estados Unidos, cuja sede mundial, no Harlem, converteu-se no quartel-general da entidade nesse período. Seu prédio, batizado de Liberty Hall, era colossal, contendo um auditório com capacidade para 6 mil pessoas. Além dos Estados Unidos, erigiram-se sucursais da UNIA em diversos países das Américas (Central, do Norte e do Sul), do Caribe – sobretudo em Cuba –, da Europa, da África e até da Oceania[12].

O crescimento vertiginoso da UNIA está relacionado ao papel do *The Negro World*, o jornal lançado em janeiro de 1918, que serviu de porta-voz e principal veículo de propaganda da organização, difundindo seus projetos, valores e ideais de igualdade e reconhecimento dos negros, na África e no mundo afro-atlântico. "Um jornal dedicado somente aos interesses da raça negra", eis o seu subtítulo. Cada edição semanal continha de dez a dezesseis páginas. Com tiragem que chegou a 60 mil exemplares, o periódico circulou em diversos países, sendo lido pelos mais diferentes estratos da população negra. Algumas seções eram escritas em espanhol e francês, para facilitar a leitura nos países que não adotavam o inglês como idioma oficial. O editorial, sempre escrito por Garvey, trazia na primeira página as linhas mestras de suas ideias e filosofia emancipatória[13]. *The Negro World*, com sua mensagem de solidariedade negra no plano transnacional, cumpriu importante papel na edificação do que Paul Gilroy define como Atlântico Negro: uma arena multilateral entre América, África e Europa, onde circulam as ideias político-culturais, as narrativas e as expectativas engendradas por ativistas e intelectuais negros[14].

Outro fator que contribuiu para o sucesso da UNIA foi o carisma de seu maior líder. Garvey tinha espírito de liderança, habilidade política e energia irradiadora. Dotado de uma oratória singular, seus discursos virulentos contagiavam e tocavam os corações e as mentes de multidões de negros eufóricos por palavras messiânicas. Em 1921, o diário *O Combate* descreveu um desses discursos, proferido em um *meeting* que reuniu aproximadamente cinco mil negros no Liberty Hall:

Somos quatrocentos milhões de oprimidos que reclamam a liberdade [...]. Ora, meus amigos, se os nossos irmãos brancos nos amarem, nós os amaremos; se nos odiarem, nós os odiaremos. Não demos aos ingleses o direito de nos explorar; aos belgas o de nos brutalizar; aos franceses o de nos... Não falemos. Que a França nos prove o seu liberalismo! Quem venceu a [primeira] guerra? O sangue do negro sobre o campo de batalha do branco. [...] Ora, sabeis qual foi o reconhecimento dos brancos? Nem sequer concederam uma cadeira na Conferência da Paz! [...] E são eles, os brancos enfatuados, que nos chamam netos de orangotango, que nos vão buscar para vencer as suas guerras; são eles que se julgam senhores do mundo, para ditar as suas vontades e efetuar os seus absurdos. Unamo-nos e seremos livres![15]

Em outro discurso, Garvey imprimiu uma conotação profética, pressagiando em alto e bom tom: "Buscai-me no furacão, buscai-me na tempestade, buscai-me em torno de vós, pois, com a ajuda de Deus, hei de vir e trarei comigo os inúmeros milhões de escravos negros que morreram na América e nas Antilhas, e os milhões que morreram na África para auxiliar-vos no combate pela liberdade, pela independência e pela vida."[16] Garvey se via como o Moisés dos negros, valendo-se da metáfora do Êxodo bíblico – quando o patriarca do *Antigo Testamento* libertou o "povo eleito" dos grilhões do cativeiro no Egito e o conduziu de volta à Terra Prometida –, para cimentar sua própria autoridade política[17]. Mas ele também era visto por muitos de seus adeptos e fãs como uma espécie de profeta que, dotado de virtudes excepcionais, cumpria um papel quase místico, a guiá-los no caminho da salvação[18].

Com esse espírito, Garvey encorajava os negros a desafiar, quer a dominação europeia sobre a África, quer a depreciação provocada pelo racismo no bojo da experiência diaspórica. Conclamava que seus seguidores reescrevessem a história, valorizando seus heróis, sua cultura, sua identidade, em suma, sua raça. Para ele, o berço das civilizações estava situado na África, quando a Europa ainda estava no estágio pré-histórico (nas "trevas"[19], como chegou a dizer); assim, o discurso de uma África selvagem, primitiva e bárbara seria uma falsificação da cultura eurocêntrica[20]. No auge da UNIA, preconizou o retorno de todos os negros da diáspora à África, daí seu lema "África para os africanos de casa ou no exterior". Sua intenção era não só libertar o continente africano do jugo colonial, mas também torná-lo forte e soberano. A primeira página do *The Negro World* estampava mensagens de exortação à "mãe-pátria": "África, a terra prometida para os povos negros do mundo."[21] A tese de Garvey, de repatriação dos afrodescendentes ao continente africano, adquiriu contornos mais concretos no seu plano de colonização da Libéria, baseado na construção de ferrovias, parque industrial, colégios, universidades, entre outros incrementos infraestruturais, que possibilitassem o desenvolvimento desse país da África Ocidental, originado da colonização de ex-escravos estadunidenses a partir da segunda década do século XIX. A Libéria – no contexto de uma África partilhada e dominada pelas nações europeias – era reconhecida pelas grandes potências como Estado independente[22].

O presidente geral da UNIA enfatizava a necessidade de o negro desenvolver seu senso de dignidade, autorrespeito e orgulho racial. No terreno religioso, instituiu uma nova forma de culto cristão, que se contrapunha às representações consideradas preconceituosas dos ritos, artefatos e símbolos religiosos ocidentais. Para ele, a representação pictórica de Deus deveria ser a de uma pessoa negra. Em 1921, fundou a Igreja Ortodoxa Africana, em que os anjos, santos e Jesus Cristo eram retratados como negros, enquanto Satanás era branco. A UNIA ainda criou vários símbolos diacríticos (hino, bandeira com as cores oficiais, carteira de filiado e insígnias), sem falar nos subgrupos: a Universal African Legions, uma milícia masculina, cujos membros envergavam um uniforme cintilante; a Universal African Motor Corps, um grupo feminino auxiliar da African Legions, e a Universal African Black Cross Nurses, uma divisão de enfermeiras estruturada nos moldes do setor voluntário da Cruz Vermelha[23].

No que concerne à questão de gênero, a UNIA contou com o engajamento feminino ativo. Robin Kelley argumenta que as mulheres participaram de todas as instâncias do movimento, discursando, instruindo, organizando encontros específicos e escrevendo ou editando textos, comportamento que desafiava as tradicionais relações de gênero da sociedade[24]. Garvey valorizava a mulher negra, ao menos dos pontos de vista moral e estético. Não autorizava anúncios de fabricantes de alisadores de cabelo nas publicações da UNIA e, em seu discurso poético, sublimava a mulher africana como a mais bela dentre todas.

Garvey acreditava que as pessoas negras deveriam ser independentes financeiramente das brancas, desenvolver o espírito empreendedor e investir no seu próprio negócio. Em vista disso, criou a Negro Factories Corporation, um conglomerado comercial destinado a atuar nos grandes centros industriais dos Estados Unidos, América Central e África. Seus empreendimentos incluíam uma rede de mercearias cooperadas, hotéis, restaurantes, uma lavanderia a vapor, uma alfaiataria, uma loja de roupas, uma chapelaria e uma editora. No entanto, o investimento mais ambicioso de Garvey foi a criação de uma empresa de barcos a vapor para transportar passageiros e mercadorias pelo Atlântico rumo ao Caribe e à África, cujo nome era Black Star Line, Incorporation. Em 1919, ele comprou um cargueiro; no ano seguinte, um *ferryboat* e um iate a vapor. Muitos afirmavam que sua nova empresa fazia parte do projeto mais amplo de levar os associados da UNIA de volta à África.

Afora os empreendimentos empresariais, Garvey caracterizou-se por organizar eventos aparatosos para ostentar seu poderio, fortalecer a identidade do grupo e atrair novos adeptos e simpatizantes. Em 1920, a UNIA realizou a I Internacional Convention of Negroes of the World (Primeira Convenção Internacional dos Negros do Mundo), reunindo delegados dos Estados Unidos, Cuba, Barbados, Jamaica, Costa Rica, Honduras, Panamá, Equador, Venezuela, Guianas, Etiópia, Austrália, em síntese, congregando delegados oriundos dos diversos países com representação. Os desfiles espetacularizados promovidos pelas delegações durante o evento – momentos nos quais se entoavam hinos, ostentavam *slogans* e ovacionavam Marcus Garvey – indicavam a pujança da UNIA e sua capilaridade. Ao final do conclave, foi tomada uma série de deliberações, como a promulgação da Declaração Universal dos Direitos dos Negros, que trazia um programa de 54 pontos; a instituição de uma nobreza negra, com alguns membros da UNIA sendo agraciados com os títulos de Cavaleiros do Nilo, Cavaleiros da Ordem de Serviços Relevantes da Etiópia, Duques do Níger e de Uganda, entre outros; e a aclamação de Garvey como Presidente Provisório da República Africana, uma espécie de governo em exílio[25].

Toda aquela mobilização racial *sui generis* desencadeou polêmicas, controvérsias e preocupações diversas por parte, ora do governo e autoridades estadunidenses, ora de lideranças negras de outras associações, como W.E.B. Du Bois, o fundador da NAACP – National Association for the Advancement of Colored People (Associação Nacional Para o Avanço das Pessoas de Cor)[26]. Este acusava Garvey de ser autoritário, demagogo e charlatão, ao passo que aqueles chegaram a acusar a UNIA de ser uma organização de orientação comunista, que incitava o ódio racial. Judith Stein mostra como o FBI – Federal Bureau of Investigation ficava no encalço de Garvey, monitorando todos os passos do mais "perigoso agitador prol negro". Agentes do FBI se infiltraram na UNIA e acompanharam as atividades da organização, produzindo relatórios secretos. Há inclusive registros de espiões atuando na redação do *The Negro World*[27].

Se as articulações políticas de Garvey iam bem, mesmo em face dessa atmosfera de vigilância e suspeição, seus negócios iam mal. Os navios comprados começaram a apresentar problemas em suas viagens, "devido à necessidade de reparos técnicos e à má administração da empresa". Logo a Black Star Line estava operando no vermelho. Mas, paradoxalmente, Garvey decidiu comprar mais um navio. Para arrecadar fundos, enviou "prospectos pelo correio, divulgando a venda de novas ações da empresa". Essa iniciativa custou a ele e aos executivos da Black Star Line um "processo judicial pelo uso fraudulento dos correios e a consequente falência de sua empresa"[28]. O processo, iniciado em 1923, foi acompanhado por diversos setores da opinião pública.

No ano seguinte, Garvey sofreria outro revés em seu projeto racial. Na IV Convenção Internacional dos Negros do Mundo, a UNIA definiu o programa de colonização da África pelos negros dispersos pela diáspora, programa, aliás, que já vinha sendo esboçado desde a primeira Convenção. A princípio, o governo da Libéria acenou favoravelmente ao plano de colonização de afro-americanos, e a UNIA até investiu na criação da Black Cross Navigation and Trading Company – mais um projeto de estabelecimento de linha de navegação a vapor entre os Estados Unidos e o continente africano, cuja intenção era garantir o transporte dos negros para Monróvia. Entretanto, no decorrer do ano de 1924, o governo recuou e proibiu o desembarque de qualquer negro ligado à UNIA no país[29]. Garvey via, assim, prejudicada sua busca de uma terra prometida e sua vontade de criar uma nação independente na África.

Enquanto isso, a ação judicial contra ele tramitava nos Estados Unidos. Em 1925 saiu a sentença. Mesmo não reunindo provas criminais suficientes, o tribunal do júri o condenou a cinco anos de prisão pelo uso fraudulento dos correios. A UNIA entendeu que a prisão foi tramada, maquiavelicamente, pelo governo estadunidense e o acusou de racista, encabeçando uma campanha internacional – com direito a comícios, moções de repúdio, abaixo-assinados, distribuição de panfletos etc. –, que exigia a libertação de seu maior líder. Um dos comícios reuniu no Madison Square Garden, de Nova York, mais de 10 mil negros. Não foi possível reverter a decisão judicial. De 1925 a 1927, Garvey cumpriu a pena em uma casa de detenção em Atlanta, quando foi indultado e deportado como estrangeiro indesejável nos Estados Unidos.

Sua deportação significou um grande golpe para a UNIA, que jamais voltaria a apresentar o mesmo ímpeto, nem conseguiria arregimentar a multidão de outrora. Porém, Garvey continuou em atividade, difundindo seus ideais de libertação e orgulho racial. De regresso à Jamaica, ele dirigia a UNIA, mantinha o seu caráter transnacional e enviava, por meio do *The Negro World*, as diretrizes e mensagens de inspiração para seus associados e admiradores. Em 1928, viajou para a Europa com o fim de chamar a atenção do velho continente a respeito da situação da população negra no mundo. Em Londres e Paris, suas apresentações públicas mobilizaram pouca audiência. Sua última parada foi em Genebra, onde tentou sensibilizar a Liga das Nações acerca da necessidade de um Estado africano livre e soberano[30]. Em vão.

No ano de 1930, Garvey se elegeu para uma cadeira na Assembleia de Kingston e Saint Andrews, na Jamaica, todavia foi impedido de assumir o cargo por ter sido preso por três meses sob a acusação de que durante a campanha desferiu ataques ofensivos à Corte local[31]. Em 1935, quando a UNIA já vivia uma fase de grande refluxo, Garvey transferiu-se para Londres em definitivo, passando a viajar amiúde para Toronto, no Canadá, onde aconteceu a VIII Convenção Internacional dos Povos Negros do Mundo, em 1938. Sua saúde em Londres foi ficando cada vez mais debilitada, vindo a falecer em 1940, com 53 anos.

As ideias de Marcus Garvey, que recebeu a designação de *garveyismo*, são geralmente definidas como um movimento social ou programa de cunho pan-africanista, anticolonialista, assentado nos postulados do nacionalismo negro e direcionado à valorização das populações africanas e afrodescendentes espraiadas pelo mundo. Mesmo após a morte de seu idealizador, o garveyismo continuou emanando como uma centelha no circuito afro-atlântico, influenciando a visão de distintos líderes negros, como Aimé Cesaire, Kwame Nkrumah, Malcolm X, Martin Luther King, além dos grupos que lutaram pela descolonização da África e dos movimentos de afirmação racial, como o Black Panthers, o Black Power, os Black Muslims e os Rastafaris[32].

O "NOVO PROFETA"

Depois de traçar essas notas biográficas de Garvey, cabe perscrutar como a imprensa brasileira o retratou. Vejamos, primeiro, os jornais e revistas regulares que circulavam em larga escala no eixo Rio de Janeiro e São Paulo[33]. No dia 10 de novembro de 1920, o *Correio da Manhã* publicou uma longa matéria relatando como transcorreu a "grande convenção negra" organizada pela Universal Negro Improvement Association, a qual contou com a presença de "25 mil representantes de grande número de associações" dispostas a "proclamar os direitos do homem de cor". A euforia da multidão, na sessão de abertura do evento, teria sido notada durante as palavras dos primeiros oradores, atingindo o auge quando Marcus Garvey discursou. De acordo com o *Correio da Manhã*, o presidente da UNIA era a "personalidade mais importante do mundo negro", com um programa "arrojado", que consistia em açular os milhões de negros da "América" a oferecerem até seu "sangue" na defesa do ideal de igualdade e de obtenção de uma pátria sonhada, a África; porém, sua "eloquência" era "por vezes um pouco exagerada e ingênua". Não teria cabimento organizar uma "companhia de vapores", a Black Star Line, com o fito principal de "intensificar o comércio e a exportação do continente africano". Na parte final da matéria, o diário carioca avaliava que o programa de Garvey, qualificado de uma "quimera", não teria condições de obter a adesão dos negros do Brasil, já que aqui não existiriam "preconceitos de raça ou de nacionalidade"[34].

O *Correio da Manhã* até que reconhecia a importância do presidente da UNIA, em termos de articular soluções para a "opressão que sofriam os negros e, geralmente, todas as pessoas de cor nos Estados Unidos", mas frisava que seu programa era uma "quimera" – um devaneio, algo ilusório e fantasioso –, particularmente em relação ao Brasil, torrão cujos negros teriam sido incorporados fraternalmente no seio da nacionalidade e, assim, teriam ficado livres de preconceitos e tensões raciais. O jornal partilhava da crença da democracia racial. Apesar de essa crença ter recebido uma versão mais plena na década de 1930, já vinha ganhando forma anteriormente[35].

No dia 28 de abril de 1921, o periódico *Hoje* republicou uma entrevista que Marcus Garvey concedeu a Michael Gold, um repórter identificado como branco de Nova York. Garvey é apresentado como um Moisés, "em quem milhões de negros confiam para que os reconduza à terra da Promissão". Tratava-se de um "homem de estatura regular, gordo, de um negro retinto, nariz chato, olhos alegres e vivos". Quando chegou aos Estados Unidos, era completamente desconhecido. "Hoje", informa o repórter, sua associação conta "dois milhões de negros organizados em seiscentas ramificações". A ramificação de Nova York "possui dois edifícios, três vapores na Black Star Line, está estabelecendo fábricas e cooperativas e trata de criar um fundo de dois milhões de dólares com o fim de manter um alto poder da raça negra nas terras africanas". Gold entrevistou Garvey na sede da UNIA, onde ouviu que o "único caminho para os negros é ter uma nação própria, uma pátria definitiva, como os judeus, que inspire respeito ao mundo pelos seus feitos", assinalou o "Moisés dos Pretos". Haveria "quatrocentos milhões de negros espalhados pelo mundo". Se eles se estabelecessem na África, seria implantado um "império negro", completou. "Entretanto, como poderão chegar à África?", questionou o entrevistador. "Há umas dez nações donas dela atualmente." "Chegaremos de um modo ou doutro", respondeu o entrevistado. "E você acredita que as nações brancas do mundo irão tolerar um império negro?" "Temos a força de quatrocentos milhões", replicou. A partir daí, disse o repórter, Garvey passou a expor "intermináveis planos e grandes projetos que pareciam incompatíveis com a pequena e antiga sala em que me achava a conversar com ele". Ao encerrar a entrevista, Gold comentou: a "aventura" estava "ainda no começo", porém já era possível perceber que o "orador negro de fama universal" estava indo longe demais. Seu sonho seria "impossível? Assim o espero e desejo"[36]. Para o repórter, Garvey não passava de um aventureiro e seus "intermináveis planos e grandes projetos" eram quixotescos, megalomaníacos, utópicos por assim dizer.

Avaliação semelhante fazia *O Jornal*. Em sua edição de 17 de novembro de 1921, o periódico espinafrava a legião de seguidores do "Moisés dos Pretos": "Sem empregar a feição trágica às ameaças de Marcus Garvey, devemos, contudo, supor que as suas palavras inflamadas encontrarão o terreno favorável nos cérebros de alguns fanáticos que, sinceramente, acreditam haver chegado a hora para o triunfo da raça negra e expulsão da raça branca da África."[37] Já a reportagem d'*O Combate* não se valeu de circunlóquios para acusar Garvey de ter afirmado, "mentirosamente" aos "irmãos de cor", que representava uma "população de 400 milhões de almas". O "Moisés da sua raça" pregava um "novo evangelho"; entretanto, estaria suscitando entre os *leaders* do "mundo negro americano a mais viva oposição". Aliás, "em se examinando as opiniões do novo profeta", assinalava o jornal, "logo se apreende as causas da oposição. A religião do homem branco, repete, com tenacidade, não convém ao homem negro, com um deus branco e um parceiro branco. Devemos ter a religião negra, com um... deus negro"[38]. *O Jornal* e *O Combate* se referiam a Garvey como um líder demagogo, charlatão, que se arvorava um "novo profeta", colocando na berlinda tanto seus seguidores supostamente fanáticos quanto suas concepções religiosas afro-centradas.

Outra maneira de abordar a vida, as ideias e as ações do "Moisés dos Pretos" era pela chave do exotismo. A *Revista da Semana*, em sua edição de 30 de julho de 1921, reproduziu uma reportagem de uma revista estadunidense, na qual informava estar "iminente um vasto movimento pan-africano, tendo por centro a cidade de Monróvia". Essa cidade, que seria a "capital da República Negra", era a capital da Libéria. Seu prefeito, Gabriel Johnson, presidente da Associação Universal Defensora dos Negros, detinha poderes e regalias de "Papa negro". Monróvia tornar-se-ia então a "Cidade Santa, o Negrodom do império dos negros"; e ali se reuniria "periodicamente uma Câmara de Deputados dos povos negros do mundo", sob a liderança de Marcus Garvey, o "presidente provisório da África, encarregado de organizar o novo Estado"[39].

A *Revista da Semana* qualificou tal reportagem de "curiosíssima", talvez porque os editores do periódico não acreditassem na possibilidade de um iminente "vasto movimento pan-africano" ou mesmo porque eles desconhecessem alguns aspectos de Monróvia (o "Negrodom do império dos negros"), do prefeito Gabriel Johnson (o "Papa negro") e do projeto emancipatório de Garvey (que estaria pregando a "santa doutrina negra" baseada na restituição da "África aos africanos"). A mesma *Revista da Semana* voltou a enfocar o movimento liderado por Garvey pelo viés do pitoresco. Em matéria publicada na edição de 4 de agosto de 1923, o periódico fez alusão a uma testemunha que compareceu ao tribunal para depor no processo instaurado contra o "Presidente provisório da República d'África". Segundo a matéria, essa testemunha era uma "soberba preta", que declarou chamar-se "Lady Bruce, duquesa de Uganda". Quando o juiz perguntou a origem daquele título "mirabolante", a testemunha explicou que lhe havia sido conferido pelo "Presidente Garvey" e acrescentou: "por que não?"[40] A *Revista da Semana* não perdeu a oportunidade de ironizar, se não caçoar, com os títulos de nobreza que Garvey atribuía às figuras de destaque da UNIA. Por seu turno, *O Jornal* carregou ainda mais na tinta do escárnio, assinalando que essa "generosa distribuição de 'altezas' e 'excelências' provoca o riso. Mas não devemos esquecer a mentalidade negra, sempre fascinada pelos galões e pelos títulos"[41].

É bom salientar que, nessas matérias jornalísticas, o que se considerava exótico ou pitoresco era a invocação garveyista do princípio de autodeterminação das nações para os povos negros do mundo. Tratava-se, assim, de uma recusa ao nacionalismo negro, ao pan-africanismo, bem como a certa ideia de nobreza negra. Os títulos de nobreza não foram uma invenção da UNIA. Tais símbolos de distinção e honra, de origem europeia, antes faziam parte da Era dos Impérios Coloniais e estavam longe de ser desprezados, mesmo em países que oficialmente não os reconheciam.

A *Revista da Semana* e *O Jornal* não foram os únicos órgãos da imprensa regular a se referirem ao "Presidente provisório da República d'África" pelo ângulo do excentrismo, beirando ao burlesco. No dia 5 de junho de 1928, o *Diário Nacional* publicou uma matéria que iniciava inquirindo os seus leitores: "Já ouviram falar em Marcus Garvey?" Pressupondo que a reposta fosse negativa, a folha passava a discorrer sobre ele: "É um preto que parece mais ou menos amalucado. Intitula-se 'Imperador da África' e está presentemente em Londres, com o fim especial de obter um reino para 280 súditos de cor." Conta-se que "já foi recebido pelo ministro do Exterior e das Colônias, mas nada se sabe sobre o êxito ou fracasso de suas pretensões". Segundo a matéria, "o que ele pretende é um território qualquer no continente dos desertos, para edificar o seu trono e governar os seus 280 pretos"[42]. O *Diário Nacional* reforçava imagens e representações pouco apreciativas de Garvey, classificando-o como um sujeito lunático, quase demente e mentecapto, cujas ideias não deviam ser levadas tão a sério.

Outra maneira de a grande imprensa retratar o "Moisés dos Pretos" era pela perspectiva do sensacionalismo, divulgando notícias que, de algum modo, maculavam a sua reputação junto à opinião pública. No dia 7 de março de 1925, *O Jornal* publicou uma nota cujo subtítulo era sugestivo: "O Chantagista Condenado". A nota fazia alusão ao desfecho do processo judicial instaurado contra Garvey:

O famoso preto Marcus W. Garvey entrou hoje na penitenciária desta cidade [Atlanta, no estado da Geórgia] para iniciar o cumprimento de uma pena de cinco anos por crime de estelionato. Garvey defraudou centenas de indivíduos da raça negra, que lhe confiaram dinheiro para a pretensa fundação de um Império Negro na Etiópia. Noticiando a prisão de Garvey, os jornais de hoje relembram a sua teoria de que Deus é negro, com a qual se fez líder dos homens de cor nos Estados Unidos.[43]

A condenação do "Moisés dos Pretos" pelo tribunal do júri dos Estados Unidos devido ao uso fraudulento dos correios e sua entrada em uma casa de detenção em Atlanta para o cumprimento da pena repercutiram em uma parcela da imprensa brasileira[44]. Talvez porque a sentença condenatória servia para atestar o que alguns jornais ventilavam a respeito de Garvey: tratava-se de um "chantagista", que explorava a boa-fé de seus "irmãos de cor" e disseminava uma postura sectária – "recusando a cooperação da raça negra com a branca"[45] –, liderando um "perigoso movimento dos pretos que reclamam a África para os africanos"[46]. Em setembro de 1929 e fevereiro de 1930, alguns dos principais órgãos da imprensa brasileira registraram a condenação a três meses de prisão de Garvey. Dessa vez, por ter propalado, em sua campanha eleitoral para deputado de Kingston e Saint Andrews, na Jamaica, palavras consideradas "sediciosas"[47].

Os diários também publicizaram a comutação da pena de Garvey em troca de sua deportação dos Estados Unidos, em 1927, o que resultou em seu retorno para a Jamaica[48], de onde continuou comandando as atividades da UNIA, ainda que em ritmo decrescente. A partir de então, a imprensa regular pouco se reportou a ele, como em 1928, quando viajou à Europa para pedir à Liga das Nações e às principais potências coloniais a "concessão de um território na África para a fundação de um reino negro"[49], ou quando presidiu, na Jamaica, a Convenção

Internacional dos Povos Negros[50]. Afora a sentença de prisão na Jamaica, Garvey somente voltou a ganhar destaque nas folhas da grande imprensa por ocasião de seu passamento. "Faleceu o 'Imperador do Reino da África'", estampou a *Gazeta de Notícias*, em 13 de junho de 1940[51]. "Era em Harlem o 'imperador do Reino da África': a morte, em Nova York, de Marcus Garvey", divulgou o *Correio da Manhã* na mesma data[52].

"UM EXPOENTE DA RAÇA"

Já no que concerne à chamada imprensa negra, esta se referiu a Garvey sob perspectiva distinta, transmitindo, geralmente, informações, narrativas e representações enaltecedoras do líder negro. O primeiro órgão dessa imprensa a mencionar algo relacionado à trajetória, ao pensamento e às ações de Garvey foi *O Getulino*, um jornal da cidade de Campinas (SP), que circulou entre 1923 e 1926 e contribuiu para o processo de formação de identidades raciais no interior de um movimento social e cultural que lutava pela inserção do negro na sociedade brasileira[53]. No dia 21 de outubro de 1923, *O Getulino* publicou um artigo no qual Benedicto Florêncio, um dos editores do periódico, analisava a possibilidade de imigração do negro estadunidense para o Brasil. À determinada altura do texto, ele aludia ao "programa expansionista da Universal Negro Improvement Association", declarando que "acompanhou tudo que se passou na Internacional Negro Conference, inaugurada em New York a 2 de agosto de 1920, com a presença de 200.000 negros aclamando o maior jurisconsulto do mundo, Marcus Garvey"[54].

Com o intuito de informar os seus leitores do que se passava ao redor do mundo com sua "gente", *O Getulino* voltou a reservar espaço para falar da UNIA e de Garvey, o "preto" presidente da "República provisional de África", comendador da "Ordem Sublime do Nilo" e "Cavaleiro da Grande Ordem Etiópica", que lançou um "manifesto a todos os seus irmãos de cor do universo convidando-os para tomar parte nos trabalhos do maior Congresso Negro, conhecido na história, o qual se realizará no Teatro Liberty Hall, de Nova York"[55]. Em sua edição de 21 de setembro de 1924, o tabloide noticiou que o congresso de negros estava sendo um sucesso. Sua inauguração foi marcada, principalmente, por um grande desfile pelas ruas de Nova York, acompanhado de seis orquestras. À frente, marchava Marcus Garvey, cercado de soldados negros, "suntuosamente vestidos". Teriam comparecido ao conclave "mil delegações" da UNIA procedentes "de todas as partes do planeta. Trinta mil pretos se reuniram, irmanados pela ambição de melhorar a sorte da raça a que pertencem". Nada seria mais promissor.

> Os negros, que ainda ontem eram escravos, querem ser agora senhores fundando na Libéria uma república independente. Já adotaram a sua divisa, que é uma paródia da de Monroe: A África para os africanos. Como os judeus, eles querem reconquistar a pátria, fazendo dela uma potência formidável e livre, onde o branco não terá interferência alguma, onde tudo será obra de pretos, onde pretos serão governados por pretos. O movimento, portanto, é sério e talvez triunfante.[56]

De acordo com *O Getulino*, uma "revolução" como essa era "naturalíssima", em uma "época de grandes reivindicações". A UNIA contaria com "muitos milhões de dólares", uma "empresa de navegação", "grande número de jornais" e seria chefiada por "homens de extraordinária energia" e "extraordinária capacidade", ou seja, "os pretos erguiam o seu brado de independência em um momento oportuníssimo que lhes é de todo em todo favorável"[57]. Em sua edição de 26 de outubro, o jornal comunicava que o encerramento do congresso seria no início de 1925, com uma "grande exposição" onde figuraria uma "coleção completa do *Getulino* encadernada a marroquim", a qual iria "atestar o grau de adiantamento da nossa gente no Brasil". Eis uma informação surpreendente: será que *O Getulino* chegou a enviar algum representante para participar do congresso negro em Nova York? Qual teria sido então o nível das conexões e interlocuções que o jornal estabeleceu com Garvey e a UNIA? O mais provável é que a "coleção completa do *Getulino*" tivesse sido remetida pelos correios. Mas, nesse caso, teria chegado a fazer parte da "grande exposição" que marcou o fim do conclave? Não dispomos de informações a esse respeito. Sabemos é que o jornal não escondia sua inclinação pelo movimento cujo objetivo era formar uma "vasta união política destinada a proteger e a fazer respeitar os direitos da raça negra"[58].

Isso não significa que todos os negros aglutinados em torno d'*O Getulino* compactuassem com a principal divisa de Garvey: África para os africanos. Eles admiravam a pujança da UNIA, a capacidade de mobilização de Garvey, seu discurso altivo de afirmação racial, preconizando os direitos civis, a independência econômica e o progresso social do negro, mas muitos deles não endossavam a tese da repatriação ao continente africano. Uma carta de Cláudio Guerra, publicada n'*O Getulino*, em 20 de dezembro de 1924, é o libelo que provavelmente melhor sintetiza essa visão. A carta do leitor desancava críticas ao postulado do garveyismo: essa "tal ideia importada entre nós com o rótulo de Congresso Negro" era "invenção" dos Estados Unidos. Que os negros dali dissessem em "brados altissonantes" que a África era para os africanos ainda ia. Que os negros estadunidenses quisessem imigrar para a região, que "serviu de berço aos seus avós", também se tolerava. Seria, aliás, uma "questão justa", afirmava Guerra, pois eles eram "repudiados da sociedade por um terrível e recíproco ódio de raça". Diante desse contexto, seria "naturalíssimo" que essa "gente" tratasse de "dar o fora da terra madrasta onde tivera a infelicidade de nascer". Que fosse para a África! Porém, "que preto brasileiro pense em aderir a essa ideia, eu reputo o máximo de absurdo", ponderava o missivista. Afinal, a "África é para os africanos, meu nego. Foi para o teu bisavô cujos ossos, a esta hora, à terra reverteram e em pó se tornaram. A África é para quem não teve o trabalho de cultivar e dar vitalidade a um imenso país como este". Em outras palavras, "a África é para quem a quiser menos para nós", os negros brasileiros, que aqui "nasceram, criaram e se multiplicaram". De acordo com Guerra, o negro brasileiro já havia rompido seus laços de identificação com a África e criado raízes nesta "terra bendita" que o viu nascer, que o acolheu como "mãe carinhosa", esta terra que lhe pertencia, pois "fomos nós que a edificamos, nós que lhe demos tudo até o sangue para lhe garantir a integridade quando das invasões de estrangeiro"[59].

Portanto, nem todos os negros ligados a'*O Getulino* simpatizavam com a palavra de ordem internacionalista de retorno à África. Isso sugere que o jornal não se apropriou simplesmente do garveyismo, antes procurou interpretá-lo e filtrá-lo em consonância com os anseios e as expectativas de seus editores, que não se identificavam explicitamente com uma "essência africana"[60]; pelo contrário, advogavam pela incorporação do negro a uma ideia de nação racialmente fraterna. Não é de estranhar que isso ocorresse. Como várias pesquisas recentes têm evidenciado, a afirmação do nacionalismo constituía a política central dos jornalistas afro-brasileiros no período[61].

No que tange a'*O Clarim d'Alvorada* – o principal jornal da imprensa negra de São Paulo, senão do Brasil, na década de 1920, fundado por José Correia Leite e Jayme de Aguiar, com a perspectiva de fazer valer os interesses dos "homens pretos"[62] –, as apropriações de Garvey se deram de forma mais efusiva. Em suas páginas, há várias menções laudatórias à vida, à doutrina ou às ações desse famoso líder *colored*: "Marcus Garvey é o ilustre negro jamaicano, [...] que está sempre trabalhando para o bem da sua raça"[63] ou "Marcus Garvey é o homem de sua raça como outros grandes 'leaders' da América, que estavam prontos a dar suas vidas para que pudéssemos viver. Ele, diferente dos primeiros 'leaders' dos negros, está pronto a ir até o limite por causa de sua raça."[64]

Mesmo quando Garvey foi condenado a três meses de prisão na Jamaica por ter "proferido palavras que o juiz não achou de acordo", *O Clarim d'Alvorada* continuou exaltando-o e até repercutiu um artigo de Charles James, o principal dirigente da sucursal da UNIA de Chicago, que considerou aquela condenação uma "injustiça cruel", contudo, incapaz de tolher a missão redentora daquele "grande" líder negro: "O corpo de Marcus Garvey pode ser preso, mas não o seu espírito, porque o seu espírito está em toda parte."[65] Em determinada edição, *O Clarim d'Alvorada* se reportou à abertura dos trabalhos da Sociedade das Nações (nome pelo qual também era chamada a Liga das Nações), em Genebra, onde se encontravam as "maiores mentalidades do mundo", para proteger a "fama de seus nomes e os interesses de seus povos" e, por vezes, "olharem para algumas das tantas iniquidades que se praticam atrás dos dólares ou das libras, contra os povos subjugados e usurpados". O jornal reconhecia a importância da Sociedade das Nações como fórum para garantir a segurança, a justiça e o direito internacionais, todavia "lastimava" que ainda não havia se definido em relação ao apelo da UNIA, que "solicitou um lugar nessa portentosa agremiação, onde poderíamos ouvir e sentir, no ardor dos debates, a palavra abalizada de Marcus Garvey, representando os quatrocentos milhões de negros espalhados por todo o mundo"[66].

A partir de 1929, *O Clarim d'Alvorada* passou a traduzir e republicar artigos e reportagens do *The Negro World*, o tabloide da UNIA, que, como já foi apontado, funcionava como canal de comunicação e propaganda do garveyismo na rede transnacional do Atlântico Negro. Eram traduzidos manifestos ("Eduquemos Nossas Massas")[67], aforismos ("O programa da Associação Universal para o Levantamento da Raça Negra é um credo que deve ser defendido por todos os negros da terra")[68], notícias (sobre perseguições e linchamentos de negros nos Estados Unidos)[69], impressões de viagem (de um "africano" na América do Norte)[70] e artigos, tanto os que proclamavam o protagonismo negro ("O nosso destino está em nossas mãos. Somos os senhores de nossa sorte e os arquitetos de nosso porvir. O passado já se foi; o presente está aqui – e o futuro ainda está diante de nós")[71], quanto os que encerravam mensagens de autoestima e orgulho racial: "Eles, os povos brancos, pensam que são superiores [...] Os negros, a fim de combater com bons êxitos esse raciocínio errôneo, devem desenvolver uma contrapsicologia baseada em orgulho da raça, amor de raça e respeito racial."[72]

Quem realizava as traduções era Mário de Vasconcelos, um correspondente da Bahia, "professor linguístico e bacharel em ciências comerciais", como era apresentado n'*O Clarim d'Alvorada*. Em livro de memórias, José Correia Leite, um dos fundadores do periódico, conta que, certa vez, apareceu na redação um grupo de baianos que se prontificou a colaborar. Por intermédio deles, Correia Leite e os outros editores conseguiram um representante d'*O Clarim d'Alvorada* na Bahia, que entrou em contato com Mário de Vasconcelos, um poliglota. Foi daí que "começamos a conhecer melhor o movimento pan-africanista, o movimento de Marcus Garvey". Lá da Bahia, Vasconcelos mandava "colaboração já traduzida para o nosso jornal sobre o trabalho do movimento negro nos Estados Unidos e em outras partes. *O Clarim d'Alvorada* começou a se preocupar então com esse movimento mundial do negro"[73]. A partir de 1930, o jornal passou a traduzir e republicar aforismos, manifestos e artigos atribuídos a Marcus Garvey:

Na civilização do século XX não há raças superiores e inferiores. Há povos atrasados, porém, isso não os faz inferiores. Até onde vai a humanidade, todos os homens são iguais. A Associação Universal para o Adiantamento da Raça Negra representa as esperanças e aspirações do negro alerta. Nosso desejo é um lugar no mundo, para [...] descansar as nossas costas e nossos pés. Sim, queremos descanso [...] para sermos livres e não molestados, descanso de discriminação de toda espécie.[74]

Garvey foi visto como um ícone – "um expoente da raça" – pelo grupo de negros que se articulava em torno d'*O Clarim d'Alvorada*. Suas lutas, conquistas e retóricas raciais reverberavam no jornal afro-paulista, servindo de fonte de inspiração. Entretanto, ganhou destaque o seu discurso pela igualdade racial, evocando a dignidade, a solidariedade e especialmente a autodeterminação da população negra, ao passo que a sua proposição de retorno ao continente africano foi pouco comentada, senão negligenciada. Pois, como o próprio Correia Leite admitiu, a "maioria dos negros não aceitava"[75].

Em 1931, *O Clarim d'Alvorada* criou uma coluna específica de assuntos internacionais batizada de O Mundo Negro, nome que consistia em uma tradução justamente do *The Negro World*. Nessa coluna, foram veiculadas matérias sobre o *ras* Tafari, o "grande imperador da Abissínia" (nome pelo qual também era conhecida a Etiópia)[76], sobre personalidades estrangeiras que prestaram relevantes serviços à causa da igualdade racial[77], sobre a situação do negro no mundo, com destaque para o progresso "moral e material" dos negros estadunidenses[78]; ademais, a coluna serviu de polo difusor do garveyismo:

Está provado que grande parte dos escritores brancos do mundo procuram demonstrar aos negros que eles ficarão sempre enganados na África ou fora de lá. No entanto, Garvey tem enchido colunas no *The Negro World* demonstrando esse falso conceito, que pairava na mente do nosso povo, removendo inteligentemente essa impressão daninha, para trazer a compreensão que só por meio do seu próprio governo o homem preto pode adquirir o seu bem-estar e fazer calar a propaganda desses escritores que procuram conservar o homem preto nessa eterna sujeição.[79]

O artigo de O Mundo Negro trazia um discurso à luz do garveyismo à medida que clamava pelo reconhecimento da igualdade racial, pelo respeito e pela autodeterminação do "homem preto", o qual devia assumir o papel de senhor de seu destino, atuando como protagonista no processo de emancipação de toda a "raça negra". Em 1932, *O Clarim d'Alvorada* saiu de circulação, porém notas sobre a mobilização racial capitaneada pelo "famoso" líder negro jamaicano ainda apareceram na folha *Progresso*[80] e a coluna O Mundo Negro foi reeditada nas páginas da *Tribuna Negra*[81] e d'*A Raça*[82], outros jornais da imprensa negra de São Paulo e Minas Gerais, respectivamente.

O CÔNCAVO E O CONVEXO

Em 1914, Marcus Mosiah Garvey fundou a Universal Negro Improvement Association (UNIA) na Jamaica; dois anos depois, tendo em vista expandir o trabalho em defesa dos direitos dos negros, transferiu-se para os Estados Unidos, onde instalou a sede da organização no bairro do Harlem, em Nova York. Aos poucos, a legião de adeptos e simpatizantes foi se multiplicando, dentro e fora dos Estados Unidos; no pós-guerra, a UNIA cresceu rapidamente e, no auge, congregou centenas de sucursais espalhadas em mais de quarenta países. De forma meteórica, Garvey ascendeu como líder do mais notável movimento de inserção nas *massas* negras em escala internacional. Revelando uma oratória vibrante, para não dizer incendiária, e esculpindo uma imagem de liderança carismática, desfrutou de grande popularidade no imaginário negro. Polêmico, assumiu uma agenda política tida como radical. Seu discurso "apelava pelo orgulho da raça em uma época em que os negros, de um modo geral, tinham muito pouco do que se orgulhar"[83]. Afirmava que esse segmento populacional representava força, beleza e glória, não inferioridade. Enfatizava a necessidade de se encontrar um espaço no qual o negro pudesse se redimir e encontrar a sua prosperidade – independência econômica e o progresso social. Apregoava o retorno de negros dos Estados Unidos, do Caribe e de toda a diáspora para a África, a "terra da promissão". Não foi à toa que ele chamou seu movimento de "sionismo negro", comparando-o com o dos judeus, que exortava pela imigração para a Palestina, em vista de colonizá-la e nela criar um Estado próprio[84]. Para colocar sua ideia em prática, Garvey desenvolveu, por intermédio da UNIA, um projeto de colonização de terras no continente africano e organizou uma companhia marítima, que se encarregaria de transportar colonos negros. Imbuído de aura quase mística, o projeto catalisou esperanças e sonhos em torno da possibilidade de emancipação total dos povos africanos do jugo colonial e de triunfo da completa igualdade entre negros e brancos.

Garvey angariou uma fama que transcendeu fronteiras nacionais e circulou por diversos rincões do Mundo Atlântico. Sua recepção e interpretação no Brasil, entrementes, não se operou de maneira unívoca e tampouco consensual. Tomando como fonte os órgãos da imprensa, foi possível perceber que alguns dos principais jornais do eixo Rio de Janeiro-São Paulo deram-lhe pouco destaque, veiculando notícias casuais sobre Garvey. Quanto à abordagem, a grande imprensa tendeu a apreendê-lo como um líder negro utópico, que vaticinava ideias mirabolantes e fantasmagóricas; exótico, que adotava discursos e comportamentos esdrúxulos e ridículos; e embusteiro, cujas ações caracterizavam-se pela exploração da boa-fé alheia, quando não pela violação das leis vigentes, que culminavam nas barras dos tribunais.

Já a imprensa negra não escamoteava seu apreço por Garvey, abordando-o mediante interpretações e narrativas apologéticas e celebrativas. Isso não significa que as publicações dos afro-brasileiros se alinhavam totalmente à plataforma do garveyismo. O *Getulino*, de Campinas, focalizava a capacidade de Garvey em construir um movimento negro pujante, com uma base de massas organizadas. A valorização desse aspecto pode estar relacionada às dificuldades de mobilização política enfrentada pelos afro-campineiros. O jornal também permite observar a recusa nacionalista negra ao internacionalismo de Garvey. Por sua vez, O *Clarim d'Alvorada*, sediado na São Paulo dos anos 1920, em pleno processo de modernização metropolitana, preocupava-se com a exclusão dos negros do ideário de modernidade que se forjava naquela grande cidade, para o qual os libertos e descendentes de escravos representavam o "atraso", resquícios de um Brasil do passado. Não espanta que esse jornal tenha enfatizado a faceta modernizadora das ideias de Garvey, os grandes negócios e empreendimentos da UNIA, bem como o lugar do negro como ser plenamente civilizado e amante do progresso. Em contraste com o *Getulino*, o jornal paulistano foi mais receptivo ao internacionalismo negro de Garvey, ainda que de forma seletiva.

O *Clarim d'Alvorada*, por exemplo, "recontextualizou as informações do *The Negro World*, selecionando as mensagens de autoafirmação e dignidade negra e descartando um retorno para o continente africano". Segundo Flávio Francisco, isso ocorreu porque o periódico jogava com diferentes identidades, defendendo uma "identidade nacional relacionada ao projeto de inclusão do negro à nação brasileira" e uma "transnacional, que reconhecia as ações políticas dos negros de outros países como referências para atuação no Brasil"[85]. Seja como for, Garvey ganhou relativa visibilidade na imprensa dos afro-brasileiros, notadamente n'*O Clarim d'Alvorada*, sendo retratado como o supremo "apóstolo do movimento pan-negro", uma referência de luta no circuito afro-diaspórico. Em livro de memórias, Correia Leite chega a fazer um balanço elucidativo a esse respeito: "O movimento garveysta entre nós ficou restrito, mas serviu para tirar certa dubiedade do que nós estávamos fazendo. Procurávamos fazer doutrinação, uma espécie de evangelização." As ideias de Garvey "vieram reforçar as nossas. Com elas nós criamos mais convicção de que estávamos certos. Fomos descobrindo a maneira sutil do preconceito brasileiro, a maneira de como a gente era discriminado"[86].

Portanto, a apropriação de Garvey no Brasil se deu de maneira diversa e multivocal. Se os jornais da imprensa regular não lhe conferiram atenção especial e preferiram selecionar e divulgar notícias controvertidas e sensacionalistas envolvendo o seu nome, ou mesmo o focalizaram de maneira pouco lisonjeira, os jornais dos "homens de cor" dedicaram-lhe mais espaço em suas laudas, selecionando, traduzindo e transmitindo, na maior parte das vezes, narrativas, imagens e representações positivadas do líder negro jamaicano.

6. A "Vênus Negra"

Josephine Baker e a Modernidade Afro-Atlântica[1]

> Ó bizarra deidade, escura como os lutos,
> De perfume que junta almíscar mais havana,
> Obra de algum obi, o Fausto da savana
> Sombria feiticeira, a dos negros minutos [...].
>
> CHARLES BAUDELAIRE, Sed Non Satiata.

No dia 13 de janeiro de 1929, o jornal da imprensa afro-brasileira intitulado *Progresso* publicou uma reportagem para celebrar os triunfos que Josephine Baker vinha obtendo no *show business* da Europa. Informava que a multiartista afro-americana continuava "a resplandecer no cenário internacional e a acrescentar diariamente uma fortuna que anda em alturas de milhões". Quando se apresentou no palco parisiense, "tudo lhe correu pelo melhor". O motivo do sucesso daquela "musa negra" era explicado na reportagem. Como o público europeu estava habituado a um modelo tradicional da "arte ligeira, tão tradicional que vai atingindo a monotonia", sentiu-se "deslumbrado" perante uma "criatura exótica; trepidante, diabólica na sem-cerimônia da sua comicidade" e, ademais, "perturbadora na graça escultural do seu corpo de ébano. O público não limitou as expressões de seu entusiasmo e a 'Vênus[2] Negra' teve um triunfo como desde muito não se verificava em Paris". A matéria continuava a destacar suas façanhas no Velho Continente:

Os próprios profissionais da arte ligeira não a hostilizaram do primeiro momento, seduzidos pela originalidade dessa jovem de vinte anos, que se apresentava tão fora de todos os moldes e que lhes permitia, através da viva crítica que era dos povos novos aquilatarem e estimarem o lustre, a linha, a medida elegante da sua antiga consagrada civilização. Mas Josephine, ritmando os seus passos toscos, mesmo bárbaros, ganhava demasiado o favor do público e dinheiro. Seu nome fazia-se uma centelha maravilhosa, que aliciava meio mundo, e essa gente, a princípio risonha, começou a afligir-se com tão ruidoso e prolongado êxito. Veio a intriga. Veio a perfídia. Vieram as cartas anônimas, os insultos, e a Baker sentiu em torno da sua pessoa um ambiente irrespirável. [...] Partiu para Viena, para Berlim e Budapeste. Nesta última cidade, houve uma reação contra a triunfadora. Acharam que as suas vestimentas eram demasiado ligeiras. Falaram em moral, em perversão dos costumes e outros termos que se vão tornando arcaicos.[3]

Como se percebe, nem tudo eram rosas para Baker e não tardou aparecer espinhos em seu caminho. Dotada de um estilo arrojado, ela usava poucas roupas no palco, não mantinha uma postura de passividade diante dos homens e explorava a sensualidade de seu corpo, o que gerava críticas e protestos. Mesmo assim, a reportagem de o *Progresso* preferiu produzir uma representação enaltecedora da Vênus Negra, assinalando que seu êxito não se restringiu à França. Quando o show da turnê chegou à Áustria, o Secretário de Estado daquele país, "sr. Issekut, beijou a mão negra de Josephine, ao fim da exibição privada, e a dançarina teve amplíssima liberdade para deliciar a estesia dos austríacos". Para finalizar, a reportagem ressaltava que o "sorriso" daquela artista afro-americana corria o mundo em fotografias e filmes, selando a "vitória da raça preterida no próprio seio do Ocidente".[4]

O jornal *Progresso* tinha razão em algo: Josephine Baker era um dos símbolos do modernismo artístico-cultural[5]. Sua ascensão no mundo do *show business* foi meteórica e despertou a atenção dos mais diversos segmentos da sociedade, na Europa, nos Estados Unidos e também no Brasil, onde ela foi aclamada pelos periódicos da imprensa negra. Por ocasião de sua visita ao país no final da década de 1920, uma série de reportagens, matérias e artigos foi publicada pelo *Progresso* e, em menor escala, pelo *O Clarim d'Alvorada*. Qual a imagem de Baker que foi apropriada e veiculada por esses jornais? É verdade que eles traçaram uma representação laudatória da Vênus Negra, porém, como se configurava essa representação, em termos de discursos, imagens e cenografias? A finalidade deste capítulo é discutir aspectos da modernidade negra no Brasil e, centralmente, demonstrar que, embora Baker tenha sido eleita pela imprensa dos "homens de cor" para o panteão dos ícones afro-atlânticos, sua imagem foi apropriada seletivamente. Reforçou-se a faceta de mulher talentosa, famosa e rica – o que constituía uma fonte de orgulho e referência positiva para a "raça" –, e negligenciou-se ou simplesmente esqueceu-se a faceta de mulher controvertida e polêmica, cujo comportamento heterodoxo colocava em xeque aspectos dos padrões morais estabelecidos e "bons costumes".

DE SAINT LOUIS PARA O MUNDO

Antes, porém, de analisar de que maneira Baker foi retratada pela imprensa afro-brasileira, convém apresentar algumas notas biográficas dessa artista. Forjada pela pobreza e pela rejeição, Freda Josephine McDonald – mais conhecida como Josephine Baker – nasceu em 1906 em Saint Louis, no estado norte-americano de Missouri. Fruto de uma gravidez indesejada, era filha de Carrie McDonald – uma afro-americana de ascendência indígena e africana – e de Eddie Carson, um músico negro que abandonara Carrie um ano após o nascimento de Baker. A mãe culpou a filha por ter perdido o homem que amava e passou a preteri-la. Do pai, ela herdou as feições, o arrojo e o dinamismo, e da mãe, o extraordinário corpo e a determinação. Dos dois, recebeu a vocação para a dança. Sua mãe ganhava a vida lavando roupa e teve mais três filhos de outro relacionamento. Foi no ambiente de penúria que Baker passou a infância, de modo que o frio, os insetos e os ratos faziam parte do cotidiano do lar, um casebre minúsculo e fétido. Para ajudar no sustento da família, aos oito anos de idade começou a trabalhar na casa de uma senhora branca, que a espancava e a submetia a maus tratos. Morou com a tia Elvara e realizou vários outros serviços, sem, contudo, conseguir desvencilhar-se do estado de pobreza. Depois de oito meses trabalhando como garçonete no Old Chauffeur's Club – um ponto de encontro de músicos de jazz em Pine Street –, anunciou, aos treze anos de idade, que ia se casar com Willie Weels. O casamento, no entanto, durou pouco tempo.

Baker voltou a ser garçonete e, em seguida, somou-se a um grupo de artistas mambembe, quando surgiu uma oportunidade e ela deixou Saint Louis para tentar melhorar de vida. Foi camareira dos Dixie Steppers e, com essa trupe do circuito negro de teatro de variedades, percorreu o Sul do país e chegou até a Filadélfia, no Norte, onde, aos quinze anos, casou-se pela segunda vez, com um rapaz chamado Willie Baker. Não obstante, o segundo casamento durou pouco mais do que o primeiro. Baker continuou perseguindo seu sonho de prosperidade. Em 1921, estava se apresentando no Gibson Theater na Filadélfia, com os Dixie Steppers. Conseguira chegar ao conjunto de coristas, substituindo uma bailarina que se machucara. Baker aprendeu a dançar nas ruas, casas e quintais da sua cidade natal. Adolescente, acumulava um enorme repertório de movimentos. Mesmo assim, não foi fácil se afirmar no teatro de variedades. Os Dixie Steppers foram à falência na Filadélfia e a adolescente prodígio pegou o dinheiro que tinha e partiu para Nova York, a fim de atuar no Shuffle Along – o grupo que, na época, era o grande empreendimento do teatro negro. Quando chegou à cidade, dormiu em bancos de praças públicas algumas noites até fazer um teste e conseguir uma vaga na companhia; a princípio, como coadjuvante, porém, com o tempo, foi conquistando o seu espaço. Com o término de Shuffle Along em 1924, Baker entrou no show *The Chocolate Dandies*. A essa altura, já começava a se destacar explorando a "cultura de raça"[6] e recebendo um dos principais salários da companhia. Depois que *The Chocolate Dandies* encerrou suas atividades, foi para o Plantation Club, uma boate que apresentava revistas negras, na esquina da Broadway. Foi lá que ela foi contratada para dançar no espetáculo da *La Révue nègre*, na França, em uma época em que encetava a fama por sua capacidade de fazer movimentos mirabolantes com o corpo e, simultaneamente, manter os olhos vesgos. No dia 15 de setembro de 1925, 24 negros, músicos, cantores e bailarinas partiram para a travessia do Atlântico, chegando à França uma semana depois[7].

O jornal da imprensa afro-brasileira *O Clarim d'Alvorada* referia-se à França, naquele momento, como "a grande nação amiga da raça negra"[8]. Não era para menos. Se comparada aos Estados Unidos, a França tinha um sistema racial mais plástico e maleável. Um episódio relatado pelo jornal é bem sintomático disso. No início de 1930, o príncipe Kojo Tovalou Houénou e seu irmão – ambos membros da família real de Daomé (atual

Benin), um país da região ocidental da África –, foram enxotados do Café El Garrón, em Paris, pelo fato de serem negros. Como Paris era "conhecida sempre por sua indulgência a homens e mulheres de todas as raças, nações e cores", aquela discriminação gerou polêmica. Para compreendê-la melhor, cumpre inseri-la no contexto do pós-Primeira Grande Guerra (1914-1918), quando a capital francesa foi "invadida" por estadunidenses brancos, os quais iniciaram ali um movimento para impedir a entrada de homens e mulheres de cor nos cafés e salões de bailes. Algumas casas dependiam, em maior ou menor grau, da clientela estadunidense, por isso começaram a instituir a "linha de cor", nos moldes existentes nos Estados Unidos[9]. O príncipe Kojo ficou atônito com a postura discriminatória do Café El Garrón e, ao sair do estabelecimento, chamou a polícia. Esta, por sua vez, sabia que esse "incidente" poderia abrir um precedente sério e criar um litígio diplomático, porque a França tinha importantes "colônias africanas", e era comum ela receber a visita dos negros de várias partes da África. Para evitar maiores problemas, o delegado de polícia processou o gerente do El Garrón. O processo foi julgado com celeridade e o acusado foi "sentenciado a quinze dias de prisão com o trabalho forçado e uma multa de dois mil francos, enquanto o Príncipe recebeu indenizações pessoais"[10]. Na opinião d'*O Clarim d'Alvorada*, o episódio constituía uma evidência de que a França não tolerava a discriminação racial.

Robert S. Abbott – dono e editor do *Chicago Defender*, um dos principais jornais da imprensa afro-americana na década de 1920 – compartilhava dessa opinião. Ao visitar o país da Europa naquela conjuntura, ele ficou admirado com o tratamento dado aos negros. "Lá", disse Abbott uma vez, "eu fui mais livre do que no meu próprio país e fui servido e recepcionado com a maior cortesia e respeito". Foi o primeiro lugar em que ele teria vislumbrado uma verdadeira democracia racial. Abbott teria jantado e bebido com *socialites* e autoridades francesas e conhecido negros que ocupavam posições importantes: políticos de visibilidade e militares de alta patente. O editor afro-americano ficou tão perplexo com o "espírito francês de justiça", com a "cordialidade do povo" e com a "ausência de segregação racial" que, por anos, ele mencionou aquela "grata" experiência no país do Velho Continente[11]. Em que pese o incidente com o príncipe Kojo e os exageros de

Abbott, a França era considerada "a grande nação amiga da raça negra", na década de 1920.

Chegando à "cidade luz", Josephine Baker respirou o ar de maior tolerância racial e, quase que incrédula, não sentiu saudades dos Estados Unidos. Gostava de ver o mundo para além da linha de cor, assim como gostava de enfrentar novos desafios. Os ensaios da novel companhia começaram imediatamente e, após grandes expectativas, a *La Révue nègre* fez a estreia no Théâtre des Champs-Élysées, em 2 de outubro de 1925. A jovem sorridente e de olhos esbugalhados explodia no palco com uma energia vulcânica. Mexendo com as emoções e explorando as habilidades pantomímicas, ela fazia caretas, contorcia-se, remexia-se e gingava freneticamente, de um lado para o outro. Balançava a bunda, depois a recolhia e saía andando empertigada, ao som sincopado e pulsante do *shimmy*, do *black bottom*, do *charleston* e do jazz – a mais nova sensação musical do momento[12]. Elétrica e espalhafatosa, notabilizava-se pela espontaneidade, expressividade e alegria contagiante. Baker era, em uma só palavra, instintiva. Ao vê-la em cena, as plateias francesas ficavam em estado de excitação, convictas de que estavam diante de algo novo, inusitado, insólito, porém fascinante e hipnotizador. Muitos dos espectadores, já cansados da mesmice e em busca de formas experimentais e renovações artístico-culturais naqueles frementes anos 1920, projetavam suas fantasias naquela afro-americana, tomavam-na como fonte inspiradora de prazer, vitalidade, desprendimento e liberalidade. Liberalidade da rígida disciplina, do tolhedor autocontrole e da monótona e repetitiva rotina.

Josephine Baker achou hilariante todo aquele alvoroço. Lia os recortes de jornais e percebia como a imaginação dos brancos era fértil. Eles achavam que ela vinha da selva, era boçal e primitiva. Evitando que as pessoas confundissem a personagem com a dançarina na vida real, ela ostentava um estilo de vida "civilizado", aprendendo o francês, indo a festas refinadas e usando vestidos da última tendência da moda. Tudo com muito *glamour*. Pressentia estar a um passo de novas conquistas. Passada a temporada da *La Révue nègre,* Baker tornou-se estrela no Folies Bergère e resolveu alçar voos mais altos. Em pouco tempo, surgiu a oportunidade de se apresentar fora da França. Em março de 1928, ela partiu para uma turnê pelo mundo, que durou dois anos e meio. Seu grande sorriso de olhos vesgos – sua marca registrada – continuou encantando. Vibrante, demonstrava grande capacidade de inventar e reinventar tudo à medida que ia dançando. Das pessoas que assistiam aos seus espetáculos, muitas costumavam amá-los, outras os aprovavam e tinham aquelas que até lhes faziam restrições, sobretudo de caráter etnocêntrico, mas ninguém conseguia ficar indiferente. A performance de Baker no palco gerava êxtase geral. Misto de teatro, dança e música, a linguagem artística de seus espetáculos fundia elementos corporais, visuais e sonoros afro-diaspóricos díspares, mas absolutamente criativos, engenhosos e eletrizantes. No final da década de 1920, ela fazia um sucesso retumbante. Foram lançados perfumes, brilhantinas, roupas e bonecas com a marca Josephine Baker. Seu cabelo – alisado e grudado à cabeça – tornou-se a coqueluche do momento, fazendo a "cabeça" das mulheres. Para obter o penteado, havia um produto chamado Bakerfix. As mulheres, que outrora "protegiam a brancura da pele da vulgaridade do bronzeamento, agora passavam óleo de nogueira no corpo para substituir semanas ao sol"[13].

Nem por isso havia consenso em torno da Vênus Negra. Mulher ambivalente, complexa e multifacetada, eis a melhor maneira de defini-la. Sem levantar bandeiras políticas ou se engajar no movimento organizado de emancipação feminina, assumia um comportamento vanguardista ou mesmo disruptivo. Sua biógrafa conta que ela era uma mulher de personalidade forte, extrovertida, dinâmica e desprovida de maiores pudores. Quando sentia atração por um homem, fazia amor com ele. Especialmente em Paris, onde a liberação sexual parecia não ter limitações, Baker participou de festas privês, onde chegou a fazer *striptease* e compartilhar de várias aventuras[14]. Namoradeira, não era fiel aos seus parceiros, nem quando estava apaixonada. "A sua mentalidade", afirma Rose, "não respeitava as convenções. Ela foi uma dessas mulheres liberadas da década de 1920 que não se submetiam a antigos códigos de conduta."[15] Muitos de seus escândalos foram parar nas páginas dos jornais. Por isso tudo, foi alvo de censuras e contestações. Na sua estada em Viena – a primeira cidade da turnê europeia –, grupos de estudantes de direita e setores da Igreja Católica lhe acusaram de ser uma mulher lasciva e libidinosa, e que sua presença ali provocava a devassidão em outras pessoas. Ao chegar à cidade, alguns estudantes prometeram protestar, mas um grupo fervoroso de admiradores apareceu na estação ferroviária para recebê-la. E, com a ajuda da polícia, Josephine Baker dirigiu-se ao hotel, onde os estudantes conservadores fizeram sua manifestação. Estava armada a quizila: para muitas pessoas, Baker era um espírito iluminador, o símbolo do cosmopolitismo artístico-cultural da vez; para outras, ela era a encarnação de Satã ou um demônio da concupiscência. Os grupos conservadores não se conformavam com sua presença ali e enviaram um requerimento ao Parlamento austríaco para que se impedisse aquele "espetáculo pornográfico". Os parlamentares debateram exaustivamente a presumível "atuação pervertida" da Vênus Negra e teceram comentários, em sua maior parte negativos, a respeito de seu corpo e de sua cor. "Mesmo assim", afirma Rose, "o Dr. Jerzabek, líder do Partido Clerical, fez questão de esclarecer que não fazia objeção à sua cor, mas sim à sua nudez. Ele estava extremamente irritado com os cartazes, que a retratavam usando nada a não ser penas e contas, 'como um selvagem do Congo.'"[16] Baker não sucumbiu à pressão e estreou em Viena com galhardia e fulgor. Dali continuou na estrada, abrilhantando os palcos da Hungria, Romênia, Itália, Espanha, Alemanha, Dinamarca, Suécia, Noruega, Holanda, depois veio a América do Sul: Argentina, Chile, Uruguai e Brasil[17]. Ao total, foram 24 países visitados e um número muito maior de cidades.

L'INTERNATIONALISME NOIR

Por que *La Révue nègre* – um espetáculo de música e dança "negras" – foi bem acolhido na França e sua principal estrela, Josephine Baker, fez sucesso quase que instantâneo? Uma hipótese, que não pode ser descartada, implica inscrever a ascensão daquela vedete no quadro da economia sexual de desejo nas fantasias de raça nos anos 1920. De acordo com Robert Young, o pensamento colonialista tendia a naturalizar a repugnância dos homens brancos pelas mulheres negras. Mas a repugnância sempre carrega a marca do desejo, ainda que no plano latente, de modo que os brancos desenvolveram sentimentos ambivalentes: um misto de fascinação e fobia pelas negras, uma atração libidinal compulsiva negada por uma insistência igual na repulsa. O eixo ambivalente de desejo e repugnância do homem branco foi legitimado por uma "notável dissimulação ideológica". A despeito da forma como as "mulheres pretas foram constituídas objetos sexuais", elas "comprovaram sua capacidade de sedução graças à própria ação que as vitimava"[18]. Tudo indica que os atributos sexuais de Baker atiçavam a imaginação dos brancos e atraíam as fantasias masculinas.

O sucesso do espetáculo *La Révue nègre*, e de sua estrela-mor, deve igualmente ser inserido na conjuntura de valorização dos símbolos, paradigmas e artefatos artístico-culturais afrodiaspórico. No período após a Primeira Guerra, muita coisa aconteceu na esfera cultural nos Estados Unidos. "A América" – escreveu Edmund Wilson, um dos protagonistas daquele novo cenário – "parece estar começando a se exprimir em algo que se aproxima de um idioma próprio."[19] Em um livro de fragmentos autobiográficos, o crítico literário aponta elementos para pensar como o país, nos anos 1920, foi salpicado por um quadro de efervescência cultural – comportamentos alternativos, aventuras sensitivas, propostas estéticas, experimentalismos estilísticos e inovações diversas[20]. Foi nesse contexto de ebulição cultural que emergiu nos Estados Unidos um movimento de intelectuais, romancistas, poetas e teatrólogos voltado a discutir o problema racial. Entre os teatrólogos brancos que fizeram experiências com signos e materiais negros, Eugene O'Neill destacou-se com as peças *The Emperor Jones*, de 1920, e *All God's Chillun Got Wings*, de 1924. Em 1926, *In Abraham's Bosom*, de Paul Green, produzido com elenco predominantemente negro, conquistou para o autor o Prêmio Pulitzer. Carl van Vechten, Victor Calverton, Henry Mencken, Joel Spingarn e outros emprestaram sua arte ao encorajamento dos negros e ao uso de recursos afro-diaspóricos.

Os intelectuais e artistas brancos não foram os únicos a se debruçarem sobre o problema racial. Os negros – principalmente os que gravitavam em torno do bairro do Harlem, em Nova York – também entraram em campo e não perderam a oportunidade de escrever a respeito deles próprios. O movimento – batizado de Harlem Renaissance ou New Negro Movement – reunia os romancistas e poetas afro-americanos, imbuídos da ideia de uma comunidade cultural distinta e autêntica, para promover a valorização das coisas relacionadas à "raça". Esses escritores estavam "dispostos a usar sua arte não somente para contribuírem para o grande corpo da cultura norte-americana como também para melhorarem a cultura e a civilização da qual faziam parte"[21]. Ao lado das letras, a pintura, a música e o teatro constituíram outros meios pelos quais os afro-americanos expressaram seus anseios de autodeterminação[22]. Assistiu-se, nesse período, a uma sucessão de revistas musicais negras de envergadura em Nova York. Em 1923, houve *Liza*, de Irving Miller. No mesmo ano, entrou em cartaz *Running Wild*, de Miller e Lyle, assim como *The Chocolate Dandies*, de Blake e Sissle, um show que tirou Josephine Baker, definitivamente, do anonimato. Já havia nos Estados Unidos, portanto, um circuito de revistas musicais negras, que começava a despontar nos palcos da Broadway quando Baker apareceu em cena.

Do outro lado do Atlântico, as narrativas, linguagens e conexões estéticas não eram muito diferentes; tudo que dissesse respeito ao mundo artístico-cultural africano despertava a atenção dos artistas modernistas, especialmente daqueles ligados ao cubismo e ao surrealismo. Na primeira década do século XX, Henri Matisse, André Derain, Maurice de Vlaminck e Pablo Picasso começaram a colecionar objetos tribais da África: máscaras, estatuetas, imagens e ornamentos. Acervos gigantescos desse tipo de objetos foram montados e levados a Paris, quando não exibidos em grandes exposições[23]. O que esses artistas viam de descomunal nos artefatos africanos? Uma gramática artístico-cultural mais simples, mais primitiva, mais abstrata, mais direta do que o clássico formalismo da arte ocidental. Acima de tudo, os objetos africanos representavam uma "relação mágica com a realidade, que para Picasso era mais profunda e mais significativa do que as relações que o pensamento científico ocidental nos treinara para identificar e reverenciar como a verdade". Assim, a postura de Josephine Baker, com sua dança selvagem, bunda saliente, joelhos dobrados, costas empinadas, parecia uma cópia fiel de um entalhe africano, da arte primitiva[24].

Aliando-se aos artistas plásticos, também poetas, romancistas e dramaturgos – como Blaise Cendrars, Guillaume Appolinaire, André Breton, Paul Éluard e Jean Cocteau – renderam-se ao potencial do patrimônio cultural dos africanos e de seus descendentes em diáspora e chegaram a propalar a ideia de que a arte negra era uma das correntes mais inovadoras no mundo da modernidade. Nesse sentido, é plausível pensar que Baker foi celebrada porque conseguia traduzir, com sua arte e originalidade, o ímpeto da própria modernidade. Negra andrógina, híbrida, que parecia ter brotado do "entre-lugar", ela simbolizava a negação de um modelo de arte racionalizável, que poderia ser apreendida de forma metódica e sistemática. Seus movimentos instintivos, suas improvisações, suas indiscrições, sua sinergia com o público; tudo nela era contagiante, envolvente e alucinante. Em uma Europa eivada pelos signos da modernidade, todos queriam desfrutar da vida intensamente (*carpe diem!*), como se não houvesse o amanhã, e Baker transmitia a impressão de que isso era possível. Naquela atmosfera, a sensação era de que as coisas da vida não se submetiam à lógica cartesiana, não seguiam um sentido de linearidade, nem eram governáveis pelo ritmo de cágado. Refratárias ao planejamento e operando em uma velocidade desenfreada, as coisas da vida seriam paradoxais, pluridimensionais, multifacetadas, efêmeras, volúveis, uma vez que, quando menos se esperavam, desmanchavam-se no ar.

O fato é que, na Europa, os ritmos musicais dos negros provocavam entusiasmos e reclamavam aplausos. Em entrevista ao representante da agência brasileira de notícias – e publicada no jornal *Progresso* –, a cantora brasileira Elsie Houston Perret atribuía o seu êxito ao interesse que os "exotismos" e, particularmente, "todos os negrismos" despertavam no Velho Continente, naquele instante. "Com um repertório todo acentuadamente regionalista e em grande parte de ritmos africanos", declarava Perret, "era de esperar que suscitasse algum interesse. Os parisienses já se habituaram às músicas negras, mas, sobretudo, às dos negros norte-americanos"[25]. Apesar disso, a valorização de "todos os negrismos" nos palcos europeus tinha seus limites. Para o *show business*, o corpo negro era fundamentalmente uma essência, um fetiche, uma caricatura, que devia ser explorado pela perspectiva do exótico, do pitoresco e do espetacular[26]. O entusiasmo, nesse sentido, não era apenas pela arte, mas antes pela raça, pela potencialidade que essa nova mercadoria tinha na emergente indústria cultural. Apesar dessas limitações, ambiguidades e contradições, os repertórios, símbolos e artefatos culturais afro--diaspóricos foram ressignificados pelos escritores, pintores e artistas modernistas, entrando em pauta no panorama europeu e adquirindo uma visibilidade sem precedentes na Paris dos anos 1920[27].

Os fluxos e refluxos das ideias modernistas cruzaram o Atlântico e aportaram no Brasil, de modo que a tendência global de utilização da temática africana nas artes, nos moldes de Pablo Picasso e Fernand Léger, e de celebração de Josephine Baker e os músicos de jazz, foram deglutidos localmente. Conquanto em menor escala, os artistas brasileiros se interessaram pela cultura das populações afro-diaspóricas, sobretudo na formação da nacionalidade[28]. Esse interesse se expressou em textos teóricos – como os publicados pela revista *Estética*, por exemplo –, na adoção da temática afro-brasileira nas artes – como o quadro *A Negra*, pintado por Tarsila do Amaral, em 1923[29], ou o painel *Samba e Carnaval*, que Di Cavalcanti pintaria, em 1929 – ou na literatura, com Ascenso Ferreira, Raul Bopp e os livros publicados por Guilherme de Almeida (*Raça*, de 1925) e Jorge de Lima (*Poemas*, de 1927, e *Novos Poemas*, de 1929).

Escritor conectado às vanguardas europeias e ao movimento de redescoberta do Brasil, Jorge de Lima aderiu, nessa fase, à proposta estética modernista. Sua produção poética é interessante porque não só incorpora a temática da cultura afro-brasileira – por meio do "folclore", do regionalismo, da culinária, da língua e da religiosidade de matriz africana –, como ainda revaloriza a representação da mulher negra. São expressão disso os poemas "Essa Negra Fulô", "História", "Quichimbi Sereia Negra", "Ancila Negra", "Rei é Oxalá, Rainha é Iemanjá", "Maria Diamba" e "O Banho das Negras". Este último conta a história de dois meninos que, ao irem passear em uma chácara, assistem à cena de jovens negras tomando banho no rio. "As molecas eram bonitas, ágeis e puras", conta um dos meninos. "Eu estava, apenas, encantado de ver corpos negros, tão diferentes dos brancos, embelezando-se ligeiros, antes de entrar na água. Reparava que aquele banho era diferente do banho de umas parentas, que me deixaram uma vez esperando por elas, na beira do rio." No final do poema, o menino não oculta o seu espanto: "O contraste daqueles corpos pretos e luzidios sobre a areia das margens ou sob a espuma do sabão me impressionou bastante. [...] Achei lindas as negras. Achei-as ágeis, diferentes."[30]

Como se percebe, o olhar é de alteridade diante do corpo da mulher negra. A representação é de um corpo "diferente", exótico, pitoresco, porém "lindo". Em consonância com os postulados da arte moderna, tudo o que era visto como mais puro, autêntico e tribal adquiria o estatuto de "lindo". No poema "Zefa Lavadeira", essa representação aparece de forma cristalina. "As negras", escreve o poeta, "aparam a espuma grossa, com as mãos em concha, esmagam-na contra os seios pontudos, transportam-na com agilidade de símios, para os sovacos, para os flancos; quando a pasta branca de sabão se despenha pelas coxas, as mãos côncavas esperam a fugidia espuma nas pernas, para conduzi-la aos sexos em que a África parece dormir o sono temeroso de Cam."[31] O poema de Jorge de Lima veicula imagens de mulheres negras belas, seminuas e sensuais, contudo primitivas, animalescas e próximas ao domínio da natureza. Essas narrativas remetem, quase que inexoravelmente, a imagens de uma África atávica: tribal, selvagem e fetichista. Com efeito, a predileção estética do poeta alagoano não era extemporânea para aquele contexto. Os modernistas procuraram reinscrever a contribuição da cultura afro-diaspórica para a formação do país, inclusive, incursionando pelo tema da mulher negra, mas, para tanto, valeram-se da chave de exotismos e reminiscências[32].

A euforia dos modernistas brasileiros pelo exotismo negro resultou na reverência a Josephine Baker. Considerada uma lenda viva, a Cleópatra do Jazz ou Rainha de Paris – epítetos que lhe imputaram no auge da fama –, era uma das mulheres mais cultuadas na segunda metade da década de 1920[33]. No quarto número da revista mineira *Verde*, de Cataguases, há um poema em sua homenagem, escrito pelo escritor argentino Marcos Fingerit. Trata-se de um indício da repercussão da artista nos meios modernistas. O artigo publicado por Manuel Bandeira no diário *A Província* ("Josephina Baker É uma Mulata Clara"), em 19 de dezembro de 1929, é outro indício. O escritor pernambucano avaliava, ali, que Baker foi "descoberta" quando a Europa estava preocupada com a "arte negra" e o "*charleston* renovava o interesse da dança, que nada mais tinha dado depois do tango e do maxixe". A vedete "teve a sorte, ou a habilidade, de personificar em seu corpo amolecado e bonito todo aquele movimento de curiosidade em torno de uma raça". Ela dançou o *charleston* em Paris, e "todo o mundo pode dizer que viu o Gênio da Raça". Bandeira definia Baker como uma mulher "alta, enxuta, esbelta"; como cor a do "café com leite quando o café é fraco e por mais café que se deite a mistura não dá senão um moreno passável"; cabelos lisos na raiz com "carneirinhos para as pontas; nariz afilado; dentadura perfeita – o clássico fio de pérolas; olhos bonitos, sem lascívia, extremamente móveis (parecem soltos nas órbitas)", alternando entre as expressões de tristeza sem melancolia e de pura brincadeira, "ora arregalados, ora vesgos – inteligentíssimos. De resto todo o corpo de Josephina é inteligente. No fundo Josephina é inteligente. Sente-se nela imediatamente a criatura cuja fama vem de ter aproveitado com inteligência o gosto de uma época"[34]. Para Manuel Bandeira, o "Gênio da Raça" (re)traduzia o "gosto" do modernismo, tão em voga naquele instante. Quando veio ao Brasil em 1929, ela ficou hospedada em São Paulo, na fazenda Santa Teresa do Alto, de Tarsila do Amaral e Oswald de Andrade. Aqui, participou de festas e eventos organizados pelos modernistas com o fito de divulgar o que havia de mais autêntico, lídimo e cosmopolita na Europa[35]. Para os modernistas, tais intercâmbios e conexões representavam a entrada do Brasil no circuito internacional de arte e cultura contemporâneas.

PELAS LENTES DOS "HOMENS DE COR"

O sucesso de *La Révue nègre*, estrelada por Josephine Baker, repercutiu internacionalmente e incentivou o surgimento de empreendimentos artísticos similares em outras plagas. No Brasil, foi criada a Companhia Negra de Revistas, em 1926. Congregando artistas afro-brasileiros respeitados como De Chocolat, Bonfiglio de Oliveira, Sebastião Cirino, Rosa Negra e Pixinguinha, a trupe inspirou-se diretamente na experiência da sua congênere francesa. Estreou, no Rio de Janeiro, com a peça *Tudo Preto*, causando grande impressão no meio artístico nacional. Basta dizer que a Companhia Negra de Revistas foi prestigiada por Tarsila do Amaral, Gilberto Freyre, Sérgio Buarque de Holanda, Mário de Andrade, Villa-Lobos e Prudente de Moraes Neto[36]. Em livro de memórias, Jorge Americano – um reputado intelectual paulista – recordou do "teatro ligeiro" brasileiro da década de 1920 e delineou o impacto que Josephine Baker instigou no *métier*:

Nos cafés-concerto canta a "chanteuse gommeuse" e a "chanteuse à voix", esta com vestido de cauda, aquela em traje de pouca roupa. Há as "feéries" francesas e as grandes revistas de pouca roupa e muita plumagem. Tal foi, com grande interesse de rapazes e senhores de óculos e até binóculos, a revista "Bataclan". Josephine Baker se exibe com um corpo nu de macaca magra, enfeitado em certas partes, com algumas bananas. Diante do seu sucesso organiza-se uma "Companhia Negra" nacional de bailados, em cujos espetáculos se contorcem corpos nus com ritmos importados do sul dos Estados Unidos.[37]

Em 1926, *Careta* – uma das principais revistas de comportamento do Brasil nas primeiras décadas do século XX – informava aos seus leitores: "Paris, que ama as excentricidades, está agora delirando, todas as noites, no 'Folies Bergère', diante de uma Vênus negra." Josephine Baker – a "*étoile noire*" – merece a "simpatia e a admiração de Paris, porque é uma mulher interessante, de feições finas, de corpo perfeito, e que dança e canta com uma graça muito pessoal". E como o "negro está em voga desde a invasão do 'jazz' e das danças americanas, Josephine Baker tem feito um sucesso delirante como grande 'vedete' da nova 'révue' do 'Folies Bergère' – 'La folie du jour'".[38]

Em 1928, o *Diário Nacional* também reverberou o sucesso altissonante da artista afro-americana: "Josephine Baker constituiu-se, nestes últimos tempos, o ídolo negro de Paris. Da obscuridade dos *cabarets* de ínfima categoria, ascendeu à fama das ribaltas *chics*, dos teatros luxuosos de verdade cujas portas se abrem como bocas de prazer inédito, para a curiosidade cosmopolita dos *boulevards*". Segundo o periódico, "Josephine, pelo original sensacionalismo das suas danças empolgantes, pelos ritmos selvagens e pela lascívia das atitudes, tornou-se, efetivamente, o 'begum' da capital francesa. É um nome que sugestiona, absorve, eletriza Paris – uma celebridade", que "pouco a pouco vai granjeando renome mundial."[39]

Josephine Baker foi apropriada como referência do modernismo não só pelos artistas (brancos e negros), como analogamente pelos órgãos da grande imprensa e – talvez principalmente – pelos afro-brasileiros que se acantonavam na chamada imprensa negra. Mas como se operou essa apropriação?

Antes de responder a essa questão, faz-se necessário mencionar que imprensa negra consistia no conjunto de jornais produzidos por pessoas de origem afro-brasileira e voltados para tratar de suas questões. Desses jornais – como *O Baluarte*, de 1903; *O Menelik*, de 1915; *A Liberdade*, de 1919; *O Kosmos*, de 1922; *Getulino*, de 1923; *O Clarim d'Alvorada*, 1924; *Progresso*, de 1928 –, dois se destacaram: *O Clarim d'Alvorada* e *Progresso*. O primeiro foi criado por José Correia Leite e Jayme de Aguiar na pauliceia desvairada, em 1924. Segundo Miriam Nicolau Ferrara, "teve duas fases: de 1924 a 1927 e de 1928 a 1932. No primeiro momento guardou o caráter literário, porém com aspectos combativos; no segundo, assumiu o papel reivindicatório e de cunho político"[40]. O outro jornal, *Progresso*, foi fundado em São Paulo em 1928, quando os negros decidiram lançar uma campanha em prol da construção de uma herma em homenagem a Luiz Gama. Dirigido por Lino Guedes e Argentino Celso Wanderley, tinha a pretensão de ser um jornal sofisticado e distintivo, em sintonia com os valores da "boa sociedade"[41].

Mesmo havendo muitas semelhanças entre esses dois periódicos, é difícil definir um padrão único de conteúdo, formato, linha editorial, meios de produção e distribuição. Geralmente, os editoriais eram voltados para a questão racial, sinalizando aos "homens de cor" – como era comum os negros se autodenominarem na época – os caminhos da conscientização e os mecanismos de ascensão social. Nas outras colunas, dava-se voz para as pessoas negras expressarem sua visão de mundo, suas formas políticas, culturais, religiosas, de sociabilidade e lazer, além de conclamá-las a se valorizarem e se unirem na luta contra o "preconceito de cor". Ambos os jornais prezavam por um código moral rigoroso, baseado na censura à falta de decoro, à vadiagem, ao descuido nos trajes, às danças obscenas, à licenciosidade feminina, aos ambientes de vícios e perversões, à vida boêmia e ao desleixo com a instituição familiar. Para vencer na vida, o negro devia ser civilizado, higiênico, morigerado e moderno, por isso era imprescindível trabalhar com retidão, zelar por um comportamento puritano, ter uma reputação ilibada, assim como evoluir culturalmente, investindo nas regras de etiqueta, no aprimoramento educacional e no aperfeiçoamento intelectual[42].

Foram essas duas folhas da imprensa negra – *O Clarim d'Alvorada* e *Progresso* – que mais registraram aspectos de Josephine Baker em sua fulminante carreira artística no final da década de

1920. Ambos os jornais – principalmente o segundo – apresentaram imagens e representações bastante nobilitantes da Vênus Negra, porém, o que isso revelava, ou procurava relevar, e o que omitia ou simplesmente escondia? Eis as questões que, doravante, serão tratadas aqui.

Reiteradas vezes a imprensa negra narrou como se deu a emergência da artista no *show business* francês: "a aparição de Josephine Baker, nos palcos da cidade-luz, fez um barulhão danado. Todos queriam ver aquela criatura de chocolate dançar, espernear, desengonçar-se. Se Josephine fosse inteiramente branca talvez não perturbasse tanto o espírito dos seus admiradores..."[43] É interessante observar como os jornalistas aglutinados em torno da imprensa negra tinham consciência de que o sucesso de Baker se devia, em certa medida, ao momento de valorização dos signos da "raça" e da cultura afro-diaspórica na França. "Como todos sabem", advertia o *Progresso*, "Josephine Baker é norte-americana e tem, seguramente, em suas veias, cinquenta por cento de sangue negro. Este fato explica em parte o seu grande sucesso em Paris, onde alguém que não é absolutamente branco ainda causa assombro."[44] A Vênus Negra era festejada por ter conquistado Paris, cidade tida como a mais civilizada, culta e moderna da *belle époque*. Sua projeção, entretanto, rompeu fronteiras geográficas e se espraiou pela Europa. A partir de um telegrama da Agência Americana de Informações, o *Progresso* noticiava que a "famosa dançarina negra Josephine Baker" encontrava-se em Berlim, tendo sido especialmente convidada para "inaugurar um grande salão de baile". Na terra de Guilherme II, a dançarina passeava "à tarde pelas ruas de Berlim, num custoso carro, tirado por um avestruz"[45]. Procurando seguir os passos de Baker, a imprensa negra rastreava todas as suas conquistas. Desta feita, ela foi louvada porque ampliou o raio de alcance de sua majestade. Agora seria a vez da Alemanha se prostrar diante da Rainha de Paris. Ocorre que a presença de Baker na "terra de Guilherme II" causou grandes protestos. Vista como pervertida, torpe e prostituta por alguns segmentos da sociedade civil e do Estado, ela foi desqualificada em declarações de políticos de direita, de grupos conservadores da Igreja e em moções públicas de repúdio. Entrementes, a imprensa negra silenciou-se diante disso tudo, posto que não era oportuno transmitir notícias que desabonassem a imagem da então diva das populações afro-diaspóricas. O discurso veiculado por essa imprensa a associava aos signos da modernidade – da cultura "culta", da fama e da riqueza – e pouco abordava, quando não escamoteava, a faceta transgressora dela no tocante às normas comportamentais e aos "bons costumes".

Quando Baker excursionava pela América do Sul, o *Progresso* trouxe uma matéria de primeira página, informando que "essa nova repercute fundamente nos nossos meios teatrais, sendo procurada com interesse a bailarina que introduziu o *charleston* e o *black bottom* na Europa, com isso conseguindo monopolizar a atenção de centros tidos por profundamente cultos"[46]. Obter a atenção dos "centros tidos por profundamente cultos" já seria uma proeza; não obstante, a façanha seria maior porque a autora dessa conquista era uma negra. A matéria reportava que, para se apresentar na América do Sul, Baker "ganhou uma fortuna colossal". Naquele instante, encontrava-se em Buenos Aires, mostrando a pujança de seu espírito criador e agradando bastante: "A tez de jambo, os romances de amor que tem provocado, o exotismo de suas *toilettes*, as suas danças garantem o triunfo." A reportagem enfatizava que a bailarina "veio custando um milhão de francos, quatrocentos e cinquenta contos em nossa moeda, ao empresário que a contratou"[47]. Ao lado da fama – uma conquista simbólica –, Baker tinha sua imagem associada à conquista material. Não bastava adquirir prestígio, também se fazia necessário granjear uma "fortuna colossal". O *Progresso* conferiu grande visibilidade à presença de Baker na Argentina, assinalando que ela estava "fazendo as delícias do teatro ligeiro em Bueno Aires"[48]. Em duas edições ulteriores, o jornal voltava a dar destaque para a visita da "célebre dançarina" na cidade portenha. Sua estreia foi uma verdadeira consagração, "tendo sido ovacionada, longo tempo, por um numeroso público"[49]. A imprensa negra glorificava os triunfos de Baker e secundarizava, quando não ignorava, as controvérsias com as quais a "célebre dançarina" se envolvia direta ou indiretamente.

Mesmo quando esteve na Argentina, os proprietários de teatros em que ela se apresentou "preveniram-se em tempo com as autoridades policiais"[50] e proibiram as "danças seminuas"[51]. Os jornais dos "homens de cor" não informavam maiores detalhes da celeuma, mas é possível supor que a proibição de "danças seminuas" ocorreu por razões morais, no sentido de evitar que o espetáculo de Baker, por seu caráter supostamente obsceno, colocasse em risco as tradições e os "bons costumes"[52]. O fato é que os órgãos da imprensa negra preferiram dar relevo para o grande êxito de público e as curiosidades do espetáculo, o que até exigiu uma segurança reforçada[53]. Na Espanha, as manifestações de protestos a Baker partiram da Associação Católica de Pamplona[54]. Segundo o *Progresso*, essa entidade publicou um documento "em que apontava como ofensiva à moral as exibições da dançarina Josephine Baker, e pedia que fosse proibida a representação naquela cidade do programa de variedades da famosa estrela negra"[55]. Como se percebe, as folhas dos "homens de cor" não silenciaram completamente em face das polêmicas com as quais Baker se deparava; contudo, não costumavam discuti-la, isto é, entrar no mérito da questão.

Em outro artigo, o *Progresso* retomava a celeuma causada pelas apresentações da Vênus Negra em Buenos Aires. De título sugestivo – "Uma Grande Artista, Cujo Valor Não Pode Ser Medido Por Inteligências Medíocres" –, o artigo refutava os críticos de Baker. Isso ao longo do arrazoado, pois, de início, o texto trazia uma informação chave: "Josephine Baker recebeu em Buenos Aires uma tremenda vaia." Diante desse fato, o jornal passava a especular: "Não sabemos em que ponto de estética e de finura clássica se colocou a população da grande cidade argentina, para assim vaiar a popular estrela. Não sabemos que sentimentos aristocráticos de requinte a celebrada negra perturbou, com os seus passos sensuais, as suas atitudes cínicas." Para além de especular com a opinião pública argentina, o periódico ironizava: "Pode ser que uma multidão de Leonardos da Vinci e de Rafaéis Sanzios tenha comparecido ao teatro, onde Josephine Baker se exibia e tenha se revoltado contra a insolência das suas poses lascivas, dos seus meneios lúbricos. Tudo é possível na terra." Após a ironia, o jornal resolvia se pronunciar seriamente: "Mas é de crer que nada disso tenha acontecido. O que nos parece haver em tudo isso é uma prova dessa grande hipocrisia que domina a América." E porque, segundo o *Progresso*, a atitude de vaiar a Vênus Negra era uma atitude de pura hipocrisia:

Josephine Baker é, positivamente, o símbolo dos dias de hoje. Ela revelou ao mundo uma forma de arte, a mais característica das formas de arte na época atual. Trouxe dos negros, seus avós e seus pais, os passos extraordinários e pitorescos do *black bottom*. Imediatamente, o mundo, que procurava novas formas de danças, capazes de corresponder ao estado da alma dos homens de hoje, adotou a ginástica da negra fenomenal [...]. Na cidade mais requintada do mundo, ela causa as delícias das multidões exigentes, que têm visto, através da terra, tudo o que a indústria e a inteligência dos homens puderam descobrir. Com a sua nudez de estátua escura, os seus malabarismos entontecedores, ela é uma das rainhas de Paris. Seu nome arrasta multidões.[56]

O jornal questionava os critérios estéticos utilizados pela plateia argentina para vaiar Baker. Decerto eram critérios duvidosos, pois a Vênus Negra estava acima das críticas. Isso mesmo: ela seria uma "eleita", a quem o destino reservou a missão de revelar, e mesmo inventar, formas novas de dança, bem como expressões novas de arte. Com sua "extraordinária e pitoresca" herança cultural afro-diaspórica, ela seria o próprio símbolo da modernidade, daquilo que havia de mais vanguardista, em termos de elementos artísticos naquele momento. A prova cabal disso é que seu talento já tinha sido reconhecido por "multidões exigentes" da "cidade mais requintada do mundo". Baker era a "rainha de Paris", uma "grande artista, cujo valor não pode ser medido por inteligências medíocres". Na parte final do artigo, o jornal mostrava de que maneira aquela negra, de "pernas geniais", vinha influenciando o comportamento da juventude no Brasil. Nos salões "mais honestos", as meninas estavam dançando o *black bottom*, procurando imitar os "prodígios" dos saltos de Baker. Esta seria a "grande mestra" das jovens que cursavam "colégios severos". Seriam seus os passos mais admirados, considerados perfeitos. "E se é assim no Rio e em São Paulo", afirmava o jornal, não

> deverá ser diferente em Buenos Aires, cidade que tem um contato mais direto e permanente com a Europa. Muitas das pessoas que viram Josephine Baker, quando chegaram em casa, devem ter ido para diante de um espelho, procurando imitar-lhe os trejeitos loucos. Não achamos difícil que também entre nós Josephine Baker venha a ser vaiada, quando se exibir. A força da hipocrisia é tão considerável, que não há inteligência capaz de medi-la[57].

O jornal se reportava a aspectos interessantes da recepção de Baker no meio da juventude. Verdadeira *popstar*, a "rainha de Paris" influenciava as "meninas", lançando moda e ditando comportamentos e estilos. Isso faz pensar como, no mundo da diáspora africana, circulam os símbolos, os valores, os comportamentos e as tendências estéticas, culturais, dançantes e musicais. Embora dispersas em várias partes do mundo, as populações afro-diaspóricas se comunicam, interagem e se enredam num circuito transnacional de referenciais identitários e culturais[58].

No entanto, Baker teve a capacidade notável de romper com a fronteira da "linha de cor", de modo que o sucesso de sua arte caiu no gosto popular, de negros e brancos, de jovens argentinas e brasileiras. Diante de um reconhecimento internacional tão fabuloso, só mesmo a "força da hipocrisia" para ser capaz de vaiar a "rainha de Paris" por ocasião de suas apresentações no Brasil.

A chegada de Baker em *terra brasilis* foi precedida de grandes expectativas por parte da imprensa[59]. Poder estar diante de um mito vivo era um sonho alimentado por parte da "população de cor". É verdade que, de passagem para Buenos Aires, a "bailarina" já havia ficado algumas horas no Rio de Janeiro, onde deu um passeio de automóvel, acenou com simpatia e posou para a "objetiva do cinematografista Botelho"[60]. Não "houve quem não a achasse encantadora, extraordinariamente encantadora, de uma simplicidade de maneiras, quase absurda em uma personalidade de valor e tanta fama". Baker teria ficado com uma boa imagem do Brasil e feito o seguinte comentário: "O Rio de Janeiro é a capital mais bela que pude observar, e notem que viajei por treze países." E, mudando de assunto, completou: "Meu desejo é visitar uma fazenda em S. Paulo: quero conhecer de perto a cultura de café."[61] Antes, porém, de realizar esse desejo, ela excursionou pela Argentina e Uruguai.

Em novembro de 1929, Baker aportou, finalmente, para uma temporada no Brasil. Foi contratada por Nicolino Viggiani – um experiente empresário do *mainstream* artístico nacional – para apresentações no Teatro Casino, no Rio, e no Teatro Sant'Ana, em São Paulo. Descrita pelos diários cariocas como uma "Salomé de cor", uma "estrela negra", uma "negrinha" e uma artista "autenticamente negra", sua presença teria repercutido no cenário cultural da cidade, contribuindo para "propagar a moda do bronzeamento". Conforme sugere Bert Barickman, "grande número de pessoas da alta sociedade carioca procurava, através dos banhos de sol, adquirir a cor de uma artista de reconhecida ascendência africana"[62]. Em 18 de novembro, ela estreou em um dos "nossos melhores teatros" e recebeu uma primorosa "acolhida do público, que a aplaudiu delirantemente, o que se repetiu até o término das suas apresentações, no dia 24"[63].

Em crônica publicada anos depois n'*O Globo*, Jota Efegê frisou que Baker "conquistou o Rio com sua simpatia", logo demonstrada nas primeiras entrevistas concedidas à imprensa. Interessada em conhecer a música popular brasileira, viu o seu desejo concretizado no almoço em sua homenagem na tradicional Confeitaria Colombo, na véspera de sua despedida da cidade. Em meio a críticos teatrais, conhecidos jornalistas, artistas, convidados especiais e fãs, a Vênus de Ébano foi ovacionada, ouviu "música brasileira executada pelo conjunto Boêmios Brasileiros", saboreou uma feijoada "despida de protocolo" e recebeu, de "sobremesa", uma apresentação de samba. Ao findar o almoço, Araci Cortes, uma "excelente intérprete da música popular brasileira e estrela do teatro de revistas", cantou um dos sambas de seu variado repertório. E, sob aplausos, no desembaraço de "autêntica vedete de nossa música popular", continuou interpretando novos números consecutivos. Alternando os "sambas-canção melodiosos, lânguidos, com os de ritmo vivo, buliçoso, deslumbrava a consagrada *colored* que, presa do grande entusiasmo pela artista que naquele momento estava conhecendo, não se conteve e correu para abraçá-la e beijá-la em uma efusão incontida"[64].

Do Rio de Janeiro, Baker viajou para São Paulo, para novas apresentações de seu espetáculo. Quando estava na véspera de chegar à terra de Piratininga, o jornal *O Clarim d'Alvorada* rendeu loas a ela: "Virá aí a famosa Vênus de Ébano, a figura mais popular e mais conhecida do mundo de hoje e cuja estadia, em cada terra, se assinala pelo ruidoso interesse que desperta. Aguardemo-la com as suas excentricidades, e com o seu famoso *jazz* de negros cubanos."[65] A dançarina continuou sendo objeto das atenções da imprensa. "Josephine Baker desembarcou sorridente em São Paulo", noticiou o *Correio Paulistano*, "satisfeita em vir dar-nos, em pessoa, alguma cousa do que lhe tornou tão famosa, como uma expressão típica da época revolucionária alimentadora de todas as esquisitices e novidades."[66] Na edição de 24 de novembro de 1929, o *Progresso* divulgava a estreia dela na capital paulista. A famosa "estrela" realizaria apenas três espetáculos, os quais seriam encenados no teatro "Sant'Anna". Com Baker viriam dois cômicos, Buonavoglia e Moreno, um "Jazz-Band" de congoleses e, ainda, uma dupla de bailarinos[67].

Em sua edição de janeiro de 1930, o *Progresso* relatou o que ocorreu na primeira apresentação de Baker no Teatro Sant'Ana, no dia 27 de novembro. Anunciado o espetáculo, o "logradouro" teria ficado repleto. Do programa constavam, além das danças, diversos números, executados por outros artistas. Ao iniciar o espetáculo e não aparecer a dançarina, o "povo protestou". Afinal, tinha ido ali para assistir às danças que fizeram Paris delirar. O conjunto musical, "que executava músicas interessantes, tocou o hino nacional, a ver se assim continha os protestos". Em vão; estes recrudesceram. Compreendeu-se então que os protestos vieram à tona por causa da ausência de Baker. Levantou-se o pano e esta, finalmente, "apareceu, dançou e foi muito aplaudida". O jornal comemorava que ela "não deixou de debutar" nos palcos paulistas. Em vez de ter manifestado a "força da hipocrisia" – como na Argentina –, aqui Baker "estreou e foi muito aplaudida"[68]. O relato do *Progresso* é, no mínimo, problemático. O *Correio Paulistano*[69] e outras fontes atestam que a impressão causada pela Vênus de Ébano no Rio não foi a mesma que em São Paulo. Seu espetáculo de estreia aí, conquanto tenha suscitado grandes expectativas, foi "recebido com frieza e mesmo com animosidade em alguns momentos"[70].

Seja como for, importa saber que Baker foi sacralizada por boa parte da imprensa negra, embora não houvesse consenso em torno dos significados políticos, culturais e éticos da "Condessa Pepino"[71]. Seu comportamento vanguardista, de ocupar o espaço público, com altivez e personalidade expressiva, posicionar-se com irreverência nas controvérsias, frequentar a vida noturna e transmitir a sensação de independência e liberalidade sexual, transgredia os padrões das relações de gênero e de moralidade vigentes, por isso alguns segmentos afro-brasileiros não a viam com simpatia. Em uma nota, o *Progresso* reportava que "certos meninos bonitos", ao passar por "uma senhora ou senhorinha negra", lhes dizia em voz irônica: "Josephine!" Aqui, a metáfora Josephine não era nenhum elogio; pelo contrário, o termo era empregado como sinônimo de mulher vulgar, despudorada e volúvel; a metáfora Josephine, nesse caso, assumia uma conotação negativa. O jornal reagiu energicamente ao "grosseiro procedimento" daqueles "meninos bonitos", fazendo uma reflexão: "Acaso a Condessa Pepino não é uma grande artista? Paris, consagrou-a; escandalizou-se, Viena; a Argentina, irritou-se com a sua arte, o Rio, agradou-se; S. Paulo – a capital artística – aplaudia-a incondicionalmente." Assim, chamar alguém de Josephine "não é desdouro. Não doe. Ao contrário"[72].

Esse episódio é interessante porque sugere como a "Condessa Pepino" era popular entre as pessoas negras de São Paulo. Seu nome estava na boca do povo, fazia parte das rodas dos jovens, sendo, por vezes, evocado nos galanteios masculinos. Ao mesmo tempo, o episódio sinaliza para algo mais importante: os diferentes significados que os afro-brasileiros conferiram para Josephine Baker. Não havia unanimidade em torno de seu nome. Se os "meninos bonitos" lhe depreciava, o jornal procurou atribuir-lhe um significado positivo e retratar os seus "feitos" como uma conquista do conjunto das populações afro-diaspóricas. Para tanto, omitia o aspecto moral do comportamento da dançarina negra e, por conseguinte, recusava-se a discutir de que maneira esse comportamento influenciava as jovens *colored*. Não é que os jornalistas desconheciam a conduta disruptiva de Baker, mas isso não devia ser lembrado ou, no limite, somente registrado de forma periférica. Independentemente da questão moral, tratava-se de uma estrela, cujo talento fora reconhecido em Paris, Viena, Argentina, Rio de Janeiro e São Paulo. Em vez de símbolo negativo, Baker representava a visibilidade da mulher negra. No lugar de vergonha, ela devia despertar, acima de tudo, orgulho nas pessoas negras de todas as partes.

No entanto, essa não era a opinião de Orígenes Lessa. O jornalista branco paulista, que chegou a colaborar com a imprensa negra, publicou uma crônica no *Progresso* bastante sugestiva. Intitulada "Pré, Pró e Post-Josephine", a crônica tinha como eixo o diálogo de Fulano e Sicrano sobre a notícia de organização no Rio de Janeiro, em agosto de 1930, de um novo grupo teatral, denominado Companhia de Mulatas Rosadas. Ao ler a notícia no jornal, Fulano teria ficado revoltado, por entender que o grupo expressava o momento "em que o teatro anda aos trambolhões, vilipendiado, desmoralizado definitivamente". E, o pior, o nascimento daquele grupo representava um atentado contra a nobreza de uma causa que já foi abraçada por Luiz Gama, José do Patrocínio, André Rebouças e pela própria Mãe Preta. Além do mais, uma iniciativa dessa natureza era descabida, já que aqui, diferentemente dos Estados Unidos, havia "uma alma só, um coração só, ligando todos os elementos formadores de um povo". Fulano concluiu seu raciocínio com ar de amargura e inconformismo. Sicrano então respondeu que seu interlocutor estava sendo injusto, uma vez que ele não podia imaginar o "tesouro de possibilidades artísticas que há na raça negra". Todos os nossos músicos teriam "sangue africano". As nossas melhores canções seriam "frutos da nostalgia, da ternura, da bondade do preto". Bastava prestar atenção no sentimento que a "arrumadeira sabe dar às modinhas que canta". Bastava pensar na baiana! Pensar no samba, no batuque, no remelexo! Sicrano continuou refutando Fulano, lembrando que "a revista brasileira sempre viveu da mulata, falsificada ou não. Pense em como a Josephine, que nem sequer era brasileira, conseguiu transtornar multidões, alucinar velhos e emproados fidalgos puro sangue... E não me venha mais falar em pouca vergonha..." Sicrano encerrou a sua argumentação com uma provocação a Fulano:

– Olhe: acenda o seu cigarro baiano. Acenda, fume e não seja bobo. Fulano acendeu. Tirou uma lenta baforada. E explicou: – Mas dá pena, não dá?
– Pena de quem? Do teatro?
– Das mulatas, meu velho. Se estragando no palco.[73]

A crônica de Orígenes Lessa evocava uma mensagem desconcertante: Josephine Baker e o teatro de revista brasileiro, que explorava a sensualidade das mulatas, constituíam uma indecência e permissividade, cujo corolário seria o aviltamento da mulher negra. Todavia, a mensagem de Lessa não ecoou, ao menos nos órgãos da imprensa negra. Talvez porque o jornalista paulista tivesse se utilizado da crônica, gênero híbrido da literatura que se caracteriza por não ter compromisso com a verdade dos fatos. Por essa perspectiva, Lessa não devia ser levado a sério. Mas, mesmo que não tivesse lançado mão de uma narrativa ficcional, ele, ainda assim, era uma pessoa branca, condição que, presumivelmente, o impossibilitava de compreender o significado especial, para não dizer mítico, que Baker tinha para frações dos afro-brasileiros.

A "Condessa Pepino" não era apenas uma mulata seminua, ela significava antes um ícone de mulher afrodescendente talentosa, genial, brilhante, que alcançou os píncaros do esplendor e da notoriedade. Em última instância, ela simbolizava a vitória do conjunto dos descendentes de africanos enfeixados na diáspora atlântica.

Em virtude de sua reestreia nos palcos da "cidade luz", após sua excursão pela América do Sul, Baker voltou a ser aplaudida pela imprensa negra. "A 'reentré' de Josephine Baker em Paris", assinalava o *Progresso*, "foi um autêntico triunfo. Venceu em toda linha. Vitoriosa da primeira vez, como mera atenção exótica, a pequena de São Luís teve críticas agora que só se dedicam aos grandes artistas." Oscar Duffene e Henri Varna teriam montado o espetáculo *Paris S'Amuse*, no Cassino de Paris, especialmente para o "reaparecimento da criadora do *charleston*". E o que "ela fez menos foi dançar. Fez a comediante em *sketches* e cantou com aquela sua voz de criança, uns versos que a fizeram Rainha de Paris mais uma vez"[74]. Para a imprensa negra, a volta apoteótica de Baker ao *show business* parisiense teria representado a consolidação de seu reconhecimento, como artista prodigiosa, versátil, polivalente e de recursos múltiplos, capaz de atuar não apenas como dançarina, mas também como atriz e cantora. E, como se previa, a "criadora do *charleston*" não frustrou as expectativas do público e da crítica, consagrando-se como uma grande artista[75]. Que ninguém tivesse dúvidas: Baker era uma "vitoriosa".

A MODERNIDADE NEGRA

Em junho de 1940, Jayme de Aguiar – um antigo dirigente afro-paulista e um dos fundadores de *O Clarim d'Alvorada* –, escreveu uma carta para Arthur Ramos, o eminente antropólogo alagoano especializado na "cultura negra". Na carta, Aguiar declara seu desejo de estabelecer contato com o "mestre" e, ao mesmo tempo, informa-lhe sobre o mundo intelectual negro em São Paulo. Imaginava que suas informações poderiam servir de subsídios para as pesquisas de Ramos sobre o "passado da nossa raça, dentro do Brasil e do nosso tão evolutivo Estado de São Paulo". Mas o dirigente afro-paulista também sugeria a importância de reflexões sobre o presente dele: "Não me atrevo, nem por sonho ditar nem citar observações, apenas espero dar ao preclaro mestre alguns informes que consegui há muito tempo e que no meu baú de velho negro curioso e dedicado às coisas nossas guardei com carinho devotado." Concluindo sua "humilde" sugestão, Aguiar dizia: "Penso que as informações que no momento lhe envio mais se prestam para um estudo literário negro; pouco importa, o mestre, por certo, vai aproveitá-las. Ao mestre ilustre, remeto-as, ciente de que serão bem aproveitadas. Quem sabe se mais tarde se fará a 'antologia dos negros modernos'!... É uma ideia."[76]

E que ideia a de Jayme de Aguiar! Tomando em retrospectiva, suas palavras soam como um presságio. É verdade que Arthur Ramos aproveitou o material enviado pelo "velho negro curioso" para os seus estudos sobre a "cultura negra" e relações raciais, mas também é verdade que o "preclaro mestre" não investiu em documentar, e mesmo produzir, a "antologia dos negros modernos"[77]. Talvez porque ele, em seu afã de encontrar as "sobrevivências africanas" no Brasil, nem achasse que Aguiar e o grupo de negros do qual este fazia parte eram modernos. Chegou a hora de rever essa história, redimensionando o papel dos afro-brasileiros – com seu protagonismo, suas agências, narrativas e perspectivas – no curso da produção de novos cânones. Ou, nos termos colocado pelo fundador de *O Clarim d'Alvorada*, chegou a hora de se fazer a "antologia dos negros modernos" no país.

Antonio Sérgio Alfredo Guimarães define modernidade negra como "o processo de inclusão cultural e simbólica dos negros à sociedade ocidental" como sujeitos civilizados[78]. Caso se aceite a concepção clássica de modernidade, a definição do sociólogo baiano é até plausível, mas, se for para seguir na esteira de Paul Gilroy, o conceito de modernidade assumida pela crítica cultural, teoria social, história e filosofia precisa ser repensado. Os discursos sobre a modernidade, baseados na tendência eurocêntrica e nos preceitos iluministas, jamais adquiriram um valor absoluto e universal, sendo incapazes de cruzar todas as fronteiras geográficas, étnicas, religiosas, de gênero, nacionalidade e classe. A história e a cultura expressiva da diáspora africana, por exemplo, não foram plenamente contempladas e circunscritas nesses discursos. Em virtude disso, o sociólogo britânico preconiza uma "revisão das condições nas quais os debates sobre a modernidade têm sido elaborados, uma revisão mais completa do que qualquer um de seus participantes acadêmicos pode estar disposto a admitir". Faz-se mister uma correção à tradição iluminista da modernidade, valendo-se da experiência histórica das populações da diáspora africana. Dimensionar a modernidade de maneira descentrada e indiscutivelmente plural levaria à maior compreensão da história dos negros no ocidente e das narrativas das "relações alternadas de dominação e subordinação entre os europeus e o resto do mundo". Conforme salienta Gilroy, as formações políticas negras modernas permanecem concomitantemente dentro e fora da cultura ocidental, que tem sido um "padrasto peculiar". Essa relação complexa indica a necessidade de "desenvolver uma crítica ao modo pelo qual a modernidade tem sido teorizada e periodizada por seus defensores e críticos mais entusiastas"[79]. As experiências históricas das populações afro-diaspóricas produziram reflexões sobre a modernidade e seus dissabores, constituindo uma presença constante nos embates culturais e políticos de seus descendentes atuais. "Quero trazer para o primeiro plano da discussão", afirma Gilroy, "elementos dessa sequência alternativa de investigações sobre a política de vida no Ocidente". Em outras palavras, "estou buscando contribuir para certo trabalho intelectual *re*construtivo que, por olhar para a história cultural moderna dos negros no mundo moderno, tem uma grande relação com as ideias sobre o que era e é hoje o Ocidente"[80].

Longe de ter pretensões tão ambiciosas, este estudo abordou aspectos da história dos afro-brasileiros que produziram a imprensa negra nas primeiras décadas do século XX; especialmente, foi explorada a relação desses afro-brasileiros com a modernidade transatlântica. De acordo com Antonio Sérgio Guimarães, a imprensa negra brasileira desse período desenvolveu uma postura de "relativo isolamento", mantendo "diálogo apenas com a grande imprensa local". O diálogo com a "vanguarda europeia", diz o autor, foi "travado pela jovem elite intelectual do país (os modernistas), não pelos negros". Estes desenvolveram como objetivo único a "assimilação à cultura nacional"[81]. Infelizmente, a ilação do sociólogo baiano não tem respaldo nas fontes históricas. Como foi evidenciado neste capítulo e em pesquisas recentes[82], a imprensa negra não assumiu posturas isolacionistas ou provincianas. Pelo contrário. Cosmopolita e inserida na experiência da diáspora africana, suas páginas serviram de canal aberto de debates e discussões no bojo da modernidade transatlântica. Jayme de Aguiar não foi o único, nem o primeiro, a se referir aos seus contemporâneos como "negros modernos". Os jornais *O Clarim d'Alvorada* (em 1927, 1928, 1930) e *A Voz da Raça* (em 1936) já falavam em "negro moderno"[83]. E tão impressionante quanto frações de afro-brasileiros se autorrepresentarem como modernos, é saber que os articulistas da imprensa negra tinham plena noção de que os ventos do modernismo sopravam a favor do legado cultural afro-diaspórico. Já em 1924, um artigo do jornal *Getulino* expressava isso de forma emblemática:

Ultimamente está em moda na Europa a arte chamada "Arte negra". Os decoradores têm buscado, entre os motivos artísticos das tribos africanas mais ou mesmo selvagens, os elementos de arte suficiente para intentar revolucionar o gosto e a moda imperantes. Há até um crítico de arte que afirmou já muito seriamente: "– Para voltar a escultura à sua simplicidade primitiva, deve ela se inspirar nos fetiches e nos ídolos, rudemente talhados dos negros africanos." Em Londres, no seu Coliseu, desenrola-se nestes momentos um espetáculo original, de singular transcendência artística a cargo de atores e atrizes negros, negros autênticos que conquistaram de assalto um dos mais célebres palcos de Londres. É o espetáculo chamado "Negro spirituals", dirigido por miss Edna Thomas no Coliseu, uma mulher branca que está sugestionada com a alma e com a psicologia artística dos negros.[84]

Em 1926, Lino Guedes – um jornalista, escritor e poeta afro-brasileiro – discorreu com ironia e uma "pitada" de crítica n'*O Clarim d'Alvorada*: "É de bom tom, é *chic* presentemente em Paris mostrar-se predileção pelos negros. Não é de se estranhar que daqui a alguns dias vejamos nestas plagas todo o mundo – rebotalho de escravocratas ferrenhos – ter o seu *begum* por aqueles que hoje trata a distância..."[85] Em artigo publicado no *Progresso*, a percepção a respeito do mais novo fenômeno cultural não é menos aguçada: "O negro tem um grande lugar na história da evolução humana, tem-no na arte moderna e tê-lo-á, ainda, nos destinos da humanidade. [...] A arte nova está se inspirando, toda, na raça paciente e maldita. A música moderna é o gemido bárbaro que subia das senzalas antigas. Rugem, nela, os ventos do Deserto, em arrancos sonoros que têm a elasticidade do salto dos tigres."[86] Nota-se, portanto, como os articulistas afro-brasileiros tinham consciência de que a cultura da "raça paciente e maldita", outrora (des)classificada no mais baixo degrau da escala evolutiva, era naquele instante concebida como avançada, genuína, *la mode*, e se revestia de importância singular nos "destinos da humanidade".

O fato é que o intercâmbio com a "vanguarda europeia" não foi uma exclusividade dos modernistas "brancos" – grupo de indivíduos que Antonio Sérgio Guimarães denomina de "jovem elite intelectual do país". Os "negros modernos" – como bem designou Jayme de Aguiar – estavam conectados ao que havia de mais inovador, lídimo e sofisticado no mundo artístico-cultural do Ocidente e, aproveitando-se do espaço da imprensa dos "homens de cor", estabeleceram uma interlocução com as vanguardas europeias. É até forçoso reconhecer que os afro-brasileiros aglutinados em torno da imprensa negra tinham por finalidade assimilar-se à comunidade nacional; no entanto, esse processo se operou de forma negociada, isto é, não implicou no descarte dos referenciais, paradigmas, símbolos e mitos afrodiaspóricos, tampouco significou abrir mão dos postulados da sociedade moderna. Não foi fortuito, assim, que um dos pontos altos da interlocução dos afro-brasileiros com a "vanguarda europeia" girou em torno de Josephine Baker, uma verdadeira alegoria do modernismo nos frementes anos 1920.

Aos dezenove anos, essa jovem afrodescendente deixou os Estados Unidos para ir morar na França; de lá, ela conquistou o mundo atlântico. Para tanto, teve de enfrentar muitas barreiras e colocar em xeque alguns tabus morais. Quando aceitou ser a artista principal da *La Révue nègre*, coube-lhe fazer um quadro denominado "Dança Selvagem". A intenção do diretor era deixar o espetáculo como uma dança negra mais autêntica, mais pura, mais próxima à mãe África. Baker deveria se vestir de acordo com a ideia que o diretor fazia do traje africano: corpo nu e penas. Mesmo não sendo nenhum exemplo de mulher casta, a artista inicialmente se recusou a dançar com os seios nus no quadro "Dança Selvagem", ameaçando até abandonar o espetáculo. Ela não era dançarina de *striptease*. Mas na base do diálogo, o diretor conseguiu convencê-la a se apresentar seminua, condição que, segundo a sua biógrafa, "depois que se acostumou, ela levou muito tempo para se vestir de novo"[87].

Não se tem dúvidas. Baker era despojada e parecia se liberar quando saracoteava e dançava, recorrendo a fontes de energia e espontaneidade que, na maioria das pessoas, estão ocultas sob o manto das vergonhas e restrições sociais, mas nada de rótulos simplistas para pensar o seu significado histórico. Mulher complexa e ambivalente, entrelaçou múltiplas dimensões pulsionais, que articulavam a modernidade como uma experiência feérica, existencial e íntima. Sua aceitação por parte do público e da crítica deve ser creditada ao caldo de cultura no qual a "negrofilia" – como foi chamado o interesse da vanguarda francesa pela cultura negra – expressava um dos sinais da modernidade. A "negrofilia" era vista como sinônimo de um mundo sensual, rítmico, emocional, primitivo, porém belo, autêntico, pulsante e mesmo arrebatador. Ser moderno e, em especial, estar na moda passava por incluir o contato com os exotismos de todos os "negrismos". E Baker – tal qual pontificou Manuel Bandeira – "encarnava, sugeria pela arte não só o físico, mas a sensibilidade, o caráter, a própria alma negra"[88]. Contudo, a aceitação da artista derivava, na mesma medida, do seu talento pessoal. No tablado do cenário, ela eletrizava no turbilhão de sua dança, permeada de mímicas desenfreadas, de requebros vertiginosos, de movimentos grotescos, de atitudes improvisadas e absolutamente surpreendentes, dançando e cantando as evocações de lendas de sua "raça". O público – embevecido e atordoado – contemplava-a com estupefação de olhos fixos que, pelo efeito químico do clima de excitação, parecia estar diante de uma miragem. Sua fama correu o mundo e diversas representações dela foram elaboradas, para o "bem" ou para o "mal".

Esta pesquisa examinou como se deu a recepção de Josephine Baker no circuito transatlântico. No caso dos afro-brasileiros que se agenciaram em torno da imprensa negra, estes forjaram uma representação sublimada da Rainha de Paris. Talentosa, famosa, rica e civilizada, eis as imagens que dela procuraram cristalizar. Para além do discurso de virtudes, Baker foi proclamada uma espécie de deidade da modernidade afro-atlântica. Suas "vitórias", embora sendo de cunho individual, assumiram um significado ímpar para as coletividades da diáspora africana, de modo que a representação de Baker construída pela imprensa negra tanto informava sobre a situação real da "população de cor", quanto referenciava os anseios, as expectativas e os sonhos desse segmento populacional. Em síntese, essa representação revelava – ou procurava relevar – as aspirações dos afro-brasileiros de progredir na vida, ascender social e culturalmente e ter o seu talento chancelado pela "boa sociedade"[89].

Tendo em vista fabricar uma representação tão positivada de Baker, a imprensa negra precisou minimizar, ou simplesmente obliterar, contradições, polêmicas e controvérsias envolvendo a beldade. Isso denota o caráter ambíguo dessas publicações. Se fosse para a Rainha de Paris ser julgada pelo tribunal moral da imprensa negra, ela provavelmente não seria absolvida. Afinal, essas publicações se caracterizaram por propalar um discurso puritano, calcado na vida regrada, nos bons costumes, nos valores familiares e nas relações de gênero tradicionais. A alternativa encontrada foi se apropriar de uma imagem filtrada de Baker: alardeavam-se suas conquistas e pouco se discutiam, quando não se omitiam, suas condutas tidas como transgressoras. Importava salientar o ícone afro-atlântico, cuja faceta exitosa de glórias tocava forte o coração e enchia de orgulho os negros. Já suas outras facetas, só mesmo "inteligências medíocres" ou a "força da hipocrisia" para escarafunchá-las, diria o jornal *Progresso*.

POST-SCRIPTUM

Ao que parece, Baker teria deveras ficado com uma boa impressão do Brasil. Isso talvez explique por que ela voltou ao país em outras oportunidades. Em 1939, ela foi contratada para fazer apresentações no Cassino da Urca, no Rio de Janeiro. Como de praxe, protagonizou um espetáculo com elenco de artistas negros, reunindo pantomima, humor, música, dança, ritmo e muita vibração[90]. No quadro denominado "Casamento de Preto", ela contracenou com Grande Otelo, que nunca se esqueceu dessa experiência. Décadas mais tarde, ele escreveu em sua agenda: "Josephine Baker. Tive vontade de casar com ela. Perguntava sempre pela mãe das pessoas. Colega muito paciente."[91] No período em que permaneceu no Rio, a Vênus Negra fez passeio turístico, cativou a amizade de muitas pessoas, circulou em vários ambientes e até visitou uma "macumba", tendo sido acompanhada por Heitor dos Prazeres e Paulo da Portela, entre outros sambistas.

No dia primeiro de julho de 1939, a edição d'*A Noite* estampou na primeira página: "Josephine Baker dançou na macumba!"

Conforme fora anunciado, realizou-se na noite anterior, em Ramos (subúrbio da Leopoldina), uma "macumba" em que Baker foi apresentada ao "ritual africano", desconhecido por ela. Ao ser divulgada a notícia da realização do "espetáculo", numerosas foram as pessoas que desejaram assisti-lo. Uns, pela curiosidade de testemunhar as impressões da "bailarina negra". Outros pela oportunidade de também serem apresentados a uma "função". Assim, o terreiro de Ramos ficou apinhado, ou melhor, "superlotou-se". Enquanto na "rua enlameada autos luxuosos paravam, despejando legiões de elegantes representantes diplomáticos e da nossa melhor sociedade, os preparativos no terreiro se ultimavam febrilmente". Com seus "panos da costa", Mãe Adedé e suas "cambonas" desfaziam-se em gentilezas para com tão "ilustres visitantes". Pai Alufá arrumava os ogãs para que a batida impressionasse. Minutos antes da hora marcada para início da "macumba", uma dificuldade surgiu irremovível: o número de convidados era excessivo e, no terreiro, mal sobrava lugar para os atabaques. Foram infrutíferas as tentativas para deixar o espaço para a realização da "função". Todo mundo queria ver e ver de perto. Daí a aglomeração. Às 22 horas, precisamente, Baker chegou à casa da rua major Rego. Os curiosos, que se amontoavam na rua, dificultavam a passagem, ouriçados por contemplarem, fora da luz de refletores e da ribalta, a famosa bailarina. A pluma escura de seu chapéu clochê vinha flutuando por sobre um "verdadeiro oceano de cabeças ansiosas". Algum esforço e ei-la dentro de casa. A notícia circulou célere entre os que já lá se encontravam. Por duas vezes foi tentado levarem-na até o terreiro e todas as tentativas naufragaram. As portas de comunicação com o exterior estavam repletas de "mirones". Os anfitriões mostraram-lhe os "santos" da casa, contando-lhe um pouco da tradição e da "nomenclatura complicada do rito". Baker "encantou-se ao ver os orixás, interessando-se por tudo e a querer explicações de tudo". Por fim, no quintal transformado em terreiro, os atabaques começaram roncar. Era o início da "macumba". Um esforço um pouco maior e eis que a bailarina negra foi se acomodar na primeira fila dos assistentes, juntinho dos tambores. Entoou, "dolente", o primeiro "ponto" que invocava o caboclo Aruana. Contagiada pela melodia, a dançarina negra quis cantar, mas não conseguia perceber a leitura do "ponto", onde se misturavam "palavras africanas". Balançava com a cabeça ao ritmo e, por fim, batendo as palmas, ela entrou no exíguo círculo onde atuavam os cambonos, dançando como via dançarem na relva". Mais dois "pontos" foram tirados e foi dada por terminada a "macumba", que "infelizmente não pôde ser exibida com todo o seu ritual"[92]. Em 1950, Baker continuava sendo homenageada pela imprensa afro-brasileira:

> Neste número [do jornal *Quilombo*] rendemos nossa homenagem mais exaltada e sincera a uma das maiores negras vivas: Josephine Baker. A escultural e trepidante bailarina nascida nos Estados Unidos e radicada desde muitos anos na França, atraiu a atenção do mundo para a sua dança pessoal e de ritmos vigorosos, firmando, através de sua arte, o prestígio do talento de sua raça nas metrópoles mais cultas da Europa e das Américas. Considerada a mais original artista do nosso tempo, o nome de Josephine Baker tornou-se um símbolo da altitude de que é capaz de atingir a sensibilidade e o poder criador da gente negra. [...] Baker é um patrimônio da França, dos Estados Unidos e do mundo que a raça negra orgulha-se de oferecer para a maior glória da arte e dignidade do gênero humano.[93]

Naquele contexto, a Vênus Negra reinava soberana no imaginário afro-brasileiro. Celebrizada por sua genialidade artístico-cultural e idolatrada como o símbolo mais resplandecente da alma negra, era elevada à condição de patrimônio da humanidade. Curiosamente, Baker via o Brasil como uma espécie de "paraíso racial", onde as relações entre negros e brancos eram harmoniosas e fraternais, despidas, portanto, das tensões ou desigualdades. Em seu retorno ao país em 1952, ela ficou hospedada no hotel Glória, na capital da República, onde se apresentou na boate Night and Day[94] e "fez doação de uma certa importância à Legião Negra de São Paulo", fato que não passou despercebido pelo Departamento de Ordem Política e Social (DEOPS)[95] – a polícia política do regime vigente. No início da década de 1960, Baker veio para uma temporada no eixo Rio-São Paulo. Encontrou-se com Edgard Santana, um médico afro-brasileiro, e Abdias Nascimento, um líder da causa negra, e comunicou-os que havia escolhido o Brasil como "Quartel General de sua associação para a fraternidade universal, em razão dos 'antecedentes' brasileiros de relações raciais. Por mais evidências em contrário que os dois afro-brasileiros pudessem apresentar-lhe, Baker não arredaria pé de sua posição."[96]

Em sua quinta e última visita ao Brasil em 1971, ela passou uma semana por aqui. Apresentou-se em casas de espetáculos no Rio de Janeiro, em Belo Horizonte e Porto Alegre, além de ter se apresentado em programa televisivo e participado de reuniões sociais[97]. Em São Paulo, foi recepcionada no Aristocrata Clube, o mais importante clube negro da cidade. A revista *Veja* a entrevistou, publicando uma pequena matéria com a "antiga vedete internacional". Com 64 anos, conseguiu com "três espetáculos mais de 150 000 cruzeiros para sua campanha de criação de um centro de proteção infantil em Genebra". Mãe adotiva de doze crianças de várias nacionalidades, Baker não escondia sua "frustração por não ter tido filhos". Outro desejo dela: viver no Brasil. "Comprarei um terreno na Costa Azul ou uma fazenda de café em São Paulo", confessou à revista[98]. Viver no "paraíso racial", eis um sonho acalentado.

Ao completar cinquenta anos de carreira artística, Baker comemorou encenando um *show* em Paris, no teatro Bobino. Sua estreia, no dia 8 de abril de 1975, foi marcada pela emoção. Com semanas de antecedência, os ingressos se esgotaram. Na plateia estavam o genro de De Gaulle, *general* de Boissieu, Sophia Loren, Mick Jagger, Mireille Darc, Alain Delon, Jeanne Moreau, Tino Rossi, *madame* Sukarno e Pierre Balmain. Às nove da noite, a convidada de honra, princesa Grace de Mônaco (Grace Kelly), chegou e recebeu uma calorosa acolhida do público. Foi lida uma carta de congratulações do presidente da França, Giscard d'Estaing. Quando Baker entrou no palco, o público a aplaudiu fervorosamente. Ela então se emocionou e não conseguiu conter as lágrimas nos olhos. Na noite seguinte, apresentou-se com o humor e a vitalidade de costume, trocando de roupa doze vezes e tudo o mais em matéria de *glamour*. Sem imaginar que essa seria sua despedida da plateia. Um dia depois, Baker foi dormir após o almoço e não mais acordou. Ela deveria receber um jornalista às cinco da tarde, mas, nessa altura, já dormia o sono perpétuo. Estava em coma. Sofrera um derrame. Um médico foi acionado, porém não havia mais o que fazer, a não ser levá-la para o hospital, onde veio a falecer, a dois meses de completar sessenta e nove anos. A cerimônia de seu enterro foi "televisionada em rede nacional e se revestiu de uma importância quase inaudita para uma artista". Cerca de "vinte mil pessoas lotavam as ruas próximas à igreja da Madeleine". Muitos dos "dignitários e das celebridades que compareceram a sua estreia três dias antes estavam ali novamente para o funeral, incluindo-se a princesa

Grace e Sophia Loren"[99]. Afora essas personalidades, nos degraus da igreja majestosa, rendiam homenagens a Baker o prefeito de Paris, o ministro da Cultura, um representante do presidente da República e, mais uma vez, o genro de De Gaulle, que também ocupava o posto de comandante-em-chefe do exército francês.

O destino não permitiu, assim, que a Vênus Negra – uma alusão à divindade romana, que foi encarnada (e imortalizada) sob a forma de um mito afro-diaspórico – realizasse o seu sonho tropical: viver no Brasil, uma nação cuja "população de cor" aprendeu a admirá-la e amá-la como talvez nenhuma outra diva nos quadrantes do Atlântico Negro, na primeira metade do século xx.

7. Como se Fosse Bumerangue

Frente Negra Brasileira no Circuito Transatlântico[1]

> *In the glorious march of the Race people throughout the world we will undoubtedly meet one another some day!*
> Brazilians Send Congratulations, Chicago Defender.[2]

No dia 8 de dezembro de 1934, o jornal da imprensa afro-americana *Chicago Defender* publicou um artigo de Robert S. Abbott. Intitulado "Intelecto É o Único Caminho Para a Liberdade", o texto fazia uma reflexão em torno das potencialidades da inteligência humana, a "força motora que opera a roda giratória da civilização". Em determinado momento, o jornalista relacionava esse tema a uma ação coletiva de seus "irmãos" do Brasil: a fundação da Frente Negra Brasileira. Segundo Abbott, os afro-brasileiros viram a sua liberdade ameaçada com a invasão de estadunidenses brancos em sua terra e, ao perceberem que os novos habitantes propagavam um clima de animosidade, na medida em que declaravam a "superioridade da sua casta racial sobre os amáveis negros", foram compelidos a dar uma resposta à altura, formando "uma organização conhecida como Frente Negra", que se tornou "formidável, tanto numérica como politicamente", a ponto de o "espectro sinistro do preconceito ter sido praticamente extinto em setores como o Exército, a Marinha, a força policial municipal e estatal, as escolas de aviação e até as agremiações atléticas e sociais".

Com apenas alguns anos de vida, a Frente Negra é hoje a mais poderosa organização em toda América do Sul. Ela tem dinheiro, cérebros e força numérica para lutar e lutar duro contra qualquer medida que vise subtrair os vários direitos dos negros, qualquer movimento que vise à sua limitação, subjugação ou ao seu isolamento. Esses homens têm lutado com seus cérebros e lutarão com suas mãos se forçados forem, e eles não temerão a morte.[3]

É interessante saber que a Frente Negra Brasileira foi objeto das atenções do mais importante jornal da imprensa afro-americana na década de 1930, sendo qualificada como a "mais poderosa organização em toda América do Sul". Em vista disso, a questão central deste capítulo é discutir as narrativas, imagens e representações em torno da Frente Negra produzidas pelo *Chicago Defender*. E, a partir daí, procurar surpreender os diálogos no circuito afro-atlântico. Quando Robert Abbott retratou a Frente Negra como uma organização forte, guerreira e destemida, ele provavelmente carregou na tinta, mas essas imagens e representações não são destituídas de significado, na medida em que permitem entrever a importância que a organização dos afro-brasileiros alcançou na rede do transnacionalismo negro.

No final da década de 1990, Pierre Bourdieu e Loïc Wacquant publicaram um artigo que causou grande polêmica no mundo acadêmico. De modo bombástico, os sociólogos franceses denunciaram o imperialismo cultural estadunidense de impor para o mundo a sua maneira de pensar, as suas categorias analíticas e tradições acadêmicas, inclusive no campo das relações raciais. Arrogando-se como o centro de referência para qualquer comparação internacional, os Estados Unidos exportariam, de forma unilateral e insidiosa, agendas de pesquisa, abordagens, conceitos, experiências e narrativas intrínsecas ao seu sistema racial. Para os demais países, só restaria copiar os discursos, referenciais, paradigmas e projetos ditados pela maior potência do planeta. Mencionando o exemplo do Brasil, os sociólogos franceses acusavam os pesquisadores estadunidenses de, aqui, manipularem os líderes do ativismo negro local a adotar as táticas, crenças e estratégias do Black Movement, o que, *per si*, era um grande perigo, pois, entre outros malefícios, forçava o aparecimento da "globalização da raça", não a partir de uma convergência dos modos de "dominação etno-racial" nos diferentes países, mas antes por meio da quase "universalização do *folk concept* estadunidense de raça sob o efeito da exportação mundial das categorias eruditas americanas"[4]. Vários autores refutaram os postulados de Bourdieu e Wacquant, argumentando que, entre os Estados Unidos e o Brasil, os intercâmbios no mundo das ideias se operam, não por imposições unilaterais e maquiavélicas, e sim por intermédio de trocas, empréstimos, apropriações e reelaborações mútuas[5]. Portanto, é um erro imaginar que, na arena das relações raciais, existe, de um lado, um país demiúrgico produtor e irradiador de agendas, programas, tendências e retóricas e, de outro, um país meramente receptor e reprodutor passivo dessas influências.

Autor de uma das críticas mais contundentes aos sociólogos franceses, Michael Hanchard evoca a armadilha de circunscrever a política e o pensamento "afro-estadunidense" dentro das fronteiras geográficas dos Estados Unidos. Em vez de isolado, o movimento dos "afro-estadunidenses" conectava-se a uma rede mais ampla de luta por igualdade racial, a rede do "transnacionalismo negro, de que fazem parte tanto atores políticos afro-brasileiros como afro-norte-americanos dos EUA"[6]. Apesar de convincente, Hanchard – e os demais críticos de Bourdieu e Wacquant – limita-se a discutir o transnacionalismo negro por um viés mais coevo e pouco recua no tempo. Como se deram os diálogos entre o movimento dos afrodescendentes dos dois lados da linha do Equador antes da Segunda Guerra Mundial (1939-1945), um período anterior ao Movimento dos Direitos Civis? Longe de ter a pretensão de esgotar um assunto tão complexo em poucas laudas, o desiderato aqui é evidenciar que, na década de 1930, as lutas políticas, estratégias e táticas de militância e metodologias discursivas em prol da igualdade racial de fato não respeitavam as fronteiras nacionais, circulando multilateralmente e viajando na rede de conexões engendrada no Atlântico Negro. Como se fossem um bumerangue[7], informações, ideários, sonhos, esperanças e experiências de ativistas e organizações negras interagiam com idas e voltas, em movimentos contínuos em vias de mão dupla.

QUANDO OS "HOMENS DE COR" SE MOBILIZAM

Analisar o *Chicago Defender* é relevante pela possibilidade de cotejar, entre outras coisas, como foram pensadas as questões relacionadas a raça, identidade, cultura e nação no circuito afro-atlântico. Porém, antes de discutir as imagens e representações veiculadas sobre a Frente Negra pelo órgão da imprensa afro-americana, faz-se necessário apresentar algumas notas atinentes à trajetória dessa agremiação.

Em 3 de outubro de 1930, um golpe de Estado leva Getúlio Vargas ao poder na presidência do Brasil, apoiado por uma coalizão de forças civis e militares. Em meio a uma conjuntura de disputas, embates e fortes acirramentos políticos, a opinião púbica, os atores e os grupos políticos se dividiram, em linhas gerais, em duas frentes antagônicas: a da esquerda e a da direita. Todavia, tanto as agremiações de caráter popular quanto as organizações das elites não previam em seus programas a defesa dos direitos da população negra. Cansado de ser preterido pelo sistema político tradicional e acumulando a experiência de décadas de vida associativa no pós-abolição, um grupo de "homens de cor" – como se dizia na época – empreendeu uma mobilização racial em São Paulo, que redundou na criação da Frente Negra Brasileira (FNB), na noite de 16 de setembro de 1931. Quase um mês depois, em assembleia realizada no salão das Classes Laboriosas, foi apresentado e aprovado o estatuto, documento no qual se definiam as linhas mestras da organização: "Fica fundada nesta cidade de São Paulo, para se irradiar por todo o Brasil, a 'FRENTE NEGRA BRASILEIRA', união política e social da Gente Negra Nacional, para afirmação dos direitos históricos da mesma, em virtude da sua atividade material e moral no passado e para reivindicação de seus direitos sociais e políticos, atuais, na Comunhão Brasileira."[8]

A adesão da "população de cor" deu-se em escala crescente. Mês após mês, o número de afiliados aumentava. Em seu auge, a entidade contava com milhares de associados. No entanto, os números são contraditórios e pouco confiáveis. Michael Mitchell estimou em seis mil sócios em São Paulo e dois mil em Santos[9]. Francisco Lucrécio – um remanescente *frentenegrino* – avaliou que, se fosse para "fazer os cálculos, [ela] superaria os vinte mil filiados"[10]. Florestan Fernandes contabilizou em duzentos mil, sem, contudo, especificar se esse número era válido apenas para São Paulo[11]. Em 1936, o jornal *A Voz da Raça* anunciava que a entidade era formada por mais de "sessenta delegações" (espécie de filiais) distribuídas no interior de São Paulo e em outros estados[12], como Rio de Janeiro, Minas Gerais, Espírito Santo, além de servir de fonte de inspiração para o surgimento de organizações homônimas em Pelotas (no Rio Grande do Sul), Salvador e Recife[13]. No início, sua sede social foi instalada num modesto escritório, localizado no Palacete Santa Helena, na Praça da Sé – região central de São Paulo. Porém, como o número de afiliados crescia e o movimento adquiria proporções cada vez maiores, a sede foi transferida para um casarão da rua Liberdade, 196 (onde atualmente funciona a Casa de Portugal), também na região central da capital paulista. A sede era ampla, imponente e bem estruturada. No seu interior, havia salas da presidência, da secretaria, da tesouraria, das reuniões e dos diversos departamentos. Mantinha-se um salão de beleza, bar, local para jogos, gabinete dentário e um posto de alistamento eleitoral[14]. Contava-se ainda com espaço para o funcionamento de uma escola com cursos profissionalizantes, de um grupo teatral, de um grupo musical, além de um salão para realizações de festas e cerimônias oficiais.

Sua organização político-administrativa era complexa e diversificada. Havia centralização do poder e predominava uma rigorosa estrutura hierárquica. Ao longo de seu percurso, a FNB possuiu dois presidentes. O primeiro foi Arlindo Veiga dos Santos, que ocupou o cargo até pedir afastamento, em junho de 1934. Com sua saída, assumiu a presidência Justiniano Costa, que até então exercia a função de tesoureiro da entidade. No que tange à origem social, a maior parte dos afiliados de base era de origem humilde: funcionários públicos, trabalhadores de cargos subalternos e de serviços braçais. Muitos eram subempregados ou simplesmente desempregados. Por sua vez, os cargos de direção da agremiação eram ocupados, geralmente, por negros em processo de mobilidade social, quando não inseridos nos estratos intermediários do sistema ocupacional da cidade.

No que se refere às questões político-ideológicas, a FNB caracterizou-se por preconizar um projeto nacionalista, de viés autoritário. Arlindo Veiga dos Santos, por exemplo, era refratário à democracia liberal e, amiúde, fazia apologia dos movimentos fascistas europeus em voga[15]. Aos finais de semana, a agremiação promovia na sede as famosas domingueiras, encontros nos quais lideranças e intelectuais (negros e brancos) ministravam palestras e transmitiam valores morais e ideais cívicos e políticos. A FNB forjou uma série de símbolos identitários (como bandeira, hino, carteira de associado), assim como criou a Milícia Frentenegrina. Tratava-se de um batalhão paramilitar, composto especialmente por jovens.

Nessa jornada de mobilização racial, as mulheres não perderam o bonde da história, assumindo diversas tarefas e protagonizando diferentes ações. A Cruzada Feminina reunia as negras tendo em vista a realização de trabalhos assistencialistas. Já outra comissão feminina, chamada Rosas Negras, animava festas, bailes e atividades artísticas. Para fomentar ou mesmo desenvolver os projetos específicos, a agremiação montou vários departamentos: o jurídico-social, o médico, o de imprensa – responsável pela publicação do jornal *A Voz da Raça* –, o de propaganda, o dramático, o musical, o esportivo e o de instrução[16].

PELO PRISMA DO "CHICAGO DEFENDER"

No dia 14 de outubro de 1933, o jornal *Chicago Defender* informava aos leitores, na primeira página, que os afro-brasileiros estavam dando uma resposta ao nefasto "preconceito de cor" importado dos Estados Unidos: "O esforço de certos imigrantes da parte Sul dos Estados Unidos em organizar uma Ku Klux Klan brasileira recebeu uma resposta do povo desta nação", quando se soube que "em São Paulo e na Bahia organizou-se uma sociedade conhecida como Frente Negra. Esta, apesar de ter apenas poucos meses de vida, já conta com mais de 50.000 membros"[17]. Dois anos depois, o jornal noticiava – mais uma vez na primeira página – que, no Brasil, a Frente Negra, com seus "dez mil membros", promovera uma manifestação pelas "principais ruas do Rio de Janeiro". Essa organização, composta "exclusivamente por negros brasileiros", estava direcionando suas energias contra o solapamento dos "direitos civis e constitucionais". Nesse sentido, ela "tem tido eminente sucesso", combatendo as "forças do preconceito racial que, por um tempo, ameaçou minar o espírito tradicional de justiça e igualdade pelo qual o Brasil ficou conhecido" no concerto das nações. Graças à sua ação, ter-se-iam derrubado as "barreiras que impediam o progresso social dos negros", de modo que "hoje não existem instituições de escala local ou nacional, de importância política ou social, na qual os negros não estejam representados". No final da matéria, o jornal reportava que "a mais poderosa organização em todo o Brasil" tinha realizado uma "grande convenção no Rio de Janeiro", ocasião na qual o "honorável" Robert S. Abbott, editor do *Chicago Defender*, fora homenageado. O "presidente" da convenção teria declarado:

A Frente Negra veio a lume pelo exemplo do grande editor norte-americano Robert S. Abbott. Foi ele quem transplantou para o nosso solo a filosofia militante de integração nacional de todos os elementos raciais. Foi ele quem levou adiante sobre o nosso continente os grandes princípios da nossa organização. Nós, portanto, em gratidão, paramos no meio das nossas deliberações para honrar o seu nome.[18]

De acordo com o *Chicago Defender*, foi Abbott quem persuadiu os brasileiros a se organizarem contra a "invasão" do preconceito que gradualmente chegava ao país tropical, com a entrada de imigrantes brancos estadunidenses. "Agindo sob seu conselho, os brasileiros de pele escura fundaram a Frente Negra Brasileira, que tem tido sucesso na luta contra o preconceito."[19] Mas quem era Robert Sengstacke Abbott? Ele fora, de fato, o mentor da FNB? Afro-americano de origem humilde, Abbott nasceu de pais ex-escravos na Geórgia, em 1868, e estudou no Instituto Hampton, na Virgínia, onde aprendeu o ofício de tipógrafo, e no Colégio de Direito em Kent, em Chicago. Depois de trabalhar na área do Direito por curto período, fundou, em 1905, o *Chicago Defender*, na cidade de Chicago, tornando-se o seu editor. O jornal fazia parte da imprensa negra estadunidense e, como argumenta Gunnar Myrdal, essa imprensa teve "enorme" importância na formação da opinião da população afro-americana para o funcionamento de suas instituições (como igrejas, escolas e agremiações recreativas), para a visibilidade de suas lideranças e para a coordenação de suas ações coletivas, enfim, a imprensa negra era um órgão educacional "muito poderoso"[20]. Publicações como *The Baltimore Afro-American*, *New York Amsterdam News*, *Guardian*, *Negro World*, *Messenger*, *The Pittsburgh Courier*, *Norfolk Journal and Guide*, *The Crisis*, entre outras, passavam de uma família a outra e, às vezes, eram lidas em voz alta em reuniões informais. Encontravam-se, também, à disposição dos interessados nos salões de barbeiros, nas lojas, nas igrejas, nas escolas, nas sociedades recreativas e nos salões de bilhar. Seu conteúdo era transmitido verbalmente aos que não sabiam ler. Direta ou indiretamente, essa imprensa exercia influência sobre grande parcela da população afro-americana[21].

Em 1920, várias publicações haviam atingido uma tiragem semanal de 100 mil exemplares e, dez anos mais tarde, algumas edições alcançaram tiragem acima de 150 mil. Não obstante, foi o *Chicago Defender* que mais alcançou projeção no período. Em uma década, a publicação passou de um pequeno tabloide para o maior (e mais influente) jornal da imprensa afro-americana, com distribuição nacional e tiragens de cerca de 250 mil exemplares[22]. Realçando o discurso de orgulho racial e as notícias relacionadas aos "feitos" individuais dos negros, suas páginas se tornaram uma tribuna aberta contra a segregação racial – o regime *Jim Crown* – nos Estados Unidos. Além de denunciar os ataques e linchamentos contra a população negra, o *Chicago Defender* instava os seus leitores do Sul do país que migrassem para os centros industriais em busca de trabalho ou para os estados do Norte, onde as oportunidades eram presumivelmente maiores e o preconceito racial menos nefasto. A notabilidade que o jornal alcançou nos Estados Unidos permitiu ao seu editor Robert S. Abbott os recursos necessários para viajar pela América do Sul e satisfazer a sua vontade de conhecer uma experiência negra distinta daquela vivida pelos seus conterrâneos de cor.

Em 1923, ele desembarcou, junto com a esposa, no Brasil, onde fez turismo, participou de encontros sociais, proferiu palestras para estudantes, intelectuais, políticos, jornalistas e estabeleceu contatos amistosos com alguns negros. O editor do *Chicago Defender* completaria sua estada de três meses na América do Sul com uma viagem para a Argentina. Esse *tour* pela região teria causado fortes impressões em Abbott, de modo que, ao voltar ao seu país de origem, ele passou a acompanhar a política racial do Brasil[23] e, tempos depois, fomentou um intercâmbio com as lideranças do "movimento associativo dos homens de cor", por meio de correspondências e trocas entre o *Chicago Defender* e *O Clarim da Alvorada*, o mais importante jornal da imprensa negra brasileira na década de 1920[24]. Sem dúvida, Abbott tornou-se um aliado dos afro-brasileiros, mas isso não permite afirmar que ele tenha sido o mentor, tampouco o responsável pelo "eminente sucesso" da FNB. Deve-se a Francisco Costa Santos a proposta de fundar uma agremiação dedicada à elevação moral, intelectual e social da "população de cor". No irromper de 1931, "Chico", como era mais conhecido, teria comentado e convencido Isaltino Veiga dos Santos a esposar a ideia. A partir de então, ambos os ativistas afro-paulistas passaram a liderar um pequeno, porém crescente, movimento social, que resultou na fundação da FNB. Portanto, a agremiação não foi obra de Abbott. Essa versão dos fatos fora inventada pelo *Chicago Defender*, pois era comum, em suas páginas, o "destemido militante editor" – cujo sonho era transformar a "América numa terra onde igualdade econômica, política e cultural fosse um fato e não uma teoria"[25] – ser heroicizado, com seus "feitos" lembrados e relembrados, quando não mistificados.

De toda sorte, foi o jornal de Abbott que, progressivamente, abriu espaço, em sua edição semanal, para se reportar à emergência da FNB. Pesquisando no arquivo do *Chicago Defender*, foram localizadas 427 matérias, reportagens, notas ou menções ao Brasil na década de 1930. Só para o período de 1933 a 1937, foram encontradas 45 reportagens pautando a questão racial, das quais 29 se referiam à associação dos afro-brasileiros. Para se obter as informações, o *Chicago Defender* valia-se da Foreign Press Service, sua agência de notícias internacionais. Metz T.P. Lochard foi um dos jornalistas que, dos Estados Unidos, escreveu sobre o Brasil. O órgão da imprensa afro-americana valeu-se também de colaboradores em nosso país. Todavia, não é possível saber quem eram esses colaboradores, nem sua nacionalidade, pois as matérias e reportagens não eram assinadas – quando muito, elas estampavam o nome da agência (Defender Foreign Press Service) ou local (Rio de Janeiro, São Paulo ou Bahia) da fonte de notícias.

Em linhas gerais, o *Chicago Defender* difundiu discursos, imagens e representações enaltecedores da FNB. Quando noticiou que esta promoveu um "congresso" em São Paulo, o jornal se reportou tanto às declarações de apoio e solidariedade de "muitas organizações" a ela, quanto destacou o comparecimento ao conclave de outras agremiações afro-brasileiras – como o Grêmio Luiz Gama e a Legião Negra. Da mesma maneira, o periódico registrou a "declarada proposta da Frente Negra de coordenar os interesses de todos os negros brasileiros num esforço para unificar seus objetivos políticos e sociais"[26]. Por essa perspectiva, a FNB não seria uma simples agremiação afro-brasileira, porém a soberana, a mais ingente, arrojada e aglutinadora, a única organização dessa natureza capaz de reunir uma coalizão de forças vivas em prol de um projeto redentor.

Como foi visto, a FNB era dividida internamente em departamentos – como o jurídico, médico, dramático, artístico, musical, esportivo, educacional –, os quais desenvolviam atividades diversificadas. Entrementes, ela foi vista (e celebrada) pelo *Chicago Defender* menos como um espaço de sociabilidade, cultura e lazer e mais como um "notável" movimento reivindicativo. Em 13 de junho de 1936, o jornal relatava que os representantes da agremiação "têm se reunido com altos oficiais do governo pelos últimos dois meses", a fim de definir um programa capaz de garantir "uma segurança financeira para todos os negros e pessoas do grupo minoritário"[27]. Se comparada às suas congêneres, a FNB decerto reuniu uma sólida estrutura organizacional e administrativa, contudo sua força política foi superestimada pelo *Chicago Defender*. Ao abrir espaço para discutir a possibilidade de o governo brasileiro reconhecer o partido da agremiação, o periódico assinalava: "Muitos acham que tal reconhecimento trará, dentro de um período relativamente curto, ganhos para os membros dessa organização, em todas as questões com as quais tem se deparado." E não estaria fora de cogitação um negro ser "elevado, na esfera pública, a presidente da república"[28]. Será que esse negro seria oriundo da FNB? Em caso de resposta positiva, não era para menos. "De pequena e tímida associação", anunciava o órgão da imprensa afro-americana, "a Frente Negra passou para a mais formidável, militante e agressiva organização em toda a América do Sul." Ela teria se insurgido contra o problema da segregação e do tratamento injusto; estaria "abrindo as portas que foram fechadas", o que forçou as "instituições nacionais" a admitirem todos, "sem considerar a cor". Em função disso, os principais partidos políticos passaram a querer "barganhar" com a organização, "que define agora o equilíbrio do poder"[29].

Para o *Chicago Defender*, a Frente Negra não se constituía em mera coadjuvante do sistema político-institucional brasileiro, mas antes a principal protagonista, cujo poder de negociação era de importância capital para o destino da nação. No final de 1936, a sucessão eleitoral de Getúlio Vargas foi objeto de especulações e confabulações políticas. O clima de expectativas crescia. Quem seriam os candidatos a presidente? Um nome que veio à tona foi o de Oswaldo Aranha, o então embaixador do Brasil nos Estados Unidos e político de grande prestígio nas hostes governistas. Em 5 de dezembro de 1936, o *Chicago Defender* publicou uma reportagem na qual noticiava a visita de Oswaldo Aranha ao Brasil, para, entre outras coisas, reunir-se com Vargas e discutir o seu futuro político. Para o jornal da imprensa afro-americana, a falta de partidos políticos nacionais no Brasil complicava a campanha presidencial, pois o resultado final do pleito dependeria do alinhamento de "tão fortes organizações políticas como a Frente Negra"[30]. Por esse viés, a organização dos "homens de cor" do Brasil seria o verdadeiro fiel da balança nos destinos do país. Em artigo de 20 de março de 1937, o mesmo órgão de imprensa voltava a exaltar o potencial político-eleitoral da FNB. Com a aproximação das eleições nacionais, candidatos a altos cargos políticos estariam cortejando a "poderosa" Frente Negra na esperança de cooptar o "tremendo" poder de voto da organização para o lado dos seus partidos políticos favoritos.

O homem chave da "Frente Negra" até agora não se comprometeu com nenhum partido. Analistas políticos estão, entretanto, com a forte impressão de que a Frente Negra será o fiel da balança nas eleições nacionais. O quadro de associados da Frente Negra, de acordo com fontes confiáveis, conta com bem acima de 40 mil, com novos membros se alistando diariamente. Com essa sólida, inquebrável frente, essa organização representa hoje uma das mais poderosas forças a ser considerada no Brasil.[31]

Será que a FNB representava de fato toda essa potência política no cenário nacional da década de 1930? George Reid Andrews argumenta que, fosse qual fosse o número de membros da agremiação, eles eram "aparentemente muito poucos para exercer qualquer impacto sobre a política eleitoral do Estado [de São Paulo]". Ora, se já havia dificuldade de se expressar politicamente em âmbito estadual, o que se poderia pensar em âmbito nacional? A FNB abriu um posto destinado ao alistamento eleitoral e realizou uma ampla campanha para inscrever os seus membros como eleitores. Mas, em que pese esses esforços, a agremiação não elegeu "nenhum candidato durante seus sete anos de existência, e até experimentou alguma dificuldade em seu registro como partido político". As várias defecções – tanto de militantes, quanto de grupos – e as divisões internas foram outros fatores que contribuíram para debilitá-la. "Estas divisões", afirma Andrews, "quando associadas ao tamanho pequeno do voto negro, impediam a Frente de algum dia atingir seu objetivo de se tornar uma força política importante."[32] Verifica-se, assim, como o *Chicago Defender* superdimensionou o poder de barganha da FNB. Não se tem dúvidas de que a agremiação alcançou um nível de organização respeitável, com suas lideranças se envolvendo em articulações, negociações e alianças diversas, no entanto isso não permite inferir que ela se constituiu no "fiel da balança" do sistema político-institucional brasileiro.

Seja como for, o *Chicago Defender* continuou produzindo um discurso de louvação da FNB em suas páginas. Desta feita, pelas presumíveis vitórias obtidas pela agremiação na luta contra todas as formas de discriminações motivadas por questões raciais. Em 5 de setembro de 1936, o jornal relatou que "oficiais brancos" foram expulsos da corporação por simpatizarem com o "ideal e o programa da Frente Negra". Imediatamente, os membros da organização teriam encaminhado um ofício ao governo, solicitando a reintegração desses oficiais. Além disso, o "comitê executivo dessa poderosa organização" aprovou a doação de um "fundo de emergência para esses homens e suas famílias"[33]. Em 12 de setembro, o *Chicago Defender* divulgou o caso de "quatro brasileiros brancos" que foram "sumariamente demitidos por dar apoio financeiro e suporte moral à organização conhecida como Frente Negra"[34]. Cerca de quinze dias depois, o jornal noticiou que a controvérsia instaurada em torno da demissão de quatro oficiais do governo, sob a alegação de apoio à Frente Negra, parecia ter chegado praticamente ao final, com "o anúncio, por parte do governo, da possibilidade de realocação dos quatro oficiais"[35]. De acordo com o *Chicago Defender*, o caso só chegou a bom termo devido à intervenção da FNB.

Passados dois meses, o órgão da imprensa afro-americana voltava a sublimar as conquistas da "mais poderosa organização em toda América do Sul". Em sua edição de 21 de novembro de 1936, o jornal propalava que o "novo liberalismo brasileiro", no que tange aos direitos civis, "é aclamado como um nítido triunfo do valente determinismo da Frente Negra". Afinal, o governo teria instituído metas político-econômicas de longo prazo, buscando a "reabilitação das condições econômicas dos negros". Medidas governamentais "especiais", recentemente promulgadas, "aboliram a discriminação contra negros brasileiros no exército, marinha, repartições federais e lugares públicos". Em virtude da ação da FNB,

grandes firmas bancárias e comerciais estão fazendo ofertas atrativas para aqueles negros que são qualificados através de experiências e treinamentos para executar suas tarefas. No recente baile anual promovido pelos oficiais do alto escalão, e do qual os negros até agora tinham sido excluídos, mais de duas dúzias de negros e suas famílias estavam presentes e misturados livremente com as filhas e esposas de autoridades do exército e da marinha[36].

Como se percebe, o *Chicago Defender* cantava e decantava as façanhas da FNB. Conquanto uma pergunta não quer calar: será que o jornal tinha razão quando aventava a ideia de que a agremiação afro-brasileira estava conseguindo acabar com a discriminação contra os negros? A FNB colheu alguns dividendos como grupo de pressão em questões que envolviam os direitos civis[37]. Conseguiu eliminar a "linha de cor" que vigorava nos rinques de patinação na cidade de São Paulo, impedindo a participação dos negros. Igualmente, colocou na ordem do dia a política racial de ingresso na Guarda Civil. Embora não houvesse nenhuma legislação que proibisse o ingresso dos negros, a discriminação velada continuava alijando os candidatos desse segmento racial. A FNB teria apelado diretamente ao presidente Vargas, que, "após receber uma delegação da liderança da Frente, ordenou à Guarda que alistasse imediatamente 200 recrutas negros. No decorrer da década de 1930, cerca de 500 afro-brasileiros ingressaram na milícia do Estado"[38]. Assim, é mister reconhecer que a FNB cumpriu um papel proativo, dialogando com atores e agências da sociedade civil e do Estado, articulando-se politicamente, empreendendo uma viçosa mobilização racial, na qual travou embates, labutou por direitos e pleiteou a ampliação da cidadania. Tudo isso é verdade e já foi confirmado por várias pesquisas[39]. Entretanto, não se deve traçar, para não dizer pintar, um quadro romanceado. Definitivamente, a agremiação não conseguiu erradicar as discriminações raciais, quer aquelas incrustadas na sociedade civil, quer nas instituições públicas.

COMO SE FOSSE BUMERANGUE

O mais pujante hebdomadário da imprensa negra estadunidense, *Chicago Defender*, veiculou imagens e representações bastante positivadas da FNB. Para além de um espaço de sociabilidade, cultura e lazer, esta foi tratada como a "mais poderosa organização em toda América do Sul", "a maior união do continente"[40]. Sua força política constituiria o "fiel da balança" nos horizontes da nação e seu agito teria se tornado "tão formidável" que debelou com o "preconceito"[41]. Qualificada de "poderosa", "famosa", "extraordinária" e "notável", a FNB seria uma grandiosa paladina da liberdade, a salvadora da democracia brasileira[42], a porta-voz mais autorizada para traduzir as aspirações dos negros brasileiros. O jornal da imprensa afro-americana procurou exaltar as glórias e vitórias da FNB. Para tanto, assumiu uma linha editorial apologética, superfaturando alguns dados, exagerando em certas informações e sendo hiperbólico nas adjetivações. Mas, por que o *Chicago Defender* assumiu essa linha editorial?

Uma resposta possível está relacionada à narrativa de que a FNB foi fundada sob os auspícios de Robert S. Abbott. Em vários momentos, o jornal divulgou essa versão dos fatos[43]. Para não se alongar, basta citar mais um exemplo disso. No dia 2 de novembro de 1935, o jornal publicou a notícia de que seu editor receberia um "valioso tributo" da Frente Negra, "uma extraordinária instituição cívica" do Brasil. "Esta organização, composta exclusivamente por negros brasileiros", contava a reportagem, "em assembleia admitiu abertamente sua dívida para com a corajosa atitude do editor Abbott", pela inspiração que seus quadros "receberam na luta contra o advento da propaganda perniciosa americana". Segundo a reportagem, o presidente da convenção declarou: "A Frente Negra surgiu pelo exemplo do grande editor norte-americano Robert S. Abbott. Foi ele quem transplantou ao nosso solo a filosofia militante de integração nacional de todos os elementos raciais. Foi ele quem trouxe para o nosso continente os amplos princípios de igualdade, justiça e boa vontade mútua." A reportagem enfatizava o "gratificante pronunciamento" dos negros do Brasil – um país "irmão" –, que "são compelidos a lutar contra o terrível achaque do preconceito racial, infelizmente imposto sobre eles pela influência de homens e mulheres da raça branca do nosso país", ou seja, dos Estados Unidos. Tal situação "no mínimo nos impressiona", pois evidencia como "não existe limites para as operações da mente humana voltadas para o bem quando há corajosos e honestos intentos". Para finalizar, a reportagem alinhavava palavras laudatórias a Abbott. Se, internamente, o "povo negro americano" era compelido a lutar contra as "presas venenosas" do racismo na vida política, social e econômica, externamente era "uma fonte de satisfação perceber que ao menos um negro americano pode proporcionar inspiração e apontar o caminho para superar esses males"[44].

Como asseverado anteriormente, a informação de que a FNB veio à baila sob a "inspiração" de Abbott não era exata. Antes de o editor-proprietário do *Chicago Defender* visitar o Brasil, em 1923, os afro-paulistas já agenciavam uma dinâmica rede associativa, formada por jornais, grêmios literários, clubes, salões de bailes, centros cívicos, associações beneficentes, grupos teatrais e times de futebol[45]. Isso significa dizer que, ao ser fundada em 1931, a FNB não nasceu no vazio histórico, nem foi obra de uma ideia plantada por um afro-americano. A FNB foi o resultado do acúmulo de experiência associativa dos afro-paulistas. A versão, portanto, de que Abbott foi o mentor da FNB tratou-se de uma invenção, cuja finalidade era, provavelmente, edificar o editor-proprietário do *Chicago Defender* como o maior herói e visionário das populações afro-diaspóricas nas Américas. Diante dessa invenção, a linha editorial do jornal não pode ser interpretada como desinteressada. Na medida em que superestimava as "proezas" e "realizações" da FNB, o jornal automaticamente consagrava a figura de seu proprietário. Em outros termos, diante da invenção, a linha editorial laudatória rendia capital simbólico para Abbott.

No entanto, a explicação mais plausível para o não desprezível destaque dado à FNB pelo *Chicago Defender* está relacionada ao poder de agenciamento, inserção transnacional e repercussão política da organização dos negros brasileiros no circuito afro--atlântico. Não foi por acaso que ela ficou conhecida como a maior organização do gênero na América do Sul. A mobilização racial protagonizada pela FNB alcançou uma dimensão sem precedentes para uma organização afro-brasileira. Suas ações, propostas e iniciativas eram noticiadas e acompanhadas pelos negros da diáspora. No primeiro sábado de agosto de 1937, a cantora afro-americana

Marian Anderson visitou a sede da FNB. Ela teria chegado ao "quartel-general da associação" exatamente às dezoito horas. Na sala de recepção, foi saudada por Justiniano Costa – o então presidente da FNB –, que passou a palavra ao professor José Eusébio dos Santos. Falando em nome de todos os associados, "pertencentes à maior união do continente", o professor ofereceu uma placa como lembrança para a "ilustre" afro-americana e a aclamou pelo "incomparável sucesso no auge da sua carreira artística". Agradecendo a placa, Marian Anderson expressou a satisfação de estar entre o "povo de sua raça" e disse que se esforçaria para voltar a São Paulo, onde sua arte fora "tão bem compreendida". Para encerrar a visita, um número musical e literário, com a declamação de poemas. Antes de sair do "quartel-general" da FNB, "onde foi saudada por uma grande multidão", Anderson teria registrado suas impressões no livro de visitantes[46]. Segundo o jornal *A Voz da Raça*, a sede social da agremiação era visitada quase que diariamente por pessoas da capital paulista, de cidades do interior e também de outros estados. E o seu valor

já se alardeia e repercute lá fora, transpondo mesmo as fronteiras do País. Miss Marian Anderson, a cantora de ébano, de voz inigualável, quando da honrosa visita que fez a FNB levou vários exemplares do órgão "A Voz da Raça", além de várias fotografias que são o testemunho do valor dessa entidade, e desta gente obreira e altiva nos anseios da elevação. E Miss Marian Anderson, chegando vitoriosa aos seus pagos, após a sua *tournée* artística, tornou-se lá em Chicago, no populoso bairro de Harlem, a mais entusiástica propagandista do valor e dos anseios da coletividade frentenegrina. O jornal "Chicago Defender" que temos sobre a mesa, ilustrado com amplas fotografias nossas e com vários amigos de simpatia ao negro brasileiro e especialmente aos frentenegrinos, é um atestado eloquente da amizade e gratidão que a criadora inabalável do "negro espiritual" vota pela FNB[47]

A Voz da Raça não se equivocava. A fama da FNB extrapolou "mesmo as fronteiras do País". Foi possível inclusive encontrar um caso de africano que se correspondeu com a agremiação, sintonizando-se com aquela "cruzada" em prol do soerguimento moral, cultural e social dos "homens de cor". Da cidade de Lourenço Marques (atual Maputo, capital de Moçambique), na "África Portuguesa", Mário Ferreira redigiu uma carta à FNB para declarar sua satisfação de tomar conhecimento da existência da agremiação afro-brasileira e lhe solicitar material informativo[48]. O renome da FNB se espraiou e cruzou o Atlântico. Esse movimento faz pensar que, além do sentido de leste a oeste, isto é, da África para as Américas, deve-se ficar atento para o sentido inverso, para as aportações da diáspora na África. O gesto de Mário Ferreira também é importante porque indica como os negros se comunicavam, numa relação dialógica entre as duas costas. Esses intercâmbios foram, progressivamente, constituindo as dinâmicas estruturas de comunicação bilateral, e mesmo multilateral, ao mesmo tempo que pavimentaram e articularam uma visão conectada da experiência negra transatlântica.

A organização dos afro-brasileiros tornou-se um paradigma de movimento social bem-sucedido, alimentando esperanças, fermentando anseios e expectativas, influenciando a luta por direitos civis e impulsionando as retóricas e as políticas raciais levadas a cabo por negros de outras partes do mundo. George Andrews assinala que o exemplo da FNB provocou a "criação do Partido Autóctono Negro no Uruguai em 1937". Com grande entusiasmo, o Partido Autóctono chegou a participar das eleições e fazer campanhas intensivas para seus candidatos[49]. Em sua edição de 11 de janeiro de 1936, o *Chicago Defender* trazia – logo na primeira página – uma ampla matéria, cuja manchete estampada com letras garrafais era bastante sugestiva: "American Race Group Takes Cue from Brazil; Maps Drive to Shake off Shackles in 1936" (Grupo Racial Americano toma o exemplo do Brasil; Mapeia Campanha Para Livrar-se dos Grilhões em 1936). A matéria falava da plataforma de atuação e dos desafios da recém-criada North American Fronte Negra: "Reagindo ao amargo sofrimento que a Raça tem sido forçada a suportar nas mãos de uma preconceituosa e hostil nação", a Frente Negra Norte-Americana "lançou um implacável programa para 1936, determinada a manter a batalha até que a viciosa política de segregação racial da América seja destruída"[50]. Não foi possível obter maiores detalhes dessa organização, mas só o fato de ela se remeter à sua congênere afro-brasileira já na escolha do nome, é algo deveras surpreendente.

Quando o órgão da imprensa afro-americana pautou a luta dos trabalhadores de Porto Rico, reportou-se ao agito protagonizado pelos comunistas e mencionou o espectro da FNB no país do Caribe. Outrora "indiferentes" aos problemas da massa "sofredora", as autoridades locais se encontravam, a partir daquele instante, adquirindo consciência de que era "sábio" assistir aos trabalhadores e assim "atrasar a inevitável cristalização da massa em uma frente comum". Debalde, contava a reportagem, pois os "líderes da classe trabalhadora organizaram uma Frente Negra para solidificar seus interesses e reforçar suas demandas". No final, o jornal fazia uma grande revelação: esse "passo" dos subalternos "habitantes da ilha [do Caribe] foi inspirado pelo sucesso que tem obtido a Frente Negra Brasileira"[51].

Mais do que assumirem a agência de seu destino, os frente-negrinos serviram de fonte de orgulho, entusiasmo e estímulo para seus "irmãos de cor" da rede transatlântica e, no caso dos afrodescendentes da América do Sul, da América do Norte e do Caribe, eles foram concebidos como parâmetro em matéria de organização coletiva. Suas ideias, campanhas, lutas e cenografias causaram um impacto considerável, despertando o interesse não só das entidades negras, como de algumas organizações populares sensíveis às lides dos trabalhadores. Apesar das dificuldades de se obterem notícias externas e da precariedade da imprensa na década de 1930, os africanos e seus descendentes em diáspora não viviam isolados uns dos outros; pelo contrário, eles interagiam num circuito vivo e dinâmico de trocas de experiências, de circulação de ideias e de conexões político-culturais. Nesse circuito, os afro-brasileiros não cumpriram um papel de passividade diante das influências externas, quer aquelas advindas dos Estados Unidos, quer aquelas do Caribe ou mesmo da África.

No dia 7 de março de 1936, o *Chicago Defender* publicou uma reportagem na qual discutia um controvertido projeto de colonização da África pelos negros nascidos na "América". Apresentado na Assembleia Legislativa do estado estadunidense da Virgínia, o projeto teve apoio de todos aqueles que defendiam a "repatriação do povo afrodescendente para Libéria como um meio de resolver o problema racial". Todavia, líderes da "raça" e organizações negras, preocupados com essa "bomba" que ameaçava causar graves danos a todo "progresso que a raça conseguiu nesse país desde a emancipação", condenaram o projeto: "Nosso lugar e lar são os Estados Unidos, onde nascemos e onde, segundo a constituição, somos cidadãos". Inconformado, um líder negro de Chicago argumentou com base no exemplo brasileiro:

No Brasil, a apenas dois dias da África, os negros não estão partindo para o continente africano. Ao invés disso, eles estão resolvendo suas próprias questões no Brasil. Eles têm a Frente Negra, uma organização de negros e brancos que concentra todos os esforços no Brasil para fazer que todos, independentemente de cor ou raça, tenham chances iguais.[52]

Mesmo cientes dos dilemas, desafios e impasses de seus "irmãos de cor" de outras partes do mundo, os afro-brasileiros fizeram escolhas e abraçaram um projeto emancipatório próprio, baseado no binômio "raça" e "nação". Em vez de um projeto separatista, caracterizado pela formação de instituições paralelas, ou mesmo pelo retorno à África, preconizava-se a assimilação à comunidade nacional. Para os quadros da FNB, a luta contra o "preconceito de cor" era uma luta nacional, ainda que com implicações locais ou globais[53]. O mais interessante, porém, dessa reportagem do *Chicago Defender* é constatar que, para solucionar o problema dos negros nos Estados Unidos, o projeto racial da FNB foi discutido, comparado e ventilado como alternativa por um líder afro-americano. Isso mostra como, no circuito afro-atlântico, os percursos são cruzados. No lugar de enfeixados em uma via de mão única, os signos, as plataformas e os referenciais das lutas políticas, estratégias de militância e narrativas de igualdade racial circulavam dinamicamente e viajavam nas redes de conexões político-culturais[54].

A FNB manteve intercâmbios dentro e fora dos limites do território nacional e, por vezes, espelhou-se seletivamente na experiência histórica dos afro-americanos. Em determinada edição, o *Chicago Defender* publicou a carta de um membro da diretoria da agremiação afro-brasileira, congratulando-se com Robert Abbott e o convidando para participar do Congresso Universal da Raça, previsto para ocorrer em São Paulo em 23 de maio de 1938[55]. Não obstante, a recíproca era verdadeira. A FNB tornou-se uma referência para alguns ativistas afro-americanos. Sua sede foi visitada por símbolos da modernidade afro-diaspórica, como a cantora Marian Anderson, e notícias sobre a organização foram divulgadas no "meio negro" dos Estados Unidos. Nesse movimento circular, de permutas de ideias, experiências e cosmovisões, os afro-brasileiros surpreenderam os afro-americanos não somente no terreno político como em outras esferas da vida social e estético-cultural. Uma dessas situações foi documentada pelo *Chicago Defender*. Na edição de 9 de março de 1940, o jornal revelava que Robert Abbott fora o responsável pela introdução, no meio negro de seu país, do "talentoso poeta lírico do Brasil Cruz e Souza, cujos poemas são respeitados por autoridades competentes como uma das mais representativas joias literárias do Brasil"[56].

Portanto, a explicação mais convincente para o relativo destaque conferido à FNB pelo *Chicago Defender* diz respeito ao prestígio que essa organização auferiu no circuito afro-atlântico. O bradar dos negros no Brasil ecoou e chegou aos ouvidos de seus "irmãos de cor" do outro lado da linha do Equador. Até lá, o oceano Atlântico, com o ritmo de suas ondas, seus ventos e suas marés, levou e transmitiu ideias de raça, identidade, cultura e nação. Quando aportadas, essas ideias foram apropriadas e ressignificadas em contextos locais. É verdade que, nas primeiras décadas do século XX, as "garras" da hegemonia cultural estadunidense começavam a se insinuar sobre o Brasil. Com efeito, não é menos verdade que, em matéria de política racial, os ventos daqui igualmente sopravam sobre lá. Ciente da importância da FNB no cenário do transnacionalismo negro, Abbott não perdeu a oportunidade de abrir espaço em seu jornal para acompanhar a trajetória da agremiação afro-brasileira. E como esta era vista como um ícone de luta e resistência no circuito afro-atlântico, nada mais "natural" do que carregar na tinta para retratá-la, transmitindo imagens e representações panegíricas, celebrativas e triunfalistas.

Em obra seminal, Paul Gilroy advertiu para a importância de apreender as experiências e vivências das populações afro-diaspóricas inseridas no sistema Atlântico Negro, esse versátil sistema formado pelos fluxos e refluxos contínuos de pessoas, informações, práticas, símbolos e artefatos político-culturais. Entretanto, o sociólogo inglês concentra a sua atenção no hemisfério Norte – sobretudo no mundo de língua inglesa, europeu e americano – e pouco investiga a contribuição dos afro-brasileiros para o *fazer-se* dessa rede de conexões e transferências[57]. Urge aprofundar essa questão, (re)dimensionando a participação do "Atlântico Negro Sul" no processo de formulação de estéticas, ideias, projetos e expectativas que viajaram por diversos rincões, sendo apropriadas e recombinadas no Novo Mundo, na Europa e na África.

Embora vivas e pulsantes, as conexões afro-diaspóricas na arena transnacional não anulam a alteridade. Afinal de contas, elas são mediadas pela dinâmica de "leitura" e "tradução": os afrodescendentes interpretam as mensagens externas em termos locais, ressignificando-as ou adaptando-as a partir de suas próprias categorias culturais e seus programas políticos[58]. A pesquisadora Micol Seigel mostra bem isso ao esquadrinhar o movimento que reivindicava a construção do monumento à "mãe preta", em 1926. Lançado pelo jornalista Cândido de Campos, redator do diário carioca *A Notícia*, o movimento recebeu apoio de diferentes segmentos da sociedade – como jornalistas, políticos, religiosos, estudantes, militantes e artistas –, tanto negros quanto brancos, do Brasil e do exterior. As leituras do jogo, porém, divergiam. Enquanto os militantes afro-brasileiros aproveitaram o movimento como vitrine para dar visibilidade às retóricas de igualdade racial e inscrever as expectativas de cidadania na agenda nacional, o jornal de Abbott preferiu interpretar o movimento no sentido de reforçar a visão de que as relações raciais no Brasil eram opostas às dos Estados Unidos. Em vez de conflito e de segregação entre pessoas negras e brancas, aqui prevaleceria o clima de confraternização racial e união nacional. Por isso, em sua cobertura do movimento pró-monumento à mãe preta, o *Chicago Defender* "zelosamente se recusou a chamar os afro-brasileiros de 'negros', ou do termo menos usual *black* (preto), ou caracterizar o movimento como associado a uma raça em particular"[59].

Retomando, então, a polêmica desencadeada por Pierre Bourdieu e Loïc Wacquant[60]. O movimento negro brasileiro tem sido acusado de ser mero receptor e reprodutor passivo, mimetizando políticas, modismos e retóricas raciais forjadas e orquestradas pelos Estados Unidos. Será que as trocas intelectuais fluem apenas em uma direção – como argumentaram os sociólogos franceses? Será que o ativismo negro brasileiro nunca influenciou o seu congênere estadunidense? Centrado no período anterior à Segunda Guerra Mundial e ao Movimento dos Direitos Civis, este estudo apresentou evidências que demandam uma resposta menos simplificada e dicotômica, posto que o movimento negro local também foi produtor e irradiador de ideias, aspirações, políticas e narrativas, as quais ultrapassaram a fronteira nacional e tiveram ressonância em solo *yankee*. Ademais, como pesquisas recentes vêm sugerindo[61], a questão parece ser menos de "origem" e/ou de "influência" de ideias e mais da circulação, da apropriação e dos significados em torno delas.

A diáspora africana é um processo que, embora em permanente formação[62], legou o desenvolvimento de um conjunto de "comunidades imaginadas"[63]. Partindo de uma abordagem transatlântica, cabe ao pesquisador perscrutar no interior da diáspora as fontes de diálogos e interligações, os percursos cruzados e entrecruzados, os pontos de aproximação, afastamento e intersecção; em suma, cabe ao pesquisador mirar nos "contextos transnacionais de ação"[64]. Como se fossem um bumerangue, informações, articulações, projetos ideológicos, sonhos, fé e esperança de ativistas e organizações afro-diaspóricas transitavam, e mesmo giravam, com idas e voltas, em movimentos multilaterais em vias de mão dupla. As conexões estabelecidas entre o *Chicago Defender* e a FNB desvendam uma teia de interesses compartilhados, mas também são barômetros de interpretações peculiares sobre a política racial nos umbrais do Atlântico Negro.

Duas últimas palavras. Em perspectiva mais ampla, esta investigação acenou para o respeito e a admiração mútua que os negros dos Estados Unidos e do Brasil mantinham entre si. Mais ainda: apontou pistas acerca das reverberações da diáspora deste país naquele, assunto ainda pouco explorado pelos pesquisadores. O foco apenas no lado estadunidense minimiza (ou oblitera) importantes aspectos históricos do lado brasileiro[65], como, por exemplo, as formas de luta e resistência dos afrodescendentes no pós-abolição, e o papel que estes desempenharam na rede de comunicação transatlântica, contribuindo, assim, para a elaboração e reelaboração dos referentes político-culturais contemporâneos.

8. "Em Defesa da Humanidade"

A Associação Cultural do Negro na Arena do Black Internacionalism[1]

> *Negro emancipation has expanded with the centuries; what was local and national in San Domingo and America is today an international urgency.*
>
> C.L.R. JAMES[2]

Em 1954, José de Assis Barbosa, conhecido por Borba, encontrou-se, por acaso, com seu antigo amigo José Correia Leite no centro de São Paulo. Entre cumprimentos e salamaleques, eles resolveram colocar a conversa em dia e, como cidadãos bem informados, falaram sobre um assunto que mobilizara a opinião pública: as comemorações do quarto centenário da cidade de São Paulo. Os eventos foram aparatosos, havendo muitas homenagens às diversas "colônias" de imigrantes europeus (italianos, espanhóis e portugueses, sobretudo). Tidos como os responsáveis pelo desenvolvimento, progresso e modernização de São Paulo, tais imigrantes e seus descendentes foram rememorados, celebrados e festejados aos píncaros, ao passo que a contribuição do negro não foi devidamente reconhecida na efeméride. Segundo Correia Leite, isso aconteceu porque não havia uma entidade organizada para tratar dessa questão. Foi quando, ainda inconformado, ele se deparou com Borba, que lançou a ideia de criar uma entidade de "propaganda em defesa dos valores negros"[3].

Para ambos, o associativismo não era nenhuma novidade. Borba, quando jovem, na década de 1920, era atleta e participou de vários clubes de futebol formados apenas por "homens de cor", como se dizia na época. Simultaneamente, fez parte do quadro de associados do Centro Cívico Palmares (1926-1929), colaborou com o jornal da imprensa negra *O Clarim da Alvorada* e, mais tarde, foi um dos fundadores do Clube Negro de Cultura Social (1932-1938)[4]. José Correia Leite, por sua vez, criou, junto com Jaime de Aguiar, *O Clarim da Alvorada*, em 1924. Sete anos depois, enfronhou-se no movimento que resultou na edificação da Frente Negra Brasileira, considerada a mais importante agremiação afro-brasileira da primeira metade do século xx. Porém, por divergências político-ideológicas, afastou-se dela logo na fase inicial. A partir daí, contribuiu no soerguimento do Clube Negro de Cultura Social e, na década de 1940, na formação da Associação dos Negros Brasileiros. Portanto, por ocasião daquele fatídico encontro, Borba e Correia Leite já acumulavam a experiência de décadas no associativismo afro-paulista. Lançada a ideia, o primeiro iniciou uma campanha de mobilização racial. Conversas, reuniões informais e troca de ideias com "patrícios" daqui ou dacolá produziram adesões em escala crescente, até que a campanha adquiriu o mínimo de densidade. Então, uma assembleia geral foi convocada.

Na noite quente de 28 de dezembro de 1954, às vinte e uma horas, reuniram-se vinte três homens e duas mulheres em um salão da rua Augusta, n. 179, na capital paulista. Todos eram "de cor"[5]. Envoltos em um clima de ansiedade e incertezas, eles evitaram fazer qualquer prognóstico. A assembleia foi presidida por Manassés de Oliveira e secretariada por Maria Helena Lucas Barbosa. Na pauta, questões organizativas. Depois de Oscar Guaranha fazer uma exposição dos motivos da reunião, "de acordo com a ideia inicial dos convocantes", foi deliberado por unanimidade a fundação de uma sociedade "destinada a congregar as pessoas interessadas no movimento [...] que tivesse por finalidade fundamental a desmarginalização e recuperação social de todos os elementos que vivem em situação marginal, principalmente o elemento negro brasileiro". Oscar Guaranha sugeriu que a entidade se denominasse "Associação Cultural do Negro, o que foi aprovado unanimemente"[6]. Já ao término da assembleia, o clima era de entusiasmo e otimismo. Um novo movimento de promoção dos interesses dos afro-brasileiros se constituía.

O objetivo deste capítulo é analisar as formas de associativismo, mobilização racial e perspectivas internacionalistas no pós-guerra. A partir da experiência da Associação Cultural do Negro (ACN), com seus emaranhados de interlocuções plasmadas na arena nacional e transnacional, é possível avaliar formas de atuação e os sentidos do protesto negro em um contexto subexplorado pelas pesquisas acadêmicas brasileiras. Sugerimos que a ACN engendrou novas expectativas de conexões afro-atlânticas, na dimensão das redes político-culturais nas quais os africanos e seus descendentes na diáspora atlântica estabelecem contatos, trocam informações e discutem ideias emancipatórias enfeixados no movimento dialógico do pensamento social envolvente. Para além de espaço de produção, recepção e circulação de retóricas raciais, a ACN constituiu-se em importante polo na linha de reivindicações e denúncias das restrições dos direitos dos negros. Na medida em que articulou políticas raciais multilaterais, forjou diálogos "glocais" e realocou narrativas geopolíticas de igualdade no Brasil, sua trajetória distinguiu-se pela perspectiva transnacional afro-diaspórica[7].

O estudo da ACN nos propicia maior entendimento das formas de associativismo, especialmente por haver um rico acervo institucional (atualmente sob a guarda da Universidade Federal de São Carlos, SP). Sobre a Associação, há dezenas e dezenas de panfletos, boletins, atas, relatórios anuais, ofícios, notas jornalísticas, correspondências administrativas, fichas cadastrais, entre outros documentos que possibilitam escarafunchar a sua vida institucional: sua organização, seus projetos, sua dinâmica de funcionamento, sem falar nos direcionamentos, percalços, impasses, desafios e realizações.

A agremiação nasceu no período da história do Brasil conhecido por Segunda República (1945-1964) ou tempo da experiência democrática. Com a destituição do presidente Getúlio Vargas, chegou ao fim a ditadura chamada de Estado Novo. Uma atmosfera de euforia tomou conta do país com o restabelecimento da democracia. Em 1945, houve eleições e, no ano seguinte, foi promulgada uma nova Constituição. Tempos de nacionalismo, de desenvolvimentismo, da entrada em cena de novas personagens, com grandes mobilizações populares e lutas por ampliação de direitos, alimentando esperanças e sonhos de um Brasil mais justo, fraterno e igualitário[8]. No que diz respeito a São Paulo – visto como a locomotiva que puxava os vagões dos outros estados da Federação –, o Estado atravessou significativas transformações sociais, culturais e econômicas. O ritmo acelerado de desenvolvimento industrial, de urbanização, de crescimento da classe trabalhadora, dos setores médios e de expansão do sistema educacional possibilitaram novas perspectivas na vida dos negros, mas nada que fosse tão animador. Estes continuavam levando desvantagens em relação às pessoas brancas no mercado de trabalho, nas posições de prestígio, renda e poder, na rede de lazer e prestação de serviços, na estrutura educacional, no sistema político, no imaginário coletivo, em suma, na vida pública[9]. Foi nesse cenário que emergiu a Associação Cultural do Negro. Antes, porém, de perscrutá-la, cabe uma observação.

Na maior parte das pesquisas acerca da Segunda República, questões como cidadania, embates por direitos, participação democrática, formas de associativismo, partidos políticos, sindicatos, greves e ideias nacionalistas e internacionalistas dialogaram pouco com as experiências e expectativas da população negra. Relegar essa temática para o campo de estudo das relações raciais tendeu a generalizar, quando não encapsular, os significados que os atores da história conferiram a suas ações coletivas, estratégias mobilizadoras, lógicas discursivas, formas intelectuais e publicações. Não obstante, recentemente tem ganhado força um interesse acadêmico renovado pela história da população negra, não só nas dimensões africanas e da escravidão, mas, sobretudo, nas do pós-abolição. Novas personagens, vozes, contextos, eventos, agrupamentos e movimentos vieram à tona.

Apesar dos inegáveis avanços, os pesquisadores têm negligenciado ou não conferem a devida atenção à mobilização racial no tempo da experiência democrática[10], não é de estranhar, nesse sentido, os escassos trabalhos acadêmicos sobre a Associação Cultural do Negro, mesmo aqueles dedicados às relações raciais. Em texto de 1980 sobre as organizações negras de São Paulo, Clóvis Moura reservou um pouco mais de duas laudas à agremiação. Posteriormente, a Associação foi abordada de forma superficial ou secundária por Regina Pahin Pinto, Maria Aparecida Pinto Silva, Maria Angélica Motta Maués, George Reid Andrews, Michael George Hanchard e Paulina Alberto. A postura desses dois últimos brasilianistas, aliás, é emblemática. A pesquisa de Hanchard tem a pretensão de apreender o movimento negro brasileiro no

Rio de Janeiro e em São Paulo de 1945 a 1988. Entretanto, nela a ACN é digna de nota em duas linhas. Problema similar ocorre com o trabalho de Paulina Alberto, que, ao examinar como os ativistas e intelectuais negros de três cidades brasileiras (São Paulo, Rio de Janeiro e Salvador) lidaram com a "democracia racial", faz menções apenas perfunctórias à ACN[11].

Se é verdade que a mobilização racial no tempo da experiência democrática tem sido negligenciada, em contrapartida se discorre muito sobre a trajetória da Frente Negra Brasileira (FNB), na década de 1930, e sobre o Movimento Negro Brasileiro (MNU), nascido no final da década de 1970[12]. Isso significa dizer que nesse ínterim – entre o sepultamento da FNB e o nascimento do MNU –, os afro-brasileiros pouco envergaram suas demandas no campo dos direitos e da cidadania? Em outros termos: 1950 e 1960 foram realmente "décadas perdidas" de mobilização racial? Vamos aos fatos.

O ESTRIBAR

A Associação Cultural do Negro iniciou suas atividades em 1955, depois da aprovação e registro do seu estatuto em cartório. No primeiro artigo do documento, ficava estabelecido que a associação adotaria uma sigla com as letras iniciais do nome – ACN –, sendo uma sociedade civil, com a "finalidade de propugnar pela recuperação social do elemento afro-brasileiro". O segundo artigo definia que todos os cidadãos brasileiros, "em pleno gozo dos seus direitos civis", poderiam ingressar no "Quadro Social", sem distinção de "raça, cor, credo político, religioso ou filosófico"[13]. De fato, o estatuto da agremiação não proibia que pessoas não negras compusessem seu quadro de associados: a filiação e participação da historiadora Paula Beiguelman, do jornalista Henrique L. Alves e do empresário José Mindlin são exemplos disso. A primeira sede social da ACN foi instalada na praça Carlos Gomes, 153, 3º andar – conjunto 31, bem no centro de São Paulo. Do ponto de vista administrativo, a associação tinha uma estrutura centralizada, reunindo dois órgãos diretivos: um Conselho Superior, composto pelos "elementos que mais se destacarem nas atividades associativas", e uma Diretoria Executiva, responsável pela efetiva administração da associação e sua representação legal. Com sete membros escolhidos entre os componentes do Conselho Superior, a Diretoria Executiva era formada pelos cargos de presidente, vice-presidente, secretário geral, 1º e 2º secretários, 1º e 2º tesoureiros[14].

Ao longo de sua existência, a ACN convocou várias reuniões e assembleias do Conselho Superior[15] e acomodou relativa alternância em seus quadros dirigentes. O sócio-fundador José de Assis Barbosa foi eleito seu primeiro presidente. Sua gestão – caracterizada pelo trabalho de estruturação burocrática, desenvolvimento de um programa de atividades e arregimentação de novos associados – foi acompanhada pela de outras lideranças[16]. No tocante às finanças, a agremiação era mantida com recursos advindos mormente da mensalidade dos associados. Com o tempo, as doações constituíram outra importante fonte de recursos. Todo *aceneano* – este era o epíteto dado às pessoas que pertenciam à ACN – ganhava uma carteira social como membro associado (contendo os dados pessoais e uma foto 3x4) e uma cópia do estatuto, para se certificar de seus direitos e deveres. Todo o trabalho social realizado em prol da associação era voluntário, pois imperava o ideal de "recuperação social do elemento afro-brasileiro". Até aqueles que ocupavam cargos diretivos – como foi o caso de José de Assis Barbosa, José Correia Leite, Geraldo Campos de Oliveira e Henrique Antunes Cunha – conciliavam suas carreiras profissionais com as atividades ligadas à ACN.

É difícil dimensionar o número exato de associados. Com efeito, as informações disponíveis – ainda que fragmentadas – permitem traçar algumas estimativas. Segundo o relatório da Secretaria do Conselho Superior de 1956, teriam sido encontradas "850 fichas de associados" na sede social[17]. De acordo com um comunicado remetido ao Conselho Superior, existiam 527 associados inscritos em 1 de setembro de 1957. Entre essa data e 31 de julho de 1958, mais 235 sócios se inscreveram totalizando, assim, 762 associados[18]. Também não é tarefa fácil aquilatar o grau de aceitação da associação no meio afro-paulista. De todo modo, foi possível encontrar uma carta na qual Hélcio Lacerda dirigia-se aos "Exmos. Senhores Diretores da Associação Cultural do Negro", declarando que lia sempre as notícias atinentes à "magnífica" associação. Em razão disso, "gostaria que fosse aceito sócio, pois o serviço que [a ACN] presta pelas causas do negro do Brasil é grande". Declarava ainda ser "de cor" e que, residindo na cidade de Jaboticabal (SP), poderia difundir em "muito a causa e os assuntos" relacionados à associação[19].

Para facilitar a administração e a execução de alguns projetos, a ACN estruturava-se em departamentos. Em fevereiro de 1956, seu Conselho Superior aprovou a criação dos departamentos de Educação e Cultura, de Propaganda e Arregimentação, de Relações, de Recreação e Esportes, de Finanças e o departamento Feminino[20]. Apesar disso, apenas dois departamentos estavam em atividade em dezembro daquele ano: o de Recreação e Esportes e o Feminino[21]. O primeiro era o responsável por proporcionar aos associados os programas de lazer – como festas, bailes e convescotes – e as práticas desportivas – como "bola ao cesto" (basquete), voleibol e "pedestrianismo" (atletismo)[22]. Já o segundo, que reunia as mulheres da Associação, encarregava-se, por exemplo, da organização de "festividades", da ornamentação da sede e dos serviços de limpeza. Os demais departamentos não funcionavam por "falta de elementos capacitados para este mister"[23]. Em 1958, houve uma reforma na estrutura da associação, sendo aprovada a implantação da Comissão de Recreação e dos departamentos Feminino, de Esporte, de Cultura e Estudantil[24].

Na ocasião, um grupo de jovens aceneanos lançou *O Mutirão: Órgão da Associação Cultural do Negro*, jornal que, no primeiro número, trazia um artigo em que José Correia Leite – em nome do Conselho Superior da ACN – saudava o projeto editorial[25]. No segundo número, o subtítulo do jornal foi alterado para "Órgão do Departamento Estudantil da Associação Cultural do Negro". Intercalando noticiários de festas, comemorações, competições desportivas e informações acerca dos "vultos de origem negra que alcançaram a fama e a glória", suas edições tinham quatro páginas. Era mensal e publicado em formato tabloide. Em linhas gerais, *O Mutirão* serviu de tribuna aberta para discutir questões relacionadas a raça, nação, juventude, identidade e cultura.

Outro empreendimento editorial foi a publicação dos *Cadernos de Cultura da ACN – Série Cultura Negra*. O primeiro livro da série foi uma coletânea reunindo textos de Sérgio Milliet (*Alguns Aspectos da Poesia Negra*), de Artur Ramos (*O Negro e a República*) e poemas de Oswaldo de Camargo e Carlos de Assunção.

Para o lançamento, na sede da União Brasileira de Escritores, em 13 de dezembro de 1958, a associação preparou um "recital de canto, música e poesia" e convidou várias entidades e personalidades, entre as quais Jânio Quadros, então governador do Estado de São Paulo[26]. Em 1961, a ACN publicou o segundo livro da série: *Cruz e Souza – o Dante Negro*, do escritor Henrique L. Alves. No mesmo ano, o terceiro livro – *15 Poemas Negros*, de Oswaldo de Camargo – veio a lume. Em 1962, foi a vez do quarto livro: *Fatores Determinantes da Formação da Cultura Afro-Brasileira*, do jornalista Nestor Gonçalves. Nesse mesmo ano, editou-se *Nina Rodrigues e o Negro do Brasil*, também de Henrique L. Alves[27]. Em uma época em que havia poucas obras disponíveis no mercado editorial sobre a história e cultura afro-brasileira, a publicação dos *Cadernos de Cultura da ACN* foi uma iniciativa importante. E malgrado a baixa tiragem, precária divulgação e limitada distribuição, suas edições não passaram despercebidas. Em relatório de suas atividades gerais, a Associação reconhecia que a publicação dos *Cadernos de Cultura* era uma das realizações de melhor resultado "no sentido da sua divulgação e penetração nas camadas mais responsáveis e representativas não só da sociedade brasileira, mas de outros países, principalmente nos países da África"[28].

A ACN procurou viabilizar diversas ações no campo educacional. Havia um entendimento de que o letramento era, senão o principal, um dos mais importantes instrumentos pelo qual o negro lograria conquistar respeitabilidade, reconhecimento, oportunidades na vida e qualificação para o mundo do trabalho[29]. Recebendo educação, o negro poderia apropriar-se dos códigos da sociedade moderna e civilizada, conhecer sua história, sua cultura e, em última instância, fazer valer os seus direitos de cidadão. No seu Plano de Trabalho de 1961, a Associação prometia "providenciar o funcionamento do curso de Educação de Adultos, a título gratuito, de grande alcance social e cívico e de inestimável utilidade para as pessoas sem recursos"[30]. Dois anos mais tarde, ela havia cumprido parte da promessa, uma vez que anunciava a oferta dos cursos de inglês, português, matemática, oratória e jornalismo, os quais eram ministrados por professores de "elevado grau de categoria intelectual"[31]. Em 1965, voltava a constar no relatório de atividades que a ACN oferecia "curso gratuito de alfabetização, aulas de português, aulas de jornalismo prático, aulas de inglês, aulas de matemática"[32], além de disponibilizar uma biblioteca, que funcionava para uso exclusivo dos associados. Quanto à questão de gênero, convém reiterar que a ACN criou o Departamento Feminino, a princípio dirigido por Sebastiana Vieira[33]. Ao lado desta, outras aceneanas ganharam visibilidade na associação. Jacira da Silva foi diretora d'*O Mutirão* e do Departamento Estudantil; já Pedrina Faustina de Alvarenga dos Santos foi tesoureira e "entusiasta" diretora dos esportes femininos, enquanto Nair Theodoro de Araújo – que era atriz, declamadora e cantora – foi diretora do Departamento de Cultura por breve período. Em que pesem tais perfis e iniciativas, a ACN não desenvolveu nenhum trabalho dirigido para tratar, especificamente, da questão da mulher negra. Mais ainda: as mulheres constituíam uma força política importante, porém minoritária na Associação. Poucas delas ocupavam cargos nas principais instâncias de decisão[34].

O APOGEU

Terminada a fase de estruturação, a ACN consolidou-se e dinamizou-se em um ritmo acelerado. Sua transferência de sede em 1957 foi um marco desse processo. O crescimento do quadro associativo teria ultrapassado as expectativas iniciais, "criando o problema da escassez de local para a realização das atividades". Seu novo endereço passou a ser avenida São João, n. 35, 16º andar do edifício América – salas 1613, 1614 e 1615[35]. No período de apogeu, a agremiação organizou, fomentou e participou de diversas atividades culturais (comemorações cívicas, sobretudo relativa à promulgação da Lei Áurea[36], conferências, tributos aos ícones negros do passado e do presente, "cursos educacionais", coral, saraus e apresentações de música, dança, teatro e até de uma sessão cinematográfica, com a projeção de *Sinhá Moça*, filme cujo elenco contava com a presença da atriz afro-brasileira Ruth de Souza). Acreditava-se que o negro venceria na vida à medida que conseguisse elevar seu nível cultural. Somente no ano de 1956, ela patrocinou a I Convenção Paulista do Negro, a Semana Nina Rodrigues, A Noite de Castro Alves, A Noite de Luiz Gama, as Comemorações da Data de Aniversário de José do Patrocínio, a Semana da Mãe Preta, as Reuniões Dançantes, o Desfile de Modas, no Clube Recreativo Royal, e o Baile comemorativo do segundo aniversário de fundação da ACN[37].

Tal mobilização racial despertou a desconfiança por parte dos órgãos de controle e repressão aos movimentos sociais. Nesse período, a polícia política continuou sendo acionada para monitorar, quando não coibir, todo tipo de atividade suspeita dos movimentos sociais – dos operários, comunistas, trabalhadores rurais, estudantes, mas também dos negros. Eventos que envolviam entidades, reuniões, comícios e protestos eram particularmente vulneráveis. O Departamento de Ordem Política e Social (Deops) vigiava a ACN. Seus agentes secretos se infiltravam na Associação e acompanhavam suas atividades. Por exemplo, no dia 11 de outubro de 1957, o investigador identificado pela senha "104" infiltrou-se na reunião da ACN e produziu o seguinte relatório para o delegado do Deops:

> A presente reunião teve início às 21,15 horas, terminando por volta de 22 horas e contou com a presença de trinta pessoas. Usaram da palavra os senhores: Américo Orlando Costa, Geraldo Gomes de Oliveira, Presidente do referido Centro. O Sr. Américo Orlando Costa discorreu sobre José do Patrocínio, por motivo da passagem de 104º aniversário de seu nascimento, exaltou também suas qualidades de abolicionista. O Sr. Geraldo Gomes de Oliveira teceu comentários sobre as ocorrências havidas nos Estados Unidos, nas quais estão envolvidos negros daquele país. Ao terminar solicitou que a mesa providenciasse e encaminhasse uma mensagem de protesto ao Presidente e ao Governador do estado americano onde se deram as ocorrências.[38]

No que tange à sua linha de atuação, a ACN investiu em uma política de alianças com diferentes setores da sociedade civil e do poder público. Sua expectativa era de que o apoio efetivo e/ou simbólico desses setores elevasse o conceito da Associação junto à opinião pública, legitimasse seus projetos e, principalmente, fortalecesse a luta contra o "preconceito de cor". Para se aproximar ou estabelecer algum tipo de vínculo com estudantes, intelectuais, artistas, jornalistas, empresários, políticos e autoridades públicas, a ACN geralmente os convidava para ministrar palestras nos eventos solenes, participar das atividades desenvolvidas, filiar-se ou mesmo publicar em seus veículos de divulgação – especialmente nos *Cadernos de Cultura*. Pode-se supor que a estratégia surtiu efeito. A ACN foi visitada por Freitas Nobre – vice na gestão do prefeito Prestes Maia (1961-1965) – e recebeu a presença de Porfírio da Paz – vice na gestão do governador Jânio Quadros (1959-1963) – na cerimônia de inauguração do medalhão de bronze em homenagem ao poeta Cruz e Sousa[39]. Jânio Quadros, aliás, franqueou uma "inestimável colaboração" à associação, subvencionando alguns de seus eventos[40]. Adhemar de Barros foi outro chefe do executivo paulista que lhe apoiou[41]. O então deputado estadual afro-brasileiro, Esmeraldo Tarquínio Soares de Campos, foi além e a ela se filiou. Comparecendo a algumas de suas atividades, chegou a doar "verba pessoal" e intermediar, junto ao executivo estadual, a doação de verbas, "que foram empregadas em dívidas patrimoniais da associação"[42]. Um canal de diálogo, e mesmo de negociação, foi aberto com o poder público. Por exemplo, os ofícios da ACN, remetidos aos prefeitos da capital e aos governadores do estado bandeirante em datas especiais, costumavam ser respondidos, ainda que de maneira lacônica. Os políticos com mandato – vereadores, deputados estaduais ou federais e governadores – geralmente lhe parabenizavam pelo aniversário. Sua delegação foi até recebida pelo prefeito de Ribeirão Preto, quando de sua visita à cidade, em novembro de 1958[43].

A associação foi beneficiada, ainda, por uma rede de colaboradores "ilustres", dos quais se destacaram Colombina (nome artístico de Yde Schloenbach Blumenschein), Serafina Borges do Amaral, Amélia Penteado; intelectuais como Sérgio Milliet, Afonso Schmidt, Florestan Fernandes, Otavio Ianni, Paula Beiguelman; jornalistas como Nestor Gonçalves, Henrique L. Alves; e empresários como José Mindlin. Para a ACN, era importante ter essas pessoas distintas vinculadas a ela, conferindo-lhe capital simbólico e político e funcionando como interlocutores na resolução de seus problemas em instâncias com maior dificuldade de acesso. Da perspectiva dos "ilustres", por outro lado, aproximar-se da Associação servia para ampliar o seu leque de influências e prestígio. Desses colaboradores, Florestan Fernandes foi sem dúvida o mais celebrado. Em 1961, a diretoria da ACN enviou votos de felicitações pelo seu empenho na aprovação do projeto que tramitava no "Parlamento sobre a reforma de base e diretrizes da Educação Nacional"[44]. No ano seguinte, o indicou como seu representante junto às entidades da sociedade civil e das pessoas interessadas em tratar de assuntos ligados às finalidades culturais[45]. Em 1965, ele foi escolhido para receber uma honraria: "Considerando a monumental obra apresentada por Vossa Senhoria no livro intitulado 'A Integração do Negro à Sociedade'; considerando ainda a antiga e profunda amizade que lhe devotamos; a ACN resolveu conceder-lhe o título de sócio honorário, pelo que muito nos desvanece."[46] A entrega dessa honraria a Florestan Fernandes ocorreu na sede social da entidade em sessão "magna" de 13 de maio, fazendo parte, assim, das comemorações da abolição da escravidão[47].

A ACN mantinha intercâmbio com diversos agrupamentos congêneres, localizados no Rio de Janeiro, Minas Gerais, Rio Grande do Sul e, especialmente, no interior de São Paulo – em cidades como Sorocaba, Campinas, Santos, Piracicaba, Limeira, Araraquara, Jundiaí, Tietê, entre outras. Na documentação coligida, foi possível identificar mais de cinquenta agrupamentos com os quais ela estabeleceu algum tipo de contato e/ou correspondência[48]. A associação patrocinou várias atividades para as quais as "coirmãs" foram convocadas a comparecer. Uma delas, a I Convenção Paulista do Negro, ocorreu na sede do Sindicato dos Metalúrgicos de São Paulo em 1956. Sua finalidade era garantir o debate democrático dos problemas atinentes à população negra, "bem como o estudo de processos cujo encaminhamento visasse à sua integração na coletividade brasileira"[49].

Quando a circunstância exigia, a ACN tomava posição pública contra as "manifestações discriminacionistas", seja dentro ou fora do Brasil. Em agosto de 1958, Geraldo Campos de Oliveira – o então presidente da Associação – concedeu entrevista ao *Última Hora* e frisou que, aqui, o "problema da segregação racial, ao contrário do que se apregoa, existe de maneira bastante atuante". Era um tipo de discriminação que ele denominou de "envergonhado", isto é, "feito veladamente". Haveria "inúmeros exemplos" que demonstravam sua existência: "em todos os nossos principais clubes esportivos, os negros são impedidos de frequentar as piscinas e daí a razão de não haver nadadores de cor". O mesmo ocorreria em "numerosas outras atividades, em que a tez do indivíduo é condição *sine qua non* para sua admissão". Portanto, "quando se diz que no Brasil o problema não existe, que nosso país é o protótipo da integração e da igualdade, está se dizendo uma inverdade"⁵⁰.

Em 1959, a ACN se insurgiu contra a Sociedade Esportiva Palmeiras, por ter excluído de sua "delegação de cestobolistas, que seguiu em excursão aos países da União Sul-Americana, o atleta negro Walter"⁵¹. No mesmo período, a cantora Marita Luizi – chamada de "a artista negra do Sumaré" – foi alvo de "preconceito de cor" por parte da direção do Restaurante Zillerthal, na capital paulista, que não quis atendê-la. A Associação, "no tempo oportuno, manifestou-se contra referida atitude, coerentemente com sua posição antirracista, divulgando expressivo manifesto a esse respeito"⁵². De maneira análoga, ela denunciou a política de intolerância contra os alunos negros do colégio Nossa Senhora Aparecida, localizado na cidade de Encantado, no Rio Grande do Sul. Para tanto, realizou um debate público em sua sede sobre o tema "discriminação de cor – nos esportes, agremiações esportivas e recreativas, bem como em entidades culturais e religiosas". Quando o então governador daquele Estado, Leonel Brizola, mandou abrir sindicância para apurar o ato de discriminação racial do colégio, a ACN lhe enviou uma mensagem de congratulação⁵³.

Um destaque nas ações da ACN foram os seus esforços para estabelecer conexões com lideranças, movimentos, associações e eventos internacionais no concerto da diáspora negra. Paul Gilroy assinalou como estratos da população africana e seus descendentes no Mundo Atlântico – em particular do eixo Américas-Caribe-Europa-África – viajaram, dialogaram, efetuaram trocas, empréstimos e influenciaram-se mutuamente, com a difusão, apropriação e reelaboração de produtos e artefatos culturais, estilos estéticos, ideias políticas e projetos libertários, constituindo um híbrido circuito de interconexões que ele rotulou de Atlântico Negro⁵⁴. No pós-guerra – em um contexto de Guerra Fria, de luta por direitos civis nos Estados Unidos, de *apartheid* e de descolonização na África –, a ACN buscou se inserir no circuito mais amplo da diáspora afro-atlântica sob múltiplas perspectivas. Ela acompanhava (e ecoava) os fatos da conjuntura internacional que atingiam direta ou transversalmente a vida do africano e seus descendentes. Suas atenções voltavam-se notadamente para os Estados Unidos, onde em Little Rock, no estado de Arkansas, e em outras cidades explodiam conflitos raciais devido à resistência ao fim das medidas segregacionistas[55]. Em 1957, a ACN enviou uma correspondência a Orval Faubus, governador de Arkansas, manifestando o seu "veemente protesto contra a atitude deploravelmente hostil aos negros, incentivada pelos grupos racistas dos quais V. Excia. é um dos líderes"[56]. A associação organizou um ato de solidariedade aos afro-americanos e a um só tempo remeteu uma carta ao então presidente Dwight Eisenhower, saudando-o por sua posição "serena, firme e acima de tudo justa" diante daqueles acontecimentos[57].

Assim que John Kennedy assumiu a presidência dos Estados Unidos em 1960, irrompeu-se um clima de grandes expectativas. O país continuava mergulhado em um cenário de violentos distúrbios entre brancos e negros e de crescentes mobilizações pelos direitos civis. Tempos, pois, de angústias, sofrimentos e incertezas, mas também de fé e esperança em um futuro mais promissor à luz de ideias, mensagens, místicas e paradigmas emancipatórios. Tanto os distúrbios raciais quanto os embates por direitos eram amplamente divulgados pela imprensa estrangeira. John Kennedy se opôs ao regime *Jim Crown* – legislação que apartava brancos e negros em domínios como educação, transporte, espaço público, casamento e lazer – e adotou uma postura política favorável à integração racial. Em 1961, criou a Ordem Executiva n. 10.925, na qual empregou pela primeira vez o termo *affirmative action* (ação afirmativa) ao estabelecer a Comissão para a Igualdade de Oportunidades no Emprego. Por essa e outras medidas, Kennedy passou a ser visto como um aliado dos afro-americanos em várias partes das Américas e da África[58]. A ACN chegou a enviar uma correspondência ao cônsul-geral estadunidense solicitando seus "bons ofícios", para que chegasse às mãos do presidente Kennedy uma mensagem de "congratulações", em que manifestava a sua "solidariedade, admiração e respeito" pela atitude "enérgica e firme" com que se houve o "nobre presidente, na defesa de um postulado consagrado nos princípios dos 'Direitos Humanos' – diante do desafio dos racistas de Oxford, Mississipi, no atual conflito pelo cumprimento de uma lei sábia e humana, qual seja, a da integração racial, na grande democracia do norte"[59].

Se os distúrbios raciais dos Estados Unidos estavam chamando a atenção da opinião pública internacional, algo similar ocorria com a África do Sul a partir do recrudescimento do regime do *apartheid* – regime segundo o qual os negros eram obrigados a viver separadamente dos brancos, de acordo com uma legislação que os impediam de exercer a cidadania plena. Os consecutivos episódios de violência contra o negro do outro lado do Atlântico tinham repercussão na imprensa brasileira e, diante deles, a ACN não costumava se omitir. Em vários momentos, a Associação recriminou o racismo institucionalizado do país africano. Por exemplo, em 1959, os atletas negros da Associação Atlética Portuguesa, de Santos, foram discriminados pelas autoridades de Capetown (África do Sul) e não tiveram permissão para desembarcar na cidade. Contra tal atitude, a ACN lançou uma moção de repúdio, "no que foi amplamente apoiada pelos seus associados e simpatizantes"[60]. A moção evocava a "consciência democrática universal, em luta contra todas as discriminações que não se fundamentem em valores morais", para pressionar o governo brasileiro a tomar uma posição. Se a "União Sul Africana" assinava a Carta da Organização das Nações Unidas (ONU) e, consequentemente, zelava pelos princípios norteadores da Declaração Universal dos Direitos do Homem, o Brasil não poderia aceitar ter ao seu lado a representação de um país que violava os compromissos assumidos livre e espontaneamente: "do nosso ponto de vista, o governo brasileiro deve levar o caso à ONU, propondo que seja eliminado dos quadros daquela organização internacional qualquer país que mantenha oficialmente discriminação de qualquer natureza". Ao final do documento, a ACN manifestava "de público a sua solidariedade e apoio às organizações culturais, políticas, sociais e esportivas da União Sul Africana, na luta contra a segregação e pela libertação dos povos africanos"[61].

No dia 21 de março de 1960, em Joanesburgo – a maior cidade da África do Sul –, cerca de 20 mil negros protestaram contra a chamada Lei do Passe, que os obrigava a portar cartões de identificação especificando os locais por onde podiam circular. No bairro de Shaperville, os manifestantes se encontraram com tropas do exército. Mesmo sendo uma manifestação pacífica, o exército atirou contra a multidão, matando 67 pessoas e ferindo outras 186. Esse episódio, que despertou de vez a atenção da opinião pública internacional para o problema do *apartheid*, ficou conhecido como o Massacre de Shaperville[62]. Os aceneanos ficaram indignados e, em reunião de diretoria, resolveram convocar um "ato público de solidariedade às vítimas dos dolorosos acontecimentos na União Sul Africana"[63]. O ato ocorreu na sede da Associação Paulista de Imprensa, no dia 25 de abril, e contou com a presença de políticos, representantes de secretaria de governo, do Ministério Público, de corporações militares, de clubes negros, de grupos artístico-culturais, organizações civis, políticas, sindicais e estudantis[64]. Os trabalhos foram abertos pelo presidente da ACN, Geraldo Campos de Oliveira, que foi seguido por diversos oradores. Todos condenaram o quadro vigente na União Sul Africana, a "vergonha da civilização". Mereceu atenção também a situação da África portuguesa, tendo sido denunciado os massacres em São Tomé e o "regime de terror" imposto pelas autoridades portuguesas aos "nativos de Angola, Moçambique e outros territórios de ultramar", os quais se encontram com os seus "cárceres e campos de concentração cheios de pessoas que lutam pela independência de sua pátria e contra as discriminações raciais". No final dos trabalhos, foi aprovada a divulgação do seguinte Manifesto:

> As entidades e pessoas reunidas no memorável ato público promovido pela Associação Cultural do Negro, na sede da Associação Paulista de Imprensa, na noite de 25 de abril do corrente ano, e que subscrevem o presente manifesto, entendem que ninguém pode ficar indiferente aos clamores por liberdade, justiça e democracia, partidos das vítimas do massacre determinado pelo governo da União Sul Africana. Os acontecimentos sangrentos de Shaperville representam o ressurgimento de tudo aquilo contra o que a Humanidade lutou duramente no último conflito mundial. O mundo se encontra diante de uma absurda tentativa de restauração dos fundamentos ideológicos de nazifascismo, que são os fundamentos do "apartheid", com sua violenta negação do direito à liberdade, à igualdade, à justiça e à vida aos homens, mulheres e crianças negras sul africanas. [...] Com base nas convenções internacionais, que o Brasil honradamente subscreveu, e protestando contra as violências cometidas pelo nazifascista governo sul-africano, e nos solidarizando ainda com as massas negras, na sua luta pela liberdade, entendemos de apelar para o Governo Brasileiro, no sentido de que rompa definitivamente as relações diplomáticas e comerciais com a União Sul Africana, em defesa da Humanidade.[65]

Foi constituída a Comissão de Solidariedade aos Povos Africanos[66]. De igual maneira, foi deliberada a realização de uma campanha pública e diversos representantes da sociedade civil assinaram o manifesto. Dezoito dias depois daquele ato, a Comissão de Solidariedade aos Povos Africanos – da qual a ACN assumia papel dirigente – realizou um comício na Praça da Sé, no centro de São Paulo, em homenagem ao 13 de maio (data da libertação dos escravos no Brasil) e de solidariedade ao "povo da União Sul Africana, vítima do mais brutal e violento massacre por parte do governo nazifascista daquele país". O comício foi assistido por aproximadamente 150 pessoas, registrou o araponga do Deops em seu relatório. Fizeram uso da palavra Geraldo Campos de Oliveira, em nome da ACN, e mais dez oradores, entre políticos e representantes dos movimentos nacionalista, negro, sindical, estudantil e juvenil. Na avaliação dos promotores da manifestação, era de fundamental importância denunciar os "atentados à dignidade humana praticados na União Sul Africana e noutras colônias [do continente], onde impera a mais desenfreada exploração escravagista"[67].

A África do Sul não seria o único país do outro lado do Atlântico a fazer parte do universo de preocupações da ACN. Atendendo ao chamado do Movimento Afro-Brasileiro pela Libertação de Angola (Mabla), a Associação consorciou-se aos protestos que exigiam maiores informações sobre o que vinha sucedendo na chamada África portuguesa. Quando um grupo de pessoas ligado à colônia portuguesa em São Paulo preparava um festival para angariar fundos em benefício dos compatriotas que resistiam ao movimento de libertação colonial na África, a ACN reagiu com indignação: "quando os organizadores desse festival dizem que 'Portugal cantando chora seus mortos em Angola', é preciso que se chore também [...] os 150.000 refugiados no Congo e centenas de milhares de negros angolanos mortos na luta pela autodeterminação daquelas colônias, que, no atual momento, procuram seguir o exemplo de libertação de outras colônias do continente africano"[68]. A Associação chancelou a conquista da independência do Senegal em 1960[69], procurou acompanhar de perto o conflito no então Congo belga e, em 1961, instou a ONU a investigar a morte de Patrice Lumumba, o primeiro chefe de governo do Congo independente[70]. Na medida em que preconizava a solidariedade de todos os povos africanos e da diáspora, a ACN assumia a perspectiva do internacionalismo negro[71].

Talvez tenha sido exatamente por isso que suas ações, seus projetos e seus ideais não passaram despercebidos no circuito afro-atlântico. Ela foi a "única entidade representativa de elementos negros" a participar do Seminário Interamericano, evento realizado em São Paulo sob os auspícios da União Cultural Brasil-Estados Unidos e que também contou com participação de "duas eminentes líderes de movimentos negro-americanos: miss Edith Sampson, representante do prefeito de Chicago, e miss Dorothy Height, representante do Conselho Nacional das Mulheres de Cor, dos Estados Unidos"[72]. A ACN procurou concatenar-se com a Liga Mundial Pró-Direitos do Negro – a organização que, por acordo internacional, instituiu o 18 de fevereiro como Dia Mundial do Negro, em 1956 –[73] e trocou correspondências e informações com a National Association for the Advancement of Colored People (NAACP), uma das mais antigas e mais influentes instituições a favor dos direitos civis da população negra nos Estados Unidos[74]. Por sinal, Correia Leite se lembra de um professor afro-americano que tomou conhecimento da existência da Associação Cultural do Negro nos Estados Unidos e que, ao desembarcar em São Paulo, contratado para fazer algumas conferências, dizia querer conhecer a Associação e acabou sendo ciceroneado por Américo Orlando, então secretário da Diretoria Executiva da ACN. Tudo indica que a proposta de instalação da Comissão de Solidariedade aos Povos Africanos reverberou na África portuguesa, pois a Associação recebeu publicações do Movimento Popular de Libertação de Angola (MPLA) por um período[75]. Em 1958, ela recebeu em sua sede a visita da comitiva do Ballets Africains, dirigido por Keita Fodeba, da Guiné. Na cerimônia de recepção, foi lido o seguinte discurso:

A Associação Cultural do Negro não poderia deixar de registrar com satisfação a presença de Vv. Ss. em nosso país, e particularmente em nossa sede social. A Diretoria Executiva da entidade, interpretando os sentimentos de seus associados e colaboradores, vem congratular-se com esse elenco, pelo brilhante trabalho de divulgação da cultura negra, desenvolvido através de excursões a numerosos países da África, Europa e América. Apesar de conhecermos pouco da África contemporânea, temos acompanhado com interesse e simpatia os movimentos aí desenvolvidos em favor da sua emancipação social, econômica, política e cultural. Manifestações como o I Congresso de Escritores e Artistas Negros, realizado em setembro de 1956 em Paris, e os movimentos de autodeterminação de numerosas nações africanas repercutiram e repercutem no Brasil, e os apelos lançados pelas vozes poderosas de Aimé Césaire,

Birago Diop, Léopold Sédar Senghor, David Diop e tantos outros, ressoam ainda fortemente em nosso país.[76]

De fato, como o próprio Correia Leite relatou *a posteriori*, o I Congresso Mundial de Escritores e Artistas Negros – que reuniu na França, em 1956, intelectuais africanos e da diáspora para debaterem a "contribuição original da cultura negra à civilização" e (re)afirmarem discursos em torno do conceito de *negritude*, que preconizava o orgulho negro, a valorização cultural da África (a "terra-mãe") e a solidariedade de todos os "irmãos" negros do mundo, em vista da preservação de sua identidade comum – causou impacto entre os afro-paulistas, despertando-lhes o interesse pelo conceito de *negritude* articulado a partir das ideias do martiniquense Aimé Césaire, do senegalês Léopold Senghor, do estadunidense Langston Hughes e do guianense Léon Damas[77]. Segundo Mário Augusto da Silva, o próprio Léon Damas recorreu ao conglomerado de ativistas da ACN para organizar com poetas brasileiros a sua *Nouvelle somme de poésie du monde noir* (1967), editada em francês, inglês, português e espanhol. Teria recolhido poemas dos aceneanos Natanel Dantas, Eduardo de Oliveira, Carlos de Assumpção, Luiz Paiva de Castro, Marta Botelho e Oswaldo de Camargo. Quase uma década antes, Nicolas Guillén – poeta cubano ligado ao movimento *negrista* do Caribe hispânico – "também já havia travado contato com alguns dos frequentadores" da Associação[78]. Em 1959, a ACN foi convidada pela Société Africaine de Culture – importante polo difusor do movimento da *negritude* francesa e editora da afamada revista *Présence africaine*[79] – para representar as diversas entidades afro-brasileiras no II Congresso Mundial de Escritores e Artistas Negros, que aconteceria em Roma (Itália). Na ocasião, Alioune Diop – Secretário Geral da Société Africaine de Culture (S.A.C.) – também sugeriu que a associação afro-paulista liderasse um movimento pela criação da Amis de la Présence Africaine, uma espécie de seção da S.A.C. no Brasil, tendo em vista estudar os "problemas ligados à cultura afro-brasileira e a divulgação de todas as manifestações relativas a ela"[80]. A resposta foi imediata:

Estejam certos, os irmãos congressistas e a vitoriosa Sociedade Africana de Cultura, de que o nosso mais ardente desejo, o nosso mais acalentado sonho, o nosso mais profundo anseio – é o estabelecimento de contatos iniciais, que esta mensagem representa, e a manutenção de relações, dentro de um espírito muito fraternal, através dos tempos. É também a nossa manifestação, muito sincera e muito leal, de votos de pleno êxito nos trabalhos, aos nossos irmãos e orientadores universais, reunidos em Roma no II Congresso.[81]

Apesar do clima de euforia, os dirigentes da ACN constataram que não dispunham de condições financeiras para patrocinar o envio de um representante ao conclave. A alternativa encontrada foi desencadear uma campanha de doação junto à iniciativa privada. Após meses de campanha, os dirigentes conseguiram amealhar recursos suficientes para garantir a ida de um delegado – Geraldo Campos de Oliveira – ao II Congresso Mundial de Escritores e Artistas Negros, realizado em Roma. Tratou-se de um importante evento de articulação na diáspora africana e, de acordo com Gilroy, seus participantes escolheram como temas centrais de discussão a unidade da cultura negra e as "responsabilidades políticas criativas que recaíam sobre a nata de intelectuais negros responsáveis pela demonstração e reprodução dessa unidade"[82]. No retorno do congresso, Geraldo Campos trouxe uma série de documentos, teses e outras coisas, como um distintivo da revista *Présence africaine*.

A conexão da ACN com a Société Africaine de Culture foi renovada meses mais tarde. Quando o aceneano Israel de Castro conseguiu ir à Europa "em missão de estudos", a Associação preparou uma carta, endereçada ao "Ilmo. Sr. Alioune Diop", na qual dizia: "Valemo-nos do presente para apresentar a V.S. o professor Israel de Castro, Diretor – Tesoureiro da Associação Cultural do Negro – São Paulo, Brasil – que se dirige à Europa em missão de estudos, estando autorizado pela Diretoria Executiva de nossa entidade a tratar de questões relacionadas com a Société Africaine de Culture."[83]

Embora ainda faltem mais pesquisas para revelar os contornos e alcances dessas conexões entre lideranças, movimentos, associações e eventos na arena do internacionalismo negro, os indícios apontam contatos, entrelaçamentos e expectativas interculturais entre ativistas, artistas e intelectuais na diáspora e a apropriação política de repertórios hemisféricos com leituras locais de reivindicações. Seria interessante, nesse aspecto, avaliar os vetores desses paradigmas raciais *pari passu* ao ambiente de circulação e recepção de ideias, narrativas, agendas e projetos transnacionais traduzidos em âmbito local e vice-versa.

Quando entrevistado, Oswaldo de Camargo argumentou que havia na ACN "debate sobre a *negritude* [francófona], informações sobre a revolução que transcorria na África". Contudo, a "influência maior" para a Associação teria sido "a Renascença Negra [*Black Renaissance*] Americana, aquele movimento de recuperação de valores negros, mas dentro de um grande pacifismo de integração sobretudo pela arte, pela escultura, pela literatura etc."[84] Examinando a ACN por uma perspectiva estritamente cultural, o depoimento de Oswaldo de Camargo até que tem plausibilidade. Mas a Associação foi além de sua vertente cultural e assumiu um caráter multifacetado. Suas ações, estratégias e aspirações sugerem pensar nos diálogos cruzados de representações, símbolos e imagens; nas solidariedades multilaterais e nas plataformas translocais de políticas raciais. Uma coisa é certa. Em lugar de se restringir ao Brasil, ela procurou levar seu projeto para a esfera mais ampla do internacionalismo negro, articulando-se aos sentidos polifônicos da afrodiáspora. Protestos pelos direitos civis, lutas de libertação colonial, reconfigurações geopolíticas em estados-nação, enfrentamentos por cidadania e movimentos artístico-culturais de afirmação da *negritude* ganhavam novos transmissores, interlocutores, signos, linguagens e representações, entre sons, imagens, cenografias, identidades, corpos e almas.

O FIM DE UM SONHO

Em 1960, a ACN ficou temporariamente inativa[85]. Quando foi reativada, houve diminuição no seu volume de atividades. No final de 1962, a Associação recebeu ordem de despejo da justiça por falta de pagamento dos aluguéis da sede social. Conseguiu se livrar da dívida, mas não da crise financeira. Em 31 de março de 1964, um Golpe de Estado destituiu João Goulart da presidência da república e instaurou a ditadura civil-militar no país. As liberdades democráticas – de expressão e manifestação – foram suspensas. Censura aos meios de comunicação, cassação de direitos políticos de líderes civis, de sindicalistas, de intelectuais; perseguição aos movimentos sociais (operário, estudantil, popular e negro), prisões, torturas, mortes deram a tônica de um regime cada vez mais draconiano[86]. O suposto perigo comunista era o pretexto amiúde usado para justificar a repressão. Qualquer suspeita de envolvimento com atividade considerada subversiva podia custar a perda dos direitos políticos, quando não da liberdade ou da vida. Na área econômica, a inflação atingia níveis preocupantes, porém, era a política tributária e de contenção salarial que gerava a maior fonte de descontentamento da população[87]. Em 1965, a ACN se pronunciava a respeito:

> A Associação Cultural do Negro sofreu este ano uma crise interna de graves proporções, devido à escassez de elementos para compor o Conselho Superior da Sociedade e consequentemente a falta de elementos capacitados para eleger a sua nova Diretoria Executiva. Diga-se de passagem, que a atual situação é reflexo da crise política do país, cujos governantes, na fúria patriótica de bem servir a Nação, encarece a vida com tributos pesados, recaindo todos esses sacrifícios sobre o povo, impedindo a formação de grupos para o sustento de qualquer Sociedade. Mesmo assim, os abnegados não desistiram e graças ao esforço desta pequena coletividade foi possível este ano, a Associação Cultural do Negro, prosseguir com as suas atividades de caráter cívico-cultural para despertar as forças latentes, ainda adormecidas, no íntimo do elemento de raça negra do País.[88]

A implantação do regime autoritário no país ajudou a aprofundar a crise na ACN. Vigiada pelos órgãos de repressão, a entidade ficou mais debilitada, deixou de fomentar alguns projetos e procurou se dedicar às atividades cívico-culturais. Em 1967, ela se encontrava em estado de letargia e novamente foi obrigada a fechar suas portas. Quase dois anos depois, foi reaberta em um outro endereço – rua Jaboatão, n. 548, bairro da Casa Verde –[89], mas sem o mesmo perfil e poder de articulação. Nessa nova etapa, marcada pela transferência do centro para um bairro da periferia da cidade de São Paulo, a ACN foi presidida por Gilcéria Oliveira – uma advogada identificada como branca, que recebeu a ajuda de Eduardo de Oliveira e Oliveira, um estudante afro-brasileiro da Universidade de São Paulo (USP)[90] – e passou a desenvolver notadamente ações de cunho recreativo, pedagógico e assistencialista. Continuaram, por exemplo, as atividades desportivas e as comemorações do 13 de maio, sem, contudo, o mesmo vigor de outrora[91]. Ao consultar a documentação da ACN dessa fase, saltam à vista os seus problemas financeiros. Mesmo esvaziada, para não dizer moribunda, ela ainda reuniu forças para dar o último suspiro: uma nova mudança de endereço[92]. Debalde. Em julho de 1976, veio o golpe de misericórdia. Por falta de "elemento humano e recursos financeiros", a Associação encerrou suas atividades. Uma carta de Gilcéria Oliveira aos associados selava o final melancólico de uma longa jornada de luta pela "recuperação social do elemento afro-brasileiro":

> Vimos pela presente, comunicar-lhe que não havendo mais condições para continuarmos os trabalhos na Associação Cultural do Negro – SP, decidimos encerrar suas atividades, em caráter definitivo e irrevogável [...]. Lamentavelmente não vamos continuar porque não contamos com elemento humano e nem temos recursos financeiros.[93]

O fechamento em definitivo causou repercussão entre os associados. Um deles, José Mindlin, respondeu à carta de Gilcéria Oliveira: "Prezada senhora [...] só posso dizer que lamento profundamente que os amigos tenham sido levados a uma tal decisão, pois a Associação vinha fazendo um trabalho extremamente útil e meritório."[94] Era o fim de um sonho alimentado e realimentado por muitas pessoas negras e algumas aliadas brancas, como José Mindlin. Com a extinção, os móveis da ACN foram doados ao Grêmio Recreativo Cultural Escola de Samba Vai-Vai e o seu arquivo entregue a Cícero José do Nascimento, um antigo colaborador.

AGENCIAMENTOS TRANSLOCAIS

A Segunda República – ou tempo da experiência democrática – foi um momento de efervescência política, social e cultural e nele o protagonismo negro cumpriu um papel cuja importância não pode ser desprezada. Em amostra preliminar, elencamos a emergência de vários agrupamentos afro-brasileiros atuando na esfera pública: em São Paulo, a Associação do Negro Brasileiro, o Centro Cultural Luiz Gama, a Legião Negra do Brasil, a Associação Palmares, a Associação Renovadora dos Homens de Cor, a Casa da Cultura Afro-Brasileira; no Rio de Janeiro, a Uagacê, o Centro Cultural José do Patrocínio, o Teatro Experimental do

Negro, a União Cultural dos Homens de Cor, a Frente Negra Trabalhista; no Rio Grande do Sul, a União dos Homens de Cor – que chegou a ter sucursais em pelo menos dez estados da Federação –, a Associação Satélite Prontidão, o Centro Cultural Marcílio Dias; em Belo Horizonte, a Associação José do Patrocínio; em Salvador, a Sociedade Henrique Dias. Ademais, cumpre registrar a publicação de vários jornais e revistas da chamada imprensa negra: *Alvorada* (1945), *O Novo Horizonte* (1946), *Mundo Novo* (1950), *Notícias d'Ébano* (1957), *Hífen* (1960), *Correio d'Ébano* (1963), no estado de São Paulo; *Quilombo* (1948), *Redenção* (1950), *A Voz da Negritude* (1953), no Rio de Janeiro; *União* (1947), em Curitiba, afora as revistas, como *Senzala* (1946) e *Niger* (1960)[95]. Isso significa dizer que o tempo da experiência democrática não foi de "décadas perdidas" de mobilização racial. Os homens e mulheres "de cor" continuaram dialogando entre si e com a sociedade brasileira, pleiteando direitos, denunciando o "preconceito de cor", fundando associações, publicando jornais e revistas, organizando eventos, posicionando-se no debate nacional, enfim, continuaram labutando pela afirmação (ou alargamento) da cidadania.

Segundo Florestan Fernandes, os movimentos sociais do "meio negro" atacaram de forma radical o padrão assimétrico das relações raciais e os seus "dividendos, expressos nas avaliações etnocêntricas e nas atitudes discriminativas, correlacionadas em torno do 'preconceito de cor'". No entanto, "a sociedade inclusiva ficou surda e muda a qualquer tentativa de diálogo"[96]. Ao menos com a ACN, não foi isso que se viu. Além de conquistar a adesão ou simpatia de setores da população negra, a entidade agenciou alianças, abriu canais de interlocução e estabeleceu negociações com segmentos da sociedade civil (estudantes, intelectuais, artistas e jornalistas) e do poder público (por intermédio de vereadores, deputados, prefeitos e governadores). Portanto, é escusado dizer que a "sociedade inclusiva" não ficou indiferente à ACN.

Em seu período de vida, a ACN formulou, coordenou e apoiou diversos projetos, sempre desfraldando a bandeira do seu objetivo mais notável: a "recuperação social do elemento afro-brasileiro". Ponto de encontro, sociabilidade, cultura e lazer, a Associação proporcionava conferências, celebrações (da data de seu aniversário de fundação, da Lei Áurea, da Mãe Preta, dentre outras efemérides), homenagens aos ícones afrodiaspóricos (como Luiz Gama, José do Patrocínio, André Rebouças, Cruz e Sousa, Teodoro Sampaio, Carolina de Jesus, Léopold Senghor, Louis Armstrong e Marian Anderson), sessões cívicas e lítero-musicais, recitais de poesia, espetáculos teatrais (com a colaboração do Teatro Popular Brasileiro e Teatro Experimental do Negro), noites de arte e cultura; animava festas, *soirées* dançantes ou bailes (inclusive carnavalescos), coquetéis, concursos de beleza, programas recreativos (como excursões ao litoral paulista, convescotes, gincanas, jogos de salão etc.) e desportivos (com a prática e competições de futebol, "cestobol", voleibol, jogos e pingue-pongue); oferecia cursos ligados ao Departamento de Educação, montou uma biblioteca, sediou eventos de caráter dinamizador, como o Encontro de Cultura Negra, publicou os *Cadernos de Cultura* e um jornal, *O Mutirão*. Em seu apogeu, chegou a ter mais de setecentos sócios. Mantinha entre seus membros afiliados pessoas que se tornaram conhecidas no meio acadêmico, como o bibliófilo José Mindlin e os sociólogos Otavio Ianni e Florestan Fernandes. O último, inclusive, tornou-se o representante da ACN para fins culturais.

Como principal associação afro-paulista do período, a ACN tornou-se referência no marco de direitos, reivindicações e afirmação de identidade. Nas palavras de Oswaldo de Camargo, a "associação era um ponto obrigatório para qualquer estudante, para qualquer interessado na questão negra, tanto que volta e meia estavam lá intelectuais, visitantes, políticos que vinham de outros países passar por São Paulo e acabavam indo parar na associação"[97]. Embora sediada na capital, estabeleceu intercâmbio com muitas entidades "coirmãs" no estado de São Paulo e no país. Quando os Onze Irmãos Patriotas F.C. completaram aniversário de fundação em abril de 1960, a diretoria da ACN enviou-lhes uma carta de felicitação, fazendo votos para que os laços de amizade, colaboração e fraternidade entre ambas as organizações negras se ampliassem e se consolidassem em proveito de um "ideal comum", pois, "num instante histórico como o que atravessamos atualmente", asseverava a carta, os "povos negros de todo o mundo procuram unir-se e organizar-se objetivando conquistar a sua emancipação total, desvencilhando vigorosamente das algemas que há séculos os escraviza e os humilha"[98].

Inserida no circuito transnacional, a ACN desenvolveu uma consciência e retórica de pertencimento a uma comunidade mais ampla: a da diáspora africana. A associação buscou ficar em sintonia com tudo o que transcorria na vida do negro em âmbito local e global e, quando necessário, posicionou-se em defesa dele. Manifestou-se contra vários casos de "preconceito de cor" no Brasil. Permutou sua política racial e cultural com a NAACP nos Estados Unidos, com a S.A.C. na França, com Alioune Diop e outras lideranças do movimento *negrista*, do Caribe, e da *negritude*, da Europa. Promoveu atos públicos de apoio aos negros, tanto os que lutavam por direitos civis em solo *yankee*, quanto os que estavam sendo vítimas do *apartheid* na África do Sul. Ainda liderou os protestos a favor dos refugiados e mortos nos movimentos de libertação colonial no continente africano. Pode-se concluir, portanto, que sua atuação se caracterizou por uma perspectiva afro-atlântica. Isso leva a inferir como os processos de racialização, assim como os discursos, programas, referenciais e agenciamentos antirracistas, embora se arvorem muitas vezes como locais ou nacionais, são construídos na híbrida rede transatlântica que abrange as Américas, a Europa e a África.

Reagindo às injustiças raciais que lhes restringiam as possibilidades de uma vida melhor, os aceneanos tomaram a história para si, escrevendo uma página de dedicação e entrega a uma causa coletiva, mesmo à base de sacrifícios pessoais. A esse respeito, José Correia Leite – um dos remanescentes da ACN – teceu palavras bastante eloquentes anos depois. Para um empreendimento daquela natureza, "é necessário espírito de renúncia, alguns sacrifícios e sobretudo idealismo"[99]. Na conjuntura atual, em que se discute tanto os direitos dos afro-brasileiros no concerto da nação – por meio de ações afirmativas, cotas, Lei n. 10.639 –, faz-se necessário lembrar que essa luta é antiga e a Associação Cultural do Negro nela merece um papel de destaque.

9. Agenciar Raça, Reinventar a Nação

O Movimento das Reparações no Brasil[1]

> *Imagine if reparations were treated as start-up capital for black entrepreneurs who merely want to mirror the dominant society. What would really change?*[2]
>
> ROBIN D.G. KELLEY. *Freedom Dreams.*

19 de novembro de 1993, uma sexta-feira, não foi uma data qualquer no calendário do Brasil. Na véspera do Dia Nacional da Consciência Negra, doze pessoas resolveram promover um protesto diferente para denunciar a situação de subalternidade da população afro-brasileira. Foram almoçar no Maksoud Plaza, um dos mais suntuosos hotéis da cidade de São Paulo. Chegando ao restaurante do hotel, pediram pratos requintados (com camarão, lagosta etc.), champanhe francês, conversaram, comeram e beberam descontraidamente. No final, pediram a conta e esta – como já esperavam – era de valor estratosférico (aproximadamente, setecentos dólares). Então ocorreu algo inédito na história do país: as doze pessoas disseram, em alto e bom som, ao gerente do estabelecimento que a conta deveria ser creditada na dívida secular que a sociedade brasileira tem com todos os afrodescendentes; logo, não seria paga.

Depois de perceber que a coisa era séria e o grupo não pretendia saldar seu débito, o *maître* Dorival Teixeira chamou a equipe de segurança do Maksoud e começou uma negociação polida entre os "clientes" e o hotel. A conversa foi tomando um tom mais agressivo até chegar ao contato físico entre manifestantes e seguranças, que tentavam impedir a saída do grupo. Nesse momento, entre palavras de ordem ("os negros têm direitos") e cobranças dos seguranças, a confusão já estava armada no estacionamento do hotel. Foi chamada a Polícia Militar. Os manifestantes formaram um cordão para saírem juntos do local. Seguranças e policiais tentavam agarrá-los, para que não fugissem. O empurra-empurra se arrastou até a avenida Paulista, a um quarteirão de distância do hotel. Mais policiais foram acionados. Os seguranças do Macksoud não se conformavam com a fuga do grupo, agarravam-se nas roupas dos manifestantes e pediam que a polícia intercedesse com mais energia. O grupo se jogou no meio da Paulista, parando o trânsito. O tenente Moreira resolveu então ordenar aos policiais que suspendessem a perseguição e depois prendessem o grupo "fora da avenida". Em vão, pois os manifestantes escaparam. Depois de tanta celeuma – o que envolveu seguranças, policiais e despertou a atenção da grande imprensa e de transeuntes –, a conta não foi paga[3].

Os manifestantes declararam à imprensa fazer parte do Movimento pelas Reparações dos afrodescendentes. Mas que movimento era esse e como se organizava? Que diálogo ele estabeleceu com a sociedade brasileira? Uma ação de política racial tão radical e baseada no princípio da desobediência civil não se contrapunha ao denominado "mito da democracia racial"? Ou seja, o ato não questionava um dos mitos fundadores da nacionalidade? Aquele foi um protesto extemporâneo ou se conectava ao contexto afro-atlântico de agenciamentos – na África, nas Américas e no Caribe –, que evocavam direitos humanos, cidadania e ressarcimento pelos erros do passado escravista? São essas as principais questões que nortearão este capítulo.

Embora o movimento negro contemporâneo venha sendo objeto de crescentes pesquisas por parte de sociólogos, antropólogos, historiadores e cientistas políticos[4], não há estudo sobre o Movimento Pelas Reparações (MPR), daí a importância da presente investigação. Mostrar que, na década de 1990, alguns afro-brasileiros saíram às ruas, ocuparam o espaço público, desafiaram o *status quo*, polarizaram a opinião pública, para propugnar uma modalidade de ações afirmativas.

Conforme asseveram os especialistas, ações afirmativas são iniciativas públicas ou privadas, se não programas, que garantem (ou visam garantir) oportunidades ou outros benefícios para pessoas que pertencem a um ou mais grupos específicos. A ação afirmativa pode adquirir o sentido de reparação por uma injustiça passada, como pode se referir às políticas públicas (do Executivo ou Legislativo) ou aos programas de empresas privadas que assegurem a promoção de minorias étnicas, raciais e sexuais, evitando, assim, que indivíduos de certos grupos discriminados tenham seus direitos alienados[5]. Não se trata aqui de esgotar o assunto, mas de traçar, de forma inédita, aspectos da trajetória de um movimento que, embora tenha malogrado, relacionou-se aos novos contornos da mobilização racial em nosso país.

Este estudo, portanto, tem o objetivo de fazer alguns apontamentos acerca do Movimento pelas Reparações dos afrodescendentes no Brasil. Argumenta-se que esse movimento, além de expressar como os afro-brasileiros estavam (e estão) conectados aos fluxos e refluxos, aos anseios e às demandas engendrados no circuito transatlântico da diáspora negra, preparou o terreno para as atuais políticas de ações afirmativas no país, políticas que, aliás, redefiniram o racismo ao patamar de problema público – processo pelo qual um problema coletivo assume um lugar na agenda das políticas públicas, com suas causas, características, soluções e consequências sendo estudadas, debatidas e polemizadas por especialistas, movimentos sociais, ONGs, agremiações partidárias, imprensa, intelectuais, operadores do Direito, políticos, em suma, por diversos atores e autoridades da sociedade civil e do Estado[6].

A COR DA DESIGUALDADE

O Movimento Pelas Reparações não nasceu no vazio histórico. Na década de 1990, palavras e expressões do vocabulário da democracia – como direitos, cidadania e reparações pelos erros do passado – passaram a ser vergadas para o dever e o devir. O país jazia fraturado pelas desigualdades raciais, de modo que os descendentes de africanos enfrentavam uma série de obstáculos para a afirmação da cidadania. No mercado de trabalho, eles conquistaram avanços importantes, mas continuavam em posição de desvantagem em relação aos descendentes de europeus. Segundo levantamento realizado pelo Instituto Sindical Interamericano

Pela Igualdade Racial (Inspir), na região metropolitana de São Paulo, em 1998, os assalariados negros ganhavam menos que os assalariados "não negros"[7] em condições análogas de trabalho, ou seja, com o mesmo tempo de permanência no emprego, grupo de ocupação e nível educacional. O rendimento médio dos primeiros é de 553 reais, que equivaliam a 56% dos rendimentos dos segundos: 988 reais[8].

No campo educacional, as iniquidades raciais também se apresentavam de maneira cristalina. A escolaridade média de um jovem negro com 25 anos de idade girava em torno de 6,1 anos de estudo; já um branco da mesma idade tinha cerca de 8,4 anos. O diferencial: 2,3 anos de estudo. Essa disparidade era alta, sobretudo se fosse levado em consideração que a escolaridade média do adulto brasileiro girava em torno dos seis anos. Em 1999, 89% dos jovens brancos entre 18 e 25 anos não havia ingressado na universidade. Os jovens negros dessa mesma faixa etária, por sua vez, praticamente não dispunham do "direito de acesso ao ensino superior, na medida em que 98% deles não ingressaram na universidade"[9]. Já a taxa de analfabetismo entre os brancos com mais de quinze anos era de 8,3%, ao passo que, para os negros, era de 19,8%[10].

Ao analisar as desigualdades raciais no Brasil, na década de 1990, tendo por base as informações extraídas das Pesquisas Nacionais por Amostra de Domicílios (PNAD) do Instituto Brasileiro de Geografia e Estatística (IBGE), Ricardo Henriques observou que os negros levavam desvantagens em relação aos brancos em vários indicadores sociais: estrutura populacional, pobreza, distribuição de renda, educação, mercado de trabalho, condições habitacionais e consumo de bens duráveis. Os brasileiros de ascendência africana constituíam a segunda maior nação negra do mundo, ficando atrás apenas da Nigéria. Em 1999, de acordo com a PNAD, entre os cerca de 160 milhões de habitantes que compunham a população brasileira, 54% se declararam brancos, 39,9% pardos, 5,4% pretos, 0,46% amarelos e 0,16% índios. Nesse quadro, será que a pobreza – os 53 milhões de pobres e 22 milhões de indigentes – estava "democraticamente" distribuída? A resposta é negativa, tendo em vista que negros (pardos e pretos) representavam 45% do total da população, mas correspondiam a 64% da população pobre e a 69% da população indigente. Os brancos, por seu turno, eram 54% da população total, mas somente 36% dos pobres e 31% dos indigentes. Na avaliação de Henriques, tratava-se de uma constatação "incontornável": nascer de cor "parda" ou "preta" aumentava de "forma significativa a probabilidade de um brasileiro ser pobre"[11]. Isso permitiria até pensar na existência de dois *brasis*: um branco e outro negro, sendo o primeiro aproximadamente 2,5 vezes mais rico que o segundo[12].

Examinando os números do Índice de Desenvolvimento Humano (IDH) – que mensura a expectativa de vida, mortalidade infantil, nível de alfabetização em adultos e número de pessoas matriculadas nas escolas –, Edward Telles notou que o Brasil, em 1999, estava em 69º lugar entre 174 países do mundo. Quando o IDH, porém, é calculado levando em consideração o fator racial, o resultado é surpreendente. A população "preta" e "parda" brasileira – se contabilizada isoladamente, como um país à parte – ficaria na 108ª colocação, ao passo que a população branca, separadamente, se posicionaria no 43º lugar. A expectativa de vida para brancos era "seis anos maior que para negros; a mortalidade infantil, 40% menor; o nível de alfabetização de adultos brancos era 28% maior e o número de indivíduos matriculados no sistema escolar era cerca de 12% maior"[13].

TABELA 1: Índice de Desenvolvimento Humano (IDH) e componentes selecionados por raça, Brasil, 1996-1997

	ÍNDICE DE DESENVOLVIMENTO HUMANO	EXPECTATIVA DE VIDA AO NASCER (1997)	MORTALIDADE INFANTIL/1000 (1996)	TAXA DE ALFABETIZAÇÃO DE ADULTOS (1997)	RELAÇÃO DE REGISTROS ESCOLARES (1997)
BRASIL	0,773	67	48	85	78
BRANCOS	0,784	70	37	92	82
NÃO BRANCOS	0,663	64	62	72	73

Fonte: revista *Proposta*, n. 88-89, 2001, p. 16-33.

Portanto, consultando o IDH e outras fontes da década de 1990, o sociólogo estadunidense chegou a conclusão análoga à de Ricardo Henriques: os cidadãos brancos no Brasil formavam a maioria das classes média e alta, enquanto os negros se encontravam entre os pobres, de modo desproporcional. "A desigualdade racial é maior que nos Estados Unidos", afirmava Telles, "pois o Brasil tem uma estrutura socioeconômica mais desigual e os negros brasileiros têm menos chance de chegar ao seu ponto mais alto."[14]

As assimetrias raciais não eram somente produto dos desequilíbrios regionais, de classes e históricos, mas também resultado da "ideologia e cultura do racismo". Na década de 1990, havia mecanismos informais que desfavoreciam os negros e privilegiavam os brancos. Os primeiros eram pouco retratados na televisão, no rádio e na mídia impressa. Nesses veículos, ocorria uma super-representação de pessoas brancas, tomadas como símbolos de progresso, modernidade, operosidade, inteligência e padrão estético de beleza. Os negros estavam ausentes das produções fílmicas, teatrais e também dos livros didáticos, da literatura adulta e infantojuvenil, e a história africana raramente era ensinada nas escolas. Naquela que foi intitulada a "mais completa análise sobre o preconceito de cor no Brasil", o jornal *Folha de S. Paulo* e o Instituto de Pesquisas Datafolha constataram, em 1995, que as piadas e quadrinhas racistas continuavam vivas no imaginário nacional, como a que diz: "negro, quando não faz besteira na entrada, faz na saída"[15].

O MOVIMENTO PELAS REPARAÇÕES

Foi nesse cenário de injustiças sociais e de indicadores desfavoráveis aos afro-brasileiros, nos mais diversos domínios da vida política, social, econômica e cultural, que um grupo de ativistas (ou aliados) do Núcleo de Consciência Negra (NCN), na Universidade de São Paulo (USP), resolveu provocar o *establishment* e sensibilizar a opinião pública para os problemas oriundos das desigualdades raciais, do presente e do passado. Havia a consciência de que os brancos, mesmo que não fossem agentes diretos do mundo do cativeiro, eram os beneficiários materiais e simbólicos das assimetrias reconfiguradas. É verdade que, desde a abolição da escravidão, nunca se erigiu mecanismos constitucionais legais, refratários aos negros; todavia, estes tinham menos chances de inclusão e mobilidade sociais que os brancos. Assim, não havia motivos para os afro-brasileiros acreditarem no tratamento igualitário prometido pela lei: "as práticas sociais se encarregavam, sistematicamente, de reintroduzir a desigualdade de oportunidades"[16].

O grupo insurgente era composto por onze pessoas negras (cinco mulheres e seis homens) e uma pessoa branca[17]. Seu gesto de dar um "calote" no Maksoud Plaza não foi obra do acaso. Previamente planejada no NCN e debatida nas instâncias dos movimentos sociais[18], tratou-se de uma ação "espetacularizada", que tinha dupla intenção: produzir um fato político e lançar a campanha nacional *Reparações já! – Eu também quero o meu*. Ao que parece, ambos os intentos foram alcançados. No dia seguinte (20 de novembro de 1993), jornais da grande imprensa, como o *Diário Popular* e a *Folha de S. Paulo*, repercutiram o protesto, trazendo chamadas na primeira página[19]. E, aos poucos, a campanha passou a ser difundida, comentada e debatida. Seu *slogan* (*Reparações já!*) era uma alusão aos quase quatrocentos anos de cativeiro no Brasil, "quando os africanos e seus descendentes escravizados não foram pagos pelo trabalho de construção de toda a riqueza material do país"[20].

Os ativistas que promoveram o protesto tentaram colocar em xeque a "fábula das três raças", um discurso da mestiçagem tolerante que, segundo Roberto DaMatta, constitui um dos mitos fundadores da nação[21]. Enquanto outros tipos de política racial adotados até então (como a promoção simbólica da cultura afro-brasileira, por intermédio do samba na música, da capoeira na prática desportiva e da feijoada na culinária, por exemplo) apresentavam-se como corretivos do modelo estabelecido, sem confrontar diretamente o *éthos* nacional, a proposta das reparações implicava reconhecer que os afro-brasileiros foram prejudicados ao longo da história e, no limite, significava admitir que esse problema não teria saída possível no interior de uma gramática cultural que retratava a nação como "cadinho de raças". Quando questionado se tinha noção que um protesto fundado no princípio da desobediência civil desafiava o "mito da democracia racial", Luiz Carlos dos Santos – uma das lideranças do MPR – respondeu:

Claro que tínhamos. E esse é era o nosso objetivo. Desconstruir o mito da democracia racial. E como isso aconteceria? Os jovens estudantes de Direito têm o dia 11 de agosto como o "dia do pendura". Eles comem e bebem de graça nos restaurantes da cidade [de São Paulo] e todo mundo acha legal tal atitude.

A nossa estratégia foi fazer a mesma coisa no dia 20 de novembro, Dia da Consciência Negra, sabendo que a reação de muitos setores da sociedade não seria tão simpática, como aquela que se tem com os estudantes de Direito. Podíamos, inclusive, ser presos por isso. Prevenimo-nos contratando dois advogados: a professora Eunice Prudente [da Faculdade de Direito da USP] e o dr. Celso [Fontana], ligado, se não me engano, à Comissão de Direitos Humanos da OAB [Ordem dos Advogados do Brasil]. Como o nosso plano A deu certo, não precisamos dos serviços advocatícios. O Plano A era: terminado o almoço, voltaríamos em pequenos grupos, de ônibus, para a sede do NCN, para uma breve avaliação, e, de lá, iríamos, como fomos, participar dos vários eventos do Dia Nacional da Consciência Negra em São Paulo e informar aos presentes o que tinha acontecido.[22]

Por essa postura disruptiva, tão controvertida e incomum na cultura política brasileira, os ativistas do MPR foram criticados por setores da opinião pública e acusados de "agitadores", "irresponsáveis", "excêntricos", "inconsequentes" e até "contraventores". Mesmo assim, eles levaram adiante a campanha pelas reparações, que reivindicava do Estado brasileiro medidas redistributivas e o pagamento de 102 mil dólares para cada um dos afrodescendentes. Argumentava-se que, devido aos "crimes, aos danos e às atrocidades" causadas pelo "infame tráfico de carne humana", o Estado teria uma dívida não só moral, como também material com todo descendente de escravo. O trabalho não remunerado por quase quatro séculos teria significado uma "expropriação" do africano e de seus descendentes escravizados, os quais precisavam ser compensados de forma pecuniária para se começar a fazer justiça em terra *brasilis*[23].

No artigo introdutório do debate público sobre o MPR, veiculado no jornal *O Estado de S. Paulo* em 10 de outubro de 1993, Fernando Conceição – outra liderança do movimento – proclamava que os negros da diáspora se consideravam "sequestrados" históricos. "Nossos ancestrais", afirmava ele, "não se movimentaram por conta própria pelo planeta, ao menos nos últimos cinco séculos. Eles foram caçados como animais, com os cães no seu encalço. Foram amarrados, surrados, estuprados, amontoados no lodo dos navios". A África teria sido vítima desse "sequestro histórico monstruoso", que "arrancou" do continente milhões de pessoas e "dilapidou" suas riquezas materiais nos últimos quinhentos anos. Diante desse quadro de "usurpação", aquela liderança afro-brasileira avaliava que "o mundo branco ocidental, independentemente da forma e do sistema de governo, tinha uma dívida com a África e com os descendentes dos africanos dispersos pelas Américas e pela Europa. Essa dívida tinha de ser paga". E não de maneira apenas simbólica, mas também objetiva e materialmente[24].

A partir de sua sede no Núcleo de Consciência Negra (na capital paulista), o MPR se estruturou, instituindo e planejando as diretrizes programáticas. Sem a existência de cargos ou comissão diretiva, o movimento se expandiu e adquiriu uma dimensão interestadual, com representações nas cidades de Campinas, Jundiaí e Santos (em São Paulo) e em outros estados (Rio Grande do Sul, Rio de Janeiro, Minas Gerais, Espírito Santo e Bahia)[25]. Publicou o *Jornal das Reparações*, distribuiu boletins e panfletos, editou o *Caderno Pelas Reparações*, confeccionou camisetas, na qual se podia ler "Movimento Pelas Reparações!", e patrocinou uma série de atividades como palestras, encontros, shows, seminários e plenárias (em escolas, faculdades, sindicatos e entidades negras), além dos atos públicos. Em 1993, o *rapper* carioca Big Richard gravou seu primeiro álbum pela gravadora Emi-Odeon. Uma das faixas do disco chamava-se justamente "Reparações-Já":

Eu também quero o meu, pare e repare
E veja [há] quanto tempo nosso povo se fudeu
Vou te processar também vou te avisar que não estamos parados e no prejuízo não podemos ficar.
Olhe para trás e veja onde o meu povo está.

Reparações Já! [bis]

Exigimos de vocês, não meia dúzia de cargos ou dinheiro talvez.
Queremos retratação por esses quatrocentos anos de judiação
Norte Sul Leste Oeste, Centro-Oeste e também para Nordeste
queremos reparações, não aturamos esta falsa abolição.
Lutamos muito mais, do que pelo direito a um prato de arroz com feijão.

Reparações Já! [bis]

Eu sei que vocês devem estar abismados, porque falo e não fico calado; muito menos fico parado com o ato desses (racistas otários) nunca mais!
Que deixem nosso povo em paz.
E veja [há] quanto tempo nosso povo se fudeu
Hoje também quero o meu.[26]

Em 1994, o advogado do MPR representou quatorze pessoas – incluindo Maria do Carmo, à época com 125 anos de idade e considerada a única ex-escrava ainda viva no Brasil – e ingressou com uma ação declaratória na Justiça Federal em São Paulo, pleiteando da União o reconhecimento do direito à indenização dos afro-brasileiros – no "valor total de US$ 6,14 trilhões. Para cada descendente de escravos, US$ 102 mil" –, que seria requerida posteriormente em ação coletiva de execução[27]. Conforme justificava Fernando Conceição naquele momento, "a situação de marginalidade vivida hoje pelos descendentes de escravos foi provocada pela forma como se deu a abolição". Quando extinguiu a escravidão, o Estado brasileiro se omitiu, não dando qualquer amparo aos ex-escravos. "Eles não tinham terra, casa, emprego ou escolaridade", ressaltava Conceição[28]. O valor de 102 mil dólares por afrodescendente era resultado de um cálculo estimado por aquela liderança do MPR, que levava em conta o suposto número de escravos que veio para o Brasil (3,6 milhões), o tempo médio de anos trabalhados por cada escravo (vinte anos) e a renda média anual de trabalhadores dos países "desenvolvidos" (10 mil dólares). Os salários dos países "desenvolvidos" (europeus) serviram de parâmetro porque foram estes que teriam patrocinado o tráfico de escravos. Eis a justificativa completa de Conceição, que foi publicada no jornal do movimento:

De acordo com [os historiadores] João Fragoso e Manolo Florentino, e David Mills et al. entraram no Brasil e trabalharam como escravos 3.600.000 africanos. Considerando que cada escravo gerou, pelo menos, 3 filhos/escravos, se chega ao total de que nos quase 400 anos de cativeiro, o Brasil teve aproximadamente 30.700.000 escravos. A vida de trabalho por escravo estima-se em 20 anos. Deduz-se que o trabalho escravo representou 614.000.000 de anos de trabalho não remunerado. Pegando-se como referência o salário mínimo/anual do trabalhador nos países "desenvolvidos", que chega atualmente a US$ 10.000, conclui-se que: os beneficiados da exploração dessa mão de obra gratuita são devedores de US$ 6.140.000.000.000,00 (seis trilhões e cento e quarenta bilhões de dólares). De forma alternativa, podemos dizer que: temos hoje, no Brasil, pelo menos 60.000.000 de descendentes de africanos escravizados. Isto significa que cada descendente é credor do equivalente a 10 anos de trabalho escravo do seu antepassado. Dessa forma, conclui-se que: cada descendente tem direito a receber, individualmente, US$ 102.000,00 (cento e dois mil dólares), aproximadamente.[29]

No dia 13 de maio de 1994 – na data alusiva à abolição oficial da escravidão no Brasil –, o grupo originário do MPR, acrescido de mais alguns membros, voltou ao restaurante do hotel Maksoud Plaza a fim de criar um novo fato político e dar visibilidade ao problema do preconceito racial e da desigualdade social no país. Dessa vez, porém, a coisa se deu diferente. O *maître* do estabelecimento aproximou-se do grupo no *hall* e informou que só poderiam almoçar se pagassem antecipadamente os pratos, o que provocou a indignação de Fernando Conceição. "É um absurdo, uma discriminação. Pretendemos pagar", bradou na ocasião[30]. Os integrantes do grupo esperaram cerca de 45 minutos no restaurante até que se resolvesse o impasse com o gerente, que insistia que os pedidos fossem pagos antes de chegarem às mesas. O advogado José Roberto Militão, integrante do grupo, deixou então o hotel para registrar queixa de "discriminação racial" no 5º Distrito Policial (no bairro da Aclimação). "É uma exigência descabida. Não exigem o mesmo dos estudantes que vêm aqui dar o 'pendura'", vociferou outro integrante do grupo, Luiz Carlos dos Santos[31]. O grupo, finalmente, decidiu pagar adiantado o valor referente às cervejas, uma garrafa de champanhe, frutos do mar e pratos de filé de peixe.

Esse episódio é um indicador de como o MPR não passava completamente despercebido naquela conjuntura. Quando chegaram ao restaurante do Maksoud Plaza, seus integrantes não puderam contar mais com o elemento surpresa. A campanha pelas reparações já estava entrando em voga, com suas palavras de ordem cruzando as "fronteiras" da opinião pública, da academia e dos movimentos sociais. Para empreendê-la, o MPR buscou articular uma aliança com as forças políticas consideradas progressistas (a saber: intelectualidade, partidos de esquerda, entidades estudantis, sindicatos, OAB e ONGs internacionais). O auge da campanha ocorreu no biênio 1995-1996, quando o movimento angariou a atenção de agências da sociedade civil. Promoveu dezenas de debates, seminários, encontros nos estados (como Maranhão, Bahia, Sergipe, Minas Gerais, São Paulo, Espírito Santo, Mato Grosso do Sul e Rio de Janeiro); cresceu em número de adeptos e ganhou espaço na grande imprensa, sendo objeto de reportagens nas emissoras de rádio, de televisão (como Globo, Bandeirantes, Cultura, Gazeta) e nos jornais, do Brasil (como *Folha de S. Paulo, O Estado de S. Paulo, Jornal do Brasil*,

Diário Popular e *Jornal da Tarde*) e do exterior (pelo menos na Alemanha, em Portugal e nos Estados Unidos). O tabloide *The Wall Street Journal*, de Nova York, pautou o MPR em matéria cuja chamada foi publicada em sua primeira página[32]. O movimento contribuiu para a popularização da palavra "reparações", que, por sinal, passou a ser empregada por outros grupos de pressão da sociedade e pela própria mídia como sinônimo de fazer justiça por danos causados no passado[33].

Aparentemente, nada parecia conter o avanço e fortalecimento do MPR. Essa foi a razão pela qual Fernando Conceição não conseguia ocultar o seu entusiasmo em documento de balanço das atividades do movimento em 1995: "indubitavelmente, o MPR é hoje a mais ousada e revolucionária proposta de luta do conjunto do movimento negro brasileiro". Hiperbólico, ele continuava a ponderação: "Em realidade, nenhum outro movimento social bate de frente com as estruturas arcaicas da sociedade brasileira. Mesmo o Movimento dos Sem Terra, que também no ano passado passou a merecer maior atenção da mídia, não 'choca' mais, não é mais 'polêmico', não é mais ruptor que o MPR."[34] Em que pese os exageros de Conceição, foi naquele período que o movimento alcançou maior visibilidade pública.

Em 20 de novembro de 1995 – nas comemorações do tricentenário da morte de Zumbi dos Palmares –, milhares de ativistas afro-brasileiros participaram da Marcha Sobre Brasília e, no meio da multidão, era possível ver a bandeira do MPR[35]. Naquela data, foi entregue, em discurso no Congresso Nacional, uma minuta de projeto de lei, respaldada por quase 10 mil assinaturas colhidas, nos meses anteriores, em vários estados brasileiros. A proposta abordava uma série de políticas de ações afirmativas – cotas no sistema educacional, no mercado de trabalho e nos meios de comunicação –, sendo a mais polêmica o pagamento de uma indenização financeira[36]. Solidarizando-se com o MPR, o então deputado federal Paulo Paim (PT) apresentou oficialmente o Projeto de Lei n. 1.239, que, em um dos artigos, requeria da União a indenização: "A União pagará, a título de reparação, a cada um dos descendentes de africanos escravizados no Brasil o valor equivalente a R$ 102.000,00 (cento e dois mil reais)."[37]

Muitos setores da sociedade civil e do poder governamental se opuseram ao MPR, reagindo com hostilidades das mais diversas.

Marcelo Coelho teria sido o primeiro articulista a ocupar as páginas da *Folha de S. Paulo* para atacar o movimento, "logo depois do almoço no Maksoud Plaza". A seu ver, "ações de protesto daquela natureza levariam ao acirramento do racismo no Brasil"[38]. O jornalista Nelson Ascher publicou um artigo, no mesmo órgão de imprensa, questionando a validade e a seriedade da reivindicação de uma "indenização monetária" aos afro-brasileiros. Isso não seria mais a igualdade de direitos e sim "direitos extras". Partindo desse pressuposto, Ascher desferia várias indagações: considerando que parte substancial da população branca das Américas chegou depois da abolição do cativeiro, o que ela teria a ver com esse problema? Se os proprietários de escravos eram uma classe pequena e restrita, por que condenar os descendentes dos não proprietários? Podia-se atribuir culpa coletiva a uma raça pelas crueldades cometidas por alguns de seus membros há mais de um século? Em outras palavras, algum grupo teria direitos preferenciais derivados das injustiças perpetradas contra seus ancestrais? No desfecho do artigo, o jornalista era bastante enfático:

As exigências das alas mais radicais desses grupos [minorias ou grupos sociais há muito discriminados] – num país como os EUA, não o Brasil onde a luta pelos direitos mal engatinha, se tanto – levanta a suspeita de que conquistas como a igualdade de direitos e a separação rigorosa entre o que é público ou privado já não lhes bastam. Almeja-se a aquisição de direitos suplementares garantidos por um acesso preferencial à esfera pública e justificados por sofrimentos ou injustiças ancestrais. Isso pode até ser conseguido, mas às custas do princípio da igualdade que subjaz à democracia. Direitos suplementares e acesso preferencial à esfera pública têm um nome antigo: privilégio.[39]

Para Ascher, a plataforma do MPR não significava outra coisa senão "privilégio", um mal que atentaria contra o princípio da democracia. Portanto, nada mais inadequado e ineficaz para o Brasil. Partindo da premissa de que havia igualdade de direitos para negros e brancos no acesso aos bens, serviços e recursos, ele não reconhecia a legitimidade da campanha que evocava "sofrimentos ou injustiças ancestrais". O debate público sobre as reparações estava instalado no país. Uma semana depois, Marta Suplicy – psicanalista e sexóloga que se tornou política – respondeu a Ascher em outro artigo publicado na mesma coluna daquele jornal. Em sua opinião, o fruto da produção da mão de obra negra na "América" ficou para os "americanos brancos". A prerrogativa das políticas compensatórias não seria uma questão de "atribuir culpa coletiva a uma raça devido a crueldades cometidas por alguns de seus membros há mais de um século", como escreveu Ascher, e "sim de tentar fazer algo que possa contribuir para dirimir as dificuldades enfrentadas pelos descendentes de escravos". Para Suplicy, a atitude do grupo de negros – que "comeu e bebeu do melhor no Hotel Maksoud, e saiu sem pagar a conta porque esta lhe era devida por anos de escravidão" – era exagerada, embora lembrasse as atitudes das primeiras feministas se declarando inimigas do homem: "faz parte de uma posição radical que tende ao equilíbrio com a aquisição de maior respeito e poder na sociedade"[40].

Por volta de quinze dias depois, Fernando Conceição também procurou refutar as críticas de Ascher em artigo publicado no mesmo periódico. Seu argumento era de que a exigência de indenização por parte dos descendentes de africanos escravizados tinha precedentes históricos entre os judeus, povo do qual Ascher descende. A construção e manutenção do Estado de Israel constituía exemplo clássico de indenização paga pelos que infligiram sofrimento a um segmento populacional. Até hoje a Alemanha estaria indenizando os judeus. Do mesmo modo fizeram os Estados Unidos com os descendentes de japoneses confinados em "campos de concentração" durante a Segunda Guerra Mundial (1939-1945). Para arrematar, Conceição ponderava:

Reparar os danos perpetrados contra os nossos ancestrais, sejamos negros ou judeus, não é exigir privilégios. Os países que sequestraram do continente africano entre 20 milhões a 200 milhões de pessoas, nos 400 anos de tráfico, têm uma dívida para com a África. Foi a partir dessa mão de obra gratuita que se iniciou, efetivamente, a riqueza do mundo branco ocidental. Essa riqueza é fruto das atrocidades cometidas contra um povo, no maior genocídio ainda não reparado da história da humanidade. Genocídio e escravidão são crimes contra a dignidade humana, são crimes imprescritíveis, com repercussões através dos séculos. No Brasil, maior país escravocrata das Américas, teriam entrado 3.600.000 africanos – outro tanto morreu na travessia, nos fétidos porões dos navios negreiros. As consequências disso é o *status* subalterno da negrada até hoje. Está na hora da sociedade brasileira, como um todo, ser cobrada. Não queremos apenas o reconhecimento e o pagamento moral desse crime. Além disso, queremos a nossa parte da riqueza que ajudamos a construir.[41]

De fato, as reparações a grupos específicos têm lastro na história. O mais célebre caso beneficiou os judeus que, por causa dos horrores cometidos pelo nazismo, foram (ou estão sendo) ressarcidos, tanto por parte da Alemanha (em mais de 58 bilhões de dólares) quanto da Áustria e da Suíça[42]. Os nipo-americanos – confinados arbitrariamente em campos de isolamento pelo governo dos Estados Unidos, durante a Segunda Guerra Mundial – foram indenizados. Estima-se que cada nipo-americano, ou descendente dos que sofreram pelo confinamento, recebeu vinte mil dólares, a partir de uma lei (Civil Liberties Act) aprovada no Capitólio (o Senado americano) em 1988 e sancionada dois anos depois. Dadas às perseguições, espoliações e chacinas, algumas nações indígenas na América do Norte foram compensadas materialmente. Os esquimós do Alasca também o foram, com cerca de um bilhão de dólares[43]. Enfim, os casos análogos poderiam se alongar, mas os listados aqui são suficientes para mostrar as fontes de inspiração do MPR com relação aos afrodescendentes. Longe de ser inédita, tratava-se de uma política pública que já tinha sido adotada em outros países, e mesmo no Brasil[44]. Entretanto, Nelson Ascher não conseguia concebê-la nesses termos. Ele, Geraldo Magela Quintão (o então advogado-geral da União) e a maior parte da opinião pública não aprovavam a campanha do MPR, por várias razões. Diziam que era "descabida"[45] e que o afro-brasileiro não precisava de filantropia, nem de esmola. Outros falavam que jamais se sujeitariam a receber "migalhas" por parte do Estado. E tinha os que acusavam a ideia de alienígena, incompatível com a "especificidade do nosso racismo *sui generis*"[46].

Até frações dos movimentos negro e operário foram relutantes à campanha[47] e, em algumas circunstâncias, passaram a tratá-la com chacotas. Vale a pena aqui mencionar o artigo publicado no *Jornal do Sintusp* – órgão de comunicação do Sindicato dos Trabalhadores da Universidade de São Paulo –, no qual lideranças afro-brasileiras e sindicais acusavam a proposta de reparações de "oportunista", "de caráter lotérico", de "negociação de balcão, onde cada preto passa no caixa e recebe um bolinho de dinheiro". "Anote esta frase", diziam aquelas lideranças, "quem quer dinheiro? Esta é a propaganda. Dinheiro sem as dificuldades de ter que elaborar, de ter que compreender o sistema e lutar pela sua transformação, sem a necessidade de uma compreensão política."[48]

É verdade que a plataforma das reparações não era revolucionária à luz das categorias analíticas marxistas, mas não nos parece que tinha um sentido alienante. No âmbito da sociedade brasileira, ela conferia visibilidade à questão do negro e chamava a atenção para a necessidade de ampliação da cidadania e dos direitos humanos desse contingente populacional. Em termos da identidade nacional, a proposta das reparações representava uma potencial ameaça à ideologia da democracia racial e, em última instância, apontava a necessidade de reinventar a "comunidade imaginada" chamada Brasil[49]. Quando entrevistado, Luiz Carlos dos Santos revelou que o MPR também queria mudar o "paradigma" do discurso militante. Em vez de cristalizar o negro como "objeto vitimizado apenas, queríamos colocar a cara preta de parcela significativa da população brasileira nas páginas de política, economia, ciência e cultura, mostrando e ocupando o lugar de sujeitos/protagonistas na história do país"[50]. *Pari passu* em que referenciava a agência histórica do protagonismo afro-brasileiro, o MPR inscrevia-se no processo de formação do movimento negro e da construção de suas políticas raciais – um processo contínuo de fazer-se, desfazer-se e refazer-se na experiência, em conexão às demandas contingenciais em escala tanto local/regional quanto transatlântica, afrodiaspórica.

É nesse sentido que a defesa das reparações se transmutou em instrumento catalisador de uma nova política racial. Antes, porém, de desenvolver esse argumento, vejamos como Paul Gilroy define o Atlântico Negro: um sistema articulado de fluxos e refluxos, deslocamentos, reterritorializações, contatos, trocas e empréstimos envolvendo as populações da diáspora africana e seus descendentes na América, no Caribe e na Europa na era moderna; seria uma estrutura de comunicação transnacional em que tais populações se influenciam reciprocamente, por meio de estilos político-culturais, códigos estéticos, ideias, expectativas, discursos, reivindicações, projetos, sempre em uma relação dialógica entre o local e o global[51].

Tratando-se do MPR, este foi de fato influenciado pela agenda das lides antirracistas do circuito transatlântico. Tanto que o movimento traduziu e publicou em seu jornal a declaração da

First Pan-African Conference on Reparations em Abuja (Nigéria) e ainda veiculou na coluna Pan-African, na edição de dezembro de 1993, o anúncio de que: "O MPR no Brasil começa a contatar entidades pelas reparações no exterior. Planeja-se uma viagem de integrantes do movimento aos Estados Unidos e troca de informações com a Organização pela Unidade Africana."[52] Segundo o historiador Wolfgang Döpcke, a ideia de compensar as vítimas do tráfico de escravos data já dos "primórdios do pensamento pan-africanista na diáspora, desde o fim do século XIX". Nos Estados Unidos, a exigência de ressarcimento pelo sofrimento durante trezentos e cinquenta "anos de exploração da mão de obra escrava sem remuneração" se manteve como um "elemento central" do pensamento negro (entre outros, de Martin Luther King, de Malcon X e de The Black Panther Party for Self-Defense) e, subsequentemente, "dos movimentos sociais e de direitos civis" dos anos 1960[53].

Uma das propostas pioneiras de reparações raciais foi elaborada sob os auspícios de "Queen Mother" Audley Moore. Figura importante do radicalismo afro-estadunidense, ela começou sua militância como devota admiradora do movimento de Marcus Garvey. Nos anos 1930, aderiu ao Partido Comunista dos Estados Unidos (CPUSA), sem, contudo, jamais ter abandonado o nacionalismo negro. Na década de 1950, fundou a Universal Association of Ethiopian Womens e, na década seguinte, lançou o African-American Party of National Liberation. Como indica Robin Kelley, ela esposou a questão das reparações em 1962, formando o Comitê das Reparações dos Descendentes de Escravos (Reparations Committee of Descendants of U.S. Slaves) no ano do centenário da Proclamação da Emancipação. Seu agrupamento postulava do governo federal o pagamento de 500 trilhões de dólares para serem distribuídos entre as próximas quatro gerações da população afro-americana, como forma de recompensa pela escravidão e pelo regime do Jim Crow. No entanto, foi o "Black Manifesto", articulado em 1969, o primeiro projeto sistemático de reparações que emergiu no movimento afro-estadunidense. O documento surgiu quando James Forman – um líder negro socialista do Student Nonviolent Coordinating Committee (SNCC) – fora convidado para falar na Conferência Nacional Negra de Desenvolvimento Econômico. Na ocasião, ele lançou o "Black Manifesto", que requeria 500 milhões de dólares em indenizações a serem pagas pelas "White Christian Churches". Seu argumento era de que as instituições religiosas dos brancos participaram e se beneficiaram da "exploração racista e capitalista do povo negro". Para Forman, 500 milhões de dólares consistiria em uma quantia "irrisória" (pela sua estimativa, esse valor, se distribuído, daria 15 dólares por afro-estadunidense), mas ele acreditava que esse dinheiro, ainda assim, poderia ser investido na construção de um "novo movimento revolucionário e no fortalecimento da luta política dos negros e de suas instituições econômicas"[54].

Nas décadas de 1980 e 1990, a ideia de reparações se disseminou nos Estados Unidos, resultando na fundação de múltiplos grupos dedicados à causa (National Coalition of Blacks for Reparations in America; Black Radical Congress; Transafrica, December 12th Movement; Nacional Black United Front) e na proliferação de livros, artigos e debates públicos que abordavam os aspectos históricos, econômicos, políticos, legais e morais de uma questão tão controversa[55]. O Congresso Nacional estadunidense, em face da pressão levada a efeito, principalmente pelos seus membros negros, discutiu em várias ocasiões projetos de lei sobre "desculpas, indenizações e monumentos de homenagem às vítimas do tráfico e da escravidão". A questão ganhou mais destaque no final dos anos 1990, quando importantes líderes do movimento de direitos civis, "inclusive [o pastor e político] Jesse Jackson, e amplos setores da sociedade americana, passaram a apoiar tais reivindicações". Louis Farrakhan e seus militantes falavam em "Holocausto negro", tipificando a escravidão como o "most horrendous holocaust in human history"("o mais horrendo holocausto na história humana")[56].

A ideia de pagamento de indenização pelos males da escravidão igualmente foi esboçada na África (sobretudo Nigéria e Gana)[57] e nos países do Caribe. Com indivíduos e grupos dessas localidades mantendo intercâmbio com o movimento dos afro-estadunidenses, a ideia ganhou musculatura e se traduziu na criação de entidades, como a Afrikan World Reparations e Repatriation Truth Commision (AWRRTC), em Gana, e a Nigerian Civil Society, liderada por Moshood Abiola, um chefe político nigeriano. Mais do que fóruns específicos, uma rede de articulação transnacional foi montada. Por iniciativa de Abiola, um grupo – composto por eruditos, representantes governamentais e agentes sociais procedentes da África, da América, da Europa e do Caribe – reuniu-se em Lagos (Nigéria), no final do ano de 1990. Depois de discutir a questão da reparação pelo colonialismo e pelo escravismo e ser ventilada a proposta de cancelamento da dívida externa da África, de devolução dos "tesouros tradicionais roubados" (bens, artefatos e obras de artes) e reconhecimento do tráfico transatlântico de escravo como um crime contra a humanidade, foi instituído um comitê internacional[58].

A Organização da Unidade Africana (OUA) decidiu sistematizar uma estrutura operacional voltada a tratar do assunto em 1992, capitaneada por um comitê de eminentes autoridades políticas, personalidades públicas e cientistas sociais (Group of Eminent Persons), além de um secretariado executivo. Naquele contexto, foram organizados vários eventos sobre a reparação africana – Abuja, Nigéria (1993), Quidah, Benin (1999), St. Louis, Estados Unidos (1999) e Accra (capital de Gana), também em 1999 – e a questão ganhou dinâmica própria de um grupo de pressão internacional, encarregado inclusive pelo grande projeto A Rota do Escravo, um estudo patrocinado pela Unesco para elucidar os fatos que estiveram envolvidos em três séculos do "infame tráfico de carne humana" na rede transatlântica. O projeto buscava definir detalhadamente as quantidades, as tramas, as circunstâncias e as responsabilidades sobre o tráfico e a escravidão. Em 1999, uma comissão africana sobre o assunto adotou a Declaração de Acra, na qual países africanos exigiam o pagamento de 777 bilhões de dólares pelo tráfico negreiro. Segundo esse documento, a reparação deveria ser paga por "todos os países e pelas instituições da Europa Ocidental e das Américas que participaram do comércio de escravos e do colonialismo e que deles tiraram proveito"[59].

No Caribe e região, surgiram vários grupos para discutir o assunto desde a década de 1980. Apoiando-se em informações históricas e legais, líderes de países – como Jamaica, Barbados, Trinidad e Tobago, Haiti, Guiana e Suriname – estudam a possibilidade de reclamar dos antigos impérios coloniais europeus (particularmente Inglaterra, França e Holanda) reparações pelo uso de trabalho forçado de africanos e pelo "genocídio" dos indígenas. Aliás, a Comunidade do Caribe (Caricom) já chegou a anunciar que moveria uma ação dessa natureza na

Corte Internacional de Justiça, em Haia. Não existe consenso sobre a matéria[60]. Quanto aos Estados Unidos, as lideranças do movimento pelas reparações preconizam a necessidade de os afro-estadunidenses elegerem políticos comprometidos com a aprovação de uma lei no Congresso obrigando o Estado a se desculpar pela escravidão e indenizar os descendentes de escravos. Calcula-se que deveria ser pago uma soma na casa dos trilhões de dólares aos descendentes da diáspora africana naquele país[61].

Foi, assim, na esteira dessa mobilização no circuito do Atlântico Negro que, no Brasil, alguns grupos começaram a discutir o assunto. É interessante notar que, embora fazendo parte desse circuito, o setor hegemônico do movimento afro-brasileiro insistia até aquele instante em não encampar as políticas reparatórias, divergindo ou negligenciando as reverberações de tais políticas em escala internacional. Isso sinaliza como a história do Atlântico Negro – constantemente marcada pelos movimentos em prol da emancipação, autonomia e cidadania das populações afrodiaspóricas – propicia um meio para reexaminar os problemas de nacionalismo, posicionamento político, identidade e memória histórica[62].

O repertório, as permutas de experiências e as teias políticas da "metadiáspora" assumem uma dimensão multilateral, porém seus significados, suas negociações e apropriações adquirem um caráter local, configurando o que Kim Butler denomina de "minidiásporas"[63]. Aprioristicamente, não se atribui legitimidade às demandas forjadas na esfera transnacional. Estas têm de, primeiro, vencer as resistências democráticas em nível nacional, antes de serem convertidas em intervenções públicas efetivas. Decerto eventos mundiais, como conferências de cúpulas, "campanhas internacionais ou o envolvimento de atores transnacionais de peso, como as fundações filantrópicas norte-americanas, influenciam os ânimos políticos no interior do país. Esses fatores contam, contudo, como codeterminantes que não substituem os mecanismos nacionais de tomada de decisão"[64]. Ou seja, os processos de formação do posicionamento em âmbito nacional continuam sendo a principal garantia de legitimidade para as decisões políticas.

RESSIGNIFICANDO POLÍTICAS RACIAIS

Com a atomização interna e o isolamento político cada vez mais crescente, o MPR foi arrefecendo, se esvaziando e praticamente sepultado no último quartel da década de 1990. Alguns de seus militantes ainda fundaram o Comitê Pró-Cotas para Negros na Universidade de São Paulo e realizaram uma série de manifestações no *campus* universitário, como a "crucificação" de um ator negro, um "despacho para Exu" na porta da reitoria, a queima de uma barreira de pneus no portal principal da USP, sem falar de pichações nos muros do *campus*[65]. Na fase inicial, a proposta de cotas (ou reserva de vagas) para negros na universidade pública também causou controvérsias diversas. Sem embargo, essa nova modalidade de ações afirmativas foi, aos poucos, ganhando respaldo no movimento social e suplantou a retórica das compensações pecuniárias. Isso no Brasil, pois, em âmbito global, inclusive na América Latina, a questão das reparações tomou destaque (e proporções) sem precedentes[66].

Na III Conferência da ONU contra o Racismo, Discriminação Racial, Xenofobia e Intolerância Correlata, em Durban (África do Sul), em 2001, países africanos reclamavam dos Estados Unidos, de alguns países europeus e até mesmo do Brasil o pagamento de uma indenização pela escravidão, pelo tráfico de seres humanos e por outras injustiças do passado. Mas não havia consenso. Afinal, de que forma os africanos foram afetados pela escravidão? Quem deveria ser responsabilizado pelo pagamento da indenização? Que tipo de pesquisa histórica deveria ser feita para determinar o que aconteceu durante os mais de três séculos de comércio de seres humanos? Como poderia ser aquilatada a compensação financeira pela destruição de civilizações? Quem teria o direito de receber tal pagamento? Eram muitas as perguntas e poucas as respostas convergentes para uma questão tão complexa, espinhosa e traumática[67]. Talvez tenha sido por isso que algumas vozes, em vez de indenização pecuniária, preconizavam o perdão da dívida externa dos países africanos, forma de reparação que, além do cunho moral, seria mais factível. Outras vozes, como a do senegalês Doudou Diène (diretor do projeto da Unesco *A Rota do Escravo*), argumentavam que o ressarcimento financeiro era secundário. Antes que essa questão fosse pautada, era necessário que houvesse reparação moral ou ética e reparação histórico-científica. "A reparação moral ou ética", postulava Diène, "é a base para qualquer outro esforço. Queremos que o tráfico de seres humanos seja reconhecido como crime contra a humanidade pela Assembleia Geral das Nações Unidas. Pleiteamos a admissão da tragédia e do crime por toda a comunidade internacional."[68]

No Brasil, Ubiratan Castro de Araújo também advogava ideia similar ao argumentar que os males decorrentes da exploração e violência do escravismo, sofridos pelos africanos e seus descendentes, não poderiam jamais serem objeto de uma negociação que levasse "a algum tipo de indenização pecuniária individualizada. O sacrifício de Zumbi, de Manoel Faustino e de Pacífico Licutan não tem preço". Esse tipo de reparação daria aos "escravizadores e seus descendentes uma quitação definitiva, uma espécie de 'lavagem de consciência'. Preferimos continuar sempre credores". Em lugar de indenização monetária, o historiador afro-baiano propugnava a "reparação moral da memória dos que padeceram a escravidão", e a implementação de amplos programas governamentais de caráter compensatório. Não obstante, o direito à compensação deveria ser "entendido como um direito difuso", ou seja, nada de impulsionar políticas públicas focando exclusivamente a população afrodescendente ou orientar-se tão somente pelo critério racial[69].

As contradições, ambivalências e narrativas retóricas também compareciam ao debate, quando não serviam para anunciar os sinais dos novos tempos. A perspectiva de reparação econômica – para as injustiças históricas derivadas da captura e escravização de africanos no Brasil – foi suplantada pela de reconhecimento ético, legal, político e cultural. Em outros termos, a plataforma das reparações materiais minguou no cenário nacional, porém, caso se considere que "reivindicar reparações é trazer à luz de toda população negra do mundo as injustiças ainda não ressarcidas ao longo da diáspora" – como ventilou um ativista afro-brasileiro –[70], a ideia de reparações, em vez de desmilinguir, adquiriu um novo formato, ressignificando-se no cenário da política racial brasileira nos albores do terceiro milênio[71].

De volta ao MPR. Pode-se dizer hoje que ele contribuiu para a inflexão na política racial do movimento negro brasileiro. Ainda que as políticas compensatórias fossem conhecidas pelo menos desde os anos 1960, a partir da experiência estadunidense, e já fizessem parte, de certa maneira, do leque de reivindicações do movimento negro desde os anos 1980[72], foi somente no contexto da década de 1990 que se puderam construir as condições de sistematização e legitimidade de tais políticas. Se a proposta que vingou como eixo da luta do movimento não foi a de indenização em dinheiro aos afro-brasileiros pelo sofrimento de seus antepassados durante a escravidão, mas sim a de cotas raciais, tal proposta foi gestada no bojo do princípio que rege o das reparações[73].

"A meu ver" – declarou Paul Regnier – o MPR não se "extinguiu". As ideias que ele trouxe para a pauta estão "brotando todos os dias na sociedade brasileira". E a "adoção de cotas pelas Universidades Federais, assim como a institucionalização de secretarias de reparações, tanto a nível nacional, estadual e municipal podem ser vistas como desdobramento do MPR"[74]. Regnier faz uma interpretação triunfalista (e exagerada) do papel do MPR no transcurso da história do tempo presente no Brasil. Com efeito, o almoço de protesto no Maksoud Plaza pode ser lido como um marco simbólico nas hostes antirracistas. Independentemente de se concordar ou não com aquele método de contestação, o episódio relacionou-se ao novo momento histórico de renegociação da identidade nacional e de rearticulação do movimento negro[75], na medida em que pavimentou, ou mesmo impulsionou, em São Paulo e mais tarde no resto do Brasil, o debate em torno das políticas reparatórias ou – como ficaram mais popularizadas – das ações afirmativas, especialmente em sua versão mais extrema e polêmica, o programa de cotas para negros.

Para finalizar este capítulo, uma última ilação. Há décadas, os intelectuais e ativistas do movimento negro fazem denúncias e lideram campanhas contra o racismo, o que levou a sociedade brasileira a olhar para si própria com menos condescendência em relação à situação racial[76]. Tal objetivo, de certo modo, foi alcançado; agora chegou a vez de a sociedade civil dar uma resposta à altura, incorporando as demandas antirracistas na agenda nacional. A discussão acerca das ações afirmativas, da qual as políticas de reparações fazem parte, entrou decididamente na ordem do dia. A novidade que isso representa na história do Brasil é a projeção do racismo como problema público – problema público não porque simplesmente diversos atores, segmentos e agências passaram a falar da questão, mas porque pôs em foco as alternativas de futuro da nação e porque, em torno dela, estão figurados e tematizados os desafios da cidadania e da construção democrática. Embora o racismo seja hoje reconhecido e debatido no plano da sociedade civil e do Estado, está longe de ter sido resolvido. Daí o dilema colocado: como fazer para superar esse problema? Que tipo de políticas são necessárias para tornar o Brasil um país mais igualitário e democrático, inclusive no que se refere às distorções de origem racial? Não existem soluções mágicas, nem empreendimentos demiúrgicos. Qualquer programa de ações afirmativas inspira-se em uma nova noção de justiça e direitos humanos, em que a distribuição dos bens e recursos é tão importante quanto a questão da dignidade e do respeito aos grupos que tentam mudar o imaginário sobre o lugar que ocupam na sociedade[77]. Uma ação justa deve respeitar certa relação de igualdade. Essa noção de justiça bidimensional, que abrange demandas tanto em termos redistributivos como de reconhecimento, alarga a sua concepção usual, de modo a associá-la aos princípios democráticos[78]. Afinal, as lutas por reconhecimento devem se dar entrelaçadas com as lutas por ampliação da cidadania em uma sociedade.

Uma Palavra Final

Como um quadro engenhoso para a produção do conhecimento, a diáspora africana inaugura uma análise radicalmente descentrada e ambiciosa de circuitos transnacionais e transregionais de cultura e política que resistem aos padrões de nações e continentes ou os transcendem. Do ponto de vista epistêmico, é de bom alvitre assinalar uma guinada conceitual para a diáspora, caracterizada pela preocupação com as articulações, trocas e intersecções de narrativas, bens simbólicos, agenciamentos e referenciais conectados aos projetos de encorajar o entendimento, a solidariedade e a cooperação por todo o mundo negro[1].

Diante disso, nosso desafio é criar um modelo de análise capaz de lidar com as diferenças e as semelhanças existentes nas diversas comunidades de origem africana dispersas pelo mundo, demonstrando suas conexões e seus pontos em comum. Trata-se de pensar a história interconectada por meio de influências mútuas, sem deixar de considerar tanto as assimetrias como as reciprocidades. Para tanto, faz-se mister explorar o sentido historicizado e politizado de diáspora negra – esse circuito transnacional singular ou autônomo de intercâmbios culturais e políticos.

Ultimamente, houve uma explosão de interesse sobre o tema, que extrapolou os significados iniciais e foi ampliado para acomodar as várias agendas intelectuais, culturais e políticas do contexto histórico. Isso significa que o conceito de diáspora não se limita a uma experiência histórica apenas. Abrange transnacionalidade e movimento, além de redes de conexões, ideias híbridas e lutas políticas. A diáspora negra seria produto de processos de deslocamento e característico de sociedades que vivenciaram regimes de dominação e desigualdades, o que também produz uma cultura de resistência.

O Brasil de ascendência negra se define fundamentalmente como parte de uma diáspora. Suas culturas específicas se inspiram naquelas desenvolvidas por populações negras em outros lugares. Em particular, as ideologias negras internacionalistas têm servido de fonte de inspiração para processos criativos que, em vias de mão dupla, (re)definem o que significa ser afro-brasileiro, de acordo com as experiências e significados distintivamente locais. Fato é que cultura e identidade afro-brasileiras se fazem e se refazem em permanente diálogo internacional, mas são traduzidas em contexto nacional.

Ao longo deste livro, vimos as formas pelas quais brasileiros de ascendência africana têm usado redes diaspóricas como estratégia contra o racismo e a desigualdade no Brasil e, nesse processo, ajudado seu país a se aproximar da concretização da promessa de ser uma verdadeira democracia racial. Tanto durante a escravidão como nas décadas subsequentes, mostramos a multiplicidade de maneiras empregadas pelos afrodescendentes para reagir às estratégias contínuas de empurrá-los para as margens da sociedade, das mais violentas até as mais insidiosamente invisíveis.

Sua luta está ligada à dos descendentes de africanos nas Américas como um todo, cuja sobrevivência tem implicado desafiar sociedades concebidas para consumi-los. Como afirmam vários intelectuais como Eric Williams, Walter Rodney e Cedric Robinson, nosso mundo moderno foi moldado pela exploração de terras e de corpos africanos – um processo que, ao mesmo tempo, criou a diáspora africana. Suas histórias interconectadas produziram uma tradição de resistência aos alicerces degradantes e racializados das sociedades modernas. Ao reagir às pressões para mantê-la nos lugares que lhe foram, e ainda são, atribuídos, a diáspora africana tem dado ao mundo lições valiosas sobre como pessoas supostamente destituídas de poder detêm, não obstante, as chaves para uma mudança transformadora. Esperamos, com este livro, colocar o Brasil e as inovadoras políticas de seus afrodescendentes como marco referencial para o campo de estudos da diáspora africana. A criatividade dos afro-brasileiros tem produzido realidades mais inclusivas e equilibradas, uma história que merece plena consideração na política negra global. No entanto, como ocorre com todas as comunidades que enfrentam hegemonias enraizadas, nenhum avanço pode ser considerado como favas contadas. São negociações permanentes pela verdadeira igualdade – como aprendemos com os mestres da capoeira, devemos imaginar continuamente novas respostas em nossa ginga. Gerações de ativistas negros e pessoas comuns têm mantido o legado ideológico da capoeira em face de todos os obstáculos que inevitavelmente aparecem. Sempre há, em algum lugar, uma forma de se contrapor – permitindo-nos, assim, nos aproximar cada vez mais de uma roda linda e inclusiva em que todos possamos sambar.

Notas

1

APRESENTAÇÃO

1. E. Cashmore, *Dicionário de Relações Étnicas e Raciais*, p. 169.
2. Ver B.H. Edwards, The Uses of Diaspora, *Social Text*, n. 66, v. 19, n. 1.
3. Idem, *The Practice of Diaspora*.
4. S. Hall, *Da Diáspora*, p. 45-46.
5. Idem, Identidade Cultural e Diáspora. *Revista do Patrimônio Histórico e Artístico Nacional*, n. 24, p. 75.
6. Ver J. HARRIS, *Global Dimensions of the African Diaspora*; e R. Walter, Transferências Interculturais: Notas Sobre Transcultura, Diáspora e Encruzilhada Cultural, *Afro-América*.
7. M.L. Pratt, *Os Olhos do Império*, p. 27-32.
8. P. Gilroy, *O Atlântico Negro*, p. 11.
9. Ibidem, p. 25.
10. E. Telles, *Racismo à Brasileira*., p. 75-76; M. Htun, From "Racial Democracy" to Affirmative Action, *Latin American Research Review*, v. 39, n. 1, p. 60-98.
11. M. Wieviorka, *O Racismo, uma Introdução*, p. 138.
12. M. Lima, Desigualdades Raciais e Políticas Públicas: Ações Afirmativas no Governo Lula, *Novos Estudos CEBRAP*, n. 87, p. 77-95.
13. Ver T.S. Paschel, *Becoming Black Political Subjects*; e G.L. Mitchell-Walthour, *Politics of Blackness*.
14. Ver P. Fry, *A Persistência da Raça*; Y. Maggie et al., *Divisões Perigosas*; e M. Grin, *"Raça": Debate Público no Brasil (1997-2007)*.
15. Ver L.M. Schwarcz, *O Espetáculo das Raças*; e H.M. Mattos, *Escravidão e Cidadania no Brasil Monárquico*.
16. A. Risério, *A Utopia Brasileira e os Movimentos Negros*, p. 411.
17. Ver A. Marx, *Making Race and Nation*.
18. Ver M. Abreu, *Da Senzala ao Palco*.
19. Ver M. Seigel, *Uneven Encounters*.

1. DEFINIÇÕES DE DIÁSPORA

1. Adaptado de K.D. Butler, Defining Diaspora, Refining a Discourse, *Diaspora*, v. 10, n. 2, p. 189-219.
2. Embora grande parte da literatura esteja centrada em diásporas específicas, alguns livros consideram a diáspora universalmente. Ver, por exemplo, S. Dufoix, *Diasporas*; S. Hall, Cultural Identity and Diaspora, em J. Rutherford (org.), *Identity: Community, Culture, Difference*, p. 222-237; W. Safran, Diasporas in Modern Societies: Myths of Homeland and Return, *Diaspora*, v. 1, p. 8-23; S. Mishra, *Diaspora Criticism*; S. Banerjee; A. McGuinness; S.C. McKay (orgs.), *New Routes for Diaspora Studies*; K. Kenny, *Diaspora: A Very Short*

Introduction; G. Sheffer, *Diaspora Politics*; R. Cohen, *Global Diasporas*; K. Knott; S. McLoughlin (eds.), *Diasporas: Concepts, Intersections, and Identities*; J.E. Braziel; A. Mannur (eds.), *Theorizing Diaspora*. O termo "diáspora" começou a aparecer também em trabalhos criativos, como no romance de F. Conceição, *Diasporá* ou no disco de jazz de Ron Muldrow, *Diaspora*, Enja Records, 1995.

3. Mesmo escrevendo este ensaio em 2017, o Microsoft Word continuamente me levou a escrever Diáspora com inicial maiúscula. Desde a publicação, em 1982, de Joseph E. Harris (ed.), *Global Dimensions of the African Diaspora*, houve centenas de trabalhos sobre todos os aspectos da diáspora africana, alguns dos quais serão discutidos neste ensaio.
4. Ver, por exemplo, D. Waxman, American Jews and the Israeli-Palestinian Conflict, *Political Science Quarterly*, v. 132, n. 2, p. 313-340; B.S. Heindl, Transnational Activism in Ethnic Diasporas, *Journal of Ethnic & Migration Studies*, v. 39, n. 3, p. 463-482; D.M. Moss, Diaspora Mobilization for Western Military Intervention During the Arab Spring, *Journal of Immigrant & Refugee Studies*, v. 14, n. 3, p. 277-297; D.G. Haglund, France and the Issue of a "Usable" Diaspora in (North) America, *International History Review*, v. 34, n. 1, p. 71-88; L.R. de la Vega, Las Diásporas en la Arena Internacional, *OASIS – Observatorio de Análisis de los Sistemas Internacionales*, n. 22, p. 23-47; E. Østergaard-Nielsen, The Democratic Deficit of Diaspora Politics, *Journal of Ethnic & Migration Studies*, v. 29, n. 4, p. 683-700.
5. K. Tölölyan, Diasporama, *Diaspora*, v. 3, n. 2, p. 235.
6. J. Clifford, Diasporas, *Cultural Anthropology*, v. 9, n. 3, p. 307.
7. R. Brubaker, The "Diaspora" Diaspora, *Ethnic and Racial Studies*, v. 28, n. 1, p. 1-19.
8. D. Gupta, *The Context of Ethnicity*, p. 16.
9. J. Clifford, op. cit., p. 311.
10. Uma conferência internacional sobre a diáspora africana na Ásia foi realizada na Índia em 2006. Ver K.K. Prasad; J.P. Angenot (eds.), *The African Diaspora in Asia*.
11. Ver, por exemplo: C. Patton; B.S. Eppler (eds.), *Queer Diasporas*; L.K. Gill, Situating Black, Situating Queer, *Transforming Anthropology*, v. 20, n. 1, p. 32-44; J.S. Allen, Black/Queer/Diaspora at the Current Conjuncture, *GLQ*, v. 18, n. 2-3, p. 211-248; G. Gopinath, *Impossible Desires*.
12. Disponível em: <https://diasporabr.com.br>, e <https://diasporafoundation.org/>. Ver também a aprofundada discussão de Stefan Helmreich sobre as implicações da metáfora biológica em Kinship, Nation and Paul Gilroy's Concept of Diaspora, *Diaspora*, v. 2, n. 2, p. 246.
13. L. Siu, Queen of the Chinese Colony, *Anthropological Quarterly*, v. 78, n. 3, p. 511-542. Ver também G. Gopinath, "Bombay, U.K., Yuba City", *Diaspora*, v. 4, n. 3, p. 30; J.N. Brown, Black Liverpool, Black America and the Gendering of Diasporic Space, *Cultural Anthropology*, v. 13, n. 3, p. 291-325.
14. Michael Gomez, em *Exchanging Our Country Marks*, aborda a importância de tais alianças militares estratégicas na criação de identidades negras coletivas entre sociedades de escravos heterogêneas, compostas por muitas nacionalidades africanas. Esse tema é desenvolvido por Walter Rucker, em *The River Flows On*. Ambos estão baseados em trabalhos anteriores de estudiosos como Sterling Stuckey e Monica Schuler, documentando as muitas maneiras pelas quais os descendentes africanos moldaram uma identidade coletiva a partir de agendas compartilhadas de sobrevivência e resistência (bem como construções de identidade impostas pelos escravizadores). Isso estabeleceu as bases para uma sensibilidade "africana" da diáspora para os descendentes do comércio escravo do Atlântico, em oposição a "Ibo", "Oyo", "Bambara" e outras construções mais localizadas da diáspora. Ver S. Stuckey, *Slave Culture*; M. Schuler, *Alas, Alas Kongo*.
15. Em um dos primeiros ensaios que adotaram a estrutura de diáspora para a experiência africana, George Shepperson advertiu contra o esquecimento dessa distinção. "Sem essa compreensão", ele escreveu, "a expressão 'diáspora africana' pode ficar condenada apenas ao estudo da dispersão forçada – à escravidão." G. Shepperson, African Diaspora: Concept and Context, em J.E. Harris (ed.), op. cit., p. 51.
16. Ver R. Cohen, *Global Diasporas*; E. Hu-DeHart, Coolies, Shopkeepers, Pioneers, *Amerasia Journal*, v. 15, n. 1, p. 98.
17. K. Tölölyan, Rethinking Diaspora(s), *Diaspora*, v. 5, n. 1, p. 15-19; G. Totoricagüena, *Identity, Culture and Politics in the Basque Diaspora*, p. 155-191.
18. Os estudos da diáspora *queer* desafiam as terras de origem como centrais para as diásporas, o que será discutidas mais adiante. Aqui estou resumindo as principais tendências na literatura existente sobre diásporas.
19. R. Cohen, The Diaspora of a Diaspora, *Social Science Information*, v. 31, n. 1, p. 159-169.
20. O processo de explorar as implicações da diáspora para diversas comunidades resultou em intervenções teóricas críticas que continuam a impulsionar os estudos da diáspora a uma concentração em seus processos dinâmicos. Ver, por exemplo, o artigo de J.E. Braziel e A.M., op. cit.
21. Muitos estudiosos frequentemente jogaram com as palavras "roots" and "routes" ("raízes" e "rotas"). Para Paul Gilroy, essas eram abordagens contrastantes da identidade; muitos outros autores justapuseram os termos a fim de chamar a atenção para a complementaridade de enraizamento e migração dentro do conceito de diáspora. P. Gilroy, *The Black Atlantic*, p. 19.
22. Alguns exemplos são: A.C. Neff, Roots, Routes and Rhizomes, *Journal of Popular Music Studies*, v. 27, n. 4,

p. 448-477; J.E. Braziel, Daffodils, Rhizomes, Migrations, *Meridians*, v. 3, n. 2, p. 110-131.

23. Ver, por exemplo, T.R. Hepner, Generation Nationalism and Generation Asylum, *Diaspora*, v. 18, n. 1-2, p. 184-207.

24. Pnina Werbner descreve as diásporas como "chaordic" – estruturadas de modo que combinam caos e ordem. "The Place Which is Diaspora", *Journal of Ethnic and Migration Studies*, v. 28, n. 1, p. 119-133.

25. O Primeiro Encontro do Instituto de Estudos da Diáspora (First African Diaspora Studies Institute – FADSI), em 1979, chegou ao "forte consenso entre os delegados da FADSI de que os descendentes africanos no exterior deveriam ser conceituados como uma extensão da história africana", J.E. Harris (ed.), op. cit., p. 5.

26. Ver M.C. da Cunha, *Negros, Estrangeiros*; L.E. Castillo; L.N. Pares, Marcelina da Silva e Seu Mundo, *Afro-Ásia*, n. 36, p. 111-151; J.M. Turner, *Les Bresiliens*; P. Verger, *Fluxo e Refluxo do Tráfico de Escravos Entre o Golfo do Benin e a Bahia de Todos os Santos dos Séculos XVII a XIX*.

27. Ver K. Knott; S. McLaughlin, op. cit.

28. Ver K.D. Butler, op. cit.

29. Usando uma lista de características definidoras, que inclui alienação na nova terra e permanente desejo de retorno, Gwyn Campbell conclui que os afrodescendentes na Ásia não constituem uma diáspora. G. Campbell, The African-Asian Diaspora, em S.S. Jayasuriya; J.-P. Angenot (eds.), *Uncovering the History of Africans in Asia*, p. 37-56.

30. G. Sheffer, op. cit., p. 74; S. Dufoix, op. cit., p. 60-66.

31. Maxine Margolis dedica um capítulo ao fenômeno da migração de Governador Valadares em *Goodbye, Brazil*. Ver também: G.L. Castro (ed.), *Diáspora Michoacana*; A. Glennie; L. Chappell, Jamaica: From Diverse Beginning to Diaspora in the Developed World, *Migration Policy Institute Report*, Disponível em: <http://www.migrationpolicy.org/>.

32. Aqui está incluída a versão original deste capítulo, publicado em 1992.

33. Ver R. Cohen, *Global Diasporas: An Introduction*.

34. Um exemplo de pesquisa sobre condições de dispersão com vistas às implicações para a teoria da diáspora é o projeto "Diasporas and Contested Sovereignty" (Diásporas e Soberania Contesta), de Maria Koinova, fundado em 2011 no Conselho Europeu de Pesquisa, que se concentra em diásporas recentes, na Europa, geradas por conflitos. Essas questões são cada vez mais preocupantes para os estados de destino em relação às suas populações de imigrantes, mas também falam em uma compreensão mais profunda desse processo de formação da diáspora em geral. Entre as publicações desse projeto está o de Maria Koinova, Sustained vs Episodic Mobilization Among Conflict-Generated Diasporas, *International Political Science Review*, v. 37, n. 4, p. 500-516.

35. Martin Baumann levanta esse tema para o contexto dos euro-americanos convertidos ao budismo, questionando se eles podem ou não ser considerados parte da diáspora tibetana. M. Baumann, Shangri-La in Exile, *Diaspora*, v. 6, n. 3, p. 383-384.

36. Ver A.M. Beliso-De Jesús, *Electric Santeria*.

37. Ver A. Britton, *Lucumi and the Children of Cotton*; J.K. Olupona; T. Rey (eds.), *Òrìṣà Devotion as World Religion*.

38. No segundo capítulo, examino por que a comunidade africana global veio a adotar a palavra "diáspora" e como seu significado foi conscientemente modificado da experiência judaica para torná-la útil a novas realidades políticas.

39. S.Y. Boadi-Siaw, Brazilian Returnees of West Africa, em J.E. Harris (ed.), op. cit., p. 306; ver também M.C. da Cunha, *Negros, Estrangeiros*; e J.M. Turner, *Les Bresiliens*.

40. Ver T. Tsuda, *Strangers in the Ethnic Homeland*; K. Yamanaka, Return Migration of Brazilians to Japan, *Diaspora*, v. 5, n. 1, p. 65-98; S. Awanohara, For a Brighter Mañana: Latin America's Nikkei Flock "Home" to the Land of the Rising Yen, *Far Eastern Economic Review*, v. 149, p. 34-36.

41. George Creese, citado em T. Meade; G.A. Pirio, In Search of the Afro-American "Eldorado", *Luso-Brazilian Review*, v. 25, n. 1, p. 95.

42. Cyril Briggs, citado em T. Meade; G.A. Pirio, op. cit., p. 89.

43. Ver F.A. Guridy, *Forging Diaspora*.

44. Refletindo essa tendência, a administração Obama propôs uma mudança no Censo dos Estados Unidos a partir de 2020 para fazer do "hispânico" ou "latino/a" uma categoria racial e étnica combinada, em vez de um grupo étnico cujos membros poderiam ser de qualquer raça. No momento da redação, o Census Bureau decidiu manter a distinção original entre etnia e raça.

45. K. Tölölyan, Elites and Institutions in the Armenian Transnation, *Diaspora*, v. 9, n. 1, p. 107-136.

46. Ver T. Olaniyan; J.H. Sweet (eds.), *The African Diaspora and the Disciplines*.

47. Antigo cemitério para os negros em Nova York, ativo de 1630 a 1795, descoberto durante as pesquisas arqueológicas para a construção de um edifício do governo federal americano em 1991. Ali há hoje um memorial.

48. Ver A.E. Frohne, *The African Burial Ground in New York City*.

49. Disponível em: <unispora.com>.

50. Disponível em: <ekopolitanproject.org>.

51. G.P. Freeman, resenha de *Marketing the American Creed Abroad: Diaspora in the U.S. and their Homelands*, de Yossi Shain, *Political Science Quarterly*, v. 115, n. 3, p. 485.

52. A. Brah, *Cartographies of Diaspora*, p. 193.

53. A literatura sobre a diáspora africana é vasta e expandiu-se dos contornos de um único país nas décadas de 1970 e 1980 para estudos complexos sobre praticamente todos os aspectos da experiência da diáspora. Arturo A. Schomburg foi altamente influente na promoção de uma abordagem global da historiografia afro-americana nos Estados Unidos, doando sua coleção pessoal em 1926, que foi a base para o Centro Schomburg de Pesquisa em Cultura Negra/Biblioteca Pública de Nova York. Entre os textos fundamentais que ajudaram a solidificar a diáspora africana como uma unidade de análise na academia dos Estados Unidos estão: J.E. Harris (ed.), *Global Dimensions of the African Diaspora*; R.S. Hamilton, *Routes of Passage*; R. Terborg-Penn; S. Harley; A.B. Rushing (eds.), *Women in Africa and the African Diaspora*; S. Walker, *African Roots/American Cultures*; A. Jalloh; S. Maizlish (eds.), *The African Diaspora*; I. Okpewho; N. Nzegwu, *The New African Diaspora*; S. de S. Jayasuriya; R. Pankhurst (eds.), *The African Diaspora in the Indian Ocean*. Um dos primeiros textos projetados principalmente para estudantes de graduação é M. Gomez, *Reversing Sail*.
54. Ver I.V. Sertima, *They Came Before Columbus*; J.E. Harris, The African Diaspora in World History and Politics, em S.W. (ed.), op. cit., p. 105-107.
55. Ver C. Palmer, Defining and Studying the Modern African Diaspora, *Perspectives*, v. 36, n. 6.
56. Estudos recentes começaram a identificar diásporas distintas dentro desse conjunto maior, um projeto valioso pela compilação dos registros de milhares de viagens de navios negreiros. D. Eltis; S. Behrendt; D. Richardson; H.S. Klein, *The Trans-Atlantic Slave Trade: A Database*; G.M. Hall, *Afro-Louisiana History and Genealogy Database*. Para trabalhos que rastreiam diásporas africanas específicas nas Américas usando uma variedade de abordagens, ver, por exemplo, L. Heywood (ed.), *Central Africans and Cultural Transformations in the African Diaspora*; M. Warner-Lewis, *Central Africa in the Caribbean*; M.T.J. Desch-Obi, *Fighting for Honor*; T. Falola; M.D. Childs (eds.), *The Yoruba Diaspora in the Atlantic World*. É importante notar também que, à medida que a pesquisa se expande para outros ramos da diáspora africana, ela desafia a noção de uma diáspora quintessencial ou arquetípica moldada por um ramo único qualquer. Ver R.S. Hamilton (ed.), *Routes of Passage*, v. 1, parte 1.
57. S. de S. Jayasuriya; R. Pankhurst (eds.), op. cit.; J.E. Harris, *The African Presence in Asia: Consequences of the East African Slave Trade*.
58. K. Koser (ed.), *New African Diasporas*; N. van Hear, *New Diasporas*.
59. Esta última pude constatar quando minha irmã de coração, Iara, preparou uma inesquecível moqueca, com receita de sua mãe, Tercilia, para amigos baianos trasladados para a Alemanha. Assim como tornei essa mesma moqueca parte do léxico culinário da minha família caribenha. E por aí vão os fluxos diaspóricos.
60. K.D. Butler, Defining Diaspora, Refining a Discourse, op. cit., p. 189-219.
61. Em 2013, após a sua nomeação, Cécile Kyenge, a primeira ministra negra da Itália, tornou-se alvo de ameaças e ataques racistas, incluindo ter uma banana atirada contra ela durante um discurso, um insulto simbólico também usado contra atletas negros

2. POR QUE "DIÁSPORA"?

1. *Progresso*, 12 out. 1928; 24 fev. 1929; 28 abr. 1929; 23 jun. 1929.
2. *Progresso*, 16 dez. 1928; 24 mar. 1929; 13 jan. 1929; e 24 fev. 1929. Essas duas últimas edições foram microfilmadas em conjunto, por isso não está claro em que edição a visita de Moreira foi noticiada.
3. Ver I.K. Nwankwo, *Black Cosmopolitanism*. Veja uma discussão mais completa no capítulo 4.
4. Por volta de 1900, representantes de vários países se reuniram para a Primeira Conferência Pan-Africana. Esta foi realizada em Londres, convocada por Henry Highland Garnett e seguida por uma série de conferências e congressos pan-africanos que se estenderam pelo restante do século XX.
5. Cyril Briggs, citado em Teresa Meade e Gregory Alonso Pirio, In Search of the Afro-American "Eldorado", *Luso-Brazilian Review*, v. 25, n. 1, p. 89.
6. George Creese, citado em T. Meade; G. Pirio, op. cit., p. 95.
7. Isso fazia parte de uma filosofia de imigração voltada para a engenharia social. O Brasil excluiu também outras categorias de "indesejáveis", como asiáticos e até idosos, embora tenham sido feitas exceções para certos nichos de trabalhadores. U.S. National Archives and Records Administration, Record Group 59, General Records of the Department of State: Brazil.subject code 832.111. (Microfilme 519, roll 15.)
8. Ver F.A. Guridy, *Forging Diaspora*.
9. *Rent party* é uma reunião social em que se faz coleta de recursos financeiros. Trata-se de uma prática originária do Harlem durante a década de 1920, e foi muito importante para o jazz e o blues. O ambiente sempre era animado com música, dança e comidas tradicionais, assim como as festas das "tias" baianas no Rio de Janeiro descritas por Roberto Moura, em sua obra *Tia Ciatá e a Pequena África do Rio de Janeiro*. (N. da T.)
10. J.E. Harris (ed.), *Global Dimensions of the African Diaspora*, p. ix. Para uma visão geral do campo, ver, por exemplo, J.E. Harris, The African Diaspora in World History and Politics, em S.S. Walker (ed.), *African*

Roots/American Cultures, p. 104-117; T.R. Patterson; R.D.G. Kelley, Unfinished Migrations, *African Studies Review*, v. 43, n. 1, p. 1145; P.T. Zeleza, Rewriting the African Diaspora: Beyond the Black Atlantic, *African Affairs*, v. 104, n. 414, p. 3568; E. Akyeampong, Africans in the Diaspora, *African Affairs*, v. 99, n. 395, p. 183-215. O campo dos estudos da diáspora africana tem crescido exponencialmente desde a década de 1970, com engajamentos críticos em múltiplas disciplinas sobre questões como raça, essencialismo, heterogeneidade, migração, hegemonia, sexualidade, geopolítica e autoridade discursiva.

11. K. Tölölyan, Rethinking Diaspora(s), *Diaspora a Journal of Transnational Studies*, v. 5, n. 1, p. 15-16.
12. R.K. Edozie, The Sixth Zone, *Journal of African American Studies*, v. 16, n. 2, p. 268-299. O uso de "africanos no exterior" numa análise acadêmica aparece já em 1913, em W.H. Ferris, *The African Abroad, or, His Evolution in Western Civilization*. R.D.G. Kelley, But a Local Phase of a World Problem, *The Journal of American History*, v. 86, n. 3, p. 1045-1077.
13. Ver, por exemplo, Nergis Canefe (ed.), *The Jewish Diaspora as a Paradigm*; W. Safran, Diasporas in Modern Societies, *Diaspora*, v. 1, n. 1, p. 83-99; W. Safran, The Jewish Diaspora in a Comparative and Theoretical Perspective, *Israel Studies*, v. 10, n. 1, p. 36-60.
14. R. Cohen, *Global Diasporas*, p. 21. Elliot Skinner, no entanto, enfatizou o tema comum da alienação ao longo dos séculos de deslocamento judaico no Primeiro Instituto de Estudos da Diáspora Africana em 1979. E.P. Skinner, The Dialetctic Between Diasporas and Homelands, em J.E. Harris (ed.), *Global Dimensions of the African Diaspora*, p. 17-45.
15. K.D. Butler, Defining Diaspora, Refining a Discourse, *Diaspora*, v. 10, n. 2, p. 189-215.
16. P. Gilroy, *The Black Atlantic*, p. 205-223.
17. J.E. Harris, Introduction to the African Diaspora e G. Shepperson, The African Abroad or the African Diaspora, em T.O. Ranger (ed.), *Emerging Themes of African History*, p. 145-176.
18. G. Shepperson, The African Abroad or the African Diaspora, em T.O. Ranger (ed.), *Emerging Themes of African History*, p. 152-153. Dado o papel central de seu trabalho no campo emergente dos estudos da diáspora africana, é irônico que Shepperson comentasse mais tarde que "as únicas pessoas que realmente têm o direito de usar a palavra diáspora sem um adjetivo de qualificação são os judeus". G. Shepperson, African Diaspora, em J.E. Harris (ed.), *Global Dimensions of the African Diaspora*, p. 51.
19. R. Brubaker, The "Diaspora" Diaspora, *Ethnic and Racial Studies*, v. 28, n. 1, p. 12. Ênfases no original.
20. P. Gilroy, *The Black Atlantic*, p. 208.
21. Ver E.W. Blyden, *The Jewish Question*. Ver também J.R. Washington Jr., *Jews in Black Perspectives*.
22. G. Shepperson, African Diaspora, em J.E. Harris (ed.), *Global Dimensions of the African Diaspora*, p. 51.
23. Os documentos da conferência foram originalmente publicados em J.E. Harris, (ed.), *Global Dimensions of the African Diaspora*; uma segunda edição ampliada apareceu em 1993.
24. T. Martin, Garvey and Scattered Africa, em J.E. Harris (ed.), *Global Dimensions of the African Diaspora*, p. 441. (Grifado no original.)
25. J. Vansina, *Oral Tradition as History*, p. 21-23.
26. "Quando Israel estava na terra do Egito/Deixa meu povo ir/Oprimido com tanta força que não podia suportar/ Deixa meu povo ir", em tradução livre. Reeditado em L. Hughes e A. Bontemps (eds.), *The Book of Negro Folklore*, p. 292. A cultura dos escravizados nos Estados Unidos reflete influências das escrituras tanto do *Novo* quanto do *Antigo Testamento*, juntamente com diversas filosofias e motivos espirituais africanos. James Landing argumenta que os temas judaicos na teologia das congregações cristãs negras ajudaram a estabelecer as bases para a evolução do judaísmo negro nos Estados Unidos no século XIX. Ver J.E. Landing, *Black Judaism*.
27. I.P. Valdés, El Lynchamiento, *Nuestra Raza*.
28. Ver N.S. Murrell; W.D. Spencer; A.A. McFarlane (eds.), *Chanting Down Babylon*.
29. "Peço ao próprio tirano que me mostre uma página da história, sagrada ou profana, em que se possa encontrar um verso que sustente que os egípcios encharam de insuportável insulto aos filhos de Israel, dizendo-lhes que não eram da *família humana*…" D. Walker, *Appeal to the Colored Citizens of the World*, p. 10. (Grifado no original.)
30. A diversidade da diáspora africana impede qualquer tentativa de discutir uma teologia comum da diáspora; mesmo dentro dos Estados Unidos, a libertação da opressão como princípio organizador da *Bíblia* é apenas uma das várias correntes influentes da teologia cristã negra. T.Hoyt Jr., Biblical Interpreters and Black Theology, em J.H. Cone; G.S. Wilmore (eds.), *Black Theology*, v. II, p. 198.
31. Marcus Garvey, discurso feito no Madison Square Garden em 16 de março de 1924, em A.J. Garvey (ed.), *Philosophy and Opinions of Marcus Garvey, or Africa for the Africans*, v. II, p. 121; ver também J.S. Dorman, *The Black Israelites of Harlem and the Professors of Oriental and African Mystic Science in the 1920s*, p. 276-281.
32. Ver, por exemplo, W. James, *Holding Aloft the Banner of Ethiopia*. Garvey refletia apenas um conjunto de sentimentos políticos e culturais num ambiente diversificado; para um retrato mais amplo do renascimento do Harlem, ver D.L. Lewis, *When Harlem Was in Vogue*.

33. R.A. Hill, Jews and the Enigma of the Pan-African Congress of 1919, em J.R. Washington (ed.), *Jews in Black Perspectives*, p. 55-82.
34. Elementos do judaísmo apareceram mais cedo em congregações negras originadas na Igreja do Deus Vivo; um ramo de Chicago explicou em 1906 ao Censo dos Estados Unidos que suas práticas incluíam "a observância do calendário judaico e dos dias de festa, especialmente o sábado judaico, e o uso dos nomes hebraicos correspondentes". Citado em J.E. Landing, op. cit., p. 53.
35. J.S. Dorman, op. cit., p. 264-274. Segundo Ruth Landes, Herman fez uma parceria com um sulista chamado Sledge, que mais tarde adotou o nome de Mordecai. R. Landes, Negro Jews in Harlem, *Jewish Journal of Sociology*, v. 9, n. 2, p. 181-182.
36. J.S. Dorman, op. cit, p. 283. Para uma discussão mais completa sobre os movimentos sionistas africanos, ver p. 286-310.
37. Isso inclui uma rica tradição jornalística em várias línguas. Ver B. Edwards, *The Practice of Diaspora*; K.D. Butler, *Freedoms Given Freedoms Won*, p. 89-110; R.A. Hill, *The Marcus Garvey Papers*; R. Fredericks, *Colon Man a Come*; etc.
38. Ver, por exemplo, M. Herskovits, *The Myth of the Negro Past*; G. Freyre (org.), *Estudos Afro-Brasileiros*; F. Ortiz, *Hampa Afro-Cubana*; G.A. Beltran, *La Población Negra de México, 1519-1810*.
39. G. Frank, Melville J. Herskovits on the African and Jewish Diasporas, *Identities*, v. 8, n. 2, p. 173-209.
40. Ironicamente, ele incorporou a mesma diversidade ao conceito de "afro-americanos" – os povos da diáspora afro-atlântica.
41. O debate sobre as retenções africanas começou com o desafio de E. Franklin Frazier às conclusões de Herskovits, e desde então tem sido chamado de "debate Herkovits-Frazier". Sua evolução na academia dos Estados Unidos está resumida em R.L. Watson, American Scholars and the Continuity of African Culture in the United States, *The Journal of Negro History*, v. 63, n. 4, p. 375-386.
42. St. Clair Drake, Diaspora Studies and Pan-Africanism, em J.E. Harris (ed.), op. cit., p. 343. (Grifado no original.)
43. H.R. Diner, *In the Almost Promised Land*; D.L. Lewis, Parallels and Divergences: Assimilationist Strategies of Afro-American and Jewish Elites from 1910 to the Early 1930s, em J. Salzman (ed.), *Bridges and Boundaries*, p. 17-35. Ver também J.R. Washington, *Jews in Black Perspectives*.
44. Os estudos em diferentes ramos da diáspora africana remontam ao surgimento dos estudos da diáspora africana em geral, e são referenciados nas apresentações da conferência de 1965 de Harris e Shepperson. Ver J.E. Harris, *The African Presence in Asia*; E.A. Alpers, *The East African Slave Trade*.
45. Essa linha de pesquisa que começou com o estudo dos registros de navios negreiros, o que levou a base de dados abrangentes amplamente digitalizados sobre o comércio de escravos, como o Trans-Atlantic Slave Trade (disponível em: <www.slavevoyages.org>), e bancos de dados mais restritos como o Afro-Louisiana History and Genealogy de Gwendolyn Midlo Hall (disponível em: <https://www.ibiblio.org/laslave/index.php>). Exemplos de estudos que emergem desse trabalho incluem: G.M. Hall, *Africans in Colonial Louisiana*; M. Gomez, *Exchanging Our Country Marks*; W. Rucker, *Gold Coast Diasporas*.
46. Alguns exemplos de histórias diaspóricas distintas dentro da grande diáspora africana são: P. Verger, *Fluxo e Refluxo*; G. Brandon, *Santeria From Africa to the New World*; T. Falola; M.D. Childs (eds.), *The Yoruba Diaspora in the Atlantic World*; L.M. Heywood (ed.), *Central Africans and Cultural Transformations in the American Diaspora*; M.W. Lewis, *Central Africa in the Caribbean*.
47. Ver Centro Cultural Afro-Ecuatoriano, *Congresos de cultura negra de las Americas*; I. van Kessel, Goa Conference on the African Diaspora in Asia, *African Affairs*, v. 105, n. 420, p. 461-464.
48. Para uma discussão mais completa sobre este tópico, ver K.D. Butler, Multi-Level Politics in the African Diaspora, em G.P. Totoricagüena (ed.), *Opportunity Structures in Diaspora Relations*.
49. No caso do Caribe, os membros dessa diáspora estão entre os principais proponentes da política pan-africanista, como, por exemplo: W. James, op. cit.; I. Watkins-Owens, *Blood Relations*.
50. Por exemplo, Gabriel Sheffer quantifica a "Diáspora Africana" em 25 milhões, e a diáspora "Atlântica Negra" em 1,5 milhão de pessoas (nenhum destes termos aparece nos estudos da diáspora africana). G. Sheffer, *Diaspora Politics*, p. 104-106.
51. J.E. Harris, Introduction, em J.E. Harris (ed.), op. cit., p. 5; C. Palmer, Defining and Studying the Modern African Diaspora, *Perspectives*, v. 36, n. 6, p. 1; T.C. Holt, Slavery and Freedom in the Atlantic World, em D.C. Hine; J. McLeod (eds.), *Crossing Boundaries*, p. 36. Este argumento foi elaborado como o conceito de *décalage* pelo estudo literário de B. Edwards, *The Practice of Diaspora*.
52. K. Nurse, Globalization and Trinidad Carnival, *Cultural Studies*, v. 13, n. 4, p. 661-690.
53. African Union Executive Council, "The Development of the Diaspora Initiative within the Framework of the OAU/AU", Terceira Sessão Extraordinária, 21 a 25 de maio de 2003, Sun City, África do Sul. Disponível em: <www.whadn.org>; African Union, "Report of the Meeting of Experts from Member States on the Definition of the African Diaspora", Addis Ababa, Etiopia, 11 e 12 de abril de 2005.

54. M. Reis, Theorizing Diaspora, *International Migration*, v. 42, n. 2, p. 41-60.
55. Por exemplo, nos Estados Unidos, onde a identidade social negra foi definida por muito tempo com base na "gota única" do sangue africano, novas categorias censitárias para pessoas mestiças revelam transições significativas na compreensão nacional da raça. A presidência e a história pessoal de Barack Obama e a maioria branca cada vez menor suscitaram ampla discussão pública sobre o assunto. Ver. C. Cillizza, Is Obama "Black"? The Majority of Americans Say No, *The Washington Post*, 14 de abril de 2014. Disponível em: <https://www.washingtonpost.com>.
56. Este estudo não é em geral articulado num diálogo com outras diásporas. No entanto, trata-se de um discurso altamente sofisticado, que busca transcender séculos de identidades impostas para reivindicar novas compreensões sobre o pertencimento à diáspora africana, que tem relevância significativa a estudos comparativos de diáspora. Ver, por exemplo, M.M. Wright, *Becoming Black*, p. 1-26.
57. Ver M.-R. Trouillot, *Silencing the Past*.
58. Diponível em: <http://www.liberatedafricans.org/>.
59. "Slave Revolt in Jamaica, 1760-1761", disponível em: <http://revolt.axismaps.com/>. V. Brown, Mapping a Slave Revolt, *Social Text 125*, v. 33, n. 4, p. 134-141; idem, Narrative Interface for New Media History, *American Historical Review*, v. 121, n. 1, p. 176-186.
60. Disponível em: <unispora.com>; e <ekopolitanproject.org>
61. T.C. Holt, op. cit., p. 36. Esse argumento foi elaborado como o conceito de *décalage* no estudo literário de Brent Edwards, *The Practice of Diaspora*.
62. Ver G. Sheffer, Is the Jewish Diaspora Unique?, *Israel Studies*, v. 10, n. 1, p. 4.

3. A DIVERSIDADE DA DIÁSPORA

1. Não importa de onde venha/Sendo um negro/Você é africano/Não importa a sua nacionalidade/Você tem a identidade/De um africano.
2. À medida que se difundem, construções de negritude são recontextualizadas por diversas comunidades de ascendência africana, criando especificidades de significado local. Amilcar Araujo Pereira examina de forma atenta a difusão de conceitos de ideologia racial no Brasil em *O Mundo Negro*, capítulo 3.
3. "Un independiente to Brooks" (1912), citado em A. Helg, *Our Rightful Share*, p. 209; L.A. Pérez, Politics, Peasants and People of Color, *Hispanic American Historical Review*, v. 66, n. 3, p. 509-539.
4. M. Wright, *Becoming Black*, p. 2.
5. Ver G.P. Totoricagüena, *Identity, Culture and Politics in the Basque Diaspora*; B.H. Edwards, *The Practice of Diaspora*.
6. T.C. Holt, Slavery and Freedom in the Atlantic World, em D.C. Hine; J. McLeod (eds.), *Crossing Boundaries*, p. 36.
7. Candice Watts Smith usa essa abordagem para reformular a teoria política afro-americana nos Estados Unidos em *Black Mosaic*.
8. Ver M.-L. Flauhaux; H. de Haas, African Migration, *Comparative Migration Studies*, v. 4, n. 1.
9. Ver. I. Okpewho; N. Nzegwu (eds.), *The New African Diaspora*. Embora esta seção se concentre em migrações de estados africanos, conceituar esses movimentos como migrações de cidadãos de nações específicas propicia uma estrutura útil para incluir também migrações secundárias de comunidades de diáspora no pós-abolição das Américas e do Caribe pós-colonial como parte dessa era do movimento da diáspora africana.
10. Esse conjunto de dados listou mais 1,7 milhão na América do Norte e 400 mil na Oceania. A metodologia e as definições de migração internacional variam, afetando as estimativas – por exemplo, esse relatório não inclui os africanos que vivem na América Latina. Os africanos que vivem como estudantes ou no serviço diplomático na América Latina podem não ser considerados "imigrantes" em alguns estudos. C.C. Nshimbi; L. Fioramonti, The Will to Integrate, *African Development Review*, 26: S1, p. 53.
11. As tentativas dos africanos subsaarianos de entrar na União Europeia através do Marrocos, seja pela travessia marítima ou entrando no enclave espanhol em Melilla, atingiram proporções críticas, ainda que acordos políticos entre a União Europeia, Espanha e países africanos estejam garantidos. A prática de marcar africanos "subsaarianos" na imprensa semanticamente reforça a diferença racial, étnica e cultural percebida com os norte-africanos, que também representam uma presença considerável na Europa.
12. Ver M.-L. Flauhaux; H. de Haas, op. cit.; A. Bariagaber (ed.), *International Migration and Development in Eastern and Southern Africa*. Há uma nova literatura perfilando migrações específicas incluindo, por exemplo, A. Kifleyesus, Women Who Migrate, Men Who Wait, *Northeast African Studies*, v. 12, n. 1, p. 95-127; S. Lan, The Shifting Meanings of Race in China, *City and Society*, v. 28, n. 3, p. 298-318; F.O.M. Jamie; A.H. Tsega, Ethiopian Female Labor Migration to the Gulf States, *African and Black Diaspora*, v. 9, n. 2, p. 214-227.
13. Chukwu-Emeka Chikezie, Accountability, Africa & her Diaspora, disponível em: <www.openDemocracy.net>, acesso em: 26 set. 2005.

14. T. Manuh, "Efie" or The Meanings of "Home" Among Female and Male Ghanaian Migrants in Toronto, Canada and Returned Migrants to Ghana, em K. Koser (ed.), *New African Diasporas*, p. 145.
15. B. Lampert, Collective Transnational Power and its Limits, *Journal of Ethnic & Migration Studies*, v. 40, n. 5, p. 829-846
16. Um relatório sobre o Reino Unido, de 2004, corrobora essa conclusão, observando que as remessas dos ganenses no exterior concentraram-se em suas cidades natais no sul, em vez do norte mais empobrecido. Compas, *The Contribution of UK-Based Diasporas to Development and Poverty Reduction*, p. 13. Esse mesmo padrão é evidente em outros lugares da diáspora africana, como a Costa Chica do México ao longo da Costa do Pacífico, onde os emigrantes financiam suas famílias e constroem casas para um eventual retorno. Esse apoio não é destinado aos problemas subjacentes que levam à emigração, fazendo com que a diáspora seja uma parte fundamental da infraestrutura econômica em tais situações.
17. Ver C.-E. Chikezie, op. cit.
18. As formas iniciais de associações dos africanos na era dos escravos nas Américas e no Caribe eram irmandades religiosas (ostensivamente para a veneração dos santos católicos), responsáveis por funções como sepultamentos e assistência financeira mútua; as práticas religiosas mais explicitamente africanas e frequentemente clandestinas eram voltadas para questões curativas e espirituais. Outros tipos de associações acabaram emergindo dessas raízes.
19. M. Gomez, *Exchanging Our Country Marks*.
20. B. Riccio, More than a Trade Diaspora, em K. Koser (ed.), *New African Diasporas*, p. 95-110.
21. M.-A.P. de Montclos, A Refugee Diaspora, em K. Koser (ed.), op. cit., p. 37-55.
22. Compas, op. cit.; African Diaspora Community Forum, *Report of the Proceedings*.
23. Existe uma extensa literatura sobre a composição de comunidades "crioulas" nas Américas. Um antigo debate centra-se no grau em que culturas africanas específicas mantiveram a integridade discernível na diáspora. Sobre o argumento da crioulização, ver S. Mintz; R. Price, *The Birth of African-American Culture*. Exemplos de pesquisa sobre cultura regional incluem M. Warner, *Central Africa in the Caribbean*; L. Heywood (ed.), *Central Africans and Cultural Transformations in the American Diaspora*; T. Falola; M.D. Childs, (eds)., *The Yoruba Diaspora in the Atlantic World*.
24. Ver J.M. Turner, *Les Brésiliens*; M.C. da Cunha, *Negros, Estrangeiros*.
25. Refiro-me aqui às políticas de cidadania da diáspora, que podem incluir vários níveis, como as categorias indiano de origem indiana e indiano não nascido na Índia, em oposição aos modelos convencionais de dupla cidadania. Ver, por exemplo, N. Mirilovic, Regime Type, International Migration, and the Politics of Dual Citizenship Toleration, *International Political Science Review*, v. 36, n. 5, p. 510-525; D. Naujoks, Migration, Citizenship, and Development: Diasporic Membership Policies and Overseas Indians in the United States; B. Padilla, Engagement Policies and Practices, *International Migration*, v. 49, ed. 3, p. 10-29,
26. A.A. Mohamoud, *Mobilizing African Diaspora for the Promotion of Peace in Africa*, p. 8.
27. Para uma discussão mais aprofundada sobre os complexos diálogos entre afro-americanos e Gana, ver, por exemplo, E. Bruner, Tourism in Ghana, *American Anthropologist*, v. 98, n. 2, p. 290-304; J. Pierre, *Race Across the Atlantic*. Sobre repatriados, ver O. Lake, Toward a Pan-African Identity, *Anthropological Quarterly*, v. 68, n. 1, p. 21-51.
28. Fonte: Ghana Homecoming Queen. Disponível em: <http://www.ghanahomecomingqueen.com>. Acesso em: 16 fev. 2007.
29. A prática de usar o corpo feminino sexualizado em concursos de beleza para realizar e disseminar ideais de nação e pertencimento, bem como replicar hierarquias de gênero e classe, é comum em muitas diásporas. Ver, por exemplo, L. Siu, Queen of the Chinese Colony, *Anthropological Quarterly*, v. 78, n. 3, p. 511-542; B. Mani, Beauty Queens, *Positions: East Asia Cultures Critique*, v. 14, n. 3, p. 717-747 ; C. Faria, Contesting Miss South Sudan, *International Feminist Journal of Politics*, v. 12, n. 2, p. 222-243; D. Madsen, Queering Cultural China, *Textual Practice*, v. 25, n. 4, p. 671-687.
30. Ben Lampert enfatiza que muitas práticas de organizações da diáspora, incluindo remessas financeiras, muitas vezes reforçam, em vez de transformar as hierarquias tradicionais de poder e gênero, Diapora and Development?, *Development Policy Review*, v. 30, n. 2, p. 149-167.
31. Compas, op. cit., p. 21.
32. A esse respeito, ver o caso da diáspora Ayege em outras cidades nigerianas influenciando a política do governo em relação ao seu lugar de origem, apesar do fato de que eles estão todos dentro do Estado político nigeriano. Isso ilustra as maneiras pelas quais a diáspora transcende e é delimitada pela nação.
33. A.A. Mohamoud, *Mobilizing African Diaspora for the Promotion of Peace in Africa*, p. 47. Ver também M. Koinova, Four Types of Diaspora Mobilization, *Foreign Policy Analysis*, v. 9, n. 4, p. 433-453.
34. O.B.C. Nwolise, Blacks in the Diaspora, *Journal of Black Studies*, v. 23, n. 1, p. 117-134.
35. L. Pires-Hester, The Emergence of Bilateral Diaspora Ethnicity Among Cape Verdean-Americans, em I.

Okpewho; C.B. Davies; A.A. Mazrui (eds.), *The Africans Diaspora*, p. 497. (Grifado no original.)
36. Uso o conceito "experimentar" negritude/africanidade para ressaltar que não se trata de uma identidade étnica passiva, mas sim da dinâmica de se envolver com um mundo no qual essas duas variáveis continuam a mediar as interações em todos os níveis. George Frederickson argumenta que essa experiência de negritude nos Estados Unidos foi um fator importante na formação da solidariedade com a luta sul-africana. G.M. Frederickson, *Black Liberation*.
37. H. Pellerin; B. Mullings, The "Diaspora Option", Migration and the Changing Political Economy of Development, *Review of International Political Economy*, v. 20, n. 1, p. 89-120, DOI: 10.1080/09692290.2011.649294
38. Argélia, Burkina Faso, Benin, Cabo Verde, Etiópia, Quênia, Mali, Marrocos, Nigéria, Gana, Senegal e Tunísia estão entre as nações africanas que instituíram ministérios dedicados às relações com a diáspora, distintos de seus consulados e embaixadas. Para uma análise comparativa das estratégias da diáspora do governo, ver, D.R. Agunias (ed.), *Closing the Distance*.
39. G. Zomorodi, Responding to LGBT Forced Migration in East Africa, *Forced Migration Review*, v. 1, n. 52, p. 91-93; A.J. Kretz, From "Kill the Gays" to "Kill the Gay Rights Movement", *Journal of International Human Rights*, v. 11, n. 2, p. 207-244; M. Epprecht, *Hungochani*.
40. M. Wong, The Gendered Politics of Remittances in Ghanaian Transnational Families, *Economic Geography*, v. 82, n. 4, p. 355-381; L. Pickbourne, Remittances and Household Expenditures in Ghana's Northern Region, *Feminist Economics*, v. 22, n. 3, p. 74-100.
41. Os nomes sugerem conexões com Loango e Angola, na África, assim como com Portugal. J.D. Goodfriend, Black Families in New Netherland, *Journal of the Afro-American Historical and Genealogical Society*, v. 5, p. 94-107; A. Blakely, *Blacks in the Dutch World*.
42. S. Rastogi et al., The Black Population: 2010, *2010 Census Briefs U.S. Census Bureau*, p. 8 e 14.
43. As estatísticas sobre a população negra estrangeira não incluem os filhos de imigrantes. Embora a Guiana esteja localizada no continente sul-americano, ela é culturalmente associada ao Caribe. Ver *The Newest New Yorkers*, 2000, 13, 44; Immigrants Swell Numbers In and Near City, *The New York Times*, 15 Aug. 2006, B:1; U.S. Census Bureau, 2013-2017 American Community Survey 5-Year Estimates. Disponível em: <https://factfinder.census.gov>.
44. Mary Waters, em sua análise de identidades étno-nacionais, inclui a segunda geração de imigrantes negros para a cidade de Nova York. Ver M.C. Waters, *Black Identities*.
45. Ver C.S. Wilder, *A Covenant With Color*. Gentrificação desde o censo de 2000 causou mudanças dramáticas em muitas dessas comunidades. Ver, por exemplo, the Center for Urban Research, disponível em: <http://www.urbanresearchmaps.org/plurality/>.
46. P. Kasinitz, *Caribbean New York*, p. 7. Um importante estudo que investiga as formações de atitudes intra-diáspora é o de J.V. Jackson; M.E. Cothran, Black Versus Black, *Journal of Black Studies*, v. 33, n. 5, p. 576-604.
47. B. St. Louis, The Difference Sameness Makes, *Ethnicities*, v. 5, n. 3, p. 344.
48. A candidatura presidencial de Barack Obama, em 2007, rapidamente renovou o debate sobre essa questão. Obama, de ascendência queniana e branca estadunidense, foi criado na Indonésia e no Havaí por mãe e avós maternos brancos. L. Fulbright, Obama's Candidacy Sparks Debates on Race, *San Francisco Chronicle*, 19 Feb. 2007, A1.
49. T. Morrison, On the Backs of Blacks, *Time Fall*, 1993, edição especial, p. 57.
50. P.A. Nogueira, Anything But Black, em P.C. Hintzen; J.M. Rahier, *Problematizing Blackness*.
51. Para um relato detalhado do tiroteio e da biografia da família de Diallo, ver K. Diallo; C. Wolff, *My Heart Will Cross This Ocean: My Story, My Son, Amadou*.
52. Alberta Spruill: Victim of NYPD Killer Elite, *The Internationalist*, maio 2003. (Grifado no original.)
53. In Search for Justice, Haitians Find Political Voice, *Christian Science Monitor*, 20 Apr. 1999, p. 2.
54. Office of the Attorney General, State of New York, *Report on Stop and Frisk*, p. ix.
55. K. Diallo; C. Wolff, op. cit., p. 221-252; *The New York Times*, 10 Feb. 1999, B:6, p. 1.
56. K. Diallo; C. Wolff, op. cit., p. 247. O julgamento, retirado da cidade para uma jurisdição predominantemente branca, resultou na absolvição de todos os oficiais.
57. Bitter Primary Contest Hits Ethnic Nerve Among Blacks, *The New York Times*, 31 Aug. 2000, A:1. Em 2007, a cobertura da imprensa de outra eleição num distrito altamente diversificado do Brooklyn (onde vive esta autora), concentrou-se predominantemente nos antecedentes nacionais dos candidatos, em vez de em suas posições políticas. Ver, por exemplo, Jonathan P. Hicks, Haitian Candidate Seeks to Add His Voice, *The New York Times*, 5 Feb. 2007, B:1; Sara Kugler, NYC Special Election Represents True Melting Pot, disponível em: <www.newsday.com>, acesso em 19 de fevereiro de 2007; a eleição estava sendo monitorada também por agências de notícias estrangeiras. New York Could Get First Pakistani as City Council Member, *The International News* (Pakistan), disponível em: <www.thenews.com.pk>, acesso em 29 de julho de 2007.
58. K. Nurse, Globalization and Trinidad Carnival, *Cultural Studies*, v. 13, n. 4, p. 674. O moderno Carnaval do Dia do Trabalho mudou-se para o Brooklyn, onde foi organizado, a partir de 1967, por Carlos Lezama, nascido em Trinidad e Tobago.

59. Na cidade de Nova York, em acelerada gentrificação, os apelos para abolir completamente o festival apareceram em 2016, após um punhado de tiroteios isolados terem sido atribuídos à "violência" e à incontrolabilidade do Carnaval.
60. Ver, por exemplo, C.W. Smith, *Black Mosaic*.
61. K.D. Butler, *Freedoms Given Freedoms Won*, p. 61-62.
62. As terminologias "homeland" e "hostland", usadas pelos estudiosos da diáspora, são muitas vezes inadequadas para nomear dispersões iniciais que podem ter ocorrido séculos antes. Foi usada no texto em inglês por coerência, mas podemos considerar alternativas. Na tradução para o português optamos por terra de origem e destino, numa tentativa de abarcar o máximo de experiências possíveis de migrações. (N. da T.)
63. J. Stein, *The World of Marcus Garvey*, p. 30-31.
64. Essa dinâmica das Américas continentais é menos válida para o Caribe, que permaneceu sob domínio colonial até meados do século XX e teve um menor grau de hegemonia política branca.
65. World Conference Against Racism, Racial Discrimination, Xenophobia and Related Intolerance, Preparatory Committee, Documents Adopted by the Regional Conference of the Americas, Held in Santiago de Chile, December 5-7 2000, artigos 103-119, "Peoples of African Descent".
66. Ver Centro Cultural Afro-Ecuatoriano, *Congresos de Cultura Negra de las Americas*. Fases anteriores de comunicação entre as populações afrodescendentes das Américas emergiram de redes criadas por viajantes individuais, comunidades de trabalhadores migrantes e jornais negros locais que tinham cobertura internacional.
67. African Union Executive Council, The Development of the Diaspora Initiative within the Framework of the OAU/AU, Third Extraordinary Session, May 21-25, 2003, Sun City, South Africa; disponível em: <www.whadn.org>; acesso em: 10 de outubro de 2006.
68. African Union, "Report of the Meeting of Experts From Member States on the Definition of the African Diaspora, *Meeting of Experts on the Definition of the African Diaspora*.
69. Ibidem.
70. Ibidem. O texto observa que uma delegação defendeu fortemente a inclusão da palavra "permanentemente" antes de "viver fora do continente".
71. I. van Kessel, Goa Conference on the African Diaspora in Asia, *African Affairs*, v. 105, n. 420, p. 461-464.
72. Ver, por exemplo, A.A. Mazrui e A.M. Mazrui, *Black Reparations in the Era of Globalization*. Em 2013, a Comunidade Econômica do Caribe (Caricom) estabeleceu a Comissão de Reparações do Caricom, juntamente com um plano de reparações de dez pontos, em busca de ações judiciais contra as nações escravagistas da Europa. Disponível em: <http://caricomreparations.org>.
73. J.E. Braziel; A. Mannur, Nation, Migration, Globalization, em J.E. Braziel; A. Mannur (eds.), *Theorizing Diaspora*, p. 9.

4. DIÁLOGOS DIASPÓRICOS

1. Agradeço a muitas pessoas na Bahia que tornaram esta pesquisa possível, incluindo Jefferson Bacelar, Lisa Earl Castillo, aos membros dos blocos afros, seu José Luís de Carvalho, da Biblioteca Central.
2. Ver K.D. Butler, *Freedoms Given, Freedoms Won*; W.R. de Albuquerque, *O Jogo da Dissimulação*.
3. R.N. Rodrigues, *Os Africanos no Brasil*, p. 155-156. Em 1890, "pretos" e "pardos" totalizavam 107.250, ou 61,4% da população de Salvador. Brazil, Instituto Brasileiro de Geografia e Estatística, *Recenseamento Geral do Brasil*, 1 set. 1940.
4. Ainda não há uma história exaustiva dos primeiros clubes africanos de Salvador. Wlamyra Albuquerque fornece uma das descrições mais detalhadas de sua trajetória em *O Jogo da Dissimulação*, p. 197-235. Também discuti os clubes em certa medida em minha obra *Freedoms Given, Freedoms Won*, p. 171-189, e Rafael Vieira Filho oferece uma análise em "Folguedos Negros no Carnaval de Salvador, 1880-1930", em L. Sansone; J.T. dos Santos (orgs.), *Ritmos em Trânsito*, p. 39-57. Até o momento, muito pouco material de fonte primária foi localizado; a fonte mais rica de documentação tem sido os jornais diários de Salvador.
5. R.N. Rodrigues, *Os Africanos no Brasil*, p. 270-271.
6. O entrudo também significava um trabalho extra para os negros que, mesmo ocupados tanto no serviço doméstico quanto nas ruas, desenvolveram suas próprias formas de festividades carnavalescas. J.J. Reis, Tambores e Temores, em M.C.P. Cunha (org.), *Carnavais e Outras F(r)estas*, p. 101-155.
7. Alternativamente também escrito Pândegos d'África ou Pândegos de África.
8. *Diário de Notícias*, 21 fev. 1900.
9. *Correio de Notícias*, 11 fev. 1899.
10. *A Coisa*, 27 fev. 1898.
11. W.R. de Albuquerque, op. cit., p. 201-204.
12. *Jornal de Notícias*, 19 fev. 1898.
13. Traduzi e reimprimi o anúncio completo em K.D. Butler, op. cit., p. 178-179. É possível que "Lunda" tenha sido um erro de digitação onde a intenção era escrever "Luanda", mas Lunda também é uma região no interior de Angola. Não consegui localizar uma Cachoeira do Cataranga; esta pode ser invenção de grupo.
14. *Correio de Notícias*, 15 fev. 1899.
15. Aqui discordo de Wlamyra de Albuquerque sobre meu

cotejo desses clubes como antagônicos. O fato de que o Pândegos defendeu o candomblé diante da repressão diária é, penso eu, uma importante distinção a ser notada, mas isso não deve sugerir antagonismo. A própria Albuquerque, como a maioria dos estudiosos dessa época, faz distinções entre o Pândegos e o Embaixada. De fato, não apenas os clubes demonstraram admiração mútua como mencionado adiante, mas Albuquerque documentou que os membros de ambos os clubes pertenciam à comunidade de candomblé de Salvador e que provavelmente teriam várias redes de interconexões. Em outro trabalho, argumento que os dois clubes enfrentaram a discriminação e preconceito de forma complementar. W.R. de Albuquerque, op. cit., p. 229; K.D. Butler, op. cit., p. 183-185; idem, Masquerading Africa in the Carnival of Salvador, Bahia, Brazil 1895-1905, *African and Black Diaspora: An International Journal*, v. 10, n. 2, p. 203-227.
16. R.N. Rodrigues, op. cit., p. 271.
17. Transcrito conforme o original. Essa acentuação não aparece no português, mas no iorubá.
18. *A Coisa*, 27 fev. 1898.
19. *Diário de Notícias*, 16 fev. 1899.
20. *Diário de Notícias*, 13 fev. 1899; *A Coisa*, 19 fev. 1899.
21. *Jornal de Notícias*, 15 fev. 1904.
22. *Jornal de Notícias*, 12 fev. 1902.
23. Em suas observações contemporâneas, Nina Rodrigues considerou a performance das proscritas religiões africanas nas fantasias de Carnaval um desafio público à repressão policial ao candomblé.
24. *Jornal de Notícias*, 24 fev. 1905.
25. *Diário de Notícias*, 28 fev. 1905.
26. K. Nurse, Globalization and Trinidad Carnival, *Cultural Studies*, v. 13, n. 4, p. 665.
27. Ibidem, p. 667.
28. *A Coisa*, 19 fev. 1899.
29. R.N. Rodrigues, op. cit., p. 270.
30. A variada utilidade política da performance "africana" também ficou evidente no Rio após a abolição, onde os grupos carnavalescos negros conhecidos como Cucumbys eram símbolos nostálgicos úteis para o movimento abolicionista, mas foram atacados como parte dos indesejáveis elementos "incivilizados" do Carnaval moderno após a abolição em 1888. M.C.P. Cunha, *Ecos da Folia*, p. 45-46.
31. J.J. Reis, *Slave Rebellion in Brazil*.
32. Eric Nepomuceno Brasil discute como a África foi exotizada na imprensa do Rio em *Carnavais Atlânticos*, p. 172-174.
33. R.N. Rodrigues, op. cit., p. 18.
34. M.R. Assunção, Angola in Brazil, em A.L. Araujo (ed.), *African Heritage and Memories of Slavery in Brazil and the South Atlantic World*, p. 118-119; K.D. Butler, *Freedoms Given Freedoms Won*; A, Romo, *Brazil's Living Museum*, p. 32-26.

35. Ver P.L. Alberto, *Terms of Inclusion*.
36. Ver I.K. Nwankwo, *Black Cosmopolitanism*.
37. L.M. Alexander, *African or American?*, p. xviii.
38. No contexto histórico, "*negro*", em inglês, seu significado é equivalente a "pessoa de cor". Ver M. Michael-Bandele, *The Dissipation of African Identity in America, 1790-1840*.
39. I.K. Nwankwo, op. cit., p. 12.
40. Ver J.J. Reis, op. cit.; W.R. de Albuquerque, op. cit.
41. I.K. Nwankwo, op. cit., p. 12-14.
42. Entre alguns livros de uma extensa literatura que tocam em vários aspectos da questão encontramos: P. Gilroy, *The Black Atlantic*; M. Wright, *Becoming Black*; F. Guridy, *Forging Diaspora*; H.J. Elam Jr.; K. Jackson, *Black Cultural Traffic*; C.W. Smith, *Black Mosaic*. Para ter uma noção de como essa dinâmica existiu em diferentes momentos históricos, compare o impacto dos viajantes na era das velas com os fluxos culturais contemporâneos na era da internet. Ver, por exemplo, J.J. Reis; F. dos S. Gomes; M.J.M. de Carvalho, *O Alufá Rufino*; W.J. Bolster, *Black Jacks: African American Seamen in the Age of Sail*; J. Sweet, *Domingos Alvares*; A.M. Beliso-De Jesús, *Electric Santería*. Como aspecto fundamental da experiência afro-Atlântica, há manifestações desses fluxos culturais em todas as comunidades da diáspora.
43. Ver W. James, *Holding Aloft the Banner of Ethiopia*.
44. R.D.G. Kelley, But a Local Phase of a World Problem, *Journal of American History*, v. 86, n. 3, p. 1045-1077
45. Ver M. Sherwood, *Origins of Pan-Africanism*.
46. Ver F. Guridy, op. cit.
47. Ver M.C. da Cunha, *Negros, Estrangeiros*; P. Verger, *Fluxo e Refluxo do Tráfico de Escravos Entre o Golfo do Benin e a Bahia de Todos os Santos dos Séculos XVII a XIX*.
48. Ver F.G. dos Santos, *Economia e Cultura do Candomblé na Bahia*.
49. W.R. de Albuquerque, op. cit., p. 55-57.
50. Ver J.L. Matory, The English Professors of Brazil, *Comparative Studies in Society and History*, v. 41, n. 1.
51. Ver K. Mann; E.G. Bay (eds.), *Rethinking the African Diaspora*.
52. Repatriados africanos do Brasil, Serra Leoa e Cuba haviam se estabelecido em grande número em Lagos, onde o protetorado abolicionista inglês oferecia mais segurança e oportunidade do que em outras partes da África Ocidental. No entanto, por volta das décadas de 1880 e 1890, essas oportunidades estavam mais restritas com a crescente presença comercial e administrativa inglesa. L.A. Lindsay, To Return to the Bosom of Their Fatherland, *Slavery and Abolition*, v. 15, n. 1, p. 22-50; W.R. de Albuquerque, op. cit., p. 45-93; M.C. da Cunha, op. cit.; J.L. Matory, op. cit., p. 72-103; F.G. dos Santos, op. cit.; J.M. Turner, *Les Bresiliens*; P. Verger, op. cit.
53. L.E. Castillo, The Alaketu Temple and its Founders, *Luso-Brazilian Review*, v. 50, n. 1, p. 83-112; L.E. Castillo;

L.N. Pares, Marcellina da Silva e Seu Mundo, *Afro-Ásia*, n. 36, p. 111-151.
54. K.D. Butler, *Freedoms Given, Freedoms Won*, p. 198-209; R.N. Rodrigues, op. cit., p. 157-58.
55. M. Seigel, *Uneven Encounters*, p. 187.
56. *Correio de Notícias*, 15 fev. 1903.
57. *A Coisa*, 27 fev. 1898.
58. Ver J.L. Matory, op. cit.
59. W.R. de Albuquerque, op. cit., p. 233-234.
60. Brazil. Diretoria Geral da Estatística, *Sexo, Raça e Estado Civil da População Recenseada em 31 de Dezembro de 1890*, p. 176-77.
61. *Jornal de Notícias*, 19 fev. 1898. Grifado no original.
62. Grupos de Carnaval candombe afro-uruguaios usaram estratégia semelhante. G.R. Andrews, Remembering Africa, Inventing Uruguay, *Hispanic American Historical Review*, v. 87, n. 4, p. 693-726.
63. A. da C. e Silva, Portraits of African Royalty in Brazil, em P. Lovejoy (ed.), *Identity in the Shadow of Slavery*, p. 129-136.
64. Embaixada (Carnaval de 1899), *A Coisa*, 19 fev. 1899.
65. W.R. de Albuquerque, op. cit., p. 201-202.
66. Ibidem, p. 198.
67. *Correio de Notícias*, 15 fev. 1899.
68. W.R. de Albuquerque, op. cit., p. 210-212; 220-222.
69. Embaixada Africana para o Intendente Municipal de Salvador, Arquivo Histórico Municipal de Salvador, Coleção Clubes Carnavalescos e Esportivos, 11 dez. 1896.
70. W.R. de Albuquerque, op. cit., p. 218-219.
71. *Gazeta de Notícias*, 3 mar. 1905. Agradeço a Lisa Earl Castillo por me alertar para esse artigo.
72. E. Carneiro, *Candomblés da Bahia*, p. 148-149; R. Landes, *The City of Women*.
73. Brazil. Diretoria Geral da Estatística, *Sexo, Raça e Estado Civil da População Recenseada em 31 de Dezembro de 1890*.
74. A. Romo, *Brazil's Living Museum*, p. 25.
75. W. Jeffrey Bolster, *Black Jacks*; K.D. Butler, *Freedoms Given, Freedoms Won*; J.S. Scott III, *The Common Wind*; P. Linebaugh; M. Rediker, *The Many Headed Hydra*.
76. Serpa Pinto foi uma figura chave na tentativa de Portugal unir seus territórios no leste e no oeste da África, o que acabou fracassando em 1890 sob a pressão britânica. A.A. da R. de S. Pinto, *Como Eu Atravessei a África do Atlântico ao Mar Indico...*, capítulo 9.
77. M. Querino, *Costumes Africanos no Brasil*; E. Rabello, *Memórias da Folia*, p. 102. Ver também K.D. Butler, Masquerading Africa in the Carnival of Salvador, Bahia, Brazil 1895–1905, *African and Black Diaspora*, v. 10, n. 2, p. 203-227.
78. Etiópia e Menelik figuraram proeminentemente na imaginação afro-brasileira e no pensamento político ao longo do início do século xx. Ver P. Domingues, *Ecos Diaspóricos ao Sul do Equador*.
79. W.R. de Albuquerque, *O Jogo da Dissimulação*, p. 205-210.
80. *Jornal de Notícias*, 19 fev. 1898.
81. *Diario de Notícias*, 14 fev. 1900.
82. Ibidem, 22 fev. 1900. Petrus (Piet) Joubert, 1834-1900, foi um proeminente político e general Bôer, que morreu mais tarde naquele ano de um acidente sofrido durante uma incursão.
83. J.L. Matory, The English Professors of Brazil, *Comparative Studies in Society and History*, v. 41, n. 1, p. 72-103.
84. *Jornal de Notícias*, 15 fev. 1900.
85. *Correio de Notícias*, 26 fev. 1900.
86. O Mississippi figurou com destaque nas notícias contemporâneas como um símbolo da violência racial. Em 1898, o Supremo Tribunal confirmou as práticas discriminatórias de voto do Mississippi em Williams vs. Mississippi; Ida B. Wells Barnett estava na época conscientizando sobre a prática do linchamento no Mississippi, bem como em todo o sul. Ver J.J. Royster (ed.), *Southern Horrors and Other Writings*. Não está claro até que ponto isso foi abordado na imprensa brasileira; os portos eram outra importante fonte de notícias internacionais. Também não está claro por que eles escolheram o Peru e a Arábia; nem eram colônias formais, embora a Grã-Bretanha certamente exercesse influência militar e econômica em cada uma delas.
87. "Bife" aparece várias vezes na imprensa como uma referência depreciativa aos britânicos.
88. *Jornal de Notícias*, 26 fev. 1900.
89. Os imigrantes baianos, antes importantes no comércio com Lagos de produtos como azeite de dendê, e também como artesãos, enfrentaram uma crise após a década de 1880. Os britânicos recorreram cada vez mais a Saros (emigrantes da Serra Leoa de língua inglesa) para cargos na administração colonial, e começaram a negociar diretamente com as nações do interior que antes usavam os brasileiros como intermediários. A Grã-Bretanha tentou afastar os brasileiros do comércio e da agricultura, na esperança de também atrair pessoas libertas após a abolição brasileira em 1888 para esse setor, para o que não teve sucesso. M.C. da Cunha, *Negros, Estrangeiros*, p. 164-175.
90. Agradeço a Marta Abreu por me alertar para a importância da personagem Francisco e ao parecerista anônimo do *JABD* que ajudou a esclarecer a tradução.
91. *A Coisa*, 26 de maio de 1901.
92. *Jornal de Notícias*, 22 fev. 1900.
93. W.R. de Albuquerque, op. cit., p. 201.
94. *Gazeta de Notícias*, 3 mar. 1905.
95. E. Carneiro, *Folguedos Tradicionais*, p. 121-124.
96. Um processo semelhante ocorreu no Rio, onde bandas de tambores "Zé Pereira", Cucumbys (dança folclórica alegórica, repopularizada no Rio com seu nome baiano), diabos e sujos, todos associados a afro-brasileiros, ajudaram a tornar o Carnaval de rua do Rio um espaço para todos

os setores da sociedade. J. Chasteen, *National Rhythms, African Roots*, p. 39-40; M.C.P. Cunha, *Ecos da Folia*, p. 41.
97. Ver S. Ickes, *African-Brazilian Culture and Regional Identity in Bahia, Brazil*; e P. de S. Pinho, *Mama Africa: Reinventing Blackness in Bahia*.
98. *A Tarde*, 21 fev. 1974.
99. Este movimento foi particularmente bem documentado para o Rio de Janeiro, mas deve-se enfatizar que as organizações negras estavam se desenvolvendo em todo o país. Ver A. Pereira, *O Mudo Negro*; Movimento Negro Unificado, *1978-1988, 10 Anos de Luta Contra o Racismo*; M. Hanchard, *Orpheus and Power*; D. Covin, *The Unified Black Movement in Brazil, 1978-2002*; M.A. Cardoso, *O Movimento Negro em Belo Horizonte, 1978-1998*.
100. J.C. da Silva, História de Lutas Negras, em Movimento Negro Unificado, *1978-1988, 10 Anos de Luta Contra o Racismo*, p. 13-15.
101. Arquivo Nacional, Coleção Serviço Nacional de Informações, Agência Bahia, ASV ACE 265-79.
102. A.J.V. dos S. Godi, A Presença Afro-Carnvalesca Soteropolitana, em N. Cerqueira; J.A. Burity (orgs.), *Carnaval da Bahia*, p. 99-101; A.J.V. dos S. Godi, De Índio a Negro, ou o Reverso, *Caderno CRH*, v. 4, p. 51-70.
103. O.S. de A. Pinho, *O Mundo Negro*, p. 348.
104. A.C. dos Santos (Vovô), entrevista de Rosane Santana com Antônio Carlos dos Santos, Vovô, Presidente do Bloco Ilê Aiyê, em N. Cerqueira; J.A. Burity (orgs.), op. cit., 113.
105. *A Tarde*, 12 fev. 1975.
106. E. Veiga, O Errante e Apocalíptico Muzenza, em L. Sansone; J.T. dos Santos (orgs.), *Ritmos em Trânsito*, p. 126-127.
107. Ver por exemplo, D.J. Murch, *Living for the City*; N.S. Murrell; W.D. Spencer; A.A. McFarlane (eds.), *Chanting Down Babylon*.
108. Ilê Aiyê, Mãe Hilda do Jitolu, Guardiã da Fé e da Tradição Africana, *Caderno de Educação*, v. XII.
109. J.E. King-Calnek, Education for Citizenship, *The Urban Review*, v. 38, n. 2, p. 145-164.
110. *A Tarde*, 23 fev. 1990.
111. Importantes referências sobre os blocos incluem: A. Risério, *Carnaval Ijexá*; G. Guerreiro, *A Trama dos Tambores*; L. Sansone; J.T. dos Santos (orgs.), *Ritmos em Trânsito*. Há uma volumosa literatura que aborda diversos aspectos dos blocos produzida tanto por estudiosos brasileiros quanto internacionais, bem como pelos próprios blocos.
112. Maria de Lourdes Santos Cruz (Mirinha), entrevistada pela autora em 27 out. 2014.
113. Ver T.M. Gill, *Beauty Shop Politics*.
114. A.A. Ongiri, *Spectacular Blackness*, p. 45.
115. Ver T.C. Ford, *Liberated Threads*.
116. Ana Célia da Silva, entrevistada pela autora.
117. Judith King-Calnek, entrevistada pela autora em 1º jul. 2016.
118. O.S. de A. Pinho, "The Songs of Freedom": Notas Etnográficas…, em L. Sansone; J.T. dos Santos (orgs.), op. cit., p. 181-200.
119. L.G. dos Santos, Faraó Divindade do Egito, em J.J. Rodrigues, *Música do Olodum*.
120. Governo do Estado da Bahia, Carnaval no Feminino. Salvador: SEPROMI, 2010; Arquivos da FCCB.
121. Ericivaldo Veiga (op. cit., p. 140) descreve uma cena típica do lado de fora da sede do Muzenza, onde jovens falavam sobre conquistas de mulheres e violência como "símbolos da declaração de masculinidade".
122. Refiro-me aqui a pequenas empresas, comércio e liderança institucional em candomblés e irmandades onde as mulheres historicamente têm desempenhado papéis importantes.
123. L. Gonzalez, The Unified Black Movement in Brazil, em P.-M. Fontaine (org.), *Race, Class and Power in Brazil*, p. 132.
124. Festac – Festival Negro e Africano das Artes e da Cultura, que aconteceu em Lagos, Nigéria, em 1977. (N. da T.)
125. J.C. da Silva, História de Lutas Negras, em Movimento Negro Unificado, op. cit., p. 12.
126. Ilê Aiyê, op. cit., p. 39.

5. O "MOISÉS DOS PRETOS"

1. Uma versão deste capítulo foi publicada em *Novos Estudos Cebrap*, São Paulo, v. 36, n. 3, 2017, p. 129-150.
2. "O maior profeta e visionário negro desde de a Emancipação negra."
3. A Raça Negra, *Correio da Manhã*, Rio de Janeiro, 7 ago. 1921, p. 3.
4. Sobre a imprensa negra – designação dos jornais e revistas publicados por e para a "população de cor" no Brasil –, já existe uma ampla bibliografia. Ver, entre outros: R. Bastide, A Imprensa Negra do Estado de São Paulo, *Estudos Afro-Brasileiros*; M. Ferrara, *A Imprensa Negra Paulista (1915-1963)*; K.D. Butler, Up From Slavery, *The Americas*, v. 49, n. 2; idem, *Freedoms Given, Freedoms Won*, p. 210-227; P. Domingues, Os Jornais dos Filhos e Netos de Escravos (1889-1930), *Nova Abolição*, p. 19-58; M. Seigel, *Uneven Encounters*, p. 179-205; P.L. Alberto, *Terms of Inclusion*, p. 23-68; R.P. Pinto, *O Movimento Negro em São Paulo*, p. 67-77.
5. Os Negros Não Precisam de Protetores Brancos, *O Clarim d'Alvorada*, São Paulo, 24 nov. 1929, p. 4.
6. D. Rabelo, Um Balanço Historiográfico sobre o Garveyismo às Vésperas do Centenário da UNIA, *Revista Brasileira do Caribe*, v. 13, n. 26, p. 500.
7. E.D. Cronon, *Black Moses*, p. 21-38.

8. A Raça Negra nos Estados Unidos, *Gazeta de Notícias*, Rio de Janeiro, 26 jan. 1936, p. 3.
9. C.L.R. James, *A History of Negro Revolt*, p. 52.
10. J. Stein, *The World of Marcus Garvey*, p. 2.
11. T. Martin, *Race First*, p. 14-15.
12. Ibidem, p. 16. Levantamento realizado por T. Martin sobre locais e quantidade de sucursais da UNIA em 1926: Cuba (52), Panamá (47), Trinidad (30), Costa Rica (23), Canadá (15), Jamaica (11), Honduras Espanhola (8), África do Sul (8), Guiana Inglesa (7), Colômbia (6), República Dominicana (5), Guatemala (5), Nicarágua (5), Barbados (4), Honduras Britânica (4), México (4), Serra Leoa (3), Inglaterra (2), Costa do Ouro (2), Libéria (2), Bahamas (2), Zona do Canal do Panamá (2), Sudoeste Africano, atual Namíbia (2), País de Gales (2), Antígua (1), Austrália (1), Bermuda (1), Brasil (1), Dominica (1), Guiana Neerlandesa, atual Suriname (1), Equador (1), Granada (1), Haiti (1), Nevis (1), Nigéria (1), Porto Rico (1), Saint Kitts (1), Saint Lucia (1), Saint Thomas (1), Saint Vincent (1), Venezuela (1). Uma observação importante: não há fontes atestando que, no Brasil, tenha havido uma sucursal da UNIA. Ver K.D. Butler, Brazil: Historical Commentaries, em R.A. Hill (ed.), *The Marcus Garvey and Universal Negro Improvement Association Papers*, p. clxi-clxvi.
13. M. Lawler, *Marcus Garvey*, p. 33.
14. Ver P. Gilroy, *O Atlântico Negro*.
15. O Mundo Negro Americano e o Ressurgimento da Campanha pela Independência, *O Jornal*, Rio de Janeiro, 9 maio 1921, p. 3. Essa mesma matéria foi republicada em: *O Combate*, São Paulo, 11 maio 1921, p. 3.
16. A.M. Garvey (ed.), *The Philosophy and Opinions of Marcus Garvey*, p. 239.
17. P. Gilroy, op. cit., p. 386.
18. B. Aron, The Garvey Movement, *Phylon*, v. 8, n. 4, p. 341.
19. Não Há Raças Inferiores e Superiores, *O Clarim d'Alvorada*, São Paulo, 13 maio 1930, p. 3.
20. D. Rabelo, op. cit., p. 501.
21. Africa the Land of Hope and Promise for Negro Peoples of the World, *The Negro World*, New York, 19 Feb. 1921, p. 1.
22. G. Padmore, *Black Zionism or Garveysm*, p. 75-79.
23. O Problema Negro Através dos Povos, *Correio Paulistano*, 13 maio 1938, p. 7.
24. R.D.G. Kelley, *Freedom Dreams*, p. 26-27.
25. E.D. Cronon, op. cit., p. 67; A Raça Negra, *O Jornal*, Rio de Janeiro, 3 set. 1920, p. 5.
26. Congresso dos Homens de Cor, *O Paiz*, Rio de Janeiro, 7 jul. 1921, p. 2; O Ressurgimento dos Povos Negros, *O Jornal*, Rio de Janeiro, 17 nov. 1921, p. 4.
27. J. Stein, op. cit., p. 187-191.
28. D. Rabelo, op. cit., p. 498.
29. B. Aron, op. cit., p. 339.
30. Um Defensor da Raça Negra, *Correio Paulistano*, 23 dez. 1928, p. 22.
31. J. Stein, op. cit., p. 261.
32. D. Rabelo, op. cit., p. 498-499.
33. Os periódicos da imprensa regular foram consultados na Hemeroteca Digital Brasileira e na Biblioteca Nacional. Já os periódicos afro-brasileiros foram consultados em microfilme na coleção Jornais da Raça Negra, do acervo do Instituto de Estudos Brasileiros (IEB-USP). Para análise e interpretação do material, levaram-se em conta as sugestões de Tania Regina de Luca, História do, no e Por Meio dos Periódicos, em C.B. Pinsky (org.), *Fontes Históricas*.
34. África Para os Africanos, *Correio da Manhã*, Rio de Janeiro, 10 nov. 1920, p. 1.
35. G.R. Andrews, *Negros e Brancos em São Paulo (1888-1988)*, p. 203.
36. Quando a África Despertar, *Hoje*, Rio de Janeiro, 28 abr. 1921, p. 8. Sobre a entrevista que Gold realizou com Garvey, ver também a matéria Gentlemen Coloreds – de Garvey a Wells, *Hoje*, Rio de Janeiro, 19 maio 1921, p. 9.
37. O Ressurgimento dos Povos Negros, *O Jornal*, Rio de Janeiro, 17 nov. 1921, p. 4.
38. O Mundo Negro Americano e o Ressurgimento da Campanha Pela Independência, *O Combate*, São Paulo, 11 maio 1921, p. 1.
39. A Roma Negra, *Revista da Semana*, Rio de Janeiro, 30 jul. 1921, p. 2.
40. Uma Duquesa de Cor, *Revista da Semana*, Rio de Janeiro, 4 ago. 1923, p. 4.
41. O Ressurgimento dos Povos Negros, op. cit., p. 4.
42. Um Reino de 280 Pretos, *Diário Nacional*, São Paulo, 5 jun. 1928, p. 3. A tese de Garvey – de repatriação dos negros da diáspora à África, daí a sua divisa "África para os africanos de casa ou no exterior" – ecoou na grande imprensa brasileira. A própria *Revista da Semana* publicou um artigo de título sugestivo, "Onda Negra", no qual informava da ampla mobilização racial em torno UNIA e conferia papel de destaque a Marcus Garvey nesse processo: "Filho de um agricultor da Jamaica, [...] tornou-se o apóstolo da emancipação dos negros da tutela dos brancos. Publicou um jornal, o *Negro World*, dirigindo-se aos quatrocentos milhões de homens de raça negra espalhados pelo mundo, e a sua liga conta já mais de treze milhões de filiados. Marcus Garvey preconiza a volta ao país de origem, a África, e a criação duma poderosa nação nesse continente." A Onda Negra, *Revista da Semana*, Rio de Janeiro, 25 abr. 1925, p. 6.
43. O Império Negro da Etiópia, *O Jornal*, Rio de Janeiro, 7 mar. 1925, p. 11.
44. Um "Escrooc" Famoso Vai Cumprir uma Pena na Cadeia, *Jornal do Brasil*, Rio de Janeiro, 7 mar. 1925, p. 6;

Notas, *Correio Paulistano*, 7 maio 1925, p. 3; O Moysés dos Negros Condenado por Escroquerie, *Voz do Chauffeur*, Rio de Janeiro, 25 maio 1925, p. 1.

45. Congresso Internacional dos Negros, *O Paiz*, Rio de Janeiro, 17 nov. 1923, p. 6.
46. A Raça Negra, *Correio da Manhã*, Rio de Janeiro, 7 ago. 1921, p. 3.
47. Um *Leader* Negro da Jamaica Condenado por Desrespeito ao Tribunal, *Correio da Manhã*, Rio de Janeiro, 28 set. 1929, p. 6; Chefe Político Condenado, *Correio Paulistano*, 22 fev. 1930, p. 18.
48. Com a Pena Comutada em Deportação, *Correio da Manhã*, Rio de Janeiro, 24 nov. 1927, p. 1.
49. Inglaterra, *Jornal do Brasil*, Rio de Janeiro, 29 maio 1928, p. 7. Garvey voltou à Europa em 1931, quando foi recebido na sede da Liga das Nações, em Genebra, pelo sr. Eric Drumond, o Secretário-Geral, e tratou das "ideias dos negros e dos povos oprimidos", que ele próprio apresentara em 1928. Drumond assegurou ao representante do "mundo da raça negra" que a Liga das Nações levaria em conta a "petição e que entraria no programa dos debates durante o ano próximo vindouro", o que teria deixado Garvey satisfeito. Ver Os Negros Reclamam o Seu Lugar Entre os Demais Povos, *Diário Nacional*, São Paulo, 28 out. 1931, p. 1.
50. Jamaica, *Correio da Manhã*, Rio de Janeiro, 3 ago. 1929, p. 4; Inaugurou-se, em Jamaica, a Convenção Internacional dos Povos Negros, *O Jornal*, Rio de Janeiro, 3 ago. 1929, p. 4.
51. Faleceu o "Imperador do Reino da África", *Gazeta de Notícias*, Rio de Janeiro, 13 jun. 1940, p. 6.
52. A Morte, em Nova York, de Marcus Garvey, *Correio da Manhã*, Rio de Janeiro, 13 jun. 1940, p. 3.
53. Ver R. Miranda, *Um Caminho de Suor e Letras*.
54. Carta d'um Negro, *O Getulino*, Campinas, 23 set. 1923, p. 1-2.
55. Conferência Internacional de Pretos, *O Getulino*, Campinas, 6 jan. 1924, p. 2; Um Congresso de Pretos Ilustres, *O Getulino*, Campinas, 17 ago. 1924, p. 1.
56. Nova York, *O Getulino*, Campinas, 21 set. 1924, p. 2.
57. Ibidem.
58. Um Congresso Monstro de Negros, *O Getulino*, Campinas, 26 out. 1924, p. 2.
59. Cartas Negras, *O Getulino*, Campinas, 20 dez. 1924.
60. R. Miranda, op. cit., p. 178; G.R. Andrews, *América Afro-Latina, 1800-2000*, p. 160.
61. Ver P.L. Alberto, *Terms of Inclusion*; K.D. Butler, A Nova Negritude no Brasil, em P. Domingues; F. Gomes (orgs.), *Experiências da Emancipação*, p. 145-146; R.P. Pinto, *O Movimento Negro em São Paulo*, p. 123-145.
62. Ver F.T.R. Francisco, *Fronteiras em Definição*.
63. Marcus Garvey, *O Clarim d'Alvorada*, São Paulo, 25 jan. 1930, p. 4.
64. Composição de Leola Washington a Marcus Garvey, *O Clarim d'Alvorada*, São Paulo, 13 maio 1930, p. 4.
65. Marcus Garvey, *O Clarim d'Alvorada*, São Paulo, 13 abr. 1930, p. 4.
66. Sociedade das Nações, *O Clarim d'Alvorada*, São Paulo, 28 set. 1930, p. 4.
67. Eduquemos Nossas Massas, *O Clarim d'Alvorada*, São Paulo, 3 fev. 1929, p. 1.
68. *O Clarim d'Alvorada*, São Paulo, 26 jul. 1931, p. 4. Ver também: Linhas Ligeiras, *O Clarim d'Alvorada*, São Paulo, 23 ago. 1930, p. 3.
69. Preconceitos de Raça, *O Clarim d'Alvorada*, São Paulo, 18 ago. 1929, p. 1.
70. Um Africano no Estrangeiro Descreve a Vida Norte-Americana ao Editor do "Negro World", *O Clarim d'Alvorada*, São Paulo, 25 jan. 1930, p. 4.
71. O Que Devemos Fazer Para Nos Libertar, *O Clarim d'Alvorada*, São Paulo, 23 ago. 1930, p. 4.
72. Os Negros Devem Desenvolver uma Psicologia Baseada em Orgulho, Amor de Raça e Respeito Racial, *O Clarim d'Alvorada*, São Paulo, 13 abr. 1930, p. 4.
73. J.C. Leite, ...*E Disse o Velho Militante José Correia Leite*, p. 77. Não há informações precisas de como o *The Negro World* penetrou no Brasil. Contudo, Kim Butler rastreia algumas pistas a esse respeito. No início do século XX, vários imigrantes negros do Caribe, sobretudo de Barbados, foram atraídos à região da Amazônia, onde, a princípio, trabalharam na construção da estrada de ferro Madeira-Mamoré. Um poema de Fred Banfield, publicado no *The Negro World* em 14 de outubro de 1922, indica que aqueles imigrantes conheciam e se identificavam com o movimento liderado por Garvey. Não consta que tinham acesso ao jornal, mas, na medida em que novos imigrantes chegavam do Caribe, atualizavam-se sobre o movimento. Na edição do *The Negro World*, de 10 de maio de 1924, H. Braithwaite relata que deu a um jovem brasileiro – provavelmente negro – vários exemplares do jornal e, depois de ver o seu entusiasmo, disse-lhe como obter uma assinatura. (Ver K.D. Butler, Brazil: Historical Commentaries, em R.A. Hill [ed.], op. cit., p. clxi-clxvi.) Quando Donald Pierson pesquisou a "situação racial" da Bahia na década de 1930, constatou que era possível encontrar, de vez em quando, em poder dos "pretos baianos", jornais estrangeiros. Um africano possuía um exemplar do *The Negro World*, de 19 de abril de 1930 – dado a ele pelo "foguista preto de um navio inglês que ocasionalmente aportava na Bahia" –, além de um livro sobre a vida de Marcus Garvey. (D. Pierson, *Brancos e Pretos na Bahia*, p. 280.)
74. Não Há Raças Inferiores e Superiores, *O Clarim d'Alvorada*, São Paulo, 13 maio 1930, p. 3. Ver ainda: Para Conquistar os Opressores Precisamos de Homens Bravos e Leais, *O Clarim d'Alvorada*, São Paulo, 28 set.

1930, p. 2; Chegou a Ocasião de Reduplicarmos as Nossas Forças, *O Clarim d'Alvorada*, São Paulo, 28 set. 1930, p. 4; Para se gozar o melhor da vida devemos criar uma filosofia nossa e transladar aos nossos filhos um credo, uma política para o levantamento da raça, *O Clarim d'Alvorada*, São Paulo, 26 jul. 1931, p. 4.
75. J.C. Leite, op. cit., p. 78.
76. O Mundo Negro, *O Clarim d'Alvorada*, São Paulo, 26 jul. 1931, p. 4.
77. Ibidem, 30 jan. 1932, p. 4.
78. Ibidem, 28 set. 1931, p. 4.
79. Ibidem, 20 dez. 1931, p. 4.
80. Sua inauguração, em Kingston, na Jamaica, *Progresso*, São Paulo, 31 ago. 1929, p. 3.
81. O Mundo Negro, *Tribuna Negra*, São Paulo, 1ª quinz. set. 1935, p. 3.
82. O Mundo Negro, *A Raça*, Uberlândia, 21 dez. 1935, p. 2.
83. J.H. Franklin; A.A. Moss Jr., *Da Escravidão à Liberdade*, p. 340.
84. R.D.G. Kelley, *Freedom Dreams*, p. 24.
85. F.T. R. Francisco, A Redenção da Raça Negra em uma Perspectiva Internacional, *Faces da História*, v. 1, n. 1, p. 101.
86. J.C. Leite, op. cit., p. 80-81.

6. A VÊNUS NEGRA

1. Uma versão deste capítulo foi publicada em *Estudos Históricos*, Rio de Janeiro, v. 23, n. 45, 2010, p. 95-124.
2. Vênus é, na mitologia romana, a deusa do amor, da beleza e do erotismo. Corresponde, na mitologia grega, a Afrodite. Vênus era considerada esposa de Vulcano, mas mantinha uma relação adúltera com Marte. Não fazia parte, a princípio, das grandes divindades romanas. Somente a partir do século II a.C., após identificar-se com Afrodite, é que ela assumiu um lugar de honra no panteão latino. Ver P. Grimal, *Dicionário da Mitologia Grega e Romana*, p. 10-11 e 466.
3. A Musa Negra e os Seus Triunfos na Europa, *Progresso*, São Paulo, 13 jan. 1929, p. 2.
4. Ibidem.
5. S. Lemke, *Primitivist Modernism*. Peter Gay argumenta que é mais fácil exemplificar do que conceituar o modernismo. O conceito é tão polissêmico – abrangendo o terreno da pintura, escultura, poesia, prosa, dança, música, arquitetura e *design*, teatro, cinema etc. – que dá a impressão de não existir um ponto de intersecção. O autor observa que, para se livrar das armadilhas de um conceito vago e difuso, alguns historiadores culturais têm preferido empregar o plural: "modernismos". Mas, segundo Gay, é possível encontrar uma "unidade na diversidade, um único quadro mental estético e um estilo identificável – o estilo modernista". Mais do que um agregado fortuito de protestos de vanguarda, o modernismo teria engendrado uma nova mentalidade (ideias, sentimentos e opiniões), gerando uma nova maneira de ver a cultura e a sociedade. A despeito de todas as diferenças e até mesmo oposições, os modernistas se caracterizariam por dois atributos: "primeiro, o fascínio pela heresia, que impulsionava suas ações a confrontar as sensibilidades convencionais; segundo, o compromisso com um exame cerrado de si mesmos por princípio", isto é, "o gosto pelo puro gesto de insubordinação bem-sucedida contra a autoridade vigente". Portanto, o ponto de intersecção dos modernistas seria a crença de que "muito superior ao conhecido é o desconhecido, melhor do que o comum é o raro e que o experimental é mais atraente do que o rotineiro". Ver P. Gay, *Modernismo*, p. 17-19.
6. Ver M.B.R. Flores, *Tecnologia e Estética do Racismo*.
7. Os dados biográficos de Josephine Baker basearam-se, sobretudo, no livro de P. Rose, *A Cleópatra do Jazz*. Para um estudo crítico e cultural mais recente, ancorado na vida e arte dessa afro-americana, ver: B. Jules-Rosette, *Josephine Baker in Art and Life*. Já para um texto de caráter memorialístico e autobiográfico, consultar: J. Baker; J. Bouillon, *Josephine*.
8. A França, melhor Amiga da Raça Negra!, *O Clarim d'Alvorada*, São Paulo, 25 jan. 1930, p. 4.
9. Ibidem. *O Clarim d'Alvorada* explicava melhor o comportamento dos norte-americanos no país europeu: "Os patronos norte-americanos são muitos e ricos [na França] e sua clientela é muito apreciada nos pontos de reuniões noturnas. Os americanos insistem que não estão acostumados a comer, beber, bailar e associar-se com homens e mulheres não brancos na sua pátria norte-americana; que certamente não gastarão seu dinheiro em pontos de reuniões francesas onde eles estão sujeitos a esfregar os cotovelos com quem não é branco".
10. Ibidem.
11. Editor Abbott an Inspiration Abroad, *Chicago Defender*, Chicago, 9 Mars 1940, p. 8. (Tradução nossa).
12. Ver E.J. Hobsbawm, *História Social do Jazz*; F. Billard, *No Mundo do Jazz*.
13. Ver K.C.C. Dalton; H.L. Gates Jr., Josephine Baker and Paul Colin: African American Dance Seen through Parisian Eyes, *Critical Inquiry*, v. 24, n. 4; P. Rose, op. cit., p. 34; I. Schmeisser, "Un Saxophone en Mouvement"? Josephine Baker and the Primitivist Reception of Jazz in Paris in the 1920s, em N.A. Wynn (ed.), *Cross the Water Blues*, p. 106-124.
14. De acordo com Rose, Josephine Baker "fez amor com o garçom do serviço de copa do primeiro hotel em que

ficou [em Paris], ansiosa por descobrir como os franceses eram na cama. Aparentemente estava disposta a experimentar praticamente qualquer um, e os homens gostavam tanto dela em parte por perceberem que, ao fazer amor com ela, não estavam se envolvendo num dramalhão". Rose ainda relata que a Vênus Negra chegou a arrancar dinheiro dos homens com os quais fazia sexo: "Em Josephine um rígido núcleo de bom senso reconhecia que, por mais ardorosos que fossem os seus admiradores, de certa forma tudo o que queriam era explorá-la, e portanto parecia inteiramente justo que ela fosse também capaz de explorá-los. [...] Uma vez em Paris ela simplesmente arrancou uma nota de mil francos da mão de um desses rapazes, e de um que não era especialmente rico, bem na hora em que ele ia pagar a conta do que haviam bebido. Quando ele aparentou espanto, ela lhe disse que, se queria sair com atrizes, tinha que pagar o preço". P. Rose, op. cit., p. 121, 139.'

15. Ibidem, p. 140.
16. Ibidem, p. 164. Sobre a polêmica envolvendo a apresentação de Baker em Viena, consultar: As Memórias de Josephina Baker, *Diário Nacional*, São Paulo, 25 mar. 1928, p. 4.
17. Ver P. Fox, Josephine Baker in Latin America, *Negritud: Revista de Estudios Afro-Latinoamericanos*, v. 1, n. 1.
18. R. Young, *Desejo Colonial*, p. 185.
19. E. Wilson, *Os Anos Vinte*, p. 97.
20. Ibidem.
21. J.H. Franklin; A.A. Moss Jr., *Da Escravidão à Liberdade*, p. 345. Ver também: A. Locke (ed.), *The New Negro*; M. Helbling, *The Harlem Renaissance*.
22. Ver H.A. Baker Jr., *Modernism and the Harlem Renaissance*.
23. Na edição de março de 1929, o jornal *Progresso* comunicava que, na "grande Exposição de Sevilha", estava sendo construído um pavilhão da Association Pretty Man dos Estados Unidos. Nele seriam "recolhidos todos os objetos de arte que se relacionem com pretos de qualquer parte do mundo". Arte Negra, *Progresso*, São Paulo, 24 mar. 1929, p. 4.
24. Ver K.C.C. Dalton; H.L. Gates Jr., Josephine Baker and Paul Colin, op. cit.; I. Schmeisser, "Un Saxophone en Mouvement"? Josephine Baker and the Primitivist Reception of Jazz in Paris in the 1920s, op. cit.
25. Na Civilizada Europa os Ritmos da Música Negra Provocam Entusiasmo e Reclamam Aplausos, *Progresso*, São Paulo, 24 mar. 1929, p. 1
26. O historiador Nicolau Sevcenko narra um episódio que evidencia como o negro era tomado pelos modernistas como uma espécie de totem. Em meados da década de 1920, Nancy Cunard – uma exuberante poetisa surrealista – estava profundamente envolvida com a arte negra, de modo que mantinha uma enorme coleção de artefatos africanos e acabou se tornando amante de um negro estadunidense, Henry Crowder, pianista de jazz num bar parisiense. O casal vivia em conflito porque "Nancy exigia que Crowder usasse adereços que o identificasse com a cultura negra tribal, e ele insistia que era apenas um cidadão norte-americano. O caso terminou no dia em que Nancy o esbofeteou em público num cabaré, com seu braço cheio de braceletes 'negros' importados, gritando-lhe no rosto: 'Seja mais africano!'" N. Sevcenko, *Orfeu Extático na Metrópole*, p. 281.

27. Ver T. Stovall, *Paris Noir*; B.H. Edwards, *The Pratice of Diaspora*.
28. Ver R.P. Gilioli, *Representações do Negro no Modernismo Brasileiro*.
29. Ver A. Amaral, Blaise Cendrars e os Modernistas. *Textos do Trópico de Capricórnio: Artigos e Ensaios (1980-2005)*, v. 1: *Modernismo, Arte Moderna e o Compromisso com o Lugar*.
30. J. Lima, *Novos Poemas; Poemas Escolhidos; Poemas Negros*, p. 92-93.
31. Ibidem, p. 83.
32. Na avaliação de David Brookshaw, a reabilitação feita pelos modernistas do elemento afro-brasileiro foi simbólica, "essencialmente artística. Eles não estavam interessados na situação adversa da população negra em massa que formava o *substratum* social". O negro foi "explorado como um símbolo de interesse pela vida e pela liberdade artística, que a *intelligentsia* branca no Brasil, como sua contraparte em outros países ocidentais, exaltava em sua luta contra o intelectualismo de sua própria cultura e contra os valores sociais gerais da burguesia dominante. Na medida em que o negro tinha um papel no Brasil, era através de seu espólio invisível, o qual não poderia combinar com a estética física e branca do autor". D. Brookshaw, *Raça & Cor na Literatura Brasileira*, p. 96.
33. N. Sevcenko, op. cit., p. 279.
34. M. Bandeira, Josephina Baker É uma Mulata Clara, *A Província*, Recife, 19 dez. 1929. Também publicado em: M. Bandeira, *Crônicas Inéditas 1 1920-1931*, p. 273.
35. Ver M.E. Boaventura, *O Salão e a Selva*. A estada de Josephine Baker no Brasil coincidiu com a passagem por aqui de Le Corbusier – o festejadíssimo arquiteto modernista francês –, para participar de um congresso. Na verdade, ambos vieram no mesmo navio e, ao que parece, Le Corbusier ficou encantado com a vedete afro-americana e chegou a flertá-la. Oswald de Andrade e Tarsila do Amaral organizaram uma bela festa, no palacete da alameda Barão de Piracicaba, em honra aos "ilustres" visitantes.
36. Ver O. de Barros, *Corações de Chocolat*; T.M. Gomes, *Um Espelho no Palco*.
37. J. Americano, *São Paulo Nesse Tempo (1915-1935)*, p. 233.

38. Actualidades, *Careta*, Rio de Janeiro, 28 ago. 1926, p. 22. A revista *Fon-Fon* foi outro órgão da grande imprensa brasileira que repercutiu a notoriedade estonteante da "étoile noire" no *show business*: "Josephine Baker é uma negrinha importada dos Estados Unidos e que se fez bailarina célebre em Paris, ou assim foi consagrada pelos estrangeiros superexcitados que, na Cidade Luz enchem os teatros e derramam ouro pelas mesas dos *cabarets*. A bailarina negra hoje domina, ganha milhões, tem Paris aos seus pés. Tudo isto ela conseguiu com pouco esforço, transportando apenas para o palco parisiense a dança sensual dos negros americanos, que consiste numa quase desarticulação dos membros, trejeitos sísmicos, o sacudir da carne." Coisas, *Fon-Fon*, Rio de Janeiro, 23 jun. 1928.
39. As Memórias de Josephine Baker, *Diário Nacional*, São Paulo, 25 mar. 1928, p. 4. *Begum*: mulher aristocrática muçulmana, a consorte de algum governante.
40. M.N. Ferrara, *A Imprensa Negra Paulista (1915-1963)*, p. 55; R. Bastide, A Imprensa Negra do Estado de São Paulo, *Estudos Afro-Brasileiros*, p. 129-156. Ver também: F.T.R. Francisco, *Fronteiras em Definição*.
41. Ver N. Elias, *A Sociedade de Corte*.
42. Ver P. Domingues, Os Jornais dos Filhos e Netos de Escravos (1889-1930), *A Nova Abolição*; G.R. Andrews, *Negros e Brancos em São Paulo (1888-1988)*; P.L. Alberto, *Terms of Inclusion*.
43. Uma Grande Artista, Cujo Valor Não Pode Ser Medido Por Inteligências Medíocres, *Progresso*, São Paulo, 23 jun. 1929, p. 1.
44. Ibidem.
45. Condessa Baker – a Vênus de Ébano, *Progresso*, São Paulo, 12 out. 1928, p. 2.
46. Josephine Baker, a Condessa Bailarina, Depois de Reclamar no Velho Mundo a Atenção Para os Pretos, Veio à América Mostrar a Pujança de Seu Espírito Criador, *Progresso*, São Paulo, 28 abr. 1929, p. 1.
47. Ibidem.
48. Ibidem, p. 2.
49. Uma Grande Artista, Cujo Valor Não Pode Ser Medido Por Inteligências Medíocres, *Progresso*, São Paulo, 23 jun. 1929, p. 3. As "conquistas" de Josephine Baker no cinema também não passaram despercebidas pela imprensa negra. O jornal *O Clarim d'Alvorada* lembrava, em janeiro de 1930, que a "famosa Vênus de Ébano, antes de fazer a sua vitoriosa *tournée* pela América do Sul, serviu de estrela em sua terra natal, no grande filme *A Sereia dos Trópicos*", obtendo "enorme sucesso". A França, Melhor Amiga da Raça Negra!, *O Clarim d'Alvorada*, op. cit., p. 4. Em sua edição de novembro de 1930, o *Progresso* noticiava que a "dançarina de São Luís" fechou contrato para ser a protagonista de mais um filme. Josephina Baker, Ingressou no Jornalismo, *Progresso*, São Paulo, 30 nov. 1930, p. 2.
50. Josephine Baker, a Condessa Bailarina…, *Progresso*, op. cit., p. 1.
51. Uma Grande Artista, Cujo Valor…, *Progresso*, op. cit., p. 3.
52. Rose relata que, ao chegar à Argentina, Josephine Baker descobriu que provocava tantos alaridos lá quanto na Áustria e na Alemanha: "Mais uma vez, os liberais e os conservadores se desentendiam quanto à questão de sua atuação. Mais uma vez, ela era uma alma perdida, uma *femme fatale*, um objeto de escândalo, um demônio de imoralidade. O presidente Hipólito Irigoyen opôs-se à sua presença. Os seus admiradores gritavam 'Abaixo Irigoyen!' antes das suas apresentações". P. Rose, op. cit., p. 170.
53. Uma Grande Artista, cujo Valor…, *Progresso*, op. cit., p. 3.
54. Pequenas Notícias do Exterior, *Diário Carioca*, Rio de Janeiro, 10 abr. 1930, p. 2.
55. Dançarina de Ébano, *Progresso*, São Paulo, 20 abr. 1930, p. 3.
56. Uma Grande Artista, Cujo Valor…, *Progresso*, op. cit., p. 3.
57. Ibidem.
58. Ver P. Gilroy, *O Atlântico Negro*; T. Barson; P. Gorschlüter, *Afro-Modern*.
59. Josephine Baker Chegará em Breve ao Rio, *Diário Nacional*, São Paulo, 8 nov. 1929, p. 7.
60. M. Bandeira, Josephina Baker É uma Mulata Clara, *A Província*. Ver também: M. Bandeira, *Crônicas Inéditas I 1920-1931*, p. 274; Josephina Baker, *Diário Nacional*, São Paulo, 21 maio 1929, p. 7.
61. Uma Grande Artista, cujo Valor…, *Progresso*, p. 1.
62. B.J. Barickman, "Passarão Por Mestiços": O Bronzeamento nas Praias Cariocas, Noções de Cor e Raça e Ideologia Racial, 1920-1950, *Afro-Ásia*. Salvador, n. 40, p. 195-197.
63. O. Barros, op. cit., p. 289. Ver também: Josephina Baker no Odeon, *Diário Nacional*, São Paulo, 29 nov. 1929, p. 7.
64. Josefina Baker e Araci Cortes Numa Feijoada Com Samba, *O Globo*, Rio de Janeiro, 7 maio 1971, p. 13. Também publicado em: J. Efegê, *Meninos, Eu Vi*, p. 15-16.
65. Josephine Baker, *O Clarim d'Alvorada*, São Paulo, 24 nov. 1929, p. 2.
66. Josephine Baker em São Paulo, *Correio Paulistano*, 26 nov. 1929, p. 8.
67. Josephina Baker Estreia Amanhã, *Progresso*, São Paulo, 24 nov. 1929, p. 5.
68. Coisas de Negro, *Progresso*, São Paulo, 31 jan. 1930, p. 1.
69. Josephina Baker, *Correio Paulistano*, 28 nov. 1929, p. 2.
70. O. Barros, op. cit., p. 289. Ver ainda: Josephine Baker Ficará Mais Três Dias em S. Paulo, *Correio Paulistano*, 28 nov. 1929, p. 11.
71. "Condessa Pepino" – corruptela de Condessa Pepito – foi outra maneira pela qual a imprensa negra se referiu a Josephine Baker. O título de nobreza era uma alusão a Pepito Abatino, com quem a dançarina contraiu em

Paris uma união não formalizada. Pepito dizia que tinha em Roma uma carreira administrativa próspera e que fazia parte de uma família nobre italiana. Com o tempo, descobriu-se que ele era um impostor: seu verdadeiro nome era Giuseppe Abatino e trabalhava como gigolô. De acordo com seus desafetos, ele era "conde nada". Muitos acham que esse gigolô usou Baker e tirou seu dinheiro. No entanto, para Rose, ele impulsionou a carreira dela: "Foi seu agente de publicidade em tempo integral e formulou o mito do passado de Josephine que se provou o mais vantajoso. Ele orientou a sua carreira a longo prazo. Organizou as suas questões financeiras. Deu-lhe um lar. Ela o adorava, vivia literalmente grudada a ele [...] e permitiu que ele a transformasse." P. Rose, op. cit., p. 143-144.
72. Josephina!..., *Progresso*, São Paulo, 31 dez. 1929, p. 3.
73. O. Lessa, Pré, Pró e Post-Josephine, *Progresso*, São Paulo, 20 ago. 1930, p. 5.
74. Nova Rainha, *Progresso*, São Paulo, dez. 1930, p. 3. Josephine Baker não foi a primeira artista negra a pisar em Paris na década de 1920, entretanto a receptividade efusiva ao seu espetáculo impulsionou a ida para a capital francesa de outros espetáculos do mesmo gênero. Basta dar um exemplo, que foi divulgado pelo jornal *Progresso* em agosto de 1929: "O empresário norte-americano Lew Leslie levou para o Moulin Rouge a sua companhia composta de 100 artistas negros e da 'Plantation Orchestra', para representar a famosa revista 'Black-bird', que obteve grande sucesso em New York e Philadelphia. Entre as vedetes figuram duas das mais célebres artistas negras: Adelaide Hall e Aida Ward. Uma delas deverá substituir Josephine Baker na admiração de Paris." Pássaros Pretos em Paris, *Progresso*, São Paulo, 31 ago. 1929, p. 3.
75. Para falar da nova fase Josephine Baker, o *Progresso* publicou uma entrevista na qual Henri Rollan, "um dos maiores atores de comédia do teatro francês, que São Paulo aplaudiu sem reserva numa curta temporada", assim se manifestou: "– [Baker] É admirável! Possui um formidável caráter artístico. Educou-se muitíssimo ultimamente. Isso contribuiu para que se tornasse ainda mais completa. Sou um admirador de grande sensibilidade artística. Ela sozinha equivale a uma companhia completa." Josephina Só É uma Companhia, *Progresso*, São Paulo, 30 ago. 1931, p. 3.
76. Biblioteca Nacional, seção de manuscritos, Coleção Arthur Ramos, 35, 21, 492, carta de Jayme de Aguiar a Arthur Ramos enviando dados sobre os negros em São Paulo, São Paulo, 20 jun. 1940. O autor agradece a Flávio Gomes, pela indicação desse documento.
77. F. Gomes; A.M. Fagundes, Por uma "Anthologia dos Negros Modernos", *Revista Universidade Rural*, Seropédica, RJ, v. 29, n. 2.
78. A.S.A. Guimarães, A Modernidade Negra, *Teoria & Pesquisa*, São Carlos, n. 42-43, p. 42.
79. P. Gilroy, op. cit., p. 114.
80. Ibidem, p. 108. Ver também: M. Hanchard, Afro-Modernity: Temporality, *Public Culture*, v. 11, n. 1; T. Barson; P. Gorschlüter, op. cit.; S. Lemke, op. cit.
81. A.S.A. Guimarães, A Modernidade Negra, op. cit., p. 55-56.
82. K.D. Butler, *Freedoms Given, Freedoms Won*, p. 210-227; M. Seigel, *Uneven Encounters*, p. 179-205; C. Castro, A Comunidade Transnacional Imaginada da Imprensa Negra de São Paulo e Chicago, 1900-1940, *Estudos Históricos*, Rio de Janeiro, v. 30, n. 60.
83. A Voz da História e os Pretos Modernos, *O Clarim d'Alvorada*, São Paulo, 13 maio 1927, p. 12; O Negro no Brasil, *O Clarim d'Alvorada*, São Paulo, 1 abr. 1928, p. 2; A Lei Áurea, *O Clarim d'Alvorada*, São Paulo, 13 maio 1928, p. 1; 13 Maio, *O Clarim d'Alvorada*, São Paulo, 13 maio 1930, p. 1; *A Voz da Raça*, São Paulo, set. 1936, p. 2. Ver também: *A Voz da Raça*, São Paulo, maio 1937, p. 4 e *A Voz da Raça*, jan. 1937, p. 1, 4.
84. Negro Spirituals, *Getulino*, Campinas, 7 set. 1924, p. 3.
85. Moda Exótica, *O Clarim d'Alvorada*, São Paulo, 25 abr. 1926, p. 2.
86. O Negro, *Progresso*, São Paulo, 15 nov. 1931, p. 4.
87. P. Rose, op. cit., p. 20.
88. M. Bandeira, Josephina Baker É uma Mulata Clara, op. cit. Ver também: M. Bandeira, *Crônicas Inéditas I 1920-1931*, p. 273. Em 1926, a revista *Careta* também associava a ascensão de Baker ao "negrismo", que virou mantra em termos de produção e consumo cultural na cidade luz: "O 'negrismo' é a grande moda do momento. Paris delirou, longos meses, diante de uma companhia negra de revista. E Josephine Baker, negra autêntica, é hoje uma das popularidades mais fascinantes do 'boulevard' parisiense". Actualidades, *Careta*, Rio de Janeiro, 11 dez. 1926, p. 23.
89. A revista *Fon-Fon* ventilava a hipótese de que, para se encontrar a Vênus Negra, não precisava ir muito longe: "Nós temos no Rio muitas Josephine Baker anônima, que lidam com as panelas durante o dia, e que se perdem, à noite, pelos clubes, onde ainda deixam na porta um pedaço do ordenado. Temos receio até de transportar para o papel a história da bailarina negra, porque Josephine terá, fatalmente, rivais que irão a Paris disputar-lhe o cetro...". Coisas, *Fon-Fon*, Rio de Janeiro, 23 jun. 1928. A opinião da revista *Fon-Fon* não era compartilhada por Henrique Cunha, um articulista da imprensa negra. Em determinado artigo d'*O Clarim da Alvorada*, ele utilizava Josephine Baker e Little Esther – outra jovem dançarina afro-americana – como parâmetros para se falar do nível cultural das mulheres negras brasileiras. Segundo Cunha, as afro-americanas eram dotadas do "mesmo espírito racial, da mesma alma sentimental do que temos nós", só que, individualmente,

elas se diferenciavam, pois "possuem predicados cultos que são adotados por princípios em sua terra, e que nossas irmãs [de cor] ainda não têm, apesar de que já deviam ter..." Little Esther, a Menor Pérola Afro-Americana, *O Clarim da Alvorada*, São Paulo, 26 jul. 1931, p. 3.
90. Dia 9 de Maio, o Casino da Urca Tem a Honra de Apresentar a "Sensacional Estreia da Grande Josephine Baker, a Famosa Vênus de Ébano", *Diário Carioca*, Rio de Janeiro, 7 maio 1939, p. 3; No Camarim de Josephine Baker, *Diário Carioca*, Rio de Janeiro, 24 maio 1939, p. 3; Número de Sensação de Josephine Baker, *Diário Carioca*, Rio de Janeiro, 31 maio 1939, p. 3.
91. Apud S. Cabral, *Grande Otelo: uma Biografia*, p. 75-76.
92. Josephine Baker Dançou na Macumba!, *A Noite*, Rio de Janeiro, 1 julho 1939, p. 1, 3.
93. Nossa Capa, *Quilombo*, Rio de Janeiro, fev. 1950, p. 2. Ver também: As Memórias de Josephine Baker, *Quilombo*, Rio de Janeiro, fev. 1950, p. 4.
94. Josephine Baker, Presidente, *A Noite*, Rio de Janeiro, 18 abr. 1952, p. 11; Josephine Baker, a Atração da Boite "Night and Day", *A Noite*, Rio de Janeiro, 25 jun. 1952, p. 9. Ver também: Viva o Rei e Viva Josephine!, *A Noite*, Rio de Janeiro, 26 jun. 1952, p. 6; Duas "Josephine", *A Noite*, Rio de Janeiro, 27 jun. 1952, p. 6; Josephine Baker Delirantemente Aplaudida, *A Noite*, Rio de Janeiro, 1 jul. 1952, p. 5.
95. Serviço Secreto (ss). Comunicado do investigador "S-O.G." dirigido ao Chefe do "ss". São Paulo, 30 set. 1952. Dossiê 50-J-130. DEOPS/SP, Arquivo Público do Estado de São Paulo (AESP).
96. A. Dzidzienyo, Afro-Brasileiros no Contexto Nacional e Internacional, em P.A. Lovell (org.), *Desigualdade Racial no Brasil Contemporâneo*, p. 82.
97. Josephine Entre Nós, *Diário da Noite*, Rio de Janeiro, 17 abr. 1971, p. 6. (2º Caderno.)
98. *Veja*, n. 138, 28 abr. 1971, p. 12.
99. P. Rose, op. cit., p. 316-317. Ver também: B. Jules-Rosette, *Josephine Baker in Art and Life*.

7. COMO SE FOSSE BUMERANGUE

1. Uma versão deste capítulo foi publicada em *Revista Brasileira de Ciências Sociais*, São Paulo, v. 28, n. 81, 2013, p. 155-170.
2. "Na gloriosa marcha da Raça das pessoas mundo afora nós iremos indubitavelmente encontrar-nos uns aos outros algum dia!" Os Brasileiros Enviam Saudações, *Chicago Defender*, 7 Aug. 1937, p. 24.
3. Intellect Is the Only Road to Freedom, Says Editor R.S. Abbott, *Chicago Defender*, 8 Dec. 1934, p. 11. (Todas as traduções deste capítulo são de nossa autoria.)
4. P. Bourdieu; L. Wacquant, Sobre as Artimanhas da Razão Imperialista, *Estudos Afro-Asiáticos*, v. 24, n. 1, p. 33.
5. Ver M. Hanchard, Política Transnacional Negra, Anti-Imperialismo e Etnocentrismo Para Pierre Bourdieu e Loïc Wacquant: Exemplos de Interpretação Equivocada, *Estudos Afro-Asiáticos*, v. 24, n. 1; J. French, Passos em Falso da Razão Anti-Imperialista: Bourdieu, Wacquant, e o *Orfeu e o Poder* de Hanchard, *Estudos Afro-Asiáticos*, v. 24, n. 1; L. Sansone, Um Campo Saturado de Tensões: O Estudo das Relações Raciais e das Culturas Negras no Brasil, *Estudos Afro-Asiáticos*, v. 24, n. 1; E. Telles, As Fundações Norte-Americanas e o Debate Racial no Brasil, *Estudos Afro-Asiáticos*, v. 24, n. 1; P. Fry, Política, Nacionalidade e o Significado de "Raça" no Brasil, em *A Persistência da Raça*.
6. M. Hanchard, op. cit., p. 74.
7. A metáfora do bumerangue foi pioneiramente adotada por Peter Linebaugh para designar a comunicação, a circulação de ideias e as trocas de experiências dos trabalhadores dos quatro cantos do Atlântico – América do Norte e do Sul, Europa e África –, ocorridas por intermédio da navegação comercial ultramarina. Seu argumento é de que a formação da classe trabalhadora inglesa alimentou e, reciprocamente, foi alimentada pelas experiências históricas e tradições de luta e rebeldia dos negros, fossem escravizados ou livres. P. Linebaugh, Todas as Montanhas Atlânticas Estremeceram, *Revista Brasileira de História*, n. 6. Posteriormente, em conjunto com Marcus Rediker, Linebaugh retomou e aprofundou o argumento de que os contatos e cooperações existentes entre os diferentes grupos subalternos – plebeus sem posses, trabalhadores urbanos, soldados, marinheiros, africanos escravizados – constituíram elementos importantes no processo de formação de uma classe trabalhadora atlântica. P. Linebaugh; M. Rediker, *A Hidra de Muitas Cabeças*. No Brasil, a metáfora do bumerangue foi utilizada por Flávio dos Santos Gomes para apreender a movimentação, as interseccionalidades e as relações dialógicas dos quilombolas e dos fugitivos escravos nos limites territoriais da Amazônia colonial. F.S. Gomes, Em Torno dos Bumerangues, *Revista USP*, n. 28.
8. Ver R.P. Pinto, *O Movimento Negro em São Paulo*; K.D. Butler, *Freedoms Given, Freedoms Won*; P.J. Domingues, *A Insurgência de Ébano*.
9. M. Mitchell, *Racial Consciousness and the Political Attitudes and Behavior of Blacks in São Paulo, Brazil*, p. 131.
10. F. Lucrécio et al. *Frente Negra Brasileira: Depoimentos*, p. 39.
11. F. Fernandes, *A Integração do Negro na Sociedade de Classes*, v. 2, p. 59.

NOTAS

12. *A Voz da Raça*, São Paulo, set. 1936, p. 1.
13. Sobre a Frente Negra Baiana, Pelotense e Pernambucana, ver, respectivamente: B.A. Loner, *Classe Operária: Mobilização e Organização em Pelotas (1888-1937)*, p. 400-428; J. Bacelar, A Frente Negra Brasileira na Bahia, *Afro-Ásia*, n. 17; M.A.G. Silva, *Encontros e Desencontros de um Movimento Negro*, p. 58-59; J.A. dos Santos, *Raiou a Alvorada*, p. 155-185; F.A. Silva, *Frente Negra Pernambucana e Sua Proposta de Educação Para a População Negra na Ótica de um dos Seus Fundadores*; L.A. dos Santos, *"Em Que a Raça Precisa de Defesa?"*.
14. Ver R.P. Pinto, op. cit.
15. G.R. Andrews, *Negros e Brancos em São Paulo (1888-1988)*, p. 238; T. Malatian, *O Cavaleiro Negro*.
16. P.J. Domingues, op. cit.
17. Organize Society to Fight U.S. Color Bans in Brazil, *Chicago Defender*, 14 out. 1933, p. 1.
18. Brazilians in Tribute for Publisher, *Chicago Defender*, 26 Oct. 1935, p. 1.
19. Brazilians Invite Editor to Address Race Congress, *Chicago Defender*, 6 Nov. 1937, p. 6. Ver também Whites in Brazil Ask Members of Fronte Negra for Admittance, *Chicago Defender*, 25 Jan. 1936, p. 24.
20. Ver G. Myrdal, *An American Dilemma*.
21. Eis como Helio Lobo – um diplomata que se tornou cônsul-geral do Brasil em Nova York – referiu-se à "imprensa de cor" nos Estados Unidos, em 1923: "para sua multiplicação e eficiência crescente, [a imprensa de cor tem] como motivos fundamentais estes: primeiro, ser o órgão por onde a raça deve falar ao país; segundo, procurar destruir na opinião os mal-entendidos que, a seu ver, criam frequentemente os cabeçalhos e editoriais da imprensa branca. Em oposição à White Star Line, criaram os pretos da América a Black Star Line, destinada a estabelecer comunicações marítimas com a África. À semelhança da Associated Press, instituíram também a Associated Negro Press. É o mesmo princípio fundamental da divulgação e troca de notícias, mas a reivindicação dos chamados direitos sacrificados está em tudo que respeita à segunda. Se nas regiões da terra, onde existem pretos, já há 17 jornais, só nos Estados Unidos da América há 220. Além desses jornais, dois dos quais são diários, contam-se aqui 70 publicações de índole religiosa, 85 de forma escolar, 37 gerais". Ver H. Lobo, *Cousas Americanas e Brasileiras*, v. 1., p. 68. Sobre a imprensa negra nos Estados Unidos, existem vários estudos. Para um autor clássico, ver E.F. Frazier, The Negro Press and Wish-Fulfillment, em *Black Bourgeoisie*; já para abordagens mais contemporâneas, consultar A.S. Pride; C.C. Wilson II, *A History of the Black Press*.
22. Theodore Kornweibel Jr. estima que o número de leitores do *Chicago Defender* chegou a um milhão por semana até o final da Primeira Guerra Mundial, em 1919. Talvez sua estimativa seja exagerada, mas serve de indicador da projeção do jornal da imprensa negra de maior circulação nos Estados Unidos no período. T. Kornweibel Jr., *The Most Dangerous of All Negro Journals's*, *American Journalism*, v. 11, n. 2, p. 157.
23. Ver D. Hellwig, A New Frontier in a Racial Paradise, *Luso-Brazilian Review*, v. 25, n. 1.
24. Ver M. Seigel, Mães Pretas, Filhos Cidadãos, em F.S. Gomes; O.M.G. Cunha (orgs.), *Quase-Cidadão*, p. 330-331. Em livro de memórias, José Correia Leite, o fundador e editor d'*O Clarim da Alvorada*, em São Paulo, revela como se deu a aproximação de seu jornal com o *Chicago Defender*. Havia um colaborador no Rio de Janeiro, Olímpio de Castro, um padre negro, que conheceu Abbott por ocasião de sua visita ao Brasil. Naquela época, estava em curso o movimento para se erigir o monumento em homenagem à "Mãe Negra", o que despertou o interesse do editor do *Chicago Defender*. Passado algum tempo após seu retorno aos Estados Unidos, Abbott escreveu para Olímpio de Castro, perguntando como andava a movimentação em torno da proposta do monumento da "Mãe Negra". Este então procurou *O Clarim da Alvorada* explicando que, lá no Rio de Janeiro, estava desatualizado sobre o assunto. Como o jornal dos afro-paulistas acabara de publicar um número sobre o monumento à "Mãe Negra", seus editores o enviaram a Olímpio de Castro que, por sua vez, remeteu para os Estados Unidos. "Dali nós começamos a receber o *Chicago Defender*", afirma José Correia Leite. "Foi o primeiro contato que nós tivemos com o negro norte-americano. E houve depois uma permuta. A gente também mandava *O Clarim d'Alvorada* pra lá". J.C. Leite, ...*E Disse o Velho Militante José Correia Leite*, p. 78-79.
25. "Editor Abbott an inspiration abroad". *Chicago Defender*, 9 Mars 1940, p. 8.
26. Brazilian Race Congress Stands Firm for Solidarity, *Chicago Defender*, 9 Nov. 1935, p. 24.
27. Fronte Negra Seeks Financial Security, *Chicago Defender*, 13 June 1936, p. 24.
28. Frente Negro May Be O.K'd in Brazil, *Chicago Defender*, 14 Mars 1936, p. 24.
29. Fronte Negra of Brazil in Stern Fight, *Chicago Defender*, 8 Feb. 1936, p. 24.
30. Brazil Presidency Depends on Parley, *Chicago Defender*, 5 Dec. 1936, p. 24. Ver A.A. Pereira, "*O Mundo Negro*", p. 155.
31. Brazilian Politics Seeking Support of the "Black Front", *Chicago Defender*, 20 Mars 1937, p. 24. Em reportagem do final daquele ano, esse periódico dizia que, "a Frente Negra Brasileira, uma organização muito militante", reunia "200.000 membros", o que é um grande exagero. Ver Brazilians Oppose Fascist Dictator, *Chicago Defender*, 11 Dec. 1937, p. 24.
32. G.R. Andrews, op. cit., p. 234-239.

33. Brazilian Officials Ousted for Interest in Race Movement, *Chicago Defender*, 5 Sep. 1936, p. 24.
34. Dixie Prejudice Invades Brazil; Officers Are Ousted for Aiding Fronte Negra, *Chicago Defender*, 12 Sep. 1936, p. 1.
35. Ousted Brazilians to Be Reinstated, *Chicago Defender*, 26 Sep. 1936, p. 24.
36. Brazil's New Liberalism Is Hailed as a Truimph, *Chicago Defender*, 21 Nov. 1936, p. 24.
37. Ver Q. Taylor, Frente Negra Brasileira, *Umoja: A Scholarly Journal of Black Studies*, v. 2, n. 1.
38. G.R. Andrews, op. cit., p. 234.
39. Ver M. Mitchell, op. cit.; Q. Taylor, op. cit., R.P. Pinto, op. cit.; K.D. Butler, op. cit.; P.J. Domingues, op. cit.
40. Brazil Lauds Marian Anderson, *Chicago Defender*, 7 Aug. 1937, p. 24.
41. Intellect Is the Only Road to Freedom, Says editor R.S. Abbott, *Chicago Defender*, 8 Dec. 1934, p. 11.
42. O *Chicago Defender* também se esforçou para associar a imagem da FNB à defesa da democracia. Na edição de 11 de dezembro de 1937, o periódico alardeava que os ditadores fascistas europeus – Mussolini e Hitler – "solicitam que Vargas expurgue do exército e do serviço civil todos os oficiais de cor". Tratava-se, pois, do primeiro passo da "campanha" em prol da "pureza da raça". Mesmo com Vargas assumindo "poderes ditatoriais absolutos", tal medida, dizia o jornal, encontrará "formidável oposição da população de cor", principalmente nos "estados da Bahia e Pernambuco". Cerca de "dez milhões de bravos" negros brasileiros estavam contrários à ditadura fascista, razão pela qual "qualquer substituição do negro pelo branco no exército ou na administração pública" levará a uma "revolta contra a ditadura". Na defesa da democracia e dos direitos econômicos, políticos e sociais da "população de cor", entrava em cena a FNB, de modo que essa agremiação, "com mais de 200.000 membros", já tinha comunicado ao "presidente Vargas que ela irá se opor a qualquer medida que implique restringir os direitos da população". Segundo o *Chicago Defender*, a FNB instava pelos direitos individuais, pelas prerrogativas constitucionais e pelas liberdades democráticas, o que implicava, evidentemente, rebelar-se contra a escalada do autoritarismo no país. Brazilians Oppose Fascist Dictator, *Chicago Defender*, 11 dez. 1937, p. 24.
43. Organize Society to Fight U.S. Color Bans in Brazil, *Chicago Defender*, 14 Oct. 1933, p. 1; Brazilians in Tribute for Publisher, *Chicago Defender*, 26 Oct. 1935, p. 1; Catching the Abbott Spirit, *Chicago Defender*, 2 Nov. 1935, p. 16; Brazilians Invite Editor to Address Race Congress, *Chicago Defender*, 6 Nov. 1937, p. 6; Editor Abbott an Inspiration Abroad, *Chicago Defender*, 9 Mars 1940, p. 8.
44. Catching the Abbott Spirit, op. cit.
45. Ver K.D. Butler, op. cit.; F.S. Gomes, *Negros e Política (1888-1937)*.
46. Brazil Lauds Marian Anderson, *Chicago Defender*, 7 Aug. 1937, p. 24. Sobre a visita de Marian Anderson à FNB, ver também Brazilians Send Congratulations e Noted American Race Singer is Big Sensation, ibidem.
47. Comentando, *A Voz da Raça*, São Paulo, nov. 1937, p. 4.
48. De Além-Mar, *A Voz da Raça*, São Paulo, 18 mar. 1933, p. 4.
49. G.R. Andrews, *América Afro-Latina (1800-2000)*, p. 162.
50. American Race Group Takes Cue from Brazil; Maps Drive to Shake off Shackles in 1936, *Chicago Defender*, 11 Jan. 1936, p. 1.
51. Puerto Ricans Organize Black Militant Front, *Chicago Defender*, 11 Jan. 1936, p. 24.
52. Nation Stirred over Move to Colonize Race in Africa, *Chicago Defender*, 7 Mars 1936, p. 1.
53. A esse respeito, o depoimento de Francisco Lucrécio é emblemático: "Na Frente Negra não tinha essa discussão de volta à África. Tínhamos correspondência com Angola, conhecíamos o movimento de Marcus Garvey [um importante líder afro-jamaicano que, nos EUA, chegou a preconizar o retorno de todos os negros à África], mas não concordávamos. Nós sempre nos afirmamos como brasileiros e assim nos posicionávamos [...]. Não queríamos perder nossa identidade de brasileiros". Ver F. Lucrécio et al. *Frente Negra Brasileira: Depoimentos*, p. 46.
54. L. Putnam, Quadros Transnacionais da Experiência Afro-Latina, em G.R. Andrews; A. Fuente, *Estudos Afro-Latino-Americanos*, p. 613-649.
55. Brazilians Invite Editor to Address Race Congress, *Chicago Defender*, 6 Nov. 1937, p. 6.
56. Editor Abbott an Inspiration Abroad, *Chicago Defender*, 9 Mars 1940, p. 8.
57. O próprio Gilroy denuncia, no prefácio à edição brasileira de seu livro, "o quanto a história brasileira tem sido marginalizada mesmo nos melhores relatos sobre a política negra centrados na América do Norte e no Caribe". P. Gilroy, *O Atlântico Negro*, p. 11. A despeito da denúncia, seu livro não sinaliza mudança desse quadro, uma vez que reserva apenas duas ou três superficiais referências ao Brasil.
58. Ver J. French, op. cit., p. 121; P. Fry, op. cit., p. 210.
59. M. Seigel, Mães Pretas, Filhos Cidadãos, em F.S. Gomes; O.M.G. Cunha (orgs.), op. cit., p. 334.
60. P. Bourdieu; L. Wacquant, op. cit.
61. Ver M. Seigel, *Uneven Encounters*; M. Seigel, Comparable or Connected Afro-Diasporic Subjectivity and State Response in 1920s São Paulo and Chicago, em G.A. Persons (ed.), *Race and Democracy in the Americas*, p. 64-75; T.S. Paschel, *Becoming Black Political Subjects*.
62. Ver R.D.G. Kelley; T.R. Patterson, Unfinished Migrations, *African Studies Review*, v. 43, n. 1.
63. Ver M. Hanchard, Afro-Modernity, *Public Culture*, v. 11, n. 1; K.D. Butler, Defining Diaspora, Refining a

Discourse, *Diaspora: a Journal of Transnational Studies*, v. 10, n. 2.
64. S. Costa, *Dois Atlânticos*, p. 124-126.

65. Ver P. de S. Pinho, Descentrando os Estados Unidos nos Estudos Sobre Negritude no Brasil, *Revista Brasileira de Ciências Sociais*, v. 20, n. 59.

8. "EM DEFESA DA HUMANIDADE"

1. Uma versão deste capítulo foi publicada em *Dados*, Rio de Janeiro, v. 61, n. 1, 2018, p. 171-211.
2. "A emancipação negra se expandiu com [o passar d]os séculos; o que era local e nacional em San Domingo e na América, é hoje uma urgência internacional", *A History of Negro Revolt*, p. 65.
3. J.C. Leite, *...E Disse o Velho Militante José Correia Leite*, p. 163. Sobre as comemorações do quarto centenário da cidade de São Paulo e problemática incorporação dos negros à efeméride, ver a pesquisa de B. Weinstein, *The Color of Modernity*, particularmente o capítulo "Exhibiting Exceptionalism: History at the IV Centenário", p. 267-295.
4. Uma Lição do Tempo, *O Novo Horizonte*, São Paulo, set. 1954, p. 2.
5. Eis os nomes das pessoas listadas na ata da reunião de fundação da Associação Cultural do Negro: José Assis Barbosa, Manassés de Oliveira, Roque Antônio dos Santos, Oscar Guaranhas, Maria Helena Lucas Barboza, José Ignácio do Rosário, José Francisco, Mary de Oliveira, Mário da Silva Júnior, Adolfo Anicetto dos Santos, Eduardo Francisco dos Santos, Marcos Maurício, Geraldo Campos de Oliveira, Geraldo Pereira de Carvalho, Ary Menezes, Geraldo de Oliveira, Jorge Chagas, Américo dos Santos, Bendito Pereira, Júlio de Brito, Dácio de Castro, Israel de Castro, José Correia Leite, Euzébio Augusto de Oliveira e Adélio Alves de Silveira.
6. Acervo da Unidade Especial de Informação e Memória da Universidade Federal de São Carlos (UEIM-UFSCar). Coleção Associação Cultural do Negro (ACN). Pasta 7 (Conselho Superior – Assembleia – Estatuto). Ata da reunião de fundação da Associação Cultural do Negro. São Paulo, 28 dez. 1954.
7. Para o conceito de diáspora associado à rede afro-atlântica, com seus sentidos e significados inclusive nas políticas raciais, ver: K.D. Butler, Defining Diaspora, Refining a Discourse, *Diaspora: A Journal of Transnational Studies*, v. 10, n. 2; S. Costa, *Dois Atlânticos*; B.H. Edwards, The Uses of Diaspora, *Social Text 66*, v. 19, n. 1; P. Gilroy, *O Atlântico Negro*; S. Hall, *Da Diáspora*; M. Hanchard, Afro-Modernity, *Public Culture*, v. 11, n. 1; R.D.G. Kelley; T.R. Patterson, Unfinished Migrations, *African Studies Review*, v. 43, n. 1; M.L.M. Reis, Diáspora Como Movimento Social, *Ciências Sociais Unisinos*, v. 46, n. 1; K. Tölölyan, Rethinking Diaspora(s), *Diaspora: A Journal of Transnational Studies*, v. 5, n. 1. Quanto ao conceito de "glocal", interpretações locais da globalização negra, consultar: L. Sansone, *Negritude Sem Etnicidade*.
8. Ver L.A.N. Delgado, Trabalhismo, Nacionalismo e Desenvolvimentismo, em J. Ferreira (org.), *O Populismo e Sua História*, p. 167-203; A.L. Negro; F.T. Silva, Trabalhadores, Sindicatos e Política (1945-1964), em J. Ferreira; L.A.N. Delgado (orgs.), *O Brasil Republicano*, p. 47-96; A. de C. Gomes, As Marcas do Período, em A. de C. Gomes (org.), *História do Brasil Nação*, v. 4, p. 23-39.
9. Sobre as desvantagens dos negros frente aos brancos e as relações raciais em São Paulo nesse período, ver: G.R. Andrews, *Negros e Brancos em São Paulo (1888-1988)*, p. 243-281; R. Bastide, Manifestações do Preconceito de Cor, em R. Bastide; F. Fernandes, *Brancos e Negros em São Paulo...*, p. 163-215; V.L. Bicudo, Estudo de Atitudes Raciais de Pretos e Mulatos em São Paulo; H.R. Hammond, Race, Social Mobility and Politics in Brazil, *Race*, v. 4, n. 2; R.M. Morse, The Negro in São Paulo, Brazil, *Journal of Negro History*, v. 38, n. 3; O. Nogueira, Atitude Desfavorável de Alguns Anunciantes de São Paulo em Relação aos Empregados de Cor, *Revista de Sociologia*, n. 4; E.T. Santana, *Relações Entre Pretos e Brancos em São Paulo*.
10. Uma das exceções é a pesquisa de Edilza Correia Sotero, *Representação Política Negra no Brasil Pós-Estado Novo*.
11. Ver C. Moura, Organizações Negras, em P. Singer; V.C. Brant (orgs.), *São Paulo: O Povo em Movimento*, p. 157-159; R.P. Pinto, *O Movimento Negro em São Paulo*, p. 354; M.A.P. Silva, *Visibilidade e Respeitabilidade*; M.A.M. Maués, *Negro Sobre Negro*, p. 140; G.R. Andrews, op. cit., p. 294-295; M. Hanchard, *Orfeu e o Poder*, p. 131; P.L. Alberto, *Terms of Inclusion*, p. 234, 249, 289. Esse quadro de negligência em relação à Associação Cultural do Negro tem apresentado sinais de mudança. Uma nova geração de pesquisadores tem envidado esforços para tirar a agremiação do limbo. Os primeiros trabalhos dedicados exclusivamente a ela são de Petrônio Domingues, que foi acompanhado por Mário Augusto Medeiros da Silva. Ver P. Domingues, Associação Cultural do Negro (1954-1976): Um Esboço Histórico; idem, "O Grande Campo de Batalha", em J.C. Passos et al., *Negros no Brasil*, p. 117-136; M.A.M. da Silva. Fazer História, Fazer Sentido, *Lua Nova*, n. 85 p. 227-273.
12. Andreas Hofbauer examina as visões e estratégias dos movimentos sociais afro-brasileiros, endossando a assertiva segundo a qual houve uma espécie de hiato na luta antirracista entre a Frente Negra Brasileira (1931-1937) e o Movimento Negro Unificado (fundado em 1978): "O Estado Novo desarticularia todos os movimentos

políticos, principalmente os de base popular. Logo depois do final da era Vargas, houve alguns esforços de grupos isolados para fundar novas revistas (por exemplo *Senzala* [1946], *Niger* [1959-1960], *Ébano* [1961]) e novas entidades políticas negras locais (por exemplo: Associação Cultural do Negro [1954]). Findo o breve interlúdio democrático, o nascente regime militar tampouco facilitou a formação de agremiações com objetivos políticos. Seria preciso aguardar até o fim da década de 1970 para que surgisse uma nova tentativa de unir as forças políticas negras em outra organização suprarregional". A. Hofbauer, *Uma História de Branqueamento ou o Negro em Questão*, p. 370. Henrique Cunha Júnior vai mais longe, postulando que, de 1945 em diante, "os movimentos negros caminham para uma aparente extinção, entrando na década de sessenta com o menor índice de participação encontrado em toda sua história". Ver H. Cunha Júnior, Uma Introdução à História dos Movimentos Negros no Brasil, *Textos Para o Movimento Negro*, p. 76.

13. Acervo da UEIM-UFSCar. Coleção ACN. Pasta 7 (Conselho Superior – Assembleia – Estatuto). Estatuto Social da Associação Cultural do Negro, fls. 1. São Paulo, 01/02/1955.
14. Ibidem, fls. 2.
15. Em 1959, o relatório da secretaria da ACN informava que o Conselho Superior da agremiação havia até então convocado oito vezes a assembleia geral e realizado 37 reuniões ordinárias e 31 extraordinárias. Quatorze vezes as reuniões não se realizaram por falta de quórum ou por outro motivo qualquer, "totalizando oitenta e duas convocações". Acervo da UEIM-UFSCar. Coleção ACN. Pasta 1 (Conselho Superior – Atas – Atos Executivos). Relatório Extraordinário da Secretaria do Conselho Superior da Associação Cultural do Negro. São Paulo, 21 dez.1959.
16. A gestão de José de Assis Barbosa levou pouco tempo, já que em 1956 ele foi substituído por Geraldo Campos de Oliveira, que, por sua vez, presidiu a agremiação até 1960, após ter solicitado demissão do cargo. Quem assumiu interinamente foi José Correia Leite. No início de 1961, Adélio Alves da Silveira tomou posse do cargo de presidente da Diretoria Executiva, mas pediu demissão em 1963, tendo Henrique Antunes Cunha assumido a "junta governativa provisória", com mandato de dezoito meses. Um ofício confirmava que Henrique Antunes Cunha era o presidente da agremiação. Dois anos depois, este foi substituído por Antonio Salvador de Oliveira, por aclamação.
17. Acervo da UEIM-UFSCar. Coleção ACN. Pasta 1 (Conselho Superior – Atas – Atos Executivos). Relatório da Secretaria do Conselho Superior da Associação Cultural do Negro. São Paulo, 03 dez.1956.
18. Acervo da UEIM-UFSCar. Coleção ACN. Pasta 6 (Conselho Superior – Correspondência). Comunicado de Geraldo Campos de Oliveira (Presidente da Diretoria Executiva) ao Conselho Superior da Associação Cultural do Negro. São Paulo, 30 ago. 1958.
19. Acervo da UEIM-UFSCar. Coleção ACN. Pasta 19 (Diretoria Executiva – Correspondência). Correspondência de Hélcio Lacerda, de Jaboticabal, aos Exmos. Senhores Diretores da Associação Cultural do Negro, em 18 fev. 1965.
20. Acervo da UEIM-UFSCar. Coleção ACN. Pasta 3 (Conselho Superior – Correspondência). Comunicado do Conselho Superior da ACN à Diretoria Executiva. São Paulo, 21 fev. 1956.
21. Acervo da UEIM-UFSCar. Coleção ACN. Pasta 1 (Conselho Superior – Atas – Atos Executivos). Relatório da Secretaria do Conselho Superior da Associação Cultural do Negro. São Paulo, 03 dez. 1956.
22. Consultar, entre outras fontes, Associação Cultural do Negro Deu *Show* de Basquetebol em Jundiaí, *A Gazeta Esportiva*, São Paulo, 28 maio 1961; Atletas Destacados em Ação na Pista do Tietê; Afigura-se Como das Mais Interessantes a Competição Entre a FUPES, Associação Cultural do Negro e a Colônia Japonesa, *Diário Popular*, São Paulo, 6 maio 1961; Associação Cultural do Negro Coroou Rainha do Esporte com Grande Baile no Palácio Mauá, *Última Hora*, São Paulo, 7 jun. 1961.
23. Acervo da UEIM-UFSCar. Coleção ACN. Pasta 1 (Conselho Superior – Atas – Atos Executivos). Relatório da Secretaria..., op. cit., 03 dez. 1956.
24. Em 1958, também foi formado o Departamento da Sede Própria. Extinto, porém, em 1961, em virtude de "dificuldades de ordem social e financeira" que a ACN atravessava. Em 1960, criou-se o Departamento Social ou Departamento de Assistência Social, sendo Antonio Dias eleito seu diretor. Ver Acervo da UEIM-UFSCar. Coleção ACN. Pasta 1 (Conselho Superior – Atas – Atos Executivos). Relatório da Secretaria..., op. cit., 21 dez. 1959 e 05 jan. 1961; Pasta 3 (Conselho Superior – Correspondência). Correspondência do Conselho Superior da ACN ao Senhor Alcides de Oliveira Santos. São Paulo, 04 abr. 1961.
25. *O Mutirão*, São Paulo, maio 1958, p. 1.
26. Acervo da UEIM-UFSCar. Coleção ACN. Pasta 10 (Diretoria Executiva – Correspondência). Ofício de Geraldo Campos de Oliveira (Presidente da Diretoria Executiva) ao Excelentíssimo Senhor Dr. Jânio Quadros (DD. Governador do Estado de São Paulo). São Paulo, 06 dez. 1958.
27. Ver S. Milliet et al., *O Ano 70 da Abolição*; O. Camargo, *15 Poemas Negros*; N. Gonçalves, *Fatores Determinantes da Formação da Cultura Afro-Brasileira*; H.L. Alves, *Nina Rodrigues e o Negro do Brasil*. Da Série Cultura Negra, a ACN programou ainda a publicação de *A Ecologia do Grupo Afro-Brasileiro Ante o Serviço Social*, de Sebastião Rodrigues Alves; *O Alvorecer de uma Ideologia*, de José

Correia Leite, e *Mansidão*, de Oswaldo de Camargo; mas, por falta de recursos, tais opúsculos não foram editados.
28. Acervo da UEIM-UFSCar. Coleção ACN. Pasta 6 (Conselho Superior – Correspondência). Relatório das Atividades Gerais da Associação Cultural do Negro no período de agosto de 1958 a julho de 1959. São Paulo, 19 out. 1959. Um indício da repercussão positiva dos *Cadernos de Cultura* foi a carta escrita pelo General Mario de Mattos, do Estado da Guanabara: "Acabo de ler o exemplar nº 1 da série "Cultura Negra" – Edição da Associação Cultural do Negro – São Paulo [...], motivo pelo qual me congratulo efusivamente com a ACN pelo seu alto empreendimento útil, certo e bem orientado em prol do elemento de cor negra, neste vasto continente que é o nosso querido Brasil!". Acervo da UEIM-UFSCar. Coleção ACN. Pasta 19 (Diretoria Executiva – Correspondência). Correspondência do Gen. Mario de Mattos Pinheiro ao Sr. Secretário da ACN. Estado da Guanabara, 07 nov. 1954.
29. Ver R.P. Pinto, *O Movimento Negro em São Paulo…*, op. cit. Quanto ao projeto educacional da ACN, ver: P. Domingues, "O Grande Campo de Batalha"…, op. cit., p. 117-136.
30. Acervo da UEIM-UFSCar. Coleção ACN. Pasta 5 (Conselho Superior – Correspondência). Ofício de Adélio Alves da Silveira (Presidente da Diretoria Executiva) a José Correia Leite (Presidente do Conselho Superior). São Paulo, 19 jun. 1961.
31. Acervo da UEIM-UFSCar. Coleção ACN. Pasta 6 (Conselho Superior – Correspondência). Relatório Anual das Atividades da Associação Cultural do Negro. São Paulo, 13 jan. 1963. Ver também: Coleção ACN. Pasta 13 (Diretoria Executiva – Correspondência). "Solicitação de reconsideração de despacho ao Tribunal Municipal de Impostos e Taxas". São Paulo, 01 fev. 1963.
32. Acervo da UEIM-UFSCar. Coleção ACN. Pasta 6 (Conselho Superior – Correspondência). Relatório das Atividades da ACN no ano de 1965. São Paulo, 28 jan. 1966.
33. Sebastiana Vieira costumava convidar todas as associadas da ACN a integrarem o Departamento Feminino: "Tenho o prazer de convidar V.S. para participar da reunião que será realizada dia 2 de julho, à praça Carlos Gomes, número 156 – 3º andar –, ocasião que discutiremos o seguinte: a. Funcionamento do Departamento Feminino da Associação Cultural do negro; b. Formação de cursos do Departamento Feminino. O Departamento Feminino comunica ainda que, segunda-feira próxima passada, foi inaugurado na entidade o 'Curso de enfermagem do lar', para o qual espera contar com a presença e a colaboração da amiga." Acervo da UEIM-UFSCar. Coleção ACN. Pasta 31 (Diretoria Executiva – Departamentos). Carta-convite de Sebastiana Vieira (Diretora do Departamento Feminino) às associadas da ACN. São Paulo, 27 jun. 1956.

34. Em 1958, dos oito componentes da Diretoria Executiva, dois eram mulheres (Teda Ferreira e Pedrina Faustina de Alvarenga dos Santos). Dos 32 componentes do Conselho Superior, seis eram mulheres (Sebastiana Vieira, Maria Aparecida Venâncio, Engracia Ortêncio Pompêo dos Santos, Juraci Barbosa de Oliveira, Nair Theodoro de Araújo e Maria da Penha Paula). Acervo da UEIM-UFSCar. Coleção ACN. Pasta 1 (Conselho Superior – Atas – Atos Executivos). Composição dos departamentos da ACN, em 24 out. 1958.
35. Acervo da UEIM-UFSCar. Coleção ACN. Pasta 3 (Conselho Superior – Correspondência). Comunicado da Diretoria Executiva da Associação Cultural do Negro aos associados. São Paulo, 17 jul. 1957. Quando a ACN inaugurou sua nova sede social, recebeu a visita de Afonso Schmidt (escritor e autor de *A Marcha*, "o romance da abolição"). Houve um ato solene. Tomaram assento na mesa os convidados especiais: o jornalista Fernando Góes, o professor Arlindo Veiga dos Santos (primeiro presidente da antiga Frente Negra Brasileira) e o tenente José Ignácio do Rosário, os quais afiançaram inteira solidariedade às atividades desenvolvidas pela agremiação. Acervo da UEIM-UFSCar. Coleção ACN. Pasta 15 (Diretoria Executiva – Correspondência). São Paulo, 14 jun. 1957.
36. Eis como Adélio Alves de Silveira, presidente da Diretoria Executiva da ACN, referiu-se à efeméride de 13 de maio em documento de circulação interna da agremiação: "Conforme é do conhecimento geral, as comemorações abolicionistas do mês de maio têm se constituído no ponto culminante das atividades da ACN desde a sua fundação, como ocorreu no presente ano." Acervo da UEIM-UFSCar. Coleção ACN. Pasta 5 (Conselho Superior – Correspondência). Ofício de Adélio Alves de Silveira…, op. cit., 19 jun. 1961.
37. Acervo da UEIM-UFSCar. Coleção ACN. Pasta 5 (Conselho Superior – Correspondência). Atividades realizadas pela ACN no ano de 1956. Segundo George Andrews, as organizações afro-paulistas evitaram participar diretamente da política no interlúdio da Segunda República e, em vez disso, concentraram suas energias nas atividades sociais, culturais e educacionais. Essa postura ficaria evidenciada na "denominação da mais bem-sucedida dessas organizações, a Associação Cultural do Negro". A assertiva de Andrews precisa ser relativizada. É verdade que as manifestações sociais, culturais e educacionais não se apresentam na sua concretude imediata como fato político, mas a cultura, como fenômeno de linguagem, é sempre passível de interpretação e reinterpretação. Em última instância, são os interesses em jogo dos grupos que definem o sentido da reelaboração simbólica de qualquer dessas manifestações. Ver G.R. Andrews, op. cit., p. 294. A respeito das tensões existentes entre política e cultura nos movimentos

afro-brasileiros desse período, ver M. Hanchard, Culturalism Versus Cultural Politcs, em K.B. Warren (ed.), *The Violence Within*, p. 57-85; M. Hanchard, *Orfeu e o Poder*; K.F.J. de Oliveira, The Politics of Culture or the Culture of Politics, *Journal of Third Word Studies*, v. 20, n. 1.

38. DEOPS/SP, Arquivo Público do Estado de São Paulo (AESP). Dossiê 20-J-09, 4. Relatório do investigador n. 104 dirigido ao Delegado Titular de Ordem Política e Social. São Paulo, 11 out. 1957. Ver também DEOPS/SP, AESP. Dossiê 20-J-09, 5. Relatório do investigador n. 1778 dirigido ao Delegado Titular de Ordem Política e Social. São Paulo, 19 out. 1957.

39. J.C. Leite, op. cit., p. 188-189. Em 1964, a ACN realizou uma sessão solene na data de sua fundação. Compareceram representantes da Câmara Municipal de São Paulo, Assembleia Legislativa, Casa do Poeta, Casa da Cultura Afro-Brasileira, Associação Cristã Brasileira de Beneficência, do Centro Catarinense de São Paulo, enfim, "pessoas de projeção na vida cultural e artística desta Capital para ouvirem o escritor Henrique L. Alves pronunciar vibrantemente uma conferência sobre o tema 'Diálogo da Negritude', historiando a vida e as realizações desta entidade no transcorrer destes dez anos, seguida de uma parte lítero-musical a cargo do poeta Oswaldo de Camargo". Acervo da UEIM-UFSCar. Coleção ACN. Pasta 6 (Conselho Superior – Correspondência). Relatório das Atividades da ACN correspondentes ao período de janeiro a dezembro de 1964. São Paulo, 20 fev. 1965.

40. Em ofício, a diretoria da ACN listava as atividades para as quais o governador Jânio Quadros havia depositado "inestimável colaboração": I Convenção Paulista do Negro, Semana Nina Rodrigues, Semana Teodoro Sampaio, Semana Castro Alves, Semana Cruz e Souza, Semana José do Patrocínio, 1ª e 2ª Quinzena 13 de Maio, Prova Pedestre 13 de Maio, além da organização do programa comemorativo de O Ano 70 da Abolição. Acervo da UEIM-UFSCar. Coleção ACN. Pasta 10 (Diretoria Executiva – Correspondência). Ofício da Associação Cultural do Negro ao Excelentíssimo Senhor Dr. Jânio da Silva Quadros, DD. Governador do Estado de São Paulo. São Paulo, 16 set. 1958.

41. Nas comemorações dos setenta anos da abolição, a ACN organizou um extenso programa cultural, social, artístico e recreativo que recebeu o apoio do cardeal dom Carlos Carmelo de Vasconcelos Mota, do governador Jânio Quadros, do prefeito Adhemar de Barros; de José Pedro Leite Cordeiro, Almeida Magalhães, Pedro Antonio de Oliveira Ribeiro Neto, Silvio Romero Filho, Sebastião Pagano, Honório de Sylos e René de Oliveira Barbosa, do Instituto Histórico e Geográfico de São Paulo; do deputado Ariel Tomasine; dos prefeitos Ruy H. Novaes (de Campinas) e Francisco Romano de Oliveira (de Pindamonhangaba); dos vereadores Freitas Nobre (de São Paulo) e Humberto De Lucca (de Cruzeiro), e também dos intelectuais Sérgio Milliet, Rossini Tavares de Lima, Carlos Burlamaqui Kopke, Antônio Cândido e Florestan Fernandes. Ver S. Milliet et al., op. cit., p. 4-7.

42. Acervo da UEIM-UFSCar. Coleção ACN. Pasta 6 (Conselho Superior – Correspondência). Relatório das Atividades da ACN correspondentes ao período de janeiro a dezembro de 1964. São Paulo, 20 fev. 1965.

43. Acervo da UEIM-UFSCar. Coleção ACN. Pasta 10 (Diretoria Executiva – Correspondência). Relatório das Atividades da ACN. Visita a Ribeirão Preto, em nov. 1958.

44. Acervo da UEIM-UFSCar. Coleção ACN. Pasta 1 (Conselho Superior – Atas – Atos Executivos). Relatório da Secretaria..., op. cit., 05 jan. 1961.

45. Acervo da UEIM-UFSCar. Coleção ACN. Pasta 15 (Diretoria Executiva – Correspondência). Ofício da Diretoria da ACN. São Paulo, 29 ago. 1962.

46. Acervo da UEIM-UFSCar. Coleção ACN. Pasta 14 (Diretoria Executiva – Correspondência). Correspondência de Américo dos Santos (Secretário Geral da ACN) ao Ilmo Snr. Prof. Florestan Fernandes – Faculdade de Filosofia, Ciências e Letras da USP. São Paulo, 25 mar. 1965.

47. Acervo da UEIM-UFSCar. Coleção ACN. Pasta 6 (Conselho Superior – Correspondência). Relatório das Atividades da ACN no ano de 1965. São Paulo, 28 jan. 1966.

48. Eis os grupos do meio negro com os quais a ACN manteve algum tipo de contato. Em São Paulo: Clube Amigos da República do Haiti – CARHTI, União dos Caboverdeanos Livres, Sociedade Cultural e Recreativa Palmares, XI Irmãos Patriotas F.C., Irmandade Nossa Senhora do Rosário dos Homens Pretos, Associação José do Patrocínio, Casa de Cultura Afro-Brasileira, Associação Cultural Luiz Gama, Grêmio Recreativo Cultural Campos Elíseos, Associação Renovadora dos Homens de Cor, Associação Beneficente Pio XII, Aristocrata Clube, Sociedade Luiz Gama, Associação Brasileira de Defesa dos Direitos do Homem, Sociedade Henrique Dias, Clube 220, G.R.E.C. Coimbra, Grêmio Cruz e Sousa, La Paloma Club, Brasil F.C., Associação Recreativa Afro-Brasileira, Colored's Club de Vila Mariana, Associação Brasileira de Assistência Social e Educação, G.T.P.L.U.N. (Grupo de Trabalho de Profissionais Liberais e Universitários Negros), Teatro Popular Brasileiro (de Solano Trindade), Teatro Experimental do Negro de São Paulo e do Rio de Janeiro, Cia. Negra de Comédias e Revistas, Centro de Estudos Afro-Brasileiros, Grêmio Recreativo Familiar Flor de Maio, de São Carlos; Clube Atlético Limeirense dos Homens de Cor, Sociedade Luiz Gama, de Jaú; Associação Cruz e Sousa e Clube Ébano, de Santos; Federação das Associações dos Brasileiros de Cor, de Sorocaba; C.R. 13 de Maio, de Itapetininga; Sociedade Cultural Luiz Gama, de Bauru; Clube Coração de Bronze, de

Catanduva; Sociedade Beneficente 28 de Setembro, de Sorocaba; Sociedade Beneficente 13 de Maio, de Piracicaba; Sociedade Recreativa José do Patrocínio, de São Manuel; Clube Beneficente e Recreativo 28 de Setembro, de Jundiaí; Soc. Dançante Familiar José do Patrocínio, de Rio Claro; Associação Recreativa Princesa Isabel, de Tatuí; Sociedade Recreativa Luiz Gama, de Botucatu; Clube Bandeirantes, de Tietê; S.C. R. Cruzeiro do Sul, de Araraquara; Associação Atlética Ponte Preta, de São José do Rio Preto; Society Colored Pinhalense, de Pinhal; Clube dos Aliados, de Ribeirão Preto; E.S. Rosa Branca, de Araçatuba; Grêmio Recreativo 7 de Setembro, de Itatiba; Clube Recreativo Luiz Gama, de São João da Boa Vista; Sociedade Negra de Campinas, Associação Cultural Pérola Negra, de Campinas, e Elo Clube Campineiro. Vale registrar ainda os intercâmbios com o Kenia Clube, a União dos Homens de Cor e o Renascença Clube, do Rio de Janeiro, e com os jornais da imprensa negra: Hifen, O Ébano e Correio D'Ébano.

49. Acervo da UEIM-UFScar. Coleção ACN. Pasta 6 (Conselho Superior – Correspondência). Regimento Interno da Convenção Paulista do Negro. São Paulo, abr. 1956.
50. DEOPS/SP, AESP. Dossiê 20-J-09, 11. Preconceito Racial no Brasil: Existe, Embora de Modo Velado, *Última Hora*, São Paulo, 25 ago. 1958.
51. Acervo da UEIM-UFScar. Coleção ACN. Pasta 6 (Conselho Superior – Correspondência). Relatório das Atividades Gerais da Associação Cultural do Negro no período de agosto de 1958 a julho de 1959. São Paulo, 19 out. 1959.
52. Ibidem.
53. Acervo da UEIM-UFScar. Coleção ACN. Pasta 13 (Diretoria Executiva – Correspondência). Correspondência de Adelio Alves da Silveira (Presidente da Diretoria Executiva da ACN) ao Exmo. Sr. Dr. Leonel Brizola (Governador do Estado do Rio Grande do Sul). São Paulo, 23 mar. 1962.
54. P. Gilroy, *O Atlântico Negro*, op. cit.
55. DEOPS/SP, AESP. Dossiê 20-J-09, 11. Preconceito Racial no Brasil: Existe, embora de Modo Velado, *Última Hora*, São Paulo, 25 ago. 1958.
56. Acervo da UEIM-UFScar. Coleção ACN. Pasta 9 (Diretoria Executiva – Correspondência). Correspondência da Diretoria Executiva da Associação Cultural do Negro ao Excelentíssimo Senhor Orval Faubus – Governador do estado de Arkansas, nos Estados Unidos da América do Norte. São Paulo, 11/10/1957. Ver ainda: DEOPS/SP, AESP. Dossiê 20-J-09, 6. Mensagem da Associação Cultural do Negro ao Governador O. Faubus, *Notícias de Hoje*, 19 nov. 1957.
57. Acervo da UEIM-UFScar. Coleção ACN. Pasta 9 (Diretoria Executiva – Correspondência). Relatório das Atividades Gerais da ACN no período de 01 set. 1957 a 31 mar. 1958. São Paulo, 05 maio 1957. Pasta 9 – Conselho Superior; Correspondência de Américo Orlando da Costa (Presidente em exercício da ACN) ao Excelentíssimo Senhor Dwight Eisenhower – DD. Presidente dos Estados Unidos da América do Norte. São Paulo, 11 out. 1957.
58. Conferir, entre outras fontes: Kennedy e os Negros, *Última Hora*, São Paulo, 13 maio 1963, Caderno 1, p. 6.
59. Acervo da UEIM-UFScar. Coleção ACN. Pasta 13 (Diretoria Executiva – Correspondência). Correspondência de Adélio Alves da Silveira (Presidente da Diretoria Executiva da ACN) ao Senhor Cônsul Geral Americano. São Paulo, 02 out. 1962.
60. Acervo da UEIM-UFScar. Coleção ACN. Pasta 6 (Conselho Superior – Correspondência). Relatório das Atividades Gerais [...] de agosto de 1958 a julho de 1959, op. cit., 19 out. 1959.
61. Acervo da UEIM-UFScar. Coleção ACN. Pasta 21 (Diretoria Executiva – Correspondência). Carta Pública da Associação Cultural do Negro, em abr. 1959.
62. Sobre o regime do *apartheid* e o Massacre de Shapervile, ver, entre outros: N.L. Clark; W.H. Worger, *South Africa*. A respeito da política africana do Brasil e das relações Brasil-África, consultar: J.F.S. Saraiva, *O Lugar da África*.
63. Acervo da UEIM-UFScar. Coleção ACN. Pasta 11 (Diretoria Executiva – Correspondência). Correspondência de Geraldo Campos de Oliveira (Presidente da ACN) ao Ilmo. Sr. Arsênio Tavoglieri (DD. Presidente da Associação Paulista de Imprensa). São Paulo, 11 abr. 1960.
64. Participaram do ato público os "Vereadores Freitas Nobre, Silva Azevedo e Manoel de Figueiredo Ferraz, representado este último pelo Sr. Nautilo Sant'Ana; Deputados Luciano Lepera e Felício Castellano; Prof. Oswaldo Melantonio, da Federação dos Trabalhadores em Estabelecimentos de Ensino; Major Fernando Cerqueira Lima, representando o comandante da II Região Militar; Dr. José Augusto Cesar Salgado, Presidente da Associação Interamericana do Ministério Público; Nelson Câmara, do Centro Acadêmico 'João Mendes Júnior', da Faculdade de Direito da Universidade Mackenzie; Solando Trindade, do Teatro Popular Brasileiro; Álvaro Rodrigues dos Santos, da União Paulista dos Estudantes Secundários; Alberto Augusto Teixeira, do Sindicato dos Mestres e Contra Mestres de Fiação e Tecelagem; Francisco Ferraz de Oliveira, da Associação Cívica de Defesa das Liberdades Públicas; Vicente de Paula Custódio, da Irmandade de Nossa Senhora do Rosário dos Homens Pretos; Luiz Lourival de Góes, do Sindicato dos Trabalhadores em Empresas de Carris Urbanos; Frederico Penteado Júnior, do Club 220; Capitão Maximiano Lessa Salgado, representante do Presidente da Assembleia Legislativa de São Paulo, deputado Abreu Sodré; Karl Pereira, representante do Secretário da Viação e Obras Públicas, Brigadeiro Faria Lima; Lydia Chrispim, do Teatro Experimental do Negro de São Paulo; Manoel

Cavalheiro, da Juventude Socialista; Pedro Rocha, da Liga Internacional Contra o Racismo e o Anti-Semitismo; e Anselmo Pecci, da Frente Nacionalista". Ver Acervo da UEIM-UFSCar. Coleção ACN. Pasta 12 (Diretoria Executiva – Correspondência). Comunicado de Américo Orlando da Costa (Vice-Presidente da ACN) remetido à imprensa sobre o ato público de "Solidariedade aos Negros da União Sul Africana". São Paulo, 27 abr. 1960.

65. Acervo da UEIM-UFSCar. Coleção ACN. Pasta 12 (Diretoria Executiva – Correspondência). Comunicado de Américo Orlando da Costa..., op. cit., 27 abr. 1960.

66. A "Comissão de Solidariedade aos Povos Africanos" era constituída pela "Associação Cultural do Negro, Associação Interamericana do Ministério Público, União Paulista dos Estudantes Secundários, Centro Acadêmico João Mendes Júnior, Federação dos Professores e Trabalhadores em Estabelecimentos de Ensino, Associação Cívica de Defesa das Liberdades Públicas e dos Direitos do Cidadão, Teatro Experimental do Negro de São Paulo, Teatro Popular Brasileiro, Sindicato dos Mestres e Contra-Mestres em Fiação e Tecelagem, e representantes da Juventude Socialista e da Frente Nacionalista de São Paulo". Acervo da UEIM-UFSCar. Coleção ACN. Pasta 12 (Diretoria Executiva – Correspondência). Comunicado de Américo Orlando da Costa (Vice-Presidente da ACN) remetido à imprensa sobre o "Comício em Homenagem ao 13 de Maio e de Solidariedade aos Negros da União Sul Africana". São Paulo, 12 maio 1960.

67. Acervo da UEIM-UFSCar. Coleção ACN. Pasta 12 (Diretoria Executiva – Correspondência). Comunicado de Américo Orlando da Costa..., op. cit., 12 maio 1960. Ver também DEOPS/SP, AESP. Dossiê 20-J-09, 12. Relatório do investigador n. 1637 dirigido ao Delegado Titular de Ordem Política e Social. São Paulo, 13 maio 1960.

68. Acervo da UEIM-UFSCar. Coleção ACN. Pasta 2 (Conselho Superior – Correspondência). A diretoria da ACN solicita que redator secretário de "prestigioso órgão de imprensa" publique a nota "Autodeterminação de Angola". Sobre a descolonização de Angola e sua ressonância no Brasil, ver: J.F. Santos, *Movimento Afro-Brasileiro Pró-Libertação de Angola*; J. Dávila, *Hotel Trópico*, especialmente o quarto capítulo: Guerra em Angola, Crise no Brasil.

69. A ACN "saudou vivamente" a visita de Léopold Sédar Senghor – o então primeiro presidente eleito do Senegal independente – ao Brasil, em 1964, e promoveu a inauguração do retrato dele em sua sede, em uma solenidade denominada "Presença Africana". Acervo da UEIM-UFSCar. Coleção ACN. Pasta 6 (Conselho Superior – Correspondência). Relatório das Atividades da ACN correspondentes ao período de janeiro a dezembro de 1964. São Paulo, 20 fev. 1965. Ver também J.C. Leite, op. cit., p. 186.

70. Acervo da UEIM-UFSCar. Coleção ACN. Pasta 2 (Conselho Superior – Correspondência). Ofício da Diretoria da ACN ao Consulado Geral da Bélgica. São Paulo, 27 abr. 1961; Pasta 12 (Diretoria Executiva – Correspondência). Carta da Diretoria da ACN à Organização das Nações Unidas. São Paulo, 02 mar. 1961. No tocante às conexões entre os afro-brasileiros e a África, ver ainda: A. Dzidzienyo, The African Connection and the Afro-Brazilian Condition, em P.-M. Fontaine, *Race, Class and Power in Brazil*, p. 135-153.

71. Sobre o internacionalismo negro, consultar: B.H. Edwards. *The Practice of Diaspora*; M. Makalani, *In the Cause of Freedom*.

72. Acervo da UEIM-UFSCar. Coleção ACN. Pasta 06 (Conselho Superior – Correspondência). Relatório das atividades gerais da Associação Cultural do Negro no período de agosto de 1958 a julho de 1959. São Paulo, 19 out. 1959.

73. Acervo da UEIM-UFSCar. Coleção ACN. Pasta 19 (Diretoria Executiva – Correspondência). Direitos. *Correio da Manhã*, Rio de Janeiro, 11 dez. 1958, p. 6.

74. Acervo da UEIM-UFSCar. Coleção ACN. Pasta 9 (Diretoria Executiva – Correspondência). Correspondência da Diretoria Executiva da Associação Cultural do Negro ao Excelentíssimo Senhor J.C. Crenshaw e demais diretores da Associação Americana Para o Progresso dos Homens de Cor. São Paulo, 05 nov. 1957. Ver também DEOPS/SP, AESP. Dossiê 20-J-09, 6. "Manifestam os Negros de São Paulo a Sua Solidariedade à Associação Americana Para o Progresso do Homem de Cor", *Notícias de Hoje*, 19 out. 1957.

75. J.C. Leite, op. cit., p. 175.

76. Acervo da UEIM-UFSCar. Coleção ACN. Pasta 10 (Diretoria Executiva – Correspondência). "Ao Elenco do Ballets Africains de Keita Fadeba". São Paulo, 25 abr. 1958.

77. J.C. Leite, op. cit., p. 138, 149, 167.

78. M.A.M. da Silva, Fazer a História, Fazer Sentido, *Lua Nova*, São Paulo, n. 85, p. 247.

79. Em dezembro de 1947, simultaneamente em Dacar e Paris, saiu o primeiro número de *Présence Africaine*. Fundada pelo intelectual senegalês Alioune Diop, a revista tentou reunir o pensamento de africanos e africanistas com o dos negros estadunidenses, caribenhos e europeus, pelo menos para que suas similaridades e diferenças pudessem ser sistematicamente exploradas. Apoiada por intelectuais de grande prestígio (André Gide, Jean-Paul Sartre, Emmanuel Mounier, Albert Camus, Georges Balandier, Michel Leiris, Thomas Monod, Paul Rivet, além de Senghor, Césaire, Richard Wright e Paul Hazoumé), a revista tornou-se importante referência para o movimento da *negritude*. Ver D. Damato, Negritude/Negritudes, *Através*, n. 1; P. Gilroy, op. cit., p. 290; R.B. dos Reis, Projeto Cultural e

Política Intelectual nas Páginas da *Présence Africaine* (1947-1956), em R.B. dos Reis; T.A.G. de Resende (orgs.), *Cultura e Mobilização*, p. 71-104.

80. Acervo da UEIM-UFSCar. Coleção ACN. Pasta 11 (Diretoria Executiva – Correspondência). Comunicado de Américo Orlando da Costa (Vice-Presidente da ACN) remetido à imprensa sobre o II Congresso Mundial dos Escritores e Artistas Negros. São Paulo, 18 fev. 1959.
81. Acervo da UEIM-UFSCar. Coleção ACN. Pacotilha – CMEA. Mensagem da ACN ao II Congresso Mundial de Escritores e Artistas Negros. São Paulo, 20 mar. 1959.
82. P. Gilroy, op. cit., p. 365.
83. Acervo da UEIM-UFSCar. Coleção ACN. Pasta 11 (Diretoria Executiva – Correspondência). Correspondência de Geraldo Campos de Oliveira (Presidente da ACN) ao Ilmo. Sr. Alioune Diop (DD. Secretário Geral da Société Africaine de Culture). São Paulo, 05 jul. 1959.
84. Entrevista de Oswaldo de Camargo concedida ao autor. São Paulo, 10 jul. 2006. Oswaldo de Camargo nasceu em Bragança Paulista, interior de São Paulo, em 1936. Filho de José Quintiliano de Camargo e de Martinha da Conceição Camargo – ambos trabalhadores rurais –, ingressou aos doze anos no Seminário Menor Nossa Senhora da Paz, em São José do Rio Preto. Aprendeu a tocar órgão e iniciou os estudos sobre música erudita. Aos quinze anos começou a compor poemas. Em 1954, abandonou o seminário; em seguida, transferiu-se para a capital do Estado e filiou-se à Associação Cultural do Negro. Colaborou em vários veículos de comunicação no meio afro-paulista. Foi redator-chefe, ao lado de Ovídio P. dos Santos, do jornal *O Novo Horizonte*; fez parte do corpo de redação de *A Voz da Rua*; colaborou n'*O Mutirão* da ACN, onde dirigiu o seu Departamento de Cultura, em 1958, e apresentou vários concertos de piano. Em 1959, publicou *Um Homem Tenta Ser Anjo*, com apresentação de Sérgio Milliet. Um ano depois, foi convidado para ser o redator-chefe da revista *Niger* e trabalhou para seus quatro números publicados; em 1961, colaborou com o efêmero jornal *Ébano*.
85. Em ofício endereçado ao Diretor da Divisão de Diversões Públicas da Prefeitura de São Paulo, Américo Orlando da Costa (vice-presidente da ACN) alegava que a agremiação esteve impossibilitada de funcionar durante o ano de 1960 em virtude de: "a. fechamento da sede social, para reforma completa em suas instalações; b. longo tempo na prestação e apuração das contas, da diretoria demissionária; c. fase de eleições, para preenchimento dos cargos vagos de direção, em virtude de renúncia coletiva". Acervo da UEIM-UFSCar. Coleção ACN. Pasta 12 (Diretoria Executiva – Correspondência). Ofício de Orlando da Costa (Vice-Presidente da ACN) ao Exmo. Sr. Dr. Diretor da Divisão de Diversões Públicas. São Paulo, abr. 1961.

86. Sobre a perseguição dos órgãos de repressão aos movimentos sociais negros em São Paulo durante o regime militar, ver K.S. Kossling, *As Lutas Anti-Racistas de Afro--Descendentes sob Vigilância do DEOPS/SP (1964-1983)*. Para a situação do afro-brasileiro nesse período, conferir: Z.L. Moore, Out of the Shadows, *Journal of Black Studies*, v. 19, n. 4.
87. Ver J.M. de Carvalho, *Cidadania no Brasil*, p. 158-161; J.P. Macarini, *A Política Econômica da Ditadura Militar no Limiar do "Milagre" Brasileiro*; M. Napolitano, *1964: História do Regime Militar Brasileiro*.
88. Acervo da UEIM-UFSCar. Coleção ACN. Pasta 06 (Conselho Superior – Correspondência). Relatório das atividades da ACN no ano de 1965. São Paulo, 28 jan. 1966.
89. Acervo da UEIM-UFSCar. Coleção ACN. Pasta 15 (Diretoria Executiva – Correspondência). Relatório das Atividades da ACN. São Paulo, 09 ago. 1969.
90. Entrevista de Oswaldo de Camargo concedida ao autor. São Paulo, 10 jul. 2006.
91. Continua a ACN Invicta, *A Gazeta Esportiva*, São Paulo, 27 fev. 1964; Venceu a AC do Negro, *A Gazeta Esportiva*, São Paulo, 8 abr. 1964; Empatou a Associação Cultural do Negro, *A Gazeta Esportiva*, São Paulo, 2 set. 1964.
92. Acervo da UEIM-UFSCar. Coleção ACN. Pasta 15 (Diretoria Executiva – Correspondência). Comunicado de Gilcéria Oliveira (presidente) aos associados da ACN. São Paulo, fev. 1975.
93. Acervo da UEIM-UFSCar. Coleção ACN. Pasta 15 (Diretoria Executiva – Correspondência). Comunicado de Gilcéria Oliveira (presidente) e Helena dos Santos Rosa (tesoureira) aos associados da ACN. São Paulo, maio 1976.
94. Acervo da UEIM-UFSCar. Coleção ACN. Pasta 19 (Diretoria Executiva – Correspondência). Correspondência de José E. Mindlin à Ilma. Sra. Gilcéria Oliveira – DD. Presidente da Associação Cultural do Negro. São Paulo, 30 jul. 1976.
95. Sobre a mobilização racial no contexto da Segunda República, ver: P.L. Alberto, op. cit., p. 151-244; E.C. Flores, Jacobinismo Negro, em J. Ferreira; D.A. Reis, *As Esquerdas no Brasil*, v. 1, p. 493-537; M. Hanchard, op. cit.; M.A. de O. Lopes, *História e Memória do Negro em São Paulo*; M. Mitchell, *Racial Consciousness and the Political Attitudes and Behavior of Blacks in São Paulo, Brazil*; F.A. de S. Pereira, *Organizações e Espaços da Raça no Oeste Paulista*; A.R. Silva, *Associação José do Patrocínio*; J. da Silva, *União dos Homens de Cor (UHC)*; E.C. Sotero, *Representação Política Negra no Brasil Pós-Estado Novo*. Já para a imprensa negra, ver: R. Bastide, A Imprensa Negra do Estado de São Paulo, *Boletim da Faculdade de Filosofia, Ciências e Letras da Universidade de São Paulo. Sociologia*, v. CXXI, n. 2, p. 50-78; M.N. Ferrara, *A Imprensa Negra Paulista (1915-1963)*; M. Mitchell, Racial Identity and Political

Vision in the Black Press of São Paulo, Brazil, 1930-1947, *Contributions in Black Studies*, v. 9-10.
96. F. Fernandes, *A Integração do Negro na Sociedade de Classes*, v. 2, p. 367.
97. Entrevista de Oswaldo de Camargo concedida ao autor; São Paulo, 10 jul. 2006.
98. Acervo da UEIM-UFSCar. Coleção ACN. Pasta 12 (Diretoria Executiva – Correspondência). Carta de Américo Orlando da Costa (Vice-Presidente da ACN) à Diretoria dos Onze Irmãos Patriotas F.C. São Paulo, 21/ abr. 1960.
99. J.C. Leite, op. cit., p. 194.

9. AGENCIAR RAÇA, REINVENTAR A NAÇÃO

1. Uma versão deste capítulo foi publicada em *Análise Social*, Lisboa, n. 227, 2018, p. 332-361.
2. "Imagine se as reparações fossem tratadas como capital inicial para empreendedores negros que meramente querem imitar a sociedade dominante. O que [isso] realmente seria capaz de mudar?"
3. Militantes Negros Dão "Pendura" no Maksoud, *Folha de S. Paulo*, 20 nov. 1993, Caderno 3, p. 12.
4. Sobre o antirracismo e o movimento negro no Brasil contemporâneo, ver, entre outros: V. Alberti; A.A. Pereira, *Histórias do Movimento Negro no Brasil*; G.R. Andrews, *América Afro-Latina, 1800-2000*; M. Contins, *Lideranças Negras*; L. Crook; R. Johnson, *Black Brazil*; P. Domingues, Movimento Negro Brasileiro, *Tempo*, v. 12, n. 23; P. Fry, *A Persistência da Raça*; M. Grin, *"Raça": Debate Público no Brasil (1997-2007)*; M. Hanchard (ed.), *Racial Politics in Contemporary Brazil*; Idem, *Orfeu e o Poder*; K. Munanga (org.), *Estratégias e Políticas de Combate à Discriminação Racial*; A.M. Pereira; J. da Silva, *O Movimento Negro Brasileiro*; M.A. de O. dos Santos, Política Negra e Democracia no Brasil Contemporâneo: Reflexões sobre os Movimentos Negros, em R. Heringer; M. de Paula (orgs.), *Caminhos Convergentes*; A.A. Pereira, *O "Mundo Negro"*.
5. A.S.A. Guimarães, *Racismo e Antirracismo no Brasil*, p. 153-154; S. Moehlecke, Ação Afirmativa, *Cadernos de Pesquisa*, n. 117; F. Piovesan, Ações Afirmativas da Perspectiva dos Direitos Humanos, *Cadernos de Pesquisa*, v. 35, n. 124; M. Grin, op. cit.
6. J.R. Gusfield, *The Culture of Public Problems*.
7. Para toda a pesquisa, o Inspir adotou um critério de classificação racial no qual a população "não negra" agrupava os brancos e amarelos; já a população "negra" agrupava os pretos e pardos.
8. *Mapa da População Negra no Mercado de Trabalho*, p. 28-36.
9. R. Henriques, *Desigualdade Racial no Brasil*, p. 26-31.
10. Ibidem.
11. Ibidem.
12. *Mapa da População Negra no Mercado de Trabalho*, op. cit., p. 11.
13. E.E. Telles, *Racismo à Brasileira*, p. 215-216.
14. Ibidem, p. 216.
15. G. Venturi; C. Turra, *Racismo Cordial*. Ainda sobre desigualdades raciais na década de 1990, ver: G.R. Andrews, Desigualdade Racial no Brasil e nos Estados Unidos, *Estudos Afro-Asiáticos*, n. 22; A.S.A. Guimarães; L.W. Huntley (orgs.), *Tirando a Máscara*; C.A. Hasenbalg; N. do V. Silva, *Relações Raciais no Brasil Contemporâneo*; P.A. Lovell et al. (orgs.), *Desigualdade Racial no Brasil Contemporâneo*; R.L. Reichmann (org.), *Race in Contemporary Brazil*.
16. S. Costa, *Dois Atlânticos*, p. 213.
17. Cláudia Silvério (professora), Dilma Pereira (microempresária), Fernanda Lopes (estudante de mestrado em Biologia na USP), Jane Makebe (modelo), Suzana Santos (estudante de graduação em Ciências Sociais na USP), Luiz Carlos dos Santos (jornalista, professor e estudante de mestrado em Ciências Sociais na USP), Fernando Conceição (jornalista e estudante de mestrado em Ciências da Comunicação na USP), Arnaldo Lopes (funcionário da USP), Ederaldo Nascimento (estudante de graduação na FATEC), Milton Pereira (estudante de graduação na FATEC), Valdenir (estudante de Direito na PUC) e Paul Regnier (francês, estudante de pós-graduação no LMD/Paris VI e pesquisador na USP).
18. De acordo com Arnaldo Lopes, quatro meses antes do ato no Maksoud Plaza, ocorreu um seminário na sede do NCN sobre "reparações", no qual apareceram cerca de oitenta pessoas, de vários grupos e organizações do movimento social. No dia do ato, houve um debate na Faculdade de Direito da USP, no Largo do São Francisco (centro de São Paulo), sobre o assunto, mas, quando foi apresentada a ideia de "darmos um calote no Maksoud Plaza" para lançar o movimento em prol das reparações, a maioria das pessoas presentes declinou e "mesmo assim fomos em frente". Entrevista de Arnaldo Lopes da Silva ao autor, em 17 de abril de 2012. Silva, 55 anos, nasceu e reside em São Paulo. Era um dos coordenadores do NCN na USP e funcionário da universidade na época do protesto no hotel.
19. *Folha de S. Paulo*, 20 nov. 1993, p. 1.
20. *O Estado de S. Paulo*, 19 nov. 1993, Caderno A, p. 16.
21. Ver R. DaMatta, Digressão: A Fábula das Três Raças, ou o Problema do Racismo à Brasileira, *Relativizando: Uma Introdução à Antropologia Social*.
22. Entrevista do autor com Luiz Carlos dos Santos, em 23 de fevereiro de 2012. Santos, 59 anos, nasceu na cidade do Rio de Janeiro, mas se radicou em São Paulo. Jornalista

e professor universitário, foi coordenador do NCN na USP e um dos fundadores do MPR na década de 1990.
23. *Caderno pelas Reparações*, São Paulo: NCN, USP, 1993. Sobre o tráfico transatlântico de escravos, que importou da África milhões de pessoas, ver, entre outros: S. Behrendt et al., A Participação dos Países da Europa e das Américas no Tráfico Transatlântico de Escravos, *Afro-Ásia*, n. 24; R.E. Conrad, *Tumbeiros: O Tráfico de Escravos Para o Brasil*; H.S. Klein, *O Tráfico de Escravos no Atlântico*; J. Rodrigues, *De Costa a Costa*; M. Rediker, *O Navio Negreiro*.
24. *O Estado de S. Paulo*, 10 out. 1993, Caderno Especial: Indenização Para os Sequestrados da África. O artigo foi ampliado e republicado no *Caderno Pelas Reparações*. A antropóloga canadense Francine Saillant relata que, no que diz respeito à questão das reparações no Brasil nos anos 1980, um "dos fatos mais marcantes que tiveram impacto no imaginário do movimento negro e da sociedade brasileira em geral" foi a ação conduzida por Fernando Conceição, um "jovem estudante da Universidade de São Paulo". Acompanhado de alguns colegas, ele entrou em um "restaurante chique da cidade. O grupo se serviu dos melhores pratos e vinhos, e cada um saiu sem pagar ostentando a camiseta na qual se podia ler 'Movimento Pelas Reparações!'". F. Saillant, Direitos, Cidadania e Reparações pelos Erros do Passado Escravista: Perspectivas do Movimento Negro no Brasil, em J.M.A. Arruti; R. Heringer; M. Paula (orgs.), *Caminhos Convergentes*, p. 207-208. Infelizmente, Saillant não é exata em seu relato. Não há dúvidas de que a ação no "restaurante chique da cidade" causou repercussão, tanto no movimento negro como na opinião pública, mas ela ocorreu no ano de 1994 e não na década de 1980. Quanto a Fernando Conceição, sua ação fez parte de uma decisão coletiva e ele não era um "jovem" na ocasião: tinha 35 anos e era mestrando em Ciências da Comunicação na USP.
25. Entrevista de Arnaldo Lopes da Silva ao autor, em 17 de abril de 2012.
26. *Rap das Reparações*, *Jornal das Reparações*, São Paulo, dez. 1993, p. 4.
27. Escravidão Pode Custar Caro ao País, *Jornal do Brasil*, Rio de Janeiro, 13 maio 1994, p. 6. Ver também: Movimento Pede US$ 6,1 Tri Para Indenizar Descendentes de Escravos, *Folha de S. Paulo*, 13 maio 1994, Caderno Cotidiano, p. 3-8; Ação Pede Indenização Para os Negros do Brasil, *O Estado de S. Paulo*, 14 dez. 1994, Caderno A, p. 16.
28. *Folha de S. Paulo*, 13 maio 1994, Caderno Cotidiano, p. 3-4.
29. Valor da Indenização por Descendente de Escravo no Brasil, *Jornal das Reparações*, São Paulo, dez. 1993, p. 2. Sobre as estimativas do tráfico transatlântico, o consenso historiográfico atual aponta 4,7 milhões o número de africanos escravizados que vieram ao Brasil. Ver A. Borucki et al., Atlantic History and the Slave Trade to Spanish America, *The American Historical Review*, v. 120, n. 2.
30. Negros Festejam Abolição em Hotel 5 Estrelas, *Folha de S. Paulo*, 14 maio 1994, Caderno Cotidiano, p. 3-7.
31. Ibidem.
32. A chamada dizia: Seeking Equality. A Racial "Democracy" Begins Painful Debate on Affirmative Action. O texto é assinado por Matt Moffett, então correspondente do jornal na América Latina. *The Wall Street Journal*, New York, 6 Aug. 1996, p. 1.
33. *O Estado de S. Paulo*, 25 mar. 1996, Caderno A, p. 2; idem, 17 jun. 2001, Caderno A, p. 19.
34. Correspondência de Fernando Conceição aos comitês estaduais do Movimento Pelas Reparações dos Afro-descendentes, em 10 jan. 1996.
35. Ver B. Reiter; G.L. Mitchell, *Brazil's New Racial Politics*.
36. Movimento Propõe Indenização, *Folha de S. Paulo*, 21 nov. 1995, p. 3-1; A Luta Pelas Reparações, *Ìrohìn*, Brasília, jan.-jun. 1999, p. 10.
37. Projeto de Lei n. 1.239, de 21 de novembro de 1995 (Do Senhor Paulo Paim). Garante a reparação com indenização para os descendentes dos escravos no Brasil. *Diário da Câmara dos Deputados*, Brasília, 11 jan. 1996, p. 371.
38. F. Conceição, Reparação Não É um Privilégio, *Como Fazer Amor Com um Negro Sem Se Cansar*, p. 82.
39. Minorias Que Querem Demais, *Folha de S. Paulo*, 27 fev. 1994, Caderno Mais!, p. 6-3.
40. Minorias Querem Muito Mais, *Folha de S. Paulo*, 6 mar. 1994, Caderno Mais!, p. 6-3.
41. Reparações Não É um Privilégio, *Folha de S.Paulo*, 13. mar. 1994, Caderno Mais!, p. 6-3. Quando Fernando Conceição qualificava as "atrocidades" cometidas contra a África e seu povo como "crime", seus argumentos assemelhavam-se aos de Eugene Genovese: "a forma como a América branca recebeu os negros – trazidos para cá em ferros e criados na escravidão e num regime de opressão racista – representa, sobretudo, a comprovação de um dos maiores crimes da história". Em seu livro *A Terra Prometida*, o respeitado historiador estadunidense procurou "representar os escravagistas não como monstros e sim como seres humanos com sólidas virtudes pessoais". Isso, entretanto, não os isentaria "à condenação" pelos crimes perpetrados. Os escravagistas "dominavam um sistema social iníquo, do qual tiravam proveito; quaisquer que tenham sido as atenuantes, as ressalvas ou as minúcias da situação, foram eles, por fim, os responsáveis por seus atos". E. Genovese, *A Terra Prometida*, p. 11-12.
42. "O governo alemão compensou as vítimas judaicas em três acordos diferentes. Reivindicações individuais

receberam pagamento segundo os termos da Lei de Indenização. Um acordo em separado com Israel subvencionou a absorção e reabilitação de várias centenas de milhares de refugiados judeus. O governo alemão também negociou ao mesmo tempo um acordo financeiro com a Conference of Jewish Material Claims Against Germany, que abrigava todas as principais organizações judaicas." N.G. Finkelstein, *A Indústria do Holocausto*.

43. R.D.G. Kelley, *Freedom Dreams*, p. 113-114; J. Sarkin, O Advento das Ações Movidas no Sul Para Reparação Por Abusos dos Direitos Humanos, *Sur – Revista Internacional de Direitos Humanos*, São Paulo, v. 1, n. 1. Acerca das reparações dos judeus e japoneses e da maneira pela qual tais precedentes podem servir de base para as proposições dos afrodescendentes, consultar: C. Pross, *Paying For the Past*; R.L. Brooks, *When Sorry Isn't Enough*; R.R. Laremont, Jewish and Japanese American Reparations, *Journal of Asian American Studies*, v. 4, n. 3; R.E. Howard-Hassmann, Getting to Reparations, *Social Forces*, v. 83, n. 2; idem, Reparations to Africa and the Group of Eminent Persons, *Cahiers d'Études Africaines*, v. 44, n. 173-174.

44. No que concerne ao Brasil, o Estado indenizou (ou vem indenizando) os descendentes dos soldados que participaram da Segunda Guerra Mundial na Itália, bem como das "vítimas" – prisioneiros políticos, mortos e desaparecidos – do período da ditadura civil-militar (1964-1985). As demandas por reparações – como forma de uma recompensa moral, legal e política para aqueles que sofreram a perda da vida, liberdade, propriedade ou mesmo identidade cultural – multiplicaram-se ao longo do tempo, diversificando seus sentidos, contextos e significados. A pesquisadora canadense Rhoda E. Howard-Hassmann desenvolveu o sítio na internet Political Apologies and Reparations (http://political-apologies.wlu.ca/about.php), onde apresenta cerca de uma centena de pedidos (ou casos) de reparações e de perdão no mundo, atinentes às várias comunidades. Consultar ainda: P. De Greiff (ed.), *Handbook of Reparations*; B.R. Johnston; S. Slyomovics (eds.), *Waging War, Making Peace*.

45. Em março de 1995, Geraldo Magela da Cruz Quintão, o advogado-geral da União, respondeu à inquirição impetrada pelo MPR na Justiça Federal e teria declarado ser "descabida" a ação que visava responsabilizar o Estado brasileiro pelo sistema escravista e consequente prejuízo dos ex-escravos e seus descendentes, sob a alegação de que a cobrança deveria ser feita a Portugal e Inglaterra, pois teriam sido esses "dois países os únicos e principais responsáveis pelo escravismo no Brasil". A Luta Pelas Reparações, *Irohìn*, Brasília, jan.-jun. 1999, p. 10.

46. Sobre as controvérsias suscitadas pelo MPR na grande imprensa, ver ainda: Da Nação ao Triunfo das Tribos, *Folha de S. Paulo*, 27 mar. 1994, Ilustrada, p. 6-13; Em Defesa do Homem Branco, *Folha de S. Paulo*, 3 abr. 1994, Caderno Mais!, p. 6-3.

47. Paul Regnier informa que, dois dias após o ato no Maksoud Plaza, o "movimento negro organizou uma plenária no Memorial da América Latina, em São Paulo". Em virtude da repercussão do ato, "a pauta foi mudada e Juarez [Tadeu, uma liderança negra] convidou o MPR para explicar este ato aos participantes do encontro". Fernando Conceição "participou da mesa, na qual ele sofreu uma sequência de ataques por parte de todos os membros ali reunidos". Entrevista do autor com Paul Denis Étienne Regnier, em 28 de junho de 2012. Regnier, 45 anos, nasceu na França, mas se radicou no Brasil. Participou da Coordenação do NCN na USP e foi um dos fundadores do MPR, na década de 1990. Atualmente é professor e vive em Salvador (BA).

48. Jupiara Castro, Nelson Moraes, Lênin Pires e Henrique Cunha foram as lideranças afro-brasileiras e sindicais que escreveram o artigo: Reparações, Trabalho, Escravismo e Racismo, *Jornal Sintusp*, São Paulo, out. 1995, p. 10.

49. Ver B.R. Anderson, *Comunidades Imaginadas*. Como adverte corretamente Edward Telles, a postura do movimento negro "põe em risco a própria essência da Nação brasileira. [...] Enquanto a ideia de Nação foi construída a partir do conceito de um povo unificado e racialmente tolerante, forjado pela miscigenação, o movimento negro apresenta uma visão contrária, baseada em identidades fortes, para fazer oposição ao racismo e à desigualdade racial". E. Telles, op. cit., p. 323.

50. Entrevista do autor com Luiz Carlos dos Santos, em 23 de fevereiro de 2012.

51. Ver P. Gilroy, *O Atlântico Negro*.

52. Pan-African, *Jornal das Reparações*, São Paulo, dez. 1993, p. 1.

53. W. Döpcke, O Ocidente Deveria Indenizar as Vítimas do Tráfico Transatlântico de Escravos?, *Revista Brasileira de Política Internacional*, v. 44, n. 2, p. 27.

54. R.D.G. Kelley, op. cit., p. 119-121.

55. Sobre o tema das reparações aos afrodescendentes nos Estados Unidos, há uma gama significativa de artigos, coletâneas e livros publicados, com argumentos favoráveis e contrários à ideia. Consultar, entre outros: N. Frith; J.H. Scott, National and Internacional Perspectives on Movements for Reparations, *The Journal of African American History*, v. 103, n. 1-2; A.L. Araujo, *Reparations for Slavery and the Slave Trade*; B.I. Bittker, *The Case for Black Reparations*; V. Verdun, If the Shoe Fits, Wear It, *Tulane Law Review*, v. 67, n. 3; A. Vermeule; E.A. Posner, Reparations for Slavery and other Historical Injustices, *Columbia Law Review*, v. 103, n. 3; R.P. Salzberger; M.C.

Turck (eds.), *Reparations for Slavery*; M.T. Martin; M. Yaquinto, *Redress for Historical Injustices in the United States*; A.L. Brophy, *Reparations: pro and con*.
56. W. Döpcke, O Ocidente Deveria Indenizar as Vítimas do Tráfico Transatlântico de Escravos?, op. cit., p. 27.
57. Quanto à discussão das reparações na África, ver: M.K.O. Abiola, Why Reparations?, *West Africa*, v. 1, n. 7; D.T. Osabu-Kle, The African Reparation Cry, *Journal of Black Studies*, v. 30, n. 3; H. Adi, Combating Racism and the Issue of Reparations, *International Journal of African Renaissance Studies*, v. 2, n. 2; R.E. Howard-Hassmann, Getting to Reparations, *Social Forces*, v. 83, n. 2; idem, Reparations to Africa and the Group of Eminent Persons, *Cahiers d'Études Africaines*, v. 44, n. 173-174; R.E. Howard-Hassmann; A.P. Lombardo, *Reparations to Africa*.
58. África Quer Reparação Pelo Colonialismo, *Jornal do Brasil*, Rio de Janeiro, 17 dez. 1990, 1º Caderno, p. 6.
59. *Folha de S. Paulo*, 13 maio 2001, Caderno Mundo A, p. 22.
60. Sobre o debate e as controvérsias das reparações no Caribe e região, ver: J. Atiles-Osoria, Colonial State Crimes and the CARICOM Mobilization for Reparation and Justice, *State Crime Journal*, v. 7, n. 2; M. Biondi, The Rise of the Reparations Movement, *Radical History Review*, v. 87, n. 1; A. Gifford, *The Passionate Advocate*; R.E. Howard-Hassmann; A.P. Lombardo, op. cit.; H.M. Beckles, "Slavery Was a Long, Long Time Ago", *Ariel*, v. 38, n. 1; idem, *Britain's Black Debt*; T.S. Paschel, *Becoming Black Political Subjects*.
61. Ação nos EUA Quer Reparação Por Escravidão, *Folha de S. Paulo*, 27 mar. 2002, Caderno Mundo, p. 12. Ver também: M.T. Martin; M. Yaquinto, op. cit.
62. Ver P. Gilroy, op. cit.
63. Ver K.D. Butler, Multilayered Politics in the African Diaspora, em G.P. Totoricaguena (ed.), *Opportunity Structures in Diaspora Relations*.
64. S. Costa, op. cit., p. 222-223.
65. Questão Racial, *Jornal do Brasil*, Rio de Janeiro, 13 jun.1997, p. 10; Também Quero Meu Dinheiro, das Reparações!, *Irohin*, Brasília, ago.-set. 2005, p. 13.
66. Ver A.A. Mazrui; A.M. Mazrui, *Black Reparations in the Era of Globalization*; C. Mosquera Rosero-Labbé; L.C. Barcelos (eds.), *Afro-Reparaciones*; R.E. Howard-Hassmann; A.P. Lombardo, op. cit.; B.R. Johnston; S. Slyomovics (eds.), op. cit.; A.L. Brophy, op. cit.
67. Após acirrados debates na III Conferência da ONU, foi redigido um documento final de compromisso. Para Döpcke, as ilações desse documento atinentes ao tráfico transatlântico de escravos já provocaram as mais diversas interpretações – de uma "vitória" dos europeus (uma vez que desculpas explícitas e indenizações não foram pedidas) até celebrações de ONGs, que veem, na condenação do tráfico como crime contra a humanidade, um fundamento jurídico para se abrir processo de indenização na justiça. Uma coisa parece certa: "a questão de reparações pelo sofrimento e danos causados pelo tráfico transatlântico de escravos está longe de ser encerrada e manterá um grande peso no cenário da política internacional – influenciando as relações Norte-Sul – e nos discursos da política interna nos Estados Unidos". W. Döpcke, O Ocidente Deveria Indenizar as Vítimas do Tráfico Transatlântico de Escravos?, op. cit., p. 26-27.
68. *Folha de S. Paulo*, 13 maio 2001, Caderno Mundo A, p. 22.
69. U.C. Araújo, Reparação Moral, Responsabilidade Pública e Direito à Igualdade do Cidadão Negro no Brasil, em G.V. Saboia; S.P. Guimarães (orgs.), *Anais dos Seminários Regionais Preparatórios para Conferência Mundial Contra o Racismo, Discriminação Racial, Xenofobia e Intolerância Correlata*.
70. A.C. Malachias, A Espoliação Requer Reparação, *Caderno pelas Reparações*, p. 13.
71. A despeito de o MPR ter sido extinto na década de 1990, ainda é possível encontrar militantes afro-brasileiros que defendem a ideia das compensações financeiras. Em 13 de maio de 2005, a então vereadora do município de São Paulo, Claudete Alves da Silva Souza (PT), protocolou no Ministério Público Federal uma representação, postulando da Procuradoria Regional dos Direitos do Cidadão o ajuizamento de ação civil para "condenar a União a indenizar os negros afro-brasileiros, eleitores e residentes de São Paulo, pelos danos materiais e morais causados no processo de escravidão, bem como nos processos de abolição e pós-abolição com repercussões atuais aos negros". O valor estipulado da compensação seria de R$ 2.076.000,00 (dois milhões e setenta e seis mil reais). Três meses depois, a vereadora afro-brasileira mudou de opinião e passou a sustentar que a medida mais adequada era a constituição de um Fundo Público, destinado ao patrocínio de ações afirmativas em benefício dos descendentes de escravos brasileiros. Em 3 de agosto de 2006, o procurador Sérgio Gardenghi Suiama concluiu o seu extenso parecer. Nenhuma das duas proposituras foi acatada. Relatório final da Procuradoria Regional dos Direitos do Cidadão. Autos n. 1.34.001.002546/2005-74. Procuradoria da República no Estado de São Paulo. Ministério Público Federal. Em 2008, Claudete Alves publicou um livro denunciando o Estado brasileiro pelos "crimes da escravidão e violação dos direitos humanos" e voltou a defender a necessidade de "ações reparatórias para sanar os males causados pelos processo de escravismo no país". C. Alves, *Negros: O Brasil nos Deve Milhões!*
72. S. Moehlecke, Ação Afirmativa: História e Debates no Brasil, op. cit.
73. F. Saillant, Reconhecimento e Reparações, em H.M.M. de Castro (org.), *História Oral e Comunidade*, p. 38, afirma:

"A ideia de se reparar as sequelas deixadas pela escravidão encontrou uma certa audiência em textos deixados, por exemplo, pelo líder Abdias do Nascimento (1980), nas imagens das manifestações do movimento [negro] em diferentes cidades do Brasil nos anos de 1980 a 2000 deixadas pelo fotógrafo social Januário Garcia (2006), nas visões compartilhadas por líderes do movimento estudadas por Alberti & Pereira (2008) e Contins (2005). Porém, ainda não se pode falar de um movimento por reparações; seria um abuso de linguagem. Apenas nos anos 2000, uma 'virada' se dá no movimento, levando à articulação de pedidos de reparação na forma de ações afirmativas." É escusado dizer que Saillant está equivocada. Como a experiência do MPR e seus desdobramentos atestam, antes dos anos 2000 frações do movimento negro brasileiro já articulavam e propalavam pedidos de reparação.

74. Entrevista do autor com Paul Denis Étienne Regnier, em 28 de junho de 2012.

75. Conforme asseveram Valter Silvério e Thais Moya, o que "está em jogo [na discussão sobre a ação afirmativa com critério racial no Brasil] é a possibilidade de uma redefinição dos valores, objetivos e características que compõem a sociedade em que queremos viver. Dito de outra forma, o debate sobre a ação afirmativa com critério racial coloca em xeque o 'pacto social' brasileiro vigente e abre espaço para a elaboração de um outro, com novas possibilidades de tratamento das diferenças sociais que aqui convivem". V.R. Silvério; T.S. Moya, Ação Afirmativa e Raça no Brasil Contemporâneo, *Sociedade e Cultura*, v. 12, n. 2, p. 246.

76. Ver P.L. Alberto, *Terms of Inclusion*.

77. F. Piovesan, Ações Afirmativas da Perspectiva dos Direitos Humanos, op. cit.; F. Lehmann, A Política do Reconhecimento, em M.G. Hita (org.), *Raça, Racismo e Genética*.

78. P.S. da C. Neves, Luta Anti-Racista, *Revista Brasileira de Ciências Sociais*, v. 20, n. 59.

9 UMA PALAVRA FINAL

1. B.h. Edwards, The Uses of Diaspora. *Social Text 66*, v. 19, n. 1, p. 45-73.

Referências Bibliográficas

APRESENTAÇÃO

ABREU, Martha. *Da Senzala ao Palco: Canções Escravas e Racismo nas Américas, 1870-1930*. Campinas: Editora Unicamp, 2017.
BUTLER, Kim D. *Freedoms Given, Freedoms Won: Afro-Brazilians in Post-Abolition São Paulo and Salvador*. New Brunswick: Rutgers University Press, 1998.
CASHMORE, Ellis. *Dicionário de Relações Étnicas e Raciais*. São Paulo: Summus, 2000.
DU BOIS, W.E.B. *The Negro*. New York: Henry Holt and Company, 1915.
EDWARDS, Brent Hayes. The Uses of Diaspora. *Social Text 66*, v. 19, n. 1, 2001.
____. *The Practice of Diaspora: Literature, Translation, and the Rise of Black Internacionalism*. Cambridge: Harvard University Press, 2003.
FANON, Frantz. *Os Condenados da Terra*. Juiz de Fora: Ed. UFJF, 2005.
FRY, Peter. *A Persistência da Raça: Ensaios Antropológicos Sobre o Brasil e a África Austral*. Rio de Janeiro: Civilização Brasileira, 2005.
GILROY, Paul. *O Atlântico Negro: Modernidade e Dupla Consciência*. São Paulo: Editora 34, 2001.
GRIN, Monica. *"Raça": Debate Público no Brasil (1997-2007)*. Rio de Janeiro: Mauad, 2010.
HALL, Stuart. Identidade Cultural e Diáspora. *Revista do Patrimônio Histórico e Artístico Nacional*, n. 24, 1996.
____. *Da Diáspora: Identidades e Mediações Culturais*. Belo Horizonte/Brasília: Ed. UFMG/Representação da Unesco no Brasil, 2003.
HARRIS, Joseph. *Global Dimensions of the African Diaspora*. Washington: Howard UP, 1993.
HTUN, Mala. From "Racial Democracy" to Affirmative Action: Changing State Policy on Race in Brazil. *Latin American Research Review*, v. 39, n. 1, 2004.
LIMA, Márcia. Desigualdades Raciais e Políticas Públicas: Ações Afirmativas no Governo Lula. *Novos Estudos CEBRAP*, n. 87, 2010.

MAGGIE, Yvonne et al. *Divisões Perigosas: Políticas Raciais no Brasil Contemporâneo*. Rio de Janeiro: Civilização Brasileira, 2007.

MARX, Anthony. *Making Race and Nation: A Comparison of United States, South Africa and Brazil*. New York: Cambridge University Press, 1998.

MATTOS, Hebe Maria. *Escravidão e Cidadania no Brasil Monárquico*. Rio de Janeiro: Zahar, 2000.

MITCHELL-WALTHOUR, Gladys L. *Politics of Blackness: Racial Identity and Political Behavior in Contemporary Brazil*. New York: Cambridge University Press, 2018.

PASCHEL, Tianna S. *Becoming Black Political Subjects: Movements and Ethno-RacialRights in Colombia and Brazil*. New Jersey: Princeton University Press, 2016.

PRATT, Mary Louise. *Os Olhos do Império: Relatos de Viagem e Transculturação*. Bauru: Edusc, 1999.

RISÉRIO, Antonio. *A Utopia Brasileira e os Movimentos Negros*. São Paulo: Editora 34, 2007.

SCHWARCZ, Lilia M. *O Espetáculo das Raças: Cientistas, Instituições e Questão Racial no Brasil*. São Paulo: Companhia das Letras, 1993.

SEIGEL, Micol. *Uneven Encounters: Making Race and Nation in Brazil and The United States*. Durham: Duke University Press, 2009.

TELLES, Edward. *Racismo à Brasileira: Uma Nova Perspectiva Sociológica*. Rio de Janeiro: Relume Dumará/Fundação Ford, 2003.

WALTER, Roland. Transferências Interculturais: Notas Sobre Transcultura, Diáspora e Encruzilhada Cultural. *Afro-América: Diálogos Literários na Diáspora Negra nas Américas*. Recife: Bagaço, 2009.

WIEVIORKA, Michel. *O Racismo, uma Introdução*. São Paulo: Perspectiva, 2007.

1. DEFINIÇÕES DE DIÁSPORA

ALLEN, Jafari S. Black/Queer/Diaspora at the Current Conjuncture. *GLQ: A Journal of Lesbian and Gay Studies*, v. 18, n. 2-3, 2012.

AWANOHARA, Susumu. For a Brighter Mañana: Latin America's Nikkei Flock "Home" to the Land of the Rising Yen, *Far Eastern Economic Review*, v. 149, 1990.

BANERJEE, Sukanya; MCGUINNESS, Aims; MCKAY Steven C. (orgs.). *New Routes For Diaspora Studies*. Bloomington: Indiana University Press, 2012.

BAUMANN, Martin. Shangri-La in Exile: Portraying Tibetan Diaspora Studies and Reconsidering Diaspora(s). *Diaspora: A Journal of Transnational Studies*, v. 6, n. 3, Winter 1997.

BELISO-DE JESÚS, Aisha M. *Electric Santeria: Racial and Sexual Assemblages of Transnational Religion*. New York: Columbia University Press, 2015.

BOADI-SIAW, S.Y. Brazilian Returnees of West Africa. In: HARRIS, Joseph E. (ed.). *Global Dimensions of the African Diaspora*. Washington: Howard UP, 1993.

BRAH, Avtar. *Cartographies of Diaspora: Contesting Identities*. London: Routledge, 1996.

BRAZIEL, Jana Evans. Daffodils, Rhizomes, Migrations: Narrative Coming of Age in the Diasporic Writings of Edwidge Danticat e Jamaica Kincaid. *Meridians*, v. 3, n. 2, Jan. 2003.

BRAZIEL, Jana Evans; MANNUR, Anita (eds.). *Theorizing Diaspora*. Oxford: Blackwell, 2003.

BRITTON, Akissi. *Lucumi and the Children of Cotton: Gender, Race and Ethnicity in the Mapping of a Black Atlantic Politics of Religion*. Tese de Doutorado, Universidade da Cidade de Nova York, 2016.

BROWN, Jacqueline Nassy. Black Liverpool, Black America and the Gendering of Diasporic Space. *Cultural Anthropology*, v. 13, n. 3, 1998.
BRUBAKER, Rogers. The "Diaspora" Diaspora. *Ethnic and Racial Studies*, v. 28, n. 1, Jan. 2005.
BUTLER, Kim D. *Freedoms Given, Freedoms Won: Afro-Brazilians in Post-Abolition São Paulo and Salvador*. New Brunswick: Rutgers University Press, 1998.
_____. Defining Diaspora, Refining a Discourse. *Diaspora: A Journal of Transnational Studies*, v. 10, n. 2, Fall 2001.
CAMPBELL, Gwyn. The African-Asian Diaspora: Myth or Reality. In: JAYASURIYA, Shihan Silva; ANGENOT, Jean-Pierre (eds.). *Uncovering the History of Africans in Asia*. Leiden: Brill, 2008.
CASTILLO, Lisa Earl; PARES, Luis Nicolau. Marcelina da Silva e Seu Mundo: Novos Dados Para uma Historiografia do Candomble Ketu. *Afro-Ásia*, n. 36, 2007.
CASTRO, Gustavo López (ed.). *Diáspora Michoacana*. Zamora/Michoacán: Colegio de Michoacán, 2003.
CLIFFORD, James. Diasporas. *Cultural Anthropology*, v. 9, n. 3, Aug. 1994.
CONCEIÇÃO, Fernando. *Diásporá*. Anajé: Casarão do Verbo, 2012.
COHEN, Robin. The Diaspora of a Diaspora: The Case of the Caribbean. *Social Science Information*, v. 31, n. 1, 1992.
_____. *Global Diasporas: An Introduction*. 2. ed. London/New York: Routledge, 2008.
CUNHA, Manuela Carneiro da. *Negros, Estrangeiros: Os Escravos Libertos e Sua Volta à África*. 2. ed. São Paulo: Companhia das Letras, 2012.
DESCH-OBI, M. Thomas J. *Fighting for Honor: The History of African Martial Art in the Atlantic World*. Columbia, SC: University of South Carolina Press, 2008.
DUFOIX, Stéphane. *Diasporas*. Berkeley: University of California Press, 2008.
ELTIS, David; BEHRENDT, Stephen; RICHARDSON, David; KLEIN, Herbert S. *The Trans-Atlantic Slave Trade: A Database*. Em CD-ROM. Cambridge: Cambridge University Press, 1999.
FALOLA, Toyin; CHILDS, Matt D. (eds.). *The Yoruba Diaspora in the Atlantic World*. Bloomington: Indiana University Press, 2004.
FREEMAN, Gary P. Resenha de "Marketing the American Creed Abroad: Diaspora in the U.S. and their Homelands", de Yossi Shain. *Political Science Quarterly*, v. 115, n. 3, Autumn, 2000.
FROHNE, Andrea E. *The African Burial Ground in New York City: Memory, Spirituality and Space*. Syracuse: Syracuse University Press, 2015.
GILL, Lyndon K. Situating Black, Situating Queer: Black Queer Diaspora Studies and the Art of Embodied Listening. *Transforming Anthropology*, v. 20, n. 1, Apr. 2012.
GILROY, Paul. *The Black Atlantic: Modernity and Double Consciousness*. Cambridge: Harvard University Press, 1993.
_____. *O Atlântico Negro: Modernidade e Dupla Consciência*. São Paulo: Editora 34, 2001.
GLENNIE, Alex; CHAPPELL, Laura. Jamaica: From Diverse Beginning to Diaspora in the Developed World, *Migration Policy Institute Report*, 16 jun. 2010. Disponível em: <http://www.migrationpolicy.org/>. Acesso em: 6 jan. 2017.
GOMEZ, Michael. *Exchanging Our Country Marks: The Transformation of African Identities in the Colonial and Antebellum South*. Chapel Hill: Univ. of North Carolina Press, 1998.
GOMEZ, Michael. *Reversing Sail: A History of the African Diaspora*. Cambridge: Cambridge University Press, 2005.
GOPINATH, Gayatri. "Bombay, U.K., Yuba City": Bhangra Music and the Engendering Diaspora. *Diaspora: A Journal of Transnational Studies*, v. 4, n. 3, Winter 1995.

_____. *Impossible Desires: Queer Diasporas and South Asian Public Cultures*. Durham: Duke University Press, 2005.

GUPTA, Dipankar. *The Context of Ethnicity: Sikh Identity in a Comparative Perspective*. Delhi/Oxford: Oxford University Press, 1996.

GURIDY, Frank Andre. *Forging Diaspora: Afro-Cubans and African Americans in a World of Empire and Jim Crow*. Chapel Hill: University of North Carolina Press, 2010.

HAGLUND, David G. France and the Issue of a "Usable" Diaspora in (North) America: The Duroselle-Tardieu Thesis Reconsidered. *International History Review*, v. 34, n. 1, Mars 2012.

HALL, Gwendolyn Midlo. *Afro-Louisiana History and Genealogy Database*. Baton Rouge: Louisiana State University Press, 2000.

HALL, Stuart. Cultural Identity and Diaspora. In: RUTHERFORD, Jonathan (org.). *Identity: Community, Culture, Difference*. London: Lawrence, 1990.

_____. Identidade Cultural e Diáspora. *Revista do Patrimônio Histórico e Artístico Nacional*, n. 24, 1996.

_____. *Da Diáspora: Identidades e Mediações Culturais*. Belo Horizonte/Brasília: Ed. UFMG/Representação da Unesco no Brasil, 2003.

HAMILTON, Ruth Sims (ed.). *Routes of Passage: Rethinking the African Diaspora*. East Lansing: Michigan State University Press, 2007.

HARRIS, Joseph E. (ed.). *Global Dimensions of the African Diaspora*. Washington D.C.: Howard UP, 1993.

_____. *The African Presence in Asia: Consequences of the East African Slave Trade*. Evanston: Northwestern University Press, 1971.

HARRIS, Joseph E. The African Diaspora in World History and Politics. In: WALKER, Sheila (ed.). *African Roots/American Cultures: Africa in the Creation of the Americas*. Lanham, MD: Rowman and Littlefield, 2001.

HEINDL, Brett S. Transnational Activism in Ethnic Diasporas: Insights From Cuban Exiles, American Jews and Irish Americans. *Journal of Ethnic & Migration Studies*, v. 39, n. 3, Mars 2013.

HELMREICH, Stefan. Kinship, Nation and Paul Gilroy's Concept of Diaspora. *Diaspora: A Journal of Transnational Studies*, v. 2, n. 2, Fall 1992.

HEPNER, Tricia Redeker. Generation Nationalism and Generation Asylum: Eritrean Migrants, the Global Diaspora and the Transnational Nation-State. *Diaspora: A Journal of Transnational Studies*, v. 18, n. 1-2, Spring-Summer 2009.

HEYWOOD, Linda (ed.). *Central Africans and Cultural Transformations in the African Diaspora*. Cambridge: Cambridge University Press, 2002.

HU-DEHART, Evelyn. Coolies, Shopkeepers, Pioneers: The Chinese of Mexico and Peru, 1849-1930. *Amerasia Journal*, v. 15, n. 1, 1989.

JALLOH, Alusine; MAIZLISH, Steven (eds.). *The African Diaspora*. College Station: Texas A&M University Press, 1996.

JAYASURIYA, Shihan de S.; PANKHURST, Richard (eds.). *The African Diaspora in the Indian Ocean*. Trenton: Africa World Press, 2003.

KENNY, Kevin. *Diaspora: A Very Short Introduction*. New York: Oxford University Press, 2013.

KNOTT, Kim; MCLOUGHLIN, Seán (eds.). *Diasporas: Concepts, Intersections, and Identities*. London: New York: Zed Books, 2010.

KOINOVA, Maria. Sustained vs Episodic Mobilization Among Conflict-Generated Diasporas. *International Political Science Review*, v. 37, n. 4, 2016.

KOSER, Khalid (ed.), *New African Diasporas*. London: Routledge, 2003.

MARGOLIS, Maxine. *Goodbye, Brazil: Émigrés from the Land of Soccer and Samba*. Madison: University of Wisconsin Press, 2013.

MEADE, Teresa; PIRIO, Gregory Alonso. In Search of the Afro-American "Eldorado": Attempts by North American Blacks to Enter Brazil in the 1920s. *Luso-Brazilian Review*, v. 25, n. 1, Summer 1988.

MISHRA, Sudesh. *Diaspora Criticism*. Edinburgh: Edinburgh University Press, 2006.

MOSS, Dana M. Diaspora Mobilization for Western Military Intervention During the Arab Spring. *Journal of Immigrant & Refugee Studies*, v. 14, n. 3, July-Sept. 2016.

NEFF, Ali Colleen. Roots, Routes and Rhizomes: Sounding Women's Hip Hop on the Margins of Dakar, Senegal. *Journal of Popular Music Studies*, v. 27, n. 4, Dec. 2015.

OLANIYAN, Tejumola; SWEET, James H. (eds.). *The African Diaspora and the Disciplines*. Bloomington: Indiana University Press, 2010.

OLUPONA, Jacob K.; REY, Terry (eds.). *Òrìṣà Devotion as World Religion: The Globalization of Yorùbá Religious Culture*. Madison: University of Wisconsin Press, 2008.

OKPEWHO, Isidore; NZEGWU, Nkiru. *The New African Diaspora*. Bloomington: Indiana University Press, 2009.

ØSTERGAARD-NIELSEN, Eva. The Democratic Deficit of Diaspora Politics: Turkish Cypriots in Britain and the Cyprus Issue. *Journal of Ethnic & Migration Studies*, v. 29, n. 4, July 2003.

PALMER, Colin. Defining and Studying the Modern African Diaspora. *Perspectives: Journal of the American Historical Association*, v. 36, n. 6, Sept. 1998.

PATTON, Cindy; EPPLER, Benigno Sanchez (eds.). *Queer Diasporas*. Durham: Duke University Press, 2000.

PRASAD, Kiran Kamal; ANGENOT, Jean Pierre (eds.). *The African Diaspora in Asia: Explorations on a Less Known Fact*. Bangalore: Jana Jagrati Prakashana, 2008.

RUCKER, Walter. *The River Flows On: Black Resistance, Culture and Identity Formation in Early America*. Baton Rouge: Louisiana State University Press, 2008.

SAFRAN, William. Diasporas in Modern Societies: Myths of Homeland and Return. *Diaspora: A Journal of Transnational Studies*, v. 1, Spring 1991.

SERTIMA, Ivan Van. *They Came Before Columbus*. New York: Random House, 1976.

SHEFFER, Gabriel. *Diaspora Politics: At Home Abroad*. Cambridge: Cambridge University Press, 2003.

SHEPPERSON, George. African Diaspora: Concept and Context. In: HARRIS, Joseph E. (ed.). *Global Dimensions of the African Diaspora*. Washington, DC: Howard University Press, 1982.

SCHULER, Monica. *Alas, Alas Kongo: A Social History of Indentured African Immigrants into Jamaica, 1841-1865*. Baltimore: Johns Hopkins Univerity Press, 1980.

SIU, Lok. Queen of the Chinese Colony: Gender, Nation and Belonging in Diaspora. *Anthropological Quarterly*, v. 78, n. 3, Summer 2005.

STUCKEY, Sterling. *Slave Culture: Nationalist Theory and the Foundations of Black America*. New York: Oxford University Press, 1987.

TERBORG-PENN, Rosalyn; HARLEY, Sharon; RUSHING, Andrea Benton (eds.). *Women in Africa and the African Diaspora*. Washington: Howard University Press, 1987.

TÖLÖLYAN, Khaching. Diasporama. *Diaspora: A Journal of Transnational Studies*, v. 3, n. 2, Fall 1994.

____. Rethinking Diaspora(s): Stateless Power in the Transnational Moment. *Diaspora: A Journal of Transnational Studies*, v. 5, n. 1, Spring 1996.

____. Elites and Institutions in the Armenian Transnation. *Diaspora: A Journal of Transnational Studies*, v. 9, n. 1, Spring 2000.

TOTORICAGÜENA, Gloria. *Identity, Culture and Politics in the Basque Diaspora*. Reno: University of Nevada Press, 2004.

TSUDA, Takeyuki. *Strangers in the Ethnic Homeland: Japanese Brazilian Return Migration in Transnational Perspective*. New York: Columbia University Press, 2003.

TURNER, J. Michael. *Les Bresiliens: The Impact of Former Brazilian Slaves upon Dahomey*. Tese de Doutorado, Universidade de Boston, 1975.

VAN HEAR, Nicholas. *New Diasporas: The Mass Exodus, Dispersal and Regrouping of Migrant Communities*. Seattle: University of Washington Press, 1998.

VEGA, Lía Rodríguez de la. Las Diásporas en la Arena Internacional: El Caso de la Diáspora India. *OASIS – Observatorio de Análisis de los Sistemas Internacionales*, n. 22, jul.-dic. 2015.

VERGER, Pierre. *Fluxo e Refluxo do Tráfico de Escravos Entre o Golfo do Benin e a Bahia de Todos os Santos dos Séculos XVII a XIX*. 4. ed. Salvador: Corrupio, 2002.

WALKER, Sheila. *African Roots/American Cultures: Africa in the Creation of the Americas*. Lanham: Rowman and Littlefield, 2001.

WARNER-LEWIS, Maureen. *Central Africa in the Caribbean: Transcending Time, Transforming Cultures*. Barbados: University of the West Indies Press, 2003.

WAXMAN, Dov. American Jews and the Israeli-Palestinian Conflict: Part of the Problem or Part of the Solution? *Political Science Quarterly*, v. 132, n. 2, Summer 2017.

WERBNER, Pnima. The Place Which is Diaspora: Citizenship, Religion and Gender in the Making of Chaordic Transnationalism. *Journal of Ethnic and Migration Studies*, v. 28, n. 1, Jan. 2002.

YAMANAKA, Keiko. Return Migration of Brazilians to Japan, *Diaspora: A Journal of Transnational Studies*, v. 5, n. 1, Spring 1996.

2. POR QUE "DIÁSPORA"

AKYEAMPONG, Emmanuel. Africans in the Diaspora: The Diaspora and Africa. *African Affairs*, v. 99, n. 395, Apr. 2000.

ALPERS, Edward A. *The East African Slave Trade*. Nairobi: Historical Association of Tanzania/East African Publishing House, 1967.

BELTRAN, Gonzalo Aguirre. *La Población Negra de México, 1519-1810: Estudio Etno-Histórico*. México, DF: Ediciones Fuente Cultural, 1946.

BLYDEN, Edward W. *The Jewish Question*. Liverpool: Lionel Hart, 1989.

BRANDON, George. *Santeria From Africa to the New World: The Dead Sell Memories*. Bloomington: Indiana University Press, 1993.

BROWN, Vincent. Mapping a Slave Revolt: Visualizing Spatial History through the Archives of Slavery. *Social Text 125*, v. 33, n. 4, Dec. 2015.

____. Narrative Interface for New Media History: Slave Revolt in Jamaica, 1760-1761. *American Historical Review*, v. 121, n. 1, Feb. 2016.

BRUBAKER, Rogers. The "Diaspora" Diaspora. *Ethnic and Racial Studies*, v. 28, n. 1, Jan. 2005.

BUTLER, Kim D. *Freedoms Given Freedoms Won: Afro-Brazilians in Post Abolition São Paulo and Salvador*. New Brunswick: Rutgers University Press, 1998.

____. Defining Diaspora, Refining a Discourse. *Diaspora: A Journal of Transnational Studies*, v. 10, n. 2, fall 2001.

____. Multi-Level Politics in the African Diaspora: The Meta-Diaspora Concept and Mini-Diaspora Realities. In: TOTORICAGÜENA, Gloria P. (ed.). *Opportunity Structures in*

Diaspora Relations: Comparisons in Contemporary Multilevel Politics of Diaspora and Transnational Identity. Reno: Center for Basque Studies/University of Nevada, 2007.

CANEFE, Nergis (ed.). *The Jewish Diaspora as a Paradigm: Politics, Religion and Belonging*. Istanbul: Libra Kitap, 2014.

CENTRO Cultural Afro-Ecuatoriano. *Congresos de Cultura Negra de las Americas*. Quito: Centro Cultural Afro-Ecuatoriano, 1989.

CILLIZZA, Chris. Is Obama "Black"? The Majority of Americans Say No. *The Washington Post*, 14 apr. 2014. Disponível em: <https://www.washingtonpost.com>. Acesso em: 17 de outubro de 2016.

COHEN, Robin. *Global Diasporas: An Introduction*. Seattle: University of Washington Press, 1997.

DINER, Hasia R. *In the Almost Promised Land: American Jews and Blacks, 1915-1935*. Westport: Greenwood, 1977.

DORMAN, Jacob S. *The Black Israelites of Harlem and the Professors of Oriental and African Mystic Science in the 1920s*. Tese (Doutorado em História), UCLA, Los Angeles, 2004.

DRAKE, St. Clair. Diaspora Studies and Pan-Africanism. In: HARRIS, Joseph E. (ed.). *Global Dimensions of the African Diaspora*. Washington: Howard University Press, 1982.

EDOZIE, Rita Kiki. The Sixth Zone: The African Diaspora and the African Union's Global Pan Africanism. *Journal of African American Studies*, v. 16, n. 2, June 2012.

EDWARDS, Brent Hayes. *The Practice of Diaspora: Literature, Translation, and the Rise of Black Internationalism*. Cambridge: Harvard University Press, 2003.

FALOLA, Toyin; CHILDS, Matt D. (ed.). *The Yoruba Diaspora in the Atlantic World*. Bloomington: Indiana University Press, 2004.

FERRIS, William H. *The African Abroad, or His Evolution in Western Civilization: Tracing His Development Under Caucasian Milieu*. New Haven: Tuttle, Moorehouse & Taylor, 1913.

FRANK, Gelya. Melville J. Herskovits on the African and Jewish Diasporas: Race, Culture and Modern Anthropology. *Identities*, v. 8, n. 2, 2001.

FREYRE, Gilberto (org.). *Estudos Afro-Brasileiros: Trabalhos Apresentados ao 1o Congresso Afro-Brasileiro Realizado no Recife, em 1934*. Recife: Fundação Joaquim Nabuco, 1988. Reedição.

GARVEY, Amy Jacques (ed.). *Philosophy and Opinions of Marcus Garvey, or Africa for the Africans*, v. II. New York: Universal Publishing House, 1925.

GILROY, Paul. *The Black Atlantic: Modernity and Double Consciousness*. Cambridge: Harvard University Press, 1993.

GOMEZ, Michael. *Exchanging Our Country Marks*. Chapel Hill: University of North Carolina Press, 1998.

GURIDY, Frank Andre. *Forging Diaspora: Afro-Cubans and African Americans in a World of Empire and Jim Crow*. Chapel Hill: University of North Carolina Press, 2010.

HALL, Gwendolyn Midlo. *Africans in Colonial Louisiana: The Development of Afro-Creole Culture in the Eighteenth Century*. Baton Rouge: Louisiana State University Press, 1992.

HARRIS, Joseph E. (ed.). *Global Dimensions of the African Diaspora*. Washington: Howard University Press, 1982.

HARRIS, Joseph E. Introduction to the African Diaspora. In: RANGER, Terence O.; University College (Dar es Salaam) (eds.). *Emerging Themes of African History*. London: Heinemann Educational, 1968.

_____. *The African Presence in Asia: Consequences of the East African Slave Trade*. Evanston: Northwestern University Press, 1971.

_____. The African Diaspora in World History and Politics. In: WALKER, Sheila S. (ed.). *African Roots/American Cultures: Africa in the Creation of the Americas*. Lanham: Rowman e Littlefield, 2001.

HERSKOVITS, Melville. *The Myth of the Negro Past*. Boston: Beacon, 1958.
HEYWOOD, Linda M. (ed.). *Central Africans and Cultural Transformations in the American Diaspora*. Cambridge: Cambridge University Press, 2002.
HILL, Robert A. Jews and the Enigma of the Pan-African Congress of 1919. In: WASHINGTON, Joseph R. (ed.). *Jews in Black Perspectives: A Dialogue*. Rutherford: Fairleigh Dickinson University Press, 1984.
HOLT, Thomas C. Slavery and Freedom in the Atlantic World: Reflections on the Diasporan Framework. In: HINE, Darlene Clark; MCLEOD, Jacqueline (eds.). *Crossing Boundaries: Comparative Histories of Black People in Diaspora*. Bloomington: Indiana University Press, 1999.
HOYT Jr., Thomas. Biblical Interpreters and Black Theology. In: CONE, James H.; WILMORE, Gayraud S. (eds.). *Black Theology: A Documentary History*, v. II. Maryknoll/New York: Orbis, 1993.
HUGHES, Langston; BONTEMPS, Arna (eds.) [c. 1958]. *The Book of Negro Folklore*. New York: Dodd, Meade & Co., 1983.
JAMES, Winston. *Holding Aloft the Banner of Ethiopia: Caribbean Radicalism in Early Twentieth-Century America*. New York: Verso, 1998.
KELLEY, Robin D.G. "But a Local Phase of a World Problem": Black History's Global Vision, 1883-1950. *The Journal of American History*, v. 86, n. 3, Dec. 1999. (The Nation and Beyond: Transnational Perspectives on United States History.)
LANDES, Ruth. Negro Jews in Harlem. *Jewish Journal of Sociology*, v. 9, n. 2, 1967.
LANDING, James E. *Black Judaism: Story of an American Movement*. Durham: Carolina Academic Press, 2002.
LEWIS, David Levering. *When Harlem Was in Vogue*. New York: Oxford, 1979.
_____. Parallels and Divergences: Assimilationist Strategies of Afro-American and Jewish Elites from 1910 to the Early 1930s. In: SALZMAN, Jack (ed.). *Bridges and Boundaries: African Americans and American Jews*. New York: George Braziller, 1992.
LEWIS, Maureen Warner. *Central Africa in the Caribbean: Transcending Time, Transforming Cultures*. Kingston: University of the West Indies Press, 2003.
MARTIN, Tony. Garvey and Scattered Africa. In: HARRIS, Joseph E. (ed.). *Global Dimensions of the African Diaspora*. 2. ed. Washington: Howard University Press, 1993.
MEADE, Teresa; PIRIO, Gregory Alonso. In Search of the Afro-American "Eldorado": Attempt by North American Blacks to Enter Brazil in the 1920s. *Luso-Brazilian Review*, v. 25, n. 1, 1988.
MOURA, Roberto. *Tia Ciatá e a Pequena África do Rio de Janeiro*. Rio de Janeiro: Funarte/Instituto Nacional de Música / Divisão de Música Popular, 1983.
MURRELL, Nathaniel Samuel; SPENCER, William David; MCFATLANE, Adrian Anthony (eds.). *Chanting Down Babylon: The Rastafari Reader*. Philadelphia: Temple University Press, 1998.
NURSE, Keith. Globalization and Trinidad Carnival: Diaspora, Hybridity and Identity in Global Culture. *Cultural Studies*, v. 13, n. 4, 1999.
NWANKWO, Ifeoma Kiddoe. *Black Cosmopolitanism: Racial Consciousness and Transnational Identity in the Nineteenth-Century Americas*. Philadelphia: University of Pennsylvania Press, 2005.
ORTIZ, Fernando. *Hampa Afro-Cubana*. Madrid: Libreria de Fernando Fé, 1906.
PALMER, Colin. Defining and Studying the Modern African Diaspora. *Perspectives* (*newsletter* da American Historical Association), v. 36, n. 6, Sept. 1998.
PATTERSON, Tiffany Ruby; KELLEY, Robin D.G. Unfinished Migrations: Reflections on the African Diaspora and the Making of the Modern World. *African Studies Review*, v. 43, n. 1, Apr. 2000.

REIS, Michele. Theorizing Diaspora: Perspectives on "Classical" and "Contemporary" Diasporas. *International Migration*, v. 42, n. 2, 2004.

RUCKER, Walter. *Gold Coast Diasporas: Identity, Culture, and Power*. Bloomington: Indiana University Press, 2015.

SAFRAN, William. Diasporas in Modern Societies: Myths of Homeland and Return. *Diaspora: A Journal of Transnational Studies*, v. 1, n. 1, Spring 1991.

_____. The Jewish Diaspora in a Comparative and Theoretical Perspective. *Israel Studies*, v. 10, n. 1, Spring 2005.

SHEFFER, Gabriel. *Diaspora Politics: At Home Abroad*. Cambridge: Cambridge University Press, 2003.

_____. Is the Jewish Diaspora Unique? Reflections on the Diaspora's Current Situation. *Israel Studies*. v. 10, n. 1, 2005.

SHEPPERSON, George. The African Abroad or the African Diaspora. In: In: RANGER, Terence Osborne; University College (Dar es Salaam) (eds.). *Emerging Themes of African History*. London: Heinemann Educational, 1968. (Atas do International Congress of African Historians.)

_____. African Diaspora: Concept and Context. In: HARRIS, Joseph E. (ed.). *Global Dimensions of the African Diaspora*. Washington: Howard University Press, 1982.

SKINNER, Elliot P. The Dialectic Between Diasporas and Homelands. In: HARRIS, Joseph E. (ed.). *Global Dimensions of the African Diaspora*. Washington: Howard University Press, 1982.

TÖLÖLYAN, Khatchig. Rethinking Diaspora(s): Stateless Power in the Transnational Moment. *Diaspora a Journal of Transnational Studies*, v. 5, n. 1, 1996.

TROUILLOT, Michel-Rolph. *Silencing the Past: Power and the Production of History*. Boston: Beacon, 1995.

VALDÉS, Ildefonso Pereda. El Lynchamiento. *Nuestra Raza: Organo de La Colectividad de Color*, Montevideo, Uruguay, ano III, n. 23, 22 jun. 1935.

VAN KESSEL, Ineke. Goa Conference on the African Diaspora in Asia. *African Affairs*, v. 105, n. 420, July 2006.

VANSINA, Jan. *Oral Tradition as History*. Madison: University of Wisconsin Press, 1985.

VERGER, Pierre. *Fluxo e Refluxo do Tráfico de Escravos entre o Golfo do Benin e a Bahia de Todos os Santos dos Seculos XVII a XIX*. 4. ed. Salvador: Corrupio, 2002.

WALKER, David. [1829]. *Appeal to the Colored Citizens of the World, but in particular, and very expressly, to those of the United States of America*. New York: Hill and Wang, 1965

WASHINGTON Jr., Joseph R. *Jews in Black Perspectives: A Dialogue*. Lanham: University Press of America, 1989.

WATKINS-OWENS, Irma. *Blood Relations: Caribbean Immigrants and the Harlem Community, 1900-1930*. Bloomington: Indiana University Press, 1996.

WATSON, R.L. American Scholars and the Continuity of African Culture in the United States. *The Journal of Negro History*. v. 63, n. 4, Oct. 1978.

WRIGHT, Michelle M. *Becoming Black: Creating Identity in the African Diaspora*. Durham: Duke University Press, 2004.

ZELEZA, Paul Tiyambe. Rewriting the African Diaspora: Beyond the Black Atlantic. *African Affairs*, v. 104, n. 414, Jan. 2005.

3. A DIVERSIDADE DA DIÁSPORA

ADICHIE, Chimamanda Ngozi. *Americanah*. New York: Knopf, 2014.
AFRICAN Diaspora Community Forum. *Report of the Proceedings*. Ottawa, 25 Apr. 2005.
AFRICAN Union. Report of the Meeting of Experts from Member States on the Definition of the African Diaspora. *Meeting of Experts on the Definition of the African Diaspora*, Addis Ababa, Ethiopia, 11-12 Apr. 2005.
AGUNIAS, Dovelyn Rannveig (ed.). *Closing the Distance: How Governments Strengthen Ties with their Diasporas*. Washington, DC: Migration Policy Institute, 2009.
BARIAGABER, Assefaw (ed.). *International Migration and Development in Eastern and Southern Africa*. Ethiopia: OSSREA, 2014.
BLAKELY, Allison. *Blacks in the Dutch World: The Evolution of Racial Imagery in a Modern Society*. Bloomington: Indiana University Press, 1993.
BRAZIEL, Jana Evans; MANNUR, Anita. Nation, Migration, Globalization: Points of Contention in Diaspora Studies. BRAZIEL, Jana Evans; MANNUR, Anita (eds.). *Theorizing Diaspora: A Reader*. Malden: Blackwell, 2003.
BRUNER, Edward M. Tourism in Ghana: The Representation of Slavery and the Return of the Black Diaspora, *American Anthropologist*, v. 98, n. 2, Jun. 1996.
BUTLER, Kim D. *Freedoms Given Freedoms Won: Afro-Brazilians in Post Abolition São Paulo and Salvador*. New Brunswick: Rutgers University Press, 1998.
CENTRO Cultural Afro-Ecuatoriano. *Congresos de Cultura Negra de las Americas*. Quito: Centro Cultural Afro-Ecuatoriano, 1989.
COMPAS. *The Contribution of UK-Based Diasporas to Development and Poverty Reduction*. Oxford, Apr. 2004.
CUNHA, Manuela Carneiro da. *Negros, Estrangeiros: Os Escravos Libertos e Sua Volta à África*. 2. ed. São Paulo: Companhia das Letras, 2012.
DIALLO, Kadiatou; WOLFF, Craig. *My Heart Will Cross This Ocean: My Story, My Son, Amadou*. New York: Ballantine, 2003.
EDWARDS, Brent Hayes. *The Practice of Diaspora: Literature, Translation, and the Rise of Black Internationalism*. Cambridge: Harvard University Press, 2003.
EPPRECHT, Marc. *Hungochani: The History of a Dissident Sexuality in Southern Africa*. Montreal: McGill-Queen's University Press, 2004.
FALOLA, Toyin; CHILDS, Matt D. (ed.). *The Yoruba Diaspora in the Atlantic World*. Bloomington: Indiana University Press, 2004.
FARIA, Caroline. Contesting Miss South Sudan. *International Feminist Journal of Politics*, v. 12, n. 2, June 2010.
FLAUHAUX, Marie-Laurence; HAAS, Hein de. African Migration: Trends, Patterns, Drivers. *Comparative Migration Studies*, v. 4, n. 1, 2016.
FREDERICKSON, George M. *Black Liberation: A Comparative History of Black Ideologies in the United States and South Africa*. New York: Oxford University Press, 1995.
FULBRIGHT, Leslie. Obama's Candidacy Sparks Debates on Race. *San Francisco Chronicle*, 19 Feb. 2007.
GOMEZ, Michael. *Exchanging Our Country Marks*. Chapel Hill: University of North Carolina Press, 1998.
GOODFRIEND, Joyce D. Black Families in New Netherland. *Journal of the Afro-American Historical and Genealogical Society*, v. 5, 1984.
HELG, Aline. *Our Rightful Share: The Afro-Cuban Struggle for Equality, 1886-1912*. Chapel Hill: University of North Carolina Press, 1995.

REFERÊNCIAS BIBLIOGRÁFICAS

HEYWOOD, Linda (ed.). *Central Africans and Cultural Transformations in the American Diaspora*. New York: Cambridge University Press, 2002.

HOLT, Thomas C. Slavery and Freedom in the Atlantic World: Reflections on the Diasporan Framework. In: HINE, Darlene Clark; MCLEOD, Jacqueline (eds.). *Crossing Boundaries: Comparative History of Black People in Diaspora*. Bloomington: Indiana University Press, 1999.

JACKSON, Jennifer V.; COTHRAN, Mary E. Black Versus Black: The Relationships Among African, African-American, and African Caribbean Persons. *Journal of Black Studies*, v. 33, n. 5, May 2003.

JAMIE, Faiz Omar Mohammad; TSEGA, Anwar Hassan. Ethiopian Female Labor Migration to the Gulf States: The Case of Kuwait. *African and Black Diaspora: An International Journal*, v. 9, n. 2, 2016.

KASINITZ, Philip. *Caribbean New York: Black Immigrants and the Politics of Race*. Ithaca: Cornell University Press, 1992.

KESSEL, Ineke van. Goa Conference on the African Diaspora in Asia. *African Affairs*, v. 105, n. 420, July 2006.

KIFLEYESUS, Abbebe. Women Who Migrate, Men Who Wait: Eritrean Labor Migration to the Arab Near East. *Northeast African Studies*, v. 12, n. 1, 2012.

KOINOVA, Maria. Four Types of Diaspora Mobilization: Albanian Diaspora Activism for Kosovo Independence in the US and the UK. *Foreign Policy Analysis*, v. 9, n. 4, Oct. 2013.

KRETZ, Adam J. From "Kill the Gays" to "Kill the Gay Rights Movement": The Future of Homosexuality Legislation in Africa. *Journal of International Human Rights*, v. 11, n. 2, Spring 2013.

LAKE, Obiagele. Toward a Pan-African Identity: Diaspora African Repatriates in Ghana. *Anthropological Quarterly*, v. 68, n. 1, Jan. 1995.

LAMPERT, Ben. Diaspora and Development? London-Based Nigerian Organizasions and the Transnational Politics of Socio-Economic Status and Gender. *Development Policy Review*, v. 30, n. 2, Mars 2012

_____. Collective Transnational Power and its Limits: London-Based Nigerian Organisations, Development at "Home" and the Importance of Local Agency and the "Internal Diaspora". *Journal of Ethnic & Migration Studies*, v. 40, n. 5, May 2014.

LAN, Shanshan. The Shifting Meanings of Race in China: A Case Study of the African Diaspora Communities in Guangzhou. *City and Society*, v. 28, n. 3, Dec. 2016.

MADSEN, Deborah. Queering Cultural China: Performing Nation through the Feminine Body. *Textual Practice*, v. 25, n. 4, Aug. 2011.

MANI, Bakirathi. Beauty Queens: Gender, Ethnicity, and Transnational Modernities at the Miss India USA Pageant. *Positions: East Asia Cultures Critique*, v. 14, n. 3, Winter 2006.

MANUH, Takyiwaa. Efie' or The Meanings of "Home" Among Female and Male Ghanaian Migrants in Toronto, Canada and Returned Migrants to Ghana. In: KOSER, Khalid (ed.). *New African Diasporas*. London: Routledge, 2003.

MAZRUI, Ali A.; MAZRUI, Alamin M. *Black Reparations in the Era of Globalization*. Binghamton: Institute of Global Cultural Studies, 2002.

MINTZ, Sidney; PRICE, Richard. *The Birth of African-American Culture: An Anthropological Perspective*. Boston: Beacon, 1992.

MIRILOVIC, Nikola. Regime Type, International Migration, and the Politics of Dual Citizenship Toleration. *International Political Science Review*, v. 36, n. 5, Nov. 2015.

MONTCLOS, Marc-Antoine Pérouse de. A Refugee Diaspora: When the Somali Go West. In: KOSER, Khalid (ed.). *New African Diasporas*. London: Routledge, 2003.

MORRISON, Toni. On the Backs of Blacks. *Time Fall*, 1993. (Edição especial.)
NAUJOKS, Daniel. *Migration, Citizenship, and Development: Diasporic Membership Policies and Overseas Indians in the United States*. New Delhi: Oxford University Press, 2013.
NOGUEIRA, Pedro A. Anything But Black: Bringing Politics Back to the Study of Race. In: HINTZEN, Percy Claude; RAHIER, Jean Muteba. *Problematizing Blackness: Self-Ethnographies by Black Immigrants to the United States*. New York: Routledge, 2003.
NSHIMBI, Christopher Changwe; FIORAMONTI, Lorenzo. The Will to Integrate: South Africa's Responses to Regional Migration from the SADC Region. *African Development Review*, 26: S1, 2014.
NURSE, Keith. Globalization and Trinidad Carnival: Diaspora, Hybridity and Identity in Global Culture. *Cultural Studies*, v. 13, n. 4, 1999.
NWOLISE, O.B.C. Blacks in the Diaspora: A Case of Neglected Catalysts in the Achievement of Nigeria's Foreign Policy Goals. *Journal of Black Studies*, v. 23, n. 1, Sep. 1992.
OKPEWHO, Isidore; NZEGWU, Nkiru (eds.) *The New African Diaspora*. Bloomington: Indiana University Press, 2009.
PADILLA, Beatriz. Engagement Policies and Practices: Expanding the Citizenship of the Brazilian Diaspora. *International Migration*, v. 49, ed. 3, June 2011.
PELLERIN, Hélène; MULLINGS, Beverley. The "Diaspora Option", Migration and the Changing Political Economy of Development. *Review of International Political Economy*, v. 20, n. 1, Feb. 2013.
PEREIRA, Amilcar Araujo. *O Mundo Negro: Relações Raciais e a Constituição do Movimento Negro Contemporâneo no Brasil*. Rio de Janeiro: Pallas, 2013.
PÉREZ, Louis A. Politics, Peasants and People of Color: The 1912 "Race War" in Cuba Reconsidered. *Hispanic American Historical Review*, v. 66, n. 3, Aug. 1986.
PICKBOURNE, Lynda. Remittances and Household Expenditures in Ghana's Northern Region: Why Gender Matters. *Feminist Economics*, v. 22, n. 3, 2016.
PIERRE, Jemima. *Race Across the Atlantic: Mapping Racialization in Africa and the African Diaspora*. Tese (Doutorado), Universidade do Texas em Austin, Austin, 2002.
PIRES-HESTER, Laura. The Emergence of Bilateral Diaspora Ethnicity Among Cape Verdean-Americans. In: OKPEWHO, Isidore; DAVIES, Carole Boyce; MAZRUI, Ali A. (eds.). *The Africans Diaspora: African Origins and New World Identities*. Bloomington: Indiana University Press, 1999.
RASTOGI, Sonia; JOHNSON, Tallese D.; HOEFFEL, Elizabeth M.; DREWERY Jr., Malcolm P. The Black Population: 2010. *2010 Census Briefs U.S. Census Bureau*. Washington, Sep. 2011.
RICCIO, Bruno. More than a Trade Diaspora: Senegalese Transnational Experiences in Emilia-Romagna (Italy). In: KOSER, Khalid (ed.). *New African Diasporas*. London: Routledge, 2003.
MOHAMOUD, Abdullah A. *Mobilizing African Diaspora for the Promotion of Peace in Africa*. Amsterdam: Sahan Wetenschappelijk Adviesbureau, 2005.
NWOLISE, O.B.C. Blacks in the Diaspora: A Case of Neglected Catalysts in the Achievement of Nigeria's Foreign Policy Goals. *Journal of Black Studies*, v. 23, n. 1, Sep. 1992.
SIU, Lok. Queen of the Chinese Colony: Gender, Nation, and Belonging in Diaspora. *Anthropological Quarterly*, v. 78, n. 3, Summer 2005.
SMITH, Candice Watts. *Black Mosaic: The Politics of Black Pan-Ethnic Diversity*. New York: New York University Press, 2014.
ST. LOUIS, Brett. The Difference Sameness Makes: Racial Recognition and the Narcissism of Minor Differences. *Ethnicities*, v. 5, n. 3, Sep. 2005.
STEIN, Judith. *The World of Marcus Garvey: Race and Class in Modern Society*. Baton Rouge: Louisiana State University Press, 1986.

TOTORICAGÜENA, Gloria P. *Identity, Culture and Politics in the Basque Diaspora*. Reno: University of Nevada Press, 2004.

TURNER, J. Michael. *Les Brésiliens: The Impact of Former Brazilian Slaves upon Dahomey*. Tese (Doutorado), Universidade de Boston, Boston, 1975.

WARNER, Maureen. *Central Africa in the Caribbean: Transcending Time, Transforming Culture*. Kingston: University of the West Indies Press, 2003.

WATERS, Mary C. *Black Identities: West Indian Immigrant Dreams and American Realities*. New York: Russell Sage Foundation, 1999.

WILDER, Craig S. *A Covenant With Color: Race and Social Power in Brooklyn*. New York: Columbia University Press, 2000.

WONG, Madeleine. The Gendered Politics of Remittances in Ghanaian Transnational Families. *Economic Geography*, v. 82, n. 4, oct. 2006.

WORLD Conference Against Racism, Racial Discrimination, Xenophobia and Related Intolerance, Preparatory Committee. *Documents Adopted by the Regional Conference of the Americas, Held in Santiago de Chile, December 5-7 de 2000*. Genebra, 15-16 Jan. 2001.

WRIGHT, Michelle. *Becoming Black: Creating Identity in the African Diaspora*. Durham: Duke University Press, 2004.

ZOMORODI, Gitta. Responding to LGBT Forced Migration in East Africa. *Forced Migration Review*. v. 1, n. 52, May 2016.

4. DIÁLOGOS DIASPÓRICOS

ALBERTI, Verena; PEREIRA, Amilcar Araujo. *Histórias do Movimento Negro no Brasil: Depoimentos ao CPDOC*. Rio de Janeiro: Pallas/CPDOC-FGV, 2007.

ALBERTO, Paulina L. *Terms of Inclusion: Black Intellectuals in Twentieth-Century Brazil*. Chapel Hill: University of North Carolina Press, 2011.

ALBUQUERQUE, Wlamyra R. de. Esperanças de Boaventuras: Construções da África e Africanismos na Bahia, 1887-1910. *Estudos Afro-Asiáticos*, v. 24, n. 2, 2002.

_____. Patriotas, Festeiros, Devotos... As Comemorações da Independência na Bahia (1888-1923). In: CUNHA, Maria Clementina Pereira (org.). *Carnavais e Outras F(r)estas: Ensaios de História Social da Cultura*. Campinas: Editora da UNICAMP/CECULT, 2002.

_____. *O Jogo da Dissimulação: Abolição e Cidadania Negra no Brasil*. São Paulo: Companhia das Letras, 2009.

ALEXANDER, Leslie M. *African or American? Black Identity and Political Activism in New York City, 1784-1861*. Urbana: University of Illinois Press, 2008.

ANDREWS, George Reid. Remembering Africa, Inventing Uruguay: Sociedades de Negros in the Montevideo Carnival, 1865–1930. *Hispanic American Historical Review*, v. 87, n. 4, 2007.

ASSUNÇÃO, Matthias Röhrig. Angola in Brazil: The Formation of Angoleiro Identity in Bahia. In: ARAUJO, Ana Lucia (ed.). *African Heritage and Memories of Slavery in Brazil and the South Atlantic World*. New York: Cambria, 2015.

BELISO-DE JESÚS, Aisha M. *Electric Santería: Racial and Sexual Assemblages of Transnational Religion*. New York: Columbia University Press, 2015.

BOLSTER, W. Jeffrey. *Black Jacks: African American Seamen in the Age of Sail*. Cambridge: Harvard University Press, 1997.

BORGES, Dain. "Puffy, Ugly, Slothful and Inert": Degeneration in Brazilian Social Thought, 1880-1940. *Journal of Latin American Studies*, v. 25, n. 2, May 1993.

BRAGA, Julio Santana. *Sociedade Protetora dos Desvalidos: Uma Irmandade de Cor*. Salvador: Ianamá, 1987.

BRASIL, Eric Nepomuceno. *Rio de Janeiro e Port-of-Spain, Trinidad,1838-1920*. Tese (Doutorado em História), Universidade Federal Fluminense, Rio de Janeiro, 2016.

BRAZIL. Diretoria Geral da Estatística. *Sexo, Raça e Estado Civil da População Recenseada em 31 de Dezembro de 1890*. Rio de Janeiro: Oficina de Estatística, 1898.

BRAZIL, Instituto Brasileiro de Geografia e Estatística. *Recenseamento Geral do Brasil, 1° de Setembro de 1940*. Rio de Janeiro: Serviço Gráfico do IBGE, 1950.

BUTLER, Kim D. *Freedoms Given Freedoms Won: Afro-Brazilians in Post Abolition São Paulo and Salvador*. New Brunswick: Rutgers University Press, 1998.

____. Masquerading Africa in the Carnival of Salvador, Bahia, Brazil 1895-1905. *African and Black Diaspora: An International Journal*, v. 10, n. 2, 2017.

CARDOSO, Marcos Antonio. *O Movimento Negro em Belo Horizonte, 1978-1998*. Belo Horizonte: Mazza, 2011.

CARNEIRO, Edison. *Candomblés da Bahia*. Rio de Janeiro: Conquista, 1961.

____. *Folguedos Tradicionais*. Rio de Janeiro: Conquista, 1974.

CASTILLO, Lisa Earl. The Alaketu Temple and its Founders: Portrait of an Afro-Brazilian Dynasty. *Luso-Brazilian Review*, v. 50, n. 1, 2013. (Número Especial: Brazilian Slavery and Its Legacies.)

CASTILLO, Lisa Earl; PARES, Luis Nicolau. Marcelina da Silva e Seu Mundo: Novos Dados para uma Historiografia do Candomblé Ketu. *Afro-Ásia*, n. 36, 2007.

____. Marcellina da Silva: A Nineteenth Century Candomble Priestess in Bahia. *Slavery and Abolition*, v. 31, n. 1, 2010.

CHASTEEN, John. *National Rhythms, African Roots: The Deep History of Latin American Popular Dance*. Albuquerque: University of New Mexico Press, 2004.

COSTA E SILVA, Alberto da. Portraits of African Royalty in Brazil. In: LOVEJOY, Paul (ed.). *Identity in the Shadow of Slavery*. New York: Continuum, 2000.

COUTINHO, Eduardo Granja. *Os Cronistas de Momo: Imprensa e Carnaval na Primeira República*. Rio de Janeiro: Editora Universidade Federal do Rio de Janeiro, 2006.

COVIN, David. *The Unified Black Movement in Brazil, 1978-2002*. Jefferson: McFarland, 2006.

CUNHA, Manuela Carneiro da. *Negros, Estrangeiros: Os Escravos Libertos e Sua Volta à África*. 2. ed. São Paulo: Companhia das Letras, 2012.

CUNHA, Maria Clementina Pereira. *Ecos da Folia: Uma História Social do Carnaval Carioca Entre 1880 e 1920*. São Paulo: Companhia das Letras, 2001.

CUNHA, Maria Clementina Pereira (org.). *Carnavais e Outras F(r)estas: Ensaios de História Social da Cultura*. São Paulo: Editora da UNICAMP/CECULT, 2002.

DANTAS, Beatriz Góis. *Nagô Grandma and White Papa: Candomblé and the Creation of Afro-Brazilian Identity*. Chapel Hill: University of North Carolina Press, 2009.

DOMINGUES, Petrônio. Ecos Diaspóricos ao Sul do Equador: A Questão Ítalo-Abissinia (1935-36) na Imprensa Afro-Brasileira. Texto apresentado no Rutgers Center for Historical Analysis, Rutgers University, 26 Sept. 2012.

DUNN, Christopher. Tropicália, Counterculture, and the Diasporic Imagination in Brazil. In: PERRONE, Charles A.; DUNN, Christopher (eds.). *Brazilian Popular Music and Globalization*. New York: Routledge, 2002.

ELAM Jr., Harry J.; JACKSON, Kennell. *Black Cultural Traffic: Crossroads in Global Performance and Popular Culture*. Ann Arbor: University of Michigan Press, 2005.

REFERÊNCIAS BIBLIOGRÁFICAS

FORD, Tanisha C. *Liberated Threads: Black Women, Style and the Global Politics of Soul*. Chapel Hill: University of North Carolina Press, 2015.

FRAGA FILHO, Walter. *Encruzilhadas da Liberdade: Histórias de Escravos e Libertos na Bahia, 1870-1910*. Campinas: Editora da Unicamp, 2006.

____. O 13 de Maio e as Celebrações da Liberdade, Bahia, 1888-1893. *História Social*, n. 19, 2010.

FRENCH, Jan Hoffman. *Legalizing Identities: Becoming Black or Indian in Brazil's Northeast*. Chapel Hill: University of North Carolina Press, 2009.

FRY, Peter; CARRARA, Sérgio; MARTINS-COSTA, Ana Luiza. Negros e Brancos no Carnaval da Velha República. In: REIS, João José (org.). *Escravidão e a Invenção da Liberdade: Estudos Sobre o Negro no Brasil*. São Paulo: Editora Brasiliense, 1988.

GILL, Tiffany M. *Beauty Shop Politics: African American Women's Activism in the Beauty Industry*. Urbana: Chicago University of Illinois Press, 2010.

GILROY, Paul. *The Black Atlantic: Modernity and Double Consciousness*. Cambridge: Harvard University Press, 1993.

GLEDHILL, Sabrina. Expandindo as Margens do Atlântico Negro: Leituras Sobre Booker T. Washington no Brasil. *Revista de História Comparada*, v. 7, n. 2, 2013.

GODI, Antônio Jorge Victor dos Santos. De Índio a Negro, ou o Reverso. *Caderno CRH*, v. 4, 1991. (Suplemento.)

____. A Presença Afro-Carnavalesca Soteropolitana. In: CERQUEIRA, Nelson; BURITY, José Augusto (orgs.). *Carnaval da Bahia: Um Registro Estético*. Salvador: Omar G., 2002.

GOMES, Flávio; DOMINGUES, Petrônio (orgs.). *Experiências da Emancipação: Biografias, Instituições e Movimentos Sociais no Pós-Abolição, 1890-1980*. São Paulo: Selo Negro, 2011.

GONZALEZ, Lélia. The Unified Black Movement in Brazil. In: FONTAINE, Pierre-Michel (ed.). *Race, Class and Power in Brazil*. Los Angeles: University of California/Center for Afro-American Studies, 1985.

GUERREIRO, Goli. *A Trama dos Tambores: A Música Afro-Pop de Salvador*. São Paulo: Grupo Pão de Açúcar, 2000.

GURIDY, Frank. *Forging Diaspora: Afro-Cubans and African Americans in a World of Empire and Jim Crow*. Chapel Hill: University of North Carolina Press, 2010.

HANCHARD, Michael. *Orpheus and Power: The Movimento Negro of Rio de Janeiro and São Paulo, Brazil, 1945-1988*. Princeton: Princeton University Press, 1994.

HARDING, Rachel E. *A Refuge in Thunder: Candomblé and Alternative Spaces of Blackness*. Bloomington: Indiana University Press, 2000.

ICKES, Scott. *African-Brazilian Culture and Regional Identity in Bahia, Brazil*. Gainesville: University Press of Florida, 2013.

ILÊ Aiyê, Mãe Hilda do Jitolu, Guardiã da Fé e da Tradição Africana. *Caderno de Educação*, v. XII, 2013.

JAMES, Winston. *Holding Aloft the Banner of Ethiopia: Caribbean Radicalism in Early Twentieth Century America*. London: Verso, 1998.

KELLEY, Robin D.G. But a Local Phase of a World Problem: Black History's Global Vision, 1883-1950. *Journal of American History*, v. 86, n. 3, Dec. 1999.

KING-CALNEK, Judith E. Education for Citizenship: Interethnic Pedagogy and Formal Education at Escola Criativa Olodum. *The Urban Review*, v. 38, n. 2, 2006.

LANDES, Ruth. *The City of Women*. New York: Macmillan, 1947.

LINDSAY, Lisa A. To Return to the Bosom of their Fatherland: Brazilian Immigrants in 19th Century Lagos. *Slavery and Abolition*, v. 15, n. 1, 1994.

LINEBAUGH, Peter; REDIKER, Marcus. *The Many Headed Hydra: Sailors, Slaves, Commoners, and the Hidden History of the Revolutionary Atlantic*. Boston: Beacon, 2000.

MANN, Kristin; BAY, Edna G. (eds.). *Rethinking the African Diaspora: The Making of a Black Atlantic World in the Bight of Benin and Brazil*. Portland: Frank Cass, 2001.

MATTOSO, Katia de Queirós. *Família e Sociedade na Bahia do Século XIX*. São Paulo: Corrupio/CNPq, 1988.

MATORY, J. Lorand. The English Professors of Brazil: On the diasporic roots of the Yoruba nation. *Comparative Studies in Society and History*, v. 41, n. 1, Jan. 1999.

MICHAEL-BANDELE, Mwangaza. *The Dissipation of African Identity in America, 1790-1840: A Residual Effect of the American Colonization Society on Free People of African Descent, With an Examination of Philadelphia Pennsylvania as a Locus of Activity*. Tese (Doutorado), Morgan State University, Baltimore, 2009.

MOVIMENTO Negro Unificado (Brazil). *1978-1988, 10 Anos de Luta Contra o Racismo*. São Paulo: Confraria do Livro, 1988.

MURCH, Donna Jean. *Living for the City : Migration, Education, and the Rise of the Black Panther Party in Oakland, California*. Chapel Hill: University of North Carolina Press, 2010.

MURREL, Nathaniel Samuel: SPENCER, William David; MCFARLANE, Adrian Anthony (eds.). *Chanting Down Babylon: The Rastafari Reader*. Philadelphia: Temple University Press, 1998.

NEPOMUCENO, Eric Brasil. *Carnavais Atlânticos: Cidadania e Cultura Negra no Pós-Abolição. Rio de Janeiro e Port-of-Spain, Trinidad,1838-1920*. Tese (Doutorado em História), Universidade Federal Fluminense, Rio de Janeiro, 2016.

_____. Diabos Encarnados: Carnaval e Liberdade nas Ruas do Rio de Janeiro, 1879-1888. *Textos Escolhidos de Cultura e Arte Populares*, v. 10, n. 2, 2013.

NURSE, Keith. Globalization and Trinidad Carnival: Diaspora, Hybridity and Identity in Global Culture. *Cultural Studies*, v. 13, n. 4, 1999.

NWANKWO, Ifeoma Kiddoe. *Black Cosmopolitanism: Racial Consciousness and Transnational Identity in the Nineteenth-Century Americas*. Philadelphia: University of Pennsylvania Press, 2005.

ONGIRI, Amy Abugo. *Spectacular Blackness: The Cultural Politics of the Black Power Movement and the Search for a Black Aesthetic*. Charlottesville: University of Virgina Press, 2010.

PEREIRA, Amilcar. *O Mundo Negro: Relações Raciais e a Constituição do Movimento Negro Contemporâneo no Brasil*. Rio de Janeiro: Faperj/Pallas, 2013.

PINHO, Osmundo Santos de Araujo. *O Mundo Negro: Hermenêutica Crítica da Reafricanização em Salvador*. Curitiba: Progressiva/Núcleo de Estudos Afro-Brasileiro da Universidade Federal do Recôncavo da Bahia, 2010.

_____. "The Songs of Freedom"; Notas Etnográficas Sobre Cultura Negra Global e Práticas Contraculturais Locais. In: SANSONE, Livio; SANTOS, Jocelio Teles dos (orgs.). *Ritmos em Trânsito: Sócio Antropologia da Música Baiana*. São Paulo/Salvador: Dynamis Editorial/Programa A Cor da Bahia e Projeto SAMBA, 1997.

PINHO, Patricia de Santana. *Mama Africa: Reinventing Blackness in Bahia*. Durham: Duke University Press, 2010.

PINTO, Alexandre Alberto da Rocha de Serpa. *Como Eu Atravessei a África do Atlântico ao Mar Indico, Viagem de Benguella á Contra-Costa*. London: Sampson Low, 1881.

PINTO, Makota Valdina. Saberes e Viveres de Mulher Negra: Makota Valdina. *Revista Palmares*. Disponível em: <http://www.palmares.gov.br/>. Acesso em: 23 maio 2013.

QUERINO, Manuel. *Costumes Africanos no Brasil*. Rio de Janeiro: Civilização Brasileira, 1938.

REFERÊNCIAS BIBLIOGRÁFICAS

RABELLO, Evandro. *Memórias da Folia: O Carnaval do Recife pelos Olhos da Imprensa, 1822-1925*. Recife: Funcultura, 2004.

REIS, João José. *Slave Rebellion in Brazil: The Muslim Uprising of 1835 in Bahia*. Baltimore: Johns Hopkins University Press, 1993.

_____. Tambores e Temores: A Festa Negra na Bahia na Primeira Metade do Século XIX.

CUNHA, Maria Clementina Pereira (org.). *Carnavais e Outras F(r)estas: Ensaios de História Social da Cultura*. São Paulo: Editora da UNICAMP/CECULT, 2002.

_____. *Domingos Sodré, um Sacerdote Africano: Escravidão, Liberdade e Candomblé na Bahia do século XIX*. São Paulo: Companhia das Letras, 2008.

REIS, João José; GOMES, Flávio dos Santos; CARVALHO, Marcus J.M. de. *O Alufá Rufino: Tráfico, Escravidão e Liberdade no Atlântico Negro (c. 1822 – c. 1853)*. São Paulo: Companhia das Letras, 2010.

RISÉRIO, Antônio. *Carnaval Ijexá: Notas Sobre Afoxés e Blocos do Novo Carnaval Afro-Baiano*. Salvador: Corrupio, 1981.

RODRIGUES, Raymundo Nina. *Os Africanos no Brasil*. São Paulo: Companhia Editora Nacional, 1935.

ROMO, Anadelia. *Brazil's Living Museum: Race, Reform and Tradition in Bahia*. Chapel Hill: University of North Carolina Press, 2010.

ROYSTER, Jacqueline Jones (ed.). *Southern Horrors and Other Writings: The Anti-Lynching Campaign of Ida B. Wells, 1892-1900*. Boston: Bedford Books, 1997.

SANSONE, Livio; SANTOS, Jocelio Teles dos (orgs.). *Ritmos em Trânsito: Sócio Antropologia da Música Baiana*. São Paulo/Salvador: Dynamis Editorial/Programa A Cor da Bahia e Projeto S.A.M.B.A., 1997.

SANTOS (VOVÔ), Antônio Carlos. Entrevista Antônio Carlos dos Santos, Vovô, Presidente do Bloco Ilê Aiyê. In: CERQUEIRA, Nelson; BURITY, José Augusto Burity (orgs.). *Carnaval da Bahia: Um Registro Estético*. Salvador: Omar G., 2002.

SANTOS, Flavio Gonçalves dos. *Economia e Cultura do Candomblé na Bahia: O Comércio de Objetos Litúrgicos Afro-Brasileiros, 1850-1937*. Ilhéus: Editus, 2013.

SANTOS, Luciano G. dos. Faraó Divindade do Egito. In: RODRIGUES, João Jorge. *Música do Olodum: Revolução da Emoção, 1983-2002*. Salvador: Bahia Fest Design, 2002.

SCOTT III, Julius Sherrard. *The Common Wind: Currents of Afro-American Communication in the Era of the Haitian Revolution (Caribbean)*. Tese (Doutorado), Universidade Duke, Durham, 1986.

SEIGEL, Micol. *Uneven Encounters: Making Race and Nation in Brazil and the United States*. Durham: Duke University Press, 2009.

SHERWOOD, Marika. *Origins of Pan-Africanism: Henry Sylvester Williams, Africa and the African Diaspora*. New York: Routledge, 2011.

SILVA, Jonatas Conceição da. História de Lutas Negras: Memórias do Surgimento do Movimento Negro na Bahia. In: MOVIMENTO Negro Unificado. *1978-1988, 10 Anos de Luta Contra o Racismo*. São Paulo: Confraria do Livro, 1988.

SMITH, Candis Watts. *Black Mosaic: The Politics of Black Pan-Ethnic Diversity*. New York: New York University Press, 2014.

SWEET, James. *Domingos Alvares: African Healing, and the Intellectual History of the Atlantic World*. Chapel Hill: University of North Carolina Press, 2011.

TURNER, J. Michael. *Les Bresiliens: The Impact of Former Brazilian Slaves upon Dahomey*. Tese (Doutorado), Universidade de Boston, Boston, 1975.

VEIGA, Ericivaldo. O Errante e Apocalíptico Muzenza. In: SANSONE, Livio; SANTOS, Jocélio Teles dos (orgs.). *Ritmos em Trânsito: Sócio-Antropologia da Música*

Baiana. São Paulo/Salvador: Dynamis Editorial/Programa A Cor da Bahia, Projeto S.A.M.B.A., 1998.
VERGER, Pierre. *Fluxo e Refluxo do Tráfico de Escravos Entre o Golfo do Benin e a Bahia de Todos os Santos dos Séculos XVII a XIX*. 4. ed. Salvador: Corrupio, 2002.
VIEIRA FILHO, Rafael. Folguedos Negros no Carnaval de Salvador, 1880-1930. SANSONE, Livio; SANTOS, Jocelio Teles dos (orgs.). *Ritmos em Trânsito: Sócio Antropologia da Música Baiana*. São Paulo/Salvador: Dynamis Editorial/Programa A Cor da Bahia e Projeto SAMBA, 1997.
WRIGHT, Michelle. *Becoming Black: Creating Identity in the African Diaspora*. Durham: Duke University Press, 2004.

5. O "MOISÉS DOS PRETOS"

ALBERTO, Paulina L. *Terms of Inclusion: Black Intellectuals in Twentieth-Century Brazil*. Chapel Hill: The University of North Carolina Press, 2011.
ANDREWS, George Reid. *América Afro-Latina, 1800-2000*. São Carlos: EdUFSCar, 2007.
____. *Negros e Brancos em São Paulo (1888-1988)*. Bauru: Edusc, 1998.
ARON, Birgit. The Garvey Movement: Shadow and Substance. *Phylon*, v. 8, n. 4, 1947.
BASTIDE, Roger. A Imprensa Negra do Estado de São Paulo. *Estudos Afro-Brasileiros*. 2. ed. São Paulo: Perspectiva, 1983.
BUTLER, Kim D. Brazil: Historical Commentaries. In: HILL, Robert A. (ed.). *The Marcus Garvey and Universal Negro Improvement Association Papers: The Caribbean Diaspora, 1910-1920*. Duke University Press: Durham and London, 2011. V. XI.
____. A Nova Negritude no Brasil: Movimentos Pós-Abolição no Contexto da Diáspora Africana. In: DOMINGUES, Petrônio; GOMES, Flávio (orgs.). *Experiências da Emancipação: Biografias, Instituições e Movimentos Sociais no Pós-Abolição (1890-1980)*. São Paulo: Selo Negro, 2011.
____. *Freedoms Given, Freedoms Won: Afro-Brazilians in Post-Abolition São Paulo and Salvador*. New Brunswick: Rutgers University Press, 1998.
____. Up From Slavery: Afro-Brazilian Activism in São Paulo, 1888-1938. *The Americas*, v. 49, n. 2, 1992.
CRONON, Edmund David. *Black Moses: The Story of Marcus Garvey and the Universal Negro Improvement Association*. Madison: University of Wisconsin Press, 1969.
DOMINGUES, Petrônio. Os Jornais dos Filhos e Netos de Escravos (1889-1930). *A Nova Abolição*. São Paulo: Selo Negro, 2008.
FERRARA, Miram. *A Imprensa Negra Paulista (1915-1963)*. São Paulo: FFLCH-USP, 1986. (Antropologia, 23.)
FRANCISCO, Flavio Thales Ribeiro. A Redenção da Raça Negra em uma Perspectiva Internacional: Discursos do Garveysmo no Jornal "O Clarim da Alvorada". *Faces da História*, Unesp, v. 1, n. 1, 2017.
____. *Fronteiras em Definição: Identidades Negras e Imagens dos Estados Unidos e da África no Jornal "O Clarim da Alvorada" (1924-1932)*. São Paulo: Alameda, 2013.
FRANKLIN, John Hope; MOSS JR., Alfred A. *Da Escravidão à Liberdade: A História do Negro Americano*. Rio de Janeiro: Nórdica, 1989.
GARVEY, Amy Jacques (ed.). *The Philosophy and Opinions of Marcus Garvey*. 2. ed. New York: Routledge, 2013.
GILROY, Paul. *O Atlântico Negro: Modernidade e Dupla Consciência*. São Paulo: Editora 34, 2001.

JAMES, Cyril Lionel Robert. *A History of Negro Revolt*. 3. ed. London: Race Today, 1985.
KELLEY, Robin D.G. *Freedom Dreams: The Black Radical Imagination*. Boston: Beacon, 2002.
LAWLER, Mary. *Marcus Garvey: The Black Nationalist Leader*. Philadelphia: Chelsea House, 2005.
LEITE, José Correia. *...E Disse o Velho Militante José Correia Leite: Depoimentos e Artigos*. Organização e textos de Cuti (Luiz Silva). São Paulo: Secretaria Municipal de Cultura, 1992.
LUCA, Tania Regina de. História do, no e Por Meio dos Periódicos. In: PINSKY, Carla Bassanezi (org.). *Fontes Históricas*. São Paulo: Contexto, 2005.
MARTIN, Tony. *Race First: The Ideological and Organizational Struggles of Marcus Garvey and the Universal Negro Improvement Association*. Westport: Greenwood, 1976.
MIRANDA, Rodrigo. *Um Caminho de Suor e Letras: A Militância Negra em Campinas e a Construção de uma Comunidade Imaginada nas Páginas do Getulino (Campinas, 1923-1926)*. Dissertação (Mestrado em História), IFCH-Unicamp, Campinas, 2005.
PADMORE, George. *Black Zionism or Garveysm. Pan-Africanism or Communism*. New York: Doubleday, 1971.
PIERSON, Donald. *Brancos e Pretos na Bahia: Estudo de Contacto Racial*. 2. ed. São Paulo: Editora Nacional, 1971. (Brasiliana, v. 241.)
PINTO, Regina Pahim. *O Movimento Negro em São Paulo: Luta e Identidade*. Ponta Grossa/São Paulo: Editora UEPG/Fundação Carlos Chagas, 2013.
RABELO, Danilo. Um Balanço Historiográfico Sobre o Garveyismo às Vésperas do Centenário da UNIA. *Revista Brasileira do Caribe*, v. 13, n. 26, 2013.
SEIGEL, Micol. *Uneven Encounters: Making Race and Nation in Brazil and The United States*. Durham: Duke University Press, 2009.
STEIN, Judith. *The World of Marcus Garvey: Race and Class in Modern Society*. Baton Rouge: Louisiana State University Press, 1986.

6. A "VÊNUS NEGRA"

ALBERTO, Paulina L. *Terms of Inclusion: Black Intellectuals in Twentieth-Century Brazil*. Chapel Hill: The University of North Carolina Press, 2011.
AMARAL, Aracy. Blaise Cendrars e os Modernistas. *Textos do Trópico de Capricórnio: Artigos e Ensaios (1980-2005), v. 1: Modernismo, Arte Moderna e o Compromisso com o Lugar*. São Paulo: Editora 34, 2006.
AMERICANO, Jorge. *São Paulo Nesse Tempo (1915-1935)*. São Paulo: Melhoramentos, 1962.
ANDREWS, George Reid. *América Afro-Latina (1800-2000)*. São Carlos: EdUFSCar, 2007.
_____. *Negros e Brancos em São Paulo (1888-1988)*. Bauru: Edusc, 1998.
BAKER, Josephine; BOUILLON, Jo. *Josephine*. New York: Harper and Row, 1977.
BAKER JR., Houston A. *Modernism and the Harlem Renaissance*. Chicago: University of Chicago Press, 1987.
BANDEIRA, Manuel. *Crônicas Inéditas I 1920-1931*. Organização, posfácio e notas de Júlio Castañon Guimarães. São Paulo: Cosac & Naify, 2008.
BARICKMAN, Bert J. "Passarão Por Mestiços": O Bronzeamento nas Praias Cariocas, Noções de Cor e Raça e Ideologia Racial, 1920-1950. *Afro-Ásia*, Salvador, n. 40, 2009.
BARROS, Orlando de. *Corações de Chocolat: A História da Companhia Negra de Revistas (1926-27)*. Rio de Janeiro: Livre Expressão, 2005.

BARSON, Tanya; GORSCHLÜTER, Peter (eds.). *Afro-Modern: Journeys Through the Black Atlantic*. Liverpool: Tate, 2010.

BASTIDE, Roger. A Imprensa Negra do Estado de São Paulo. *Estudos Afro-Brasileiros*. 2. ed. São Paulo: Perspectiva, 1983.

BAUDELAIRE, Charles. *As Flores do Mal*. São Paulo: Martin Claret, 2001.

BILLARD, François. *No Mundo do Jazz: Das Origens à Década de 1950*. São Paulo: Companhia das Letras/Círculo do Livro, 1990.

BOAVENTURA, Maria Eugenia. *O Salão e a Selva: Uma Biografia de Oswald de Andrade*. São Paulo: Editora Unicamp, 1995.

BROOKSHAW, David. *Raça & Cor na Literatura Brasileira*. Porto Alegre: Mercado Aberto, 1983.

BUTLER, Kim D. *Freedoms Given, Freedoms Won: Afro-Brazilians in Post-Abolition São Paulo and Salvador*. New Brunswick: Rutgers University Press, 1998.

CABRAL, Sérgio. *Grande Otelo: Uma Biografia*. São Paulo: Editora 34, 2007.

CASTRO, Cristián. A Comunidade Transnacional Imaginada da Imprensa Negra de São Paulo e Chicago, 1900-1940. *Estudos Históricos* [on-line], Rio de Janeiro, v. 30, n. 60, 2017.

CAULFIELD, Sueann. *Em Defesa da Honra: Moralidade, Modernidade e Nação no Rio de Janeiro (1918-1940)*. Campinas: Editora Unicamp, 2000.

CUNHA, Olívia Maria Gomes da; GOMES, Flávio dos Santos (orgs.). *Quase-Cidadão: Histórias e Antropologias da Pós-Emancipação no Brasil*. Rio de Janeiro: Editora FGV, 2007.

DALTON, Karen C.C.; GATES JR., Henry Louis. Josephine Baker and Paul Colin: African American Dance Seen through Parisian Eyes. *Critical Inquiry*, v. 24, n. 4, 1998.

DOMINGUES, Petrônio. Os Jornais dos Filhos e Netos de Escravos (1889-1930). *A Nova Abolição*. São Paulo: Selo Negro, 2008.

DZIDZIENYO, Anani. Afro-Brasileiros no Contexto Nacional e Internacional. In: LOVELL, Peggy A. (org.). *Desigualdade Racial no Brasil Contemporâneo*. Belo Horizonte: UFMG/Cedeplar, 1991.

EDWARDS, Brent Hayes. *The Pratice of Diaspora: Literature, Translation, and the Rise of Black Internacionalism*. Cambridge/London: Harvard University Press, 2003.

EFEGÊ, Jota. *Meninos, Eu Vi*. Rio de Janeiro: Funarte-Instituto Nacional de Música, 1985.

ELIAS, Norbert. *A Sociedade de Corte: Investigação Sobre a Sociologia da Realeza e da Aristocracia de Corte*. Rio de Janeiro: Jorge Zahar, 2001.

FABRIS, Annateresa (org.). *Modernidade e Modernismo no Brasil*. Campinas: Mercado de Letras, 1994.

FERRARA, Miram Nicolau. *A Imprensa Negra Paulista (1915-1963)*. São Paulo: FFLCH-USP, 1986. (Série Antropologia, 13.)

FLORES, Maria Bernardete Ramos. *Tecnologia e Estética do Racismo: Ciência e Arte na Política da Beleza*. Chapecó: Argos, 2007.

FOX, Patricia. Josephine Baker in Latin America. *Negritud: Revista de Estudios Afro-Latinoamericanos*, v. 1, n. 1, 2007.

FRANCISCO, Flavio Thales Ribeiro. *Fronteiras em Definição: Identidades Negras e Imagens dos Estados Unidos e da África no Jornal "O Clarim da Alvorada" (1924-1932)*. São Paulo: Alameda, 2013.

FRANKLIN, John Hope; MOSS JR., Alfred A. *Da Escravidão à Liberdade: A História do Negro Americano*. Rio de Janeiro: Nórdica, 1989.

GAY, Peter. *Modernismo: O Fascínio da Heresia – De Baudelaire a Beckett e Mais um Pouco*. São Paulo: Companhia das Letras, 2009.

GIDDENS, Anthony; BECK, Ulrich; LASCH, Scott. *Modernização Reflexiva: Política, Tradição e Estética na Ordem Social Moderna*. São Paulo: Editora Unesp, 1997.

REFERÊNCIAS BIBLIOGRÁFICAS

GILIOLI, Renato Porto. *Representações do Negro no Modernismo Brasileiro: Artes Plásticas e Música*. Belo Horizonte: Miguilim, 2016.

GILROY, Paul. *Entre Campos: Nações, Cultura e o Fascínio da Raça*. São Paulo: Annablume, 2007.

_____. *O Atlântico Negro: Modernidade e Dupla Consciência*. São Paulo: Editora 34, 2001.

GOMES, Flávio; FAGUNDES, Ana Maria. Por uma "Anthologia dos Negros Modernos": Notas Sobre Cultura Política e Memória nas Primeiras Décadas Republicanas. *Revista Universidade Rural*, Seropédica, RJ, v. 29, n. 2, 2007. (Série Ciências Humanas.)

GOMES, Tiago de Melo. *Um Espelho no Palco: Identidades Sociais e Massificação da Cultura no Teatro de Revista dos Anos 1920*. Campinas: Editora Unicamp, 2004.

GRIMAL, Pierre. *Dicionário da Mitologia Grega e Romana*. 2. ed. Rio de Janeiro: Bertrand Brasil, 1993.

GUIMARÃES, Antonio Sérgio Alfredo. A Modernidade Negra. *Teoria & Pesquisa*, São Carlos, n. 42-43, 2003.

HALL, Stuart. *Da Diáspora: Identidades e Mediações Culturais*. Belo Horizonte/Brasília: Editora UFMG/ Representação da Unesco no Brasil, 2003.

HANCHARD, Michael. Afro-Modernity: Temporality, Politics, and the African Diaspora. *Public Culture*, v. 11, n. 1, 1999.

HELBLING, Mark. *The Harlem Renaissance: The One and the Many*. Westport: Greenwood, 1999.

HOBSBAWM, Eric J. *História Social do Jazz*. Rio de Janeiro: Paz e Terra, 1990.

JULES-ROSETTE, Benetta. *Josephine Baker in Art and Life: The Icon and the Image*. Champaign: University of Illinois Press, 2007.

KARL, Robert Frederick. *O Moderno e o Modernismo: A Soberania do Artista (1885-1925)*. Rio de Janeiro: Imago, 1988.

KELLEY, Robin D.G. *Freedom Dreams: The Black Radical Imagination*. Boston: Beacon, 2002.

LEMKE, Sieglinde. *Primitivist Modernism: Black Culture and the Origins of Transatlantic Modernism*. Oxford/New York: Oxford University Press, 1998.

LIMA, Jorge de. *Novos Poemas; Poemas Escolhidos; Poemas Negros*. 2. ed. Rio de Janeiro: Lacerda, 1997.

LOCKE, Alain (ed.). [1925]. *The New Negro: Voices of the Harlem Renaissance*. New York: Touchstone, 1999.

ROSE, Phyllis. *A Cleópatra do Jazz: Josephine Baker e Seu Tempo*. Rio de Janeiro: Rocco, 1990.

SCHMEISSER, Iris. "Un Saxophone en Mouvement"? Josephine Baker and the Primitivist Reception of Jazz in Paris in the 1920s. In: WYNN, Neil A. (ed.). *Cross the Water Blues: African American Music in Europe*. Jackson: University Press of Mississippi, 2007.

SEIGEL, Micol. *Uneven Encounters: Making Race and Nation in Brazil and The United States*. Durham: Duke University Press, 2009.

SEVCENKO, Nicolau. *Orfeu Extático na Metrópole: São Paulo, Sociedade e Cultura nos Frementes Anos 20*. São Paulo: Companhia das Letras, 1992.

STOVALL, Tyler. *Paris Noir: African Americans in the City of Light*. Boston: Houghton Mifflin, 1996.

WILSON, Edmund. *Os Anos Vinte: Extraído dos Cadernos e Diários*. São Paulo: Companhia das Letras, 1987.

YOUNG, Robert J.C. *Desejo Colonial: Hibridismo em Teoria, Cultura e Raça*. São Paulo: Perspectiva, 2005.

7. COMO SE FOSSE BUMERANGUE

ANDREWS, George Reid. *América Afro-Latina (1800-2000)*. São Carlos: EdUFSCar, 2007.

____. *Negros e Brancos em São Paulo (1888-1988)*. Bauru: Edusc, 1998.

BACELAR, Jeferson. A Frente Negra Brasileira na Bahia. *Afro-Ásia*, n. 17, 1996.

BOURDIEU, Pierre; WACQUANT, Loïc. Sobre as Artimanhas da Razão Imperialista. *Estudos Afro-Asiáticos*, v. 24, n. 1, 2002.

BUTLER, Kim D. Defining Diaspora, Refining a Discourse. *Diaspora: A Journal of Transnational Studies*, v. 10, n. 2, 2001.

____. *Freedoms Given, Freedoms Won: Afro-Brazilians in Post-Abolition São Paulo and Salvador*. New Brunswick: Rutgers University Press, 1998.

COSTA, Sérgio. *Dois Atlânticos: Teoria Social, Anti-Racismo, Cosmopolitismo*. Belo Horizonte, Editora UFMG, 2006.

DOMINGUES, Petrônio José. *A Insurgência de Ébano: A História da Frente Negra Brasileira*. Tese (Doutorado em História), Universidade de São Paulo, São Paulo, 2005.

FERNANDES, Florestan. *A Integração do Negro na Sociedade de Classes, v. 2: No Limiar de uma Nova Era*. São Paulo: Ática, 1978.

FRAZIER, Franklin E. [1957]. The Negro Press and Wish-Fulfillment. *Black Bourgeoisie: The Book that Brought the Shock of Self-Revelation to Middle-Class Blacks in America*. New York: Free Press, 1997.

FRENCH, John. Passos em Falso da Razão Anti-Imperialista: Bourdieu, Wacquant, e o Orfeu e o Poder de Hanchard. *Estudos Afro-Asiáticos*, v. 24, n. 1, 2002.

FRY, Peter. Política, Nacionalidade e o Significado de "Raça" no Brasil. *A Persistência da Raça: Ensaios Antropológicos sobre o Brasil e a África Austral*. Rio de Janeiro: Civilização Brasileira, 2005.

GILROY, Paul. *Entre Campos: Nações, Cultura e o Fascínio da Raça*. São Paulo: Annablume, 2007.

____. *O Atlântico Negro: Modernidade e Dupla Consciência*. São Paulo: Editora 34, 2001.

GOMES, Flávio dos Santos. *Negros e Política (1888-1937)*. Rio de Janeiro: Jorge Zahar, 2005.

____. Em Torno dos Bumerangues: Outras Histórias de Mocambos na Amazônia Colonial. *Revista USP*, n. 28, 1995-1996.

HALL, Stuart. *Da Diáspora: Identidades e Mediações Culturais*. Belo Horizonte/Brasília: Editora UFMG/Representação da Unesco no Brasil, 2003.

HANCHARD, Michael. Política Transnacional Negra, Anti-Imperialismo e Etnocentrismo Para Pierre Bourdieu e Loïc Wacquant: Exemplos de Interpretação Equivocada. *Estudos Afro-Asiáticos*, v. 24, n. 1, 2002.

____. *Orfeu e o Poder: Movimento Negro no Rio de Janeiro e São Paulo (1945-1988)*. Rio de Janeiro: EdUERJ, 2001.

____. Afro-Modernity: Temporality, Politics, and the African Diaspora. *Public Culture*, v. 11, n. 1, 1999.

HELLWIG, David. A New Frontier in a Racial Paradise: Robert S. Abbott's Brazilian Dream. *Luso-Brazilian Review*, v. 25, n. 1, 1988.

KELLEY, Robin D.G. "But a Local Phase of a World Problem': Black History's Global Vision, 1883-1950. *The Journal of American History*, v. 86, n. 3, 1999.

KELLEY, Robin D.G.; PATTERSON, Tiffany Ruby. Unfinished Migrations: Reflections on the African Diaspora and the Making of the Modern World. *African Studies Review*, v. 43, n. 1, 2000.

KORNWEIBEL JR., Theodore. The Most Dangerous of All Negro Journals's: Federal Efforts to Suppress the *Chicago Defender* During World War I. *American Journalism*, v. 11, n. 2, 1994.

LEITE, José Correia. ...*E Disse o Velho Militante José Correia Leite*. Depoimentos e Artigos. Organização e textos de Cuti (Luiz Silva). São Paulo: Secretaria Municipal de Cultura, 1992.

LINEBAUGH, Peter. Todas as Montanhas Atlânticas Estremeceram. *Revista Brasileira de História*, n. 6, 1983.

LINEBAUGH, Peter; REDIKER, Marcus. *A Hidra de Muitas Cabeças: Marinheiros, Escravos, Plebeus e a História Oculta do Atlântico Revolucionário*. São Paulo: Companhia das Letras, 2008.

LOBO, Helio. *Cousas Americanas e Brasileiras*, v. 1. Rio de Janeiro: Imprensa Nacional, 1923.

LONER, Beatriz Ana. *Classe Operária: Mobilização e Organização em Pelotas (1888-1937)*. Tese (Doutorado em Sociologia), Universidade Federal do Rio Grande do Sul, Porto Alegre, 1999. V. 2.

LUCRÉCIO, Francisco et al. *Frente Negra Brasileira: Depoimentos*. Entrevistas e textos de Márcio Barbosa. São Paulo: Quilombhoje, 1998.

MALATIAN, Teresa. *O Cavaleiro Negro: Arlindo Veiga dos Santos e a Frente Negra Brasileira*. São Paulo: Alameda, 2015.

MITCHELL, Michael. *Racial Consciousness and the Political Attitudes and Behavior of Blacks in São Paulo, Brazil*. Tese (Doutorado em Ciência Política), Indiana University, Bloomington, 1977.

MYRDAL, Gunnar. *An American Dilemma: The Negro Problem and Moderny Democracy*. New York: Harper & Row, 1944.

PASCHEL, Tianna S. *Becoming Black Political Subjects: Movements and Ethno-Racial Rights in Colombia and Brazil*. New Jersey: Princeton University Press, 2016.

PINHO, Patrícia de Santana. Descentrando os Estados Unidos nos Estudos Sobre Negritude no Brasil. *Revista Brasileira de Ciências Sociais*, v. 20, n. 59, 2005.

PINTO, Regina Pahim. *O Movimento Negro em São Paulo: Luta e Identidade*. Tese (Doutorado em Ciências Sociais), Universidade de São Paulo, São Paulo, 1993.

PRIDE, Armistead Scott; WILSON II, Clint C. *A History of the Black Press*. Washington: Howard University Press, 1997.

PUTNAM, Lara. Quadros Transnacionais da Experiência Afro-Latina: Espaços e Meios de Conexão, 1600-2000. In: ANDREWS, George Reid; FUENTE, Alejandro de la. *Estudos Afro-Latino-Americanos: Uma Introdução*. Buenos Aires: CLACSO, 2018.

SANTOS, José Antônio dos. *Raiou a Alvorada: Intelectuais Negros e Imprensa – Pelotas (1907-1957)*. Pelotas: Editora Universitária, 2003.

SANTOS, Lucas Andrade dos. *"Em que a Raça Precisa de Defesa?". A Frente Negra da Bahia (1932-1934)*. Dissertação (Mestrado em História), Universidade Federal da Bahia, Salvador, 2018.

SANSONE, Lívio. Um Campo Saturado de Tensões: O Estudo das Relações Raciais e das Culturas Negras no Brasil. *Estudos Afro-Asiáticos*, v. 24, n. 1, 2002.

SEIGEL, Micol. *Uneven Encounters: Making Race and Nation in Brazil and The United States*. Durham: Duke University Press, 2009.

_____. Mães Pretas, Filhos Cidadãos. In: GOMES, F.S.; CUNHA, O.M.G. (orgs.). *Quase-Cidadão: Histórias e Antropologias da Pós-Emancipação no Brasil*. Rio de Janeiro: Editora FGV, 2007.

_____. Comparable or Connected Afro-Diasporic Subjectivity and State Response in 1920s São Paulo and Chicago. In: PERSONS, G.A. (org.). *Race and Democracy in the*

Americas. New Brunswick: Transaction Publishers, 2003. (The National Political Science Review, v. 9.)

SILVA, Fátima Aparecida. Frente Negra Pernambucana e Sua Proposta de Educação Para a População Negra na Ótica de um dos Seus Fundadores: José Vicente Rodrigues Lima – Década de 1930. Tese (Doutorado), Universidade Federal do Ceará, Fortaleza, 2008.

SILVA, Maria Auxiliadora Gonçalves da. *Encontros e Desencontros de um Movimento Negro*. Brasília: Fundação Cultural Palmares, 1994.

TAYLOR, Quintard. Frente Negra Brasileira: The Afro-Brazilian Civil Rights Movement, 1924-1937. *Umoja: A Scholarly Journal of Black Studies*, v. 2, n. 1, 1978.

TELLES, Edward. As Fundações Norte-Americanas e o Debate Racial no Brasil. *Estudos Afro-Asiáticos*, v. 24, n. 1, 2002.

8. "EM DEFESA DA HUMANIDADE"

ALBERTO, Paulina L. *Terms of Inclusion: Black Intellectuals in Twentieth-Century Brazil*. Chapel Hill: The University of North Carolina Press, 2011.

ALVES, Henrique L. *Nina Rodrigues e o Negro do Brasil*. São Paulo: Associação Cultural do Negro, 1962. (Série Cultura Negra, 5.)

ANDREWS, George Reid. *Negros e Brancos em São Paulo (1888-1988)*. Bauru: Edusc, 1998.

BASTIDE, Roger. Manifestações do Preconceito de Cor. In: BASTIDE, Roger; FERNANDES, Florestan. *Brancos e Negros em São Paulo: Ensaio Sociológico Sobre Aspectos da Formação, Manifestações Atuais e Efeitos do Preconceito de Cor na Sociedade Paulistana*. 2. ed.: São Paulo, Companhia Editora Nacional, 1959.

_____. A Imprensa Negra do Estado de São Paulo. *Boletim da Faculdade de Filosofia, Ciências e Letras da Universidade de São Paulo. Sociologia*, São Paulo, v. CXXI, n. 2, 1951.

BICUDO, Virgínia Leone. *Estudo de Atitudes Raciais de Pretos e Mulatos em São Paulo*. Dissertação (Mestrado), Escola Livre de Sociologia e Política de São Paulo, 1945.

BUTLER, Kim D. Defining Diaspora, Refining a Discourse. *Diaspora: A Journal of Transnational Studies*, v. 10, n. 2, 2001.

CAMARGO, Oswaldo de. *15 Poemas Negros*. São Paulo: Associação Cultural do Negro, 1961. (Série Cultura Negra, 3.)

CARVALHO, José Murilo de. *Cidadania no Brasil: O Longo Caminho*. 8. ed. Rio de Janeiro: Civilização Brasileira, 2006.

CLARK, Nancy L.; WORGER, William H. *South Africa: The Rise and Fall of Apartheid*. 2 ed. New York: Longman, 2011.

COSTA, Sérgio. *Dois Atlânticos: Teoria Social, Anti-Racismo, Cosmopolitismo*. Belo Horizonte, Editora UFMG, 2006.

CUNHA JR., Henrique. Uma Introdução à História dos Movimentos Negros no Brasil. *Textos Para o Movimento Negro*. São Paulo: Edicon, 1992.

DAMATO, Diva. Negritude/Negritudes. *Através*, São Paulo, n. 1, 1983.

DÁVILA, Jerry. *Hotel Trópico: O Brasil e o Desafio da Descolonização Africana, 1950-1980*. São Paulo: Paz e Terra, 2011.

DELGADO, Lucília de Almeida Neves. Trabalhismo, Nacionalismo e Desenvolvimentismo: Um Projeto Para o Brasil (1945-1964). In: FERREIRA, Jorge (org.). *O Populismo e Sua História: Debate e Crítica*. Rio de Janeiro: Civilização Brasileira, 2001.

DOMINGUES, Petrônio. "O Grande Campo de Batalha": Associação Cultural do Negro e a Questão da Educação. In: PASSOS, Joana Célia dos et al. *Negros no Brasil: Política, Cultura e Pedagogias*. Florianópolis: Atilènde, 2010.

_____. Associação Cultural do Negro (1954-1976): Um Esboço Histórico. XXIV Simpósio Nacional de História. São Leopoldo, RS. *Anais...* São Leopoldo: Anpuh-Unisinos, 2007.

DZIDZIENYO, Anani. The African Connection and the Afro-Brazilian Condition. In: FONTAINE, Pierre-Michel. *Race, Class and Power in Brazil*. Los Angeles: Center for Afro-American Studies, 1985.

EDWARDS, Brent Hayes. *The Practice of Diaspora: Literature, Translation, and the Rise of Black Internacionalism*. Cambridge: Harvard University Press, 2003.

_____. The Uses of Diaspora. *Social Text 66*, v. 19, n. 1, 2001.

FERNANDES, Florestan [1965]. *A Integração do Negro na Sociedade de Classes, v. 2: No Limiar de uma Nova Era*. 3. ed. São Paulo: Ática, 1978.

FERRARA, Miriam Nicolau. *A Imprensa Negra Paulista (1915-1963)*. São Paulo: Ed. FFL-CH-USP, 1986. (Série Antropologia, 13.)

FLORES, Elio Chaves. Jacobinismo Negro: Lutas Políticas e Práticas Emancipatórias (1930-1964). In: FERREIRA, Jorge; REIS, Daniel Aarão. *As Esquerdas no Brasil, v. 1: A Formação das Tradições: 1889-1945*. Rio de Janeiro: Civilização Brasileira, 2007.

GILROY, Paul. *O Atlântico Negro: Modernidade e Dupla Consciência*. São Paulo: Editora 34, 2001.

GOMES, Angela de Castro. As Marcas do Período. In: GOMES, Angela de Castro (org.). *História do Brasil Nação, v. 4: Olhando Para Dentro 1930-1964*. Rio de Janeiro: Objetiva, 2012.

GONÇALVES, Nestor. *Fatores Determinantes da Formação da Cultura Afro-Brasileira*. São Paulo: Associação Cultural do Negro, 1962 (Série Cultura Negra, 4).

HALL, Stuart. *Da Diáspora: Identidades e Mediações Culturais*. Belo Horizonte/Brasília: Editora UFMG/Unesco, 2003.

HAMMOND, Harley Ross. Race, Social Mobility and Politics in Brazil. *Race*, v. 4, n. 2, 1963.

HANCHARD, Michael. *Orfeu e o Poder: Movimento Negro no Rio de Janeiro e São Paulo (1945-1988)*. Rio de Janeiro: EdUERJ, 2001.

_____. Afro-Modernity: Temporality, Politics, and the African Diaspora. *Public Culture*, v. 11, n. 1, 1999.

_____. Culturalism versus Cultural Politcs: The Movimento Negro in Rio de Janeiro and São Paulo, Brazil, 1970-1988. In: WARREN, Kay B. (ed.). *The Violence Within: Cultural and Political Opposition in Divided Nations*. Boulder: Westview, 1993.

HOFBAUER, Andreas. *Uma História de Branqueamento ou o Negro em Questão*. São Paulo: Editora Unesp, 2006.

JAMES, Cyril Lionel Robert. *A History of Negro Revolt*. 3. ed. London: Race Today, 1985.

KELLEY, Robin D.G.; PATTERSON, Tiffany Ruby. Unfinished Migrations: Reflections on the African Diaspora and the Making of the Modern World. *African Studies Review*, v. 43, n. 1, 2000.

KOSSLING, Karin Sant'Anna. *As Lutas Anti-Racistas de Afro-Descendentes sob Vigilância do DEOPS/SP (1964-1983)*. Dissertação (Mestrado), FFLCH-USP, São Paulo, 2007.

LEITE, José Correia. ...*E Disse o Velho Militante José Correia Leite*. Depoimentos e Artigos. Organização e textos de Cuti (Luiz Silva). São Paulo: Secretaria Municipal de Cultura, 1992.

LOPES, Maria Aparecida de Oliveira. *História e Memória do Negro em São Paulo: Efemérides, Símbolos e Identidade (1945-1978)*. Tese (Doutorado), Faculdade de Ciências e Letras, Unesp, Assis, 2007.

MACARINI, José Pedro. *A Política Econômica da Ditadura Militar no Limiar do "Milagre" Brasileiro*. Campinas: IE/Unicamp, 2000. (Texto para Discussão, 99.)

MAKALANI, Minkah. *In the Cause of Freedom: Radical Black Internacionalism From Harlem to London, 1917-1939*. Chapel Hill: University of North Carolina Press, 2011.

MAUÉS, Maria Angélica Motta. *Negro Sobre Negro: A Questão Racial no Pensamento das Elites Negras Brasileiras*. Tese (Doutorado), Iuperj, Rio de Janeiro, 1997.

MILLIET, Sérgio et al. *O Ano 70 da Abolição*. São Paulo: Associação Cultural do Negro, 1958. (Série Cultura Negra, 1.)

MITCHELL, Michael. Racial Identity and Political Vision in the Black Press of São Paulo, Brazil, 1930-1947. *Contributions in Black Studies: A Journal of African and Afro-American Studies*, v. 9-10, 1991-1992.

_____. Racial Consciousness and the Political Attitudes and Behavior of Blacks in São Paulo, Brazil. PhD em Ciência Política, Indiana University, Bloomington, 1977.

MOORE, Zelbert L. Out of the Shadows: Black and Brown Struggles for Recognition and Dignity in Brazil, 1964-1985. *Journal of Black Studies*, v. 19, n. 4, 1989.

MORSE, Richard M. The Negro in São Paulo, Brazil. *Journal of Negro History*, v. 38, n. 3, 1953.

MOURA, Clóvis. Organizações Negras. In: SINGER, Paulo; BRANT, Vinicius Caldeira (orgs.). *São Paulo: O Povo em Movimento*. Petrópolis: Vozes/Cebrap, 1980.

NAPOLITANO, Marcos. *1964: História do Regime Militar Brasileiro*. São Paulo: Contexto, 2014.

NEGRO, Antonio Luigi; SILVA, Fernando Teixeira. Trabalhadores, Sindicatos e Política (1945-1964). In: FERREIRA, Jorge; DELGADO, Lucilia de Ameida Neves (orgs.). *O Brasil Republicano: O Tempo da Experiência Democrática da Democratização de 1945 ao Golpe Civil-Militar de 1964*. Rio de Janeiro: Civilização Brasileira, 2003.

NOGUEIRA, Oracy. Atitude Desfavorável de Alguns Anunciantes de São Paulo em Relação aos Empregados de Cor. *Revista de Sociologia*, São Paulo, n. 4, 1942.

OLIVEIRA, Kimberly F. Jones de. The Politics of Culture or the Culture of Politics: Afro-Brazilian Mobilization, 1920-1968. *Journal of Third Word Studies*, v. 20, n. 1, 2003.

PEREIRA, Flávia Alessandra de Souza. *Organizações e Espaços da Raça no Oeste Paulista: Movimento Negro e Poder Local (dos Anos 1930 aos Anos 1960)*. Tese (Doutorado), Centro de Educação e Ciências Humanas, UFSCAR, São Carlos, 2008.

PINTO, Regina Pahim. *O Movimento Negro em São Paulo: Luta e Identidade*. Tese (Doutorado), FFLCH-USP, São Paulo, 1993.

REIS, Marilise L.M. Diáspora Como Movimento Social: Implicações Para a Análise dos Movimentos Sociais de Combate ao Racismo. *Ciências Sociais Unisinos*, v. 46, n. 1, 2010.

REIS, Raissa Brescia dos. Projeto Cultural e Política Intelectual nas Páginas da *Présence Africaine* (1947-1956). In: REIS, Raissa Brescia dos; RESENDE, Taciana Almeida Garrido de (orgs.). *Cultura e Mobilização: Reflexões a Partir do I Congresso de Escritores e Artistas Negros*. Rio de Janeiro: Synergia, 2016.

SANSONE, Lívio. *Negritude Sem Etnicidade: O Local e o Global nas Relações Raciais e na Produção Cultural Negra do Brasil*. Rio de Janeiro/Salvador: Pallas/Edufba, 2003.

SANTANA, Edgard Theotonio. *Relações Entre Pretos e Brancos em São Paulo: Estudo de Cooperação à Unesco*. São Paulo: Edição do Autor, 1951.

SANTOS, José Francisco dos. *Movimento Afro-Brasileiro Pró-Libertação de Angola (MABLA) - Um "Amplo Movimento": Relação Brasil e Angola de 1960 a 1975*. Dissertação (Mestrado em História), Pontifícia Universidade Católica de São Paulo, 2010.

SARAIVA, José Flávio Sombra. *O Lugar da África: A Dimensão Atlântica da Política Externa Brasileira (de 1946 a Nossos Dias)*. Brasília: EdUnB, 1996.

SILVA, Andréia Rosalina. *Associação José do Patrocínio: Dimensões Educativas do Associativismo Negro entre 1950 e 1960 em Belo Horizonte - Minas Gerais*. Dissertação (Mestrado em Educação), UFMG, Belo Horizonte, 2010.

SILVA, Joselina da. *União dos Homens de Cor (UHC): Uma Rede do Movimento Social Negro, Após o Estado Novo*. Tese (Doutorado), UERJ, Rio de Janeiro, 2005.
SILVA, Maria Aparecida Pinto. *Visibilidade e Respeitabilidade: Memória e Luta dos Negros nas Associações Culturais e Recreativas de São Paulo (1930-1968)*. Dissertação (Mestrado), PUC, São Paulo, 1997.
SILVA, Mário Augusto Medeiros da. Fazer a História, Fazer Sentido: Associação Cultural do Negro (1954-1964). *Lua Nova*, São Paulo, n. 85, 2012.
SOTERO, Edilza Correia. *Representação Política Negra no Brasil Pós-Estado Novo*. Tese (Doutorado em Sociologia), FFLCH-USP, São Paulo, 2015.
TÖLÖLYAN, Khachig. Rethinking Diaspora(s): Stateless Power in the Transnational Moment. *Diaspora: A Journal of Transnational Studies*, v. 5, n. 1, 1996.
WEINSTEIN, Barbara. *The Color of Modernity: São Paulo and the Making of Race and Nation in Brazil*. Durham/London: Duke University, 2015.

9. AGENCIAR RAÇA, REINVENTAR A NAÇÃO

ABIOLA, M.K.O. Why Reparations? *West Africa*, v. 1, n. 7, 1992.
ADI, H. Combating Racism and the Issue of Reparations. *International Journal of African Renaissance Studies*, v. 2, n. 2, 2007.
ALBERTI, Verena; PEREIRA, Amilcar Araujo. *Histórias do Movimento Negro no Brasil: Depoimentos ao CPDOC*. Rio de Janeiro: Pallas/CPDOC-FGV, 2008.
ALBERTO, Paulina L. *Terms of Inclusion: Black Intellectuals in Twentieth-Century Brazil*. Chapel Hill: The University of North Carolina Press, 2011.
ALVES, Claudete. *Negros: O Brasil nos Deve Milhões!* São Paulo: Scortecci, 2008.
ANDERSON, Benedict R. *Comunidades Imaginadas: Reflexões sobre a Origem e a Difusão do Nacionalismo*. São Paulo: Companhia das Letras, 2008.
ANDREWS, George Reid. *América Afro-Latina, 1800-2000*. São Carlos: EdUFSCar, 2007.
_____. Desigualdade Racial no Brasil e nos Estados Unidos: Uma Comparação Estatística. *Estudos Afro-Asiáticos*, n. 22, 1992.
ARAUJO, Ana Lúcia. *Reparations for Slavery and the Slave Trade: A Transnacional and Comparative History*. London/New York: Bloomsbury Academic, 2017.
ARAÚJO, Ubiratan Castro de. Reparação Moral, Responsabilidade Pública e Direito à Igualdade do Cidadão Negro no Brasil. In: SABOIA, Gilberto Vergne; GUIMARÃES, Samuel Pinheiro (orgs.). *Anais dos Seminários Regionais Preparatórios para Conferência Mundial Contra o Racismo, Discriminação Racial, Xenofobia e Intolerância Correlata*. Brasília: Ministério da Justiça, 2001.
ATILES-OSORIA, José. Colonial State Crimes and the CARICOM Mobilization for Reparation and Justice. *State Crime Journal*, v. 7, n. 2, 2018.
BECKLES, Hilary McD. *Britain's Black Debt: Reparations for Caribbean Slavery and Native Genocide*. Kingston: University of the West Indies Press, 2013.
_____. "Slavery Was a Long, Long Time Ago": Remembrance, Reconciliation and the Reparations Discourse in the Caribbean. *Ariel*, v. 38, n. 1, 2007.
BEHRENDT, Stephen; RICHARDSON, David; ELTIS, David. A Participação dos Países da Europa e das Américas no Tráfico Transatlântico de Escravos: Novas Evidências. *Afro-Ásia*, n. 24, 2000.
BIONDI, Martha. The Rise of the Reparations Movement. *Radical History Review*, v. 87, n. 1, 2003.
BITTKER, Boris I. *The Case for Black Reparations*. New York: Random House, 1973.

BORUCKI, A.; ELTIS, D.; WHEAT, D. Atlantic History and the Slave Trade to Spanish America. *The American Historical Review*, v. 120, n. 2, 2015.

BROOKS, Roy L. *When Sorry Isn't Enough: The Controversy over Apologies and Reparations for Human Injustice*. New York: New York University Press, 1999.

BROPHY, Alfred L. *Reparations: Pro and Con*. New York: Oxford University Press, 2008.

BUTLER, K.D. Multilayered Politics in the African Diaspora: The Metadiaspora Concept and Minidiaspora Reality. In: TOTORICAGUENA, Gloria P. (ed.). *Opportunity Structures in Diaspora Relations: Comparisons in Contemporary Multilevel Politics of Diaspora and Transnational Identity*. Reno: Center for Basque Studies/University of Nevada, 2007.

CONCEIÇÃO, Fernando. Reparação Não É um Privilégio. *Como Fazer Amor Com um Negro Sem Se Cansar*. São Paulo: Terceira Margem, 2005.

CONRAD, Robert Edgar. *Tumbeiros: O Tráfico de Escravos Para o Brasil*. São Paulo: Brasiliense, 1985.

CONTINS, Marcia. *Lideranças Negras*. Rio de Janeiro: Aeroplano, 2005.

COSTA, Sérgio. *Dois Atlânticos: Teoria Social, Anti-Racismo, Cosmopolitismo*. Belo Horizonte: Editora UFMG, 2006.

CROOK, Larry; JOHNSON, Randal (eds.). *Black Brazil: Culture, Identity and Social Mobilization*. Los Angeles: UCLA, 1999.

DAMATTA, Roberto. Digressão: A Fábula das Três Raças, ou o Problema do Racismo à Brasileira. *Relativizando: Uma Introdução à Antropologia Social*. Rio de Janeiro: Rocco, 1987.

DOMINGUES, Petrônio. Movimento Negro Brasileiro: Alguns Apontamentos Históricos. *Tempo*, v. 12, n. 23, 2007.

DÖPCKE, Wolfgang. O Ocidente Deveria Indenizar as Vítimas do Tráfico Transatlântico de Escravos? Reflexões sobre a Conferência das Nações Unidas contra o Racismo, a Intolerância Racial, a Xenofobia e a Intolerância Correlata. *Revista Brasileira de Política Internacional*, v. 44, n. 2, 2001.

FINKELSTEIN, Norman G. *A Indústria do Holocausto*. 3. ed. Rio de Janeiro: Record: 2001.

FRITH, Nicola; SCOTT, Joyce Hope. National and Internacional Perspectives on Movements for Reparations. *The Journal of African American History*, v. 103, n. 1-2, 2018.

FRY, Peter. *A Persistência da Raça: Ensaios Antropológicos sobre o Brasil e a África Austral*. Rio de Janeiro: Civilização Brasileira, 2005.

GENOVESE, Eugene. *A Terra Prometida: O Mundo que os Escravos Criaram*. Rio de Janeiro: Paz e Terra, 1988.

GIFFORD, Anthony. *The Passionate Advocate*. Kingston: Arawak, 2007.

GILROY, Paul. *O Atlântico Negro: Modernidade e Dupla Consciência*. São Paulo: Editora 34, 2001.

GREIFF, Pablo De (ed.). *Handbook of Reparations*. New York: Oxford University Press, 2008.

GRIN, Monica. *"Raça": Debate Público no Brasil (1997-2007)*. Rio de Janeiro: Mauad, 2010.

GUIMARÃES, Antônio Sérgio Alfredo. *Racismo e Antirracismo no Brasil*. São Paulo: Editora 34, 1999.

GUIMARÃES, Antônio Sérgio Alfredo; HUNTLEY, Lynn Walker (orgs.). *Tirando a Máscara: Ensaios Sobre o Racismo no Brasil*. São Paulo: Paz e Terra, 2000.

GUSFIELD, Joseph R. *The Culture of Public Problems: Drinking-Driving and the Symbolic Order*. Chicago: University of Chicago Press, 1981.

HANCHARD, Michael. *Orfeu e o Poder: Movimento Negro no Rio de Janeiro e São Paulo (1945-1988)*. Rio de Janeiro: EdUERJ, 2001.

HANCHARD, Michael (ed.). *Racial Politics in Contemporary Brazil*. Durham: Duke University Press, 1999.

HASENBALG, Carlos A.; SILVA, Nelson do Valle. *Relações Raciais no Brasil Contemporâneo*. Rio de Janeiro: Rio Fundo, 1992.

HENRIQUES, Ricardo. *Desigualdade Racial no Brasil: Evolução das Condições de Vida na Década de 90*. Rio de Janeiro: Ipea, 2001. (Texto para Discussão, 807.)

HOWARD-HASSMANN, Rhoda E. Getting to Reparations: Japanese Americans and African Americans. *Social Forces*, v. 83, n. 2, 2004.

_____. Reparations to Africa and the Group of Eminent Persons. *Cahiers d'Études Africaines*, v. 44, n. 173-174, 2004.

HOWARD-HASSMANN, Rhoda E.; LOMBARDO, Anthony P. *Reparations to Africa*. Philadelphia: University of Pennsylvania Press, 2008.

JOHNSTON, Barbara Rose; SLYOMOVICS, Susan (eds.). *Waging War, Making Peace: Reparations and Human Rights*. Walnut Creek: Left Coast, 2009.

KELLEY, Robin D.G. *Freedom Dreams: The Black Radical Imagination*. Boston: Beacon, 2002.

KLEIN, Herbet S. *O Tráfico de Escravos no Atlântico: Novas Abordagens Para as Américas*. São Paulo: Funpec, 2004.

LAREMONT, Ricardo Rene. Jewish and Japanese American Reparations: Political Lessons for the African Community. *Journal of Asian American Studies*, v. 4, n. 3, oct. 2001.

LEHMANN, David. A Política do Reconhecimento: Teoria e Prática. In: HITA, Maria Gabriela (org.). *Raça, Racismo e Genética: Em Debates Científicos e Controvérsias Sociais*. Salvador: Edufba, 2017.

LOVELL, Peggy A. et al. (orgs.). *Desigualdade Racial no Brasil Contemporâneo*. Belo Horizonte: UFMG/Cedeplar, 1991.

MALACHIAS, A.C. A Espoliação Requer Reparação. *Caderno Pelas Reparações*. São Paulo: NCN/USP, 1993.

MAPA da População Negra no Mercado de Trabalho: Instituto Sindical Interamericano pela Igualdade Racial (Inspir). São Paulo: Dieese, 1999.

MARTIN, Michael T.; YAQUINTO, Marilyn (eds.). *Redress for Historical Injustices in the United States: On Reparations for Slavery, Jim Crow and Their Legacies*. Durham: Duke University Press, 2007.

MAZRUI, All Al'Amim; MAZRUI, Alamin M. *Black Reparations in the Era of Globalization*. Binghamton: Institute of Global Cultural Studies, 2002.

MOEHLECKE, Sabrina. Ação Afirmativa: História e Debates no Brasil. *Cadernos de Pesquisa*, n. 117, 2002.

MOSQUERA ROSERO-LABBÉ, Cláudia; BARCELOS, Luiz Claudio (eds.). *Afro-Reparaciones: Memorias de La Esclavitud y Justicia Reparativa Para Negros, Afro-Colombianos y Raizales*. Bogotá: Universidad Nacional de la Colombia, 2006.

MUNANGA, Kabengele (org.). *Estratégias e Políticas de Combate à Discriminação Racial*. São Paulo: Edusp, 1996.

NEVES, Paulo Sérgio da C. Luta Anti-Racista: Entre Reconhecimento e Redistribuição. *Revista Brasileira de Ciências Sociais*, v. 20, n. 59, out. 2005.

OSABU-KLE, Daniel Tetteh. The African Reparation Cry: Rationale, Estimate, Prospects, and Strategies. *Journal of Black Studies*, v. 30, n. 3, Jan. 2000.

PASCHEL, Tianna S. *Becoming Black Political Subjects: Movements and Ethno-Racial Rights in Colombia and Brazil*. New Jersey: Princeton University Press, 2016.

PEREIRA, Amilcar Araujo. *O "Mundo Negro": Relações Raciais e a Constituição do Movimento Negro Contemporâneo no Brasil*. Rio de Janeiro: Pallas, 2013.

PEREIRA, Amauri Mendes; SILVA, Joselina da (orgs.). *O Movimento Negro Brasileiro: Escritos sobre os Sentidos de Democracia e Justiça Social no Brasil*. Belo Horizonte: Nandyala, 2009.

PIOVESAN, Flavia. Ações Afirmativas da Perspectiva dos Direitos Humanos. *Cadernos de Pesquisa*, v. 35, n. 124, 2005.

PROSS, Christian. *Paying For the Past: The Struggle Over Reparations For Surviving Victims of the Nazi Terror*. Baltimore: Johns Hopkins University Press, 1998.

REDIKER, Marcus. *O Navio Negreiro: Uma História Humana*. São Paulo: Companhia das Letras, 2011.

REICHMANN, Rebecca Lynn (ed.). *Race in Contemporary Brazil: From Indifference to Inequality*. University Park: The Pennsylvania State University Press, 1999.

REITER, Bernd; MITCHELL, Gladys L. (eds.). *Brazil's New Racial Politics*. Boulder: Lynne Rienner, 2009.

RODRIGUES, Jaime. *De Costa a Costa: Escravos, Marinheiros e Intermediários do Tráfico Negreiro de Angola ao Rio de Janeiro (1780-1860)*. São Paulo: Companhia das Letras, 2005.

SAILLANT, Francine. Reconhecimento e Reparações: O Exemplo do Movimento Negro no Brasil. In: CASTRO, Hebe Maria Mattos de (org.). *História Oral e Comunidade: Reparações e Culturas Negras*. São Paulo: Letra e Voz, 2016.

____. Direitos, Cidadania e Reparações pelos Erros do Passado Escravista: Perspectivas do Movimento Negro no Brasil". In: ARRUTI, José Maurício Andion; HERINGER, Rosana; PAULA, Marilene (orgs.). *Caminhos Convergentes: Estado e Sociedade na Superação das Desigualdades Raciais no Brasil*. Rio de Janeiro: Fundação Heinrich Böll/ActionAid, 2009.

SALZBERGER, Ronald P.; TURCH, Mary C. (eds.). *Reparations For Slavery: A Reader*. Lanham: Rowman & Littlefield, 2004.

SANTOS, Marcio André de Oliveira dos. Política Negra e Democracia no Brasil Contemporâneo: Reflexões sobre os Movimentos Negros. In: HERINGER, Rosana; PAULA, Marilene de (orgs.). *Caminhos Convergentes: Estado e Sociedade na Superação das Desigualdades Raciais no Brasil*. Rio de Janeiro: Fundação Heinrich Böll/ActionAid, 2009.

SARKIN, Jeremy. O Advento das Ações Movidas no Sul Para Reparação por Abusos dos Direitos Humanos. *Sur: Revista Internacional de Direitos Humanos*, São Paulo, v. 1, n. 1, 2004.

SILVÉRIO, Valter Roberto; MOYA, Thais Santos. Ação Afirmativa e Raça no Brasil Contemporâneo: Um Debate sobre a Redefinição Simbólica da Nação. *Sociedade e Cultura*, v. 12, n. 2, jul.-dez. 2009.

TELLES, Edward Eric. *Racismo à Brasileira: Uma Nova Perspectiva Sociológica*. Rio de Janeiro: Relume Dumará, 2003.

VENTURI, Gustavo; TURRA, Cleusa (orgs.). *Racismo Cordial: A Mais Completa Análise sobre o Preconceito de Cor no Brasil*. São Paulo: Ática, 1995.

VERDUN, Vincene. If the Shoe Fits, Wear It: An Analysis of Reparations to African Americans. *Tulane Law Review*, v. 67, n. 3, 1993.

VERMEULE, Adrian; POSNER, Eric A. Reparations For Slavery and Other Historical Injustices. *Columbia Law Review*, v. 103, n. 3, Apr. 2003.

UMA PALAVRA FINAL

EDWARDS, Brent Hayes. The Uses of Diaspora. *Social Text 66*, v. 19, n. 1, 2001.

WILLIAMS, Eric. *Capitalism and Slavery*. Chapel Hill: UNC Press, 1994.

ROBINSON, Cedric. *Black Marxism: The Making of the Black Radical Tradition*. Chapel Hill: UNC Press, 2000.

RODNEY, Walter. *How Europe Underdeveloped Africa*. Washington: Howard University Press, 1972.

Agradecimentos

Kim D. Butler agradece o apoio financeiro de: Schomburg Center for Research in Black Culture/Scholars in Residence Program; Fundação Fulbright; Rutgers Center for Historical Analysis; Rutgers Research Council; da School of Arts and Science e do Departamento de Africana Studies da Universidade Rutgers. Adicionalmente, ela agradece as contribuições e o apoio das seguintes pessoas e instituições: Colin A. Palmer; Khachig Tölölyan; Mariângela de Mattos Nogueira; Cary Alan Johnson; Miriam Jiménez Román, Juan Flores; Diana Lachatanere; Deborah Gray White; Donna Murch; Erica Dunbar; Bayo Holsey; Marisa Fuentes; Kali Gross; do Departamento de Africana Studies da Universidade Rutgers; Gayle T. Tate; Edward Ramsamy; Veronica Reed; Nelson Mendes; Lisa Earl Castillo, Biblioteca Central do Estado da Bahia; Association for the Study of the Worldwide African Diaspora (Aswad); Gloria Totoricagüeña; Carlos Alberto Medeiros; Mwangaza Michael-Bandele; e o amor e apoio de Nicholas Baptiste, minha querida irmã Katrina Butler, e minha família toda, e os ancestrais e anjos que me inspiram sempre.

Petrônio Domingues agradece ao Conselho Nacional de Desenvolvimento Científico e Tecnológico (CNPq) pela bolsa Produtividade em Pesquisa; ao Programa de Pós-Graduação em História e ao Programa de Pós-Graduação em Sociologia da Universidade Federal de Sergipe (UFS), além de agradecer as contribuições e o apoio das seguintes pessoas: Kim D. Butler; Flávio dos Santos Gomes; Lilia Moritz Schwarcz; Kabengele Munanga; George Reid Andrews; Micol Seigel; Jessica Graham; Martha Abreu; Solange Pereira da Rocha; Elio Chaves Flores; José Bento da Silva; Josenildo de Jesus Pereira; Fabiana Schleumer; Noel dos Santos Carvalho; Carlos Alberto Medeiros; Stephen Bocskay; Thiago Lenine; Gislaine Maria da Silva; Romero Venâncio; Edinéia Tavares Lopes; e, por fim, registra sua gratidão pelo amor etéreo de Guilherme Orfeu Nunes Domingues e Tarsila Giovana Nunes Domingues, seus filhos, fontes inexauríveis de alegria e motivação para a sua vida.

Este livro foi impresso na cidade de São Bernardo do Campo,
nas oficinas da Paym Gráfica e Editora, em outubro de 2020,
para a Editora Perpsectiva.